형법기본판례 총론

Cases | of | Criminal | Law

刑法
基本
判例

이 재 상

박영사

머 리 말

형법이론과 함께 형사판례는 형법학의 발전을 위한 불가결한 전제가 된다. 판결에 의하여 형벌권이 실현된다는 점에서 형사판결의 중요성과 판례연구의 필요성은 더욱 커지고 있다. 그러나 종래 법과대학이나 법학전문대학원 또는 사법연수원에서의 판례연구가 판례읽기와 판례암기에 치중한 느낌이 없지 않다. 판례연구가 판례읽기나 판례암기에 그쳐서는 판례이론과 이를 통한 형법학의 발전은 기대할 수 없다. 판례를 분석하고 평가하여 판결의 문제점을 비판하고 판례의 정당한 이론적 근거를 밝혀야 보다 새롭고, 보다 발전된 판례의 형성이 가능하게 된다. 이러한 의미에서 최근 법무법인에서 신규변호사를 채용하면서 불합리한 판례의 문제점을 지적하고 설명하게 하는 경향을 보인 것은 판례연구의 올바른 길을 제시한 것이라고 볼 수 있다. 형법기본판례 총론편은 형법이론에 있어서 중요한 의미를 갖는 대표적인 기본판결들을 골라 판결을 분석·비판한 판례평석집이다. 이 책은 형법에 관한 기본지식을 갖고 있는 법과대학 학생과 법학전문대학원생이나 사법연수원생들은 물론, 형법이론을 깊이 연구하고자 하는 대학원생들을 위한 판례교재가 되면서, 형법총론 교과서에 만족할 수 없는 실무가들을 위한 형법총론을 보충하는 이론서가 될 수 있을 것으로 생각한다. 2002년 12월 저자는 화갑기념논문집인 「형사판례의 연구」를 통하여 형사법학계의 선배·동료 및 후배들로부터 형사판례를 평석한 87편의 주옥같은 글들을 받은 바 있다. 저자에게 보내주신 형사법학자들의 글을 읽으면서 저자의 입장을 밝히는 글로 답했으면 좋겠다는 생각을 갖고 있던 중, 먼저 형법총론 부분에 대한 판결들을 모아 이 책을 만들게 되었다.

형법기본판례 총론편에서는 형법총론의 중요판결을 25개의 쟁점으로 나누어, 대상판결 42개와 관련판결 14개를 선별하고 이를 평석하였다. 다만, 형법기본판례 총론은 새 학기가 시작되기 전에 책을 만들어야 하겠다는 뜻을 세우고 짧은 기간 이내에 마치 무엇에 쫓기는 기분으로 서둘러 만든 책이기 때문에, 일부 쟁점에 대하여는 제자 형법교수들의 도움을 받아 책을 완성할 수 있었다. 즉 '24. 연결효과에 의한 상상적 경합'은 경희대학교 법학전문대학원 안경옥 교수, '25. 사회봉사명령의 의의와 내용'은 인하대학교 법학전문대학원 원혜욱 교수가 집필을 맡아 주었다. 이미 형법학계에서 확고한 위치를 차지하고 있는 중견 학자들이기 때문에 저자의 글보다 깊이 있는 글이 되었을 것이라고 생각한다. 학기 중이어서 강의를 해야 하면서, 법학전문대학원의 평가준비에 바쁜 시간을 내어 과거 지도교수의 명을 어기지 못한 두 분 교수의 노고에 깊이 감사한다. 이 책이 형법학계와 실무계에 어떤 기여를 할 수 있을까에 대하여 두려움이 앞서는 것이 사실이다. 앞으로 형법기본판례 총론에 이어 같은 형식의 형법기본판례 각론과 형사소송법 기본판례를 계속 펴낼 수 있게 되기를 기대한다.

형법기본판례 총론의 교정에 있어서는 사정이 허용하는 저자의 제자들을 대부분 동원하였다. 이화여자대학교 법과대학에서 형법강의를 맡고 있는 이원경 법학박사, 조현지 법학박사, 이희경 법학박사와 이강민 법학박사, 한국형사정책연구원에 근무하는 탁희성 법학박사와 윤지영 법학박사, 법학박사 학위논문 작성에 여념 없으면서도 항상 저자를 돕고 있는 김구슬 강사 및 이화여자대학교 법학전문대학원 제 1 기생이면서 저자의 수업지원 조교를 맡은 남지민, 한유진 양의 노력으로 이 책이 출간될 수 있었다. 각자의 신분에 적합하지 않은 교정 일을 맡겼는데도 모두 즐겁게 저자를 도와 주었다. 이들 모두에게 고마운 마음을 기록하며, 앞으로의 학문적 대성을 기대하는 바이다. 끝으로 형법기본판례를 출간하기로 결정해 주신 박영사 안종만 회장님에게 다시 한 번 감사드린다. 또 이 책의 편집과 교정을 담당한 편집부 노현 부장님과 엄주양 씨, 제작을 위해 노고를 아끼지 않은 기획부 조성호 부장님께도 고마운 마음을 전하고자 한다.

2011년 6월

우면산 아래 서초동 우거에서

저 자

차 례

주요 참고문헌

[국내문헌]

김성돈,	형법총론,	성균관대학교 2008	(김성돈)
김성천/김형준,	형법총론,	동현출판사 1998	(김성천/김형준)
김일수/서보학,	형법총론(제11판),	박영사 2006	(김일수/서보학)
박상기,	형법총론(제 7 판),	박영사 2007	(박상기)
배종대,	형법총론(제 9 개정판),	홍문사 2008	(배종대)
손해목,	형법총론,	법문사 1996	(손해목)
신동운,	형법총론(제 3 판),	법문사 2008	(신동운)
신동운,	판례백선 형법총론(개정판)	경세원 1997	(신동운, 판례백선)
안동준,	형법총론,	학현사 1998	(안동준)
오영근,	형법총론,	대명출판사 2002	(오영근)
유기천,	개정 형법학(총론강의),	일조각 1980	(유기천)
이영란,	형법학(총론강의),	형설출판사 2008	(이영란)
이정원,	형법총론,	문영사 1998	(이정원)
이형국,	형법총론,	법문사 1990	(이형국)
임　웅,	형법총론(개정판보정),	법문사 2005	(임　웅)
정성근/박광민,	형법총론(제 4 판),	삼지원 2008	(정성근/박광민)
정영일,	형법총론(개정판),	박영사 2007	(정영일)
조준현,	형법총론,	법원사 1998	(조준현)
하태훈,	사례중심 형법총론(전정판)	법원사 2002	(하태훈)
허일태,	형법연구(Ⅰ),	세종출판사 1997	(허일태)

[독일문헌]

1. Lehrbuch

Baumann/Weber/Mitsch, *Strafrecht*, 11. Aufl. 2003 (Baumann/Weber/Mitsch)

Udo Ebert, *Strafrecht, Allgemeiner Teil*, 3. Aufl. 2001 (Ebert)

Walter Gropp, *Strafrecht, Allgemeiner Teil*, 2. Aufl. 2001 (Gropp)

Georg Freund, *Strafrecht, Allgemeiner Teil*, 2. Aufl. 1998 (Freund)

Hillenkamp, *32 Probleme aus dem Strafrecht Allgemeiner Teil*, 10. Aufl. 2001 (Hillenkamp)

Günther Jakobs, *Strafrecht, Allgemeiner Teil*, 2. Aufl. 1991 (Jakobs)

Hans Heinrich Jescheck, *Lehrbuch des Strafrechts, Allgemeiner Teil*, 4. Aufl. 1988 (Jescheck^4)

Hans Heinrich Jescheck/Thomas Weigend, *Lehrbuch des Strafrechts*, 5. Aufl. 1996 (Jescheck/Weigend)

Urs Kindhäuser, *Strafrecht, Allgemeiner Teil*, 3. Aufl. 2008 (Kindhäuser)

Kristian Kühl, *Strafrecht, Allgemeiner Teil*, 4. Aufl. 2002 (Kühl)

Claus Roxin, *Strafrecht, Allgemeiner Teil*, Band 1, 4. Aufl. 2006 (Roxin)

Claus Roxin, *Strafrecht, Allgemeiner Teil*, Band 2, 2003

Eberhard Schmidhäuser, *Strafrecht, Allgemeiner Teil*, 1982 (Schmidhäuser)

Stratenwerth/Kuhlen, *Strafrecht, Allgemeiner Teil* 1, 5. Aufl. 2003 (Stratenwerth/Kuhlen)

Otto Triffterer, *Östereichisches Strafrecht, Allgemeiner Teil*, 1985 (Triffterer)

Hans Welzel, *Das Deutsche Strafrecht*, 11. Aufl. 1969 (Welzel)

Johannes Wessels/Werner Beulke, *Strafrecht, Allgemeiner Teil*, 36. Aufl. 2006 (Wessels/Beulke)

2. Kommentar

Bernd von Heintschel-Heinegg, *Münchener Kommentar zum Strafgesetzbuch*, 2003 (Verfasser, MK)

Tröndle/Fischer, *Strafgesetzbuch*, 53. Aufl. 2006 (Tröndle/Fischer)

Wolfgang Joecks, *Studienkommentar StGB*, 3. Aufl. 2001 (Joecks)

Jescheck/Ruß/Willms, *Strafgesetzbuch*, *Leipziger Kommentar*, 10. Aufl. (LK[10])

Jähnke/Laufhütte/Odersky, *Strafgesetzbuch*, *Leipziger Kommentar*, 11. Aufl. 1992 (LK)

Karl Lackner/Kristian Kühl, *StGB*, 24. Aufl. 2001 (Lackner/Kühl)

Rudolphi/Horn/Samson, *Systematischer Kommentar zum Strafgesetzbuch*, 6. Aufl. 1995 (SK)

Schönke/Schröder/Lenckner–Cramer–Eser–Stree/Heine–Perron–Sternberg Lieben, *StGB*, 27. Aufl. 2006 (Sch/Sch/Verfasser)

Rudolf Wassermann/Kurt Seelmann, *Kommentar zum Strafgesetzbuch* 1, 1990 (Verfasser, AK)

1. 피고인에 불리한 판례변경과 소급효금지의 원칙

[대상판결]

(1) 대법원 1999. 7. 15. 97도2870 전원합의체판결

1. 사실관계

부산광역시 도시개발공사가 발주하고 N 주식회사가 시공하였던 아파트 공사를 위 회사 소속 건축기사인 피고인이 위 회사의 대표이사인 피고인 2의 포괄적 위임에 따라 위 아파트 공사의 현장소장 겸 현장대리인으로서 자신의 책임 하에 공사의 시공 전반을 지휘·감독하면서 위 발주자 측 현장감독인인 피고인 3과 공모하여 아파트의 지하주차장 시공의 순서와 방법을 그르치고, 그것이 원인이 되어 위 아파트가 기울어짐으로써 안전한 구조를 가지지 못하게 되었다.

2. 소송의 경과

원심은 피고인과 피고인 3을 건축물 구조의 안전확인의무를 위배하였다는 이유로 구 건축법 제57조, 제55조 제 4 호, 제10조, 형법 제30조 등을 적용하여 건축법위반의 공범으로 처벌하고, 피고인 2에 대하여는 같은 피고인이 이 사건 범행을 지시하였거나 또는 이를 알면서 묵인 또는 방치한 사실을 인정할 수 없다는 이유로 무죄를 선고하였다. 원심판결에 대하여 피고인 및 피고인 3과 검사가 상고하였다.

검사의 상고이유는 피고인 2에 대한 무죄판결은 법리오해의 위법이 있다는 점에 있었으나, 이 주제의 논점과 관계가 없다. 문제는 영업주 아닌 피고인이 양벌규정에 의해 건축법위반의 주체가 될 수 있는가에 있었다.

3. 판결요지

(1) 구 건축법(1991. 5. 31. 법률 제4381호로 전문 개정되기 전의 것) 제54조 내지 제56조의 벌칙규정에서 그 적용대상자를 건축주·공사감리자·공사시공자 등 일정한 업무주(業務主)로 한정한 경우에 있어서, 같은 법 제57조의 양벌규정은 업무

주가 아니면서 당해 업무를 실제로 집행하는 자가 있는 때에 위 벌칙규정의 실효성을 확보하기 위하여 그 적용대상자를 당해 업무를 실제로 집행하는 자에게까지 확장함으로써 그러한 자가 당해 업무집행과 관련하여 위 벌칙규정의 위반행위를 한 경우 위 양벌규정에 의하여 처벌할 수 있도록 한 행위자의 처벌규정임과 동시에 그 위반행위의 이익귀속주체인 업무주에 대한 처벌규정이라고 할 것이다.

(2) 형사처벌의 근거가 되는 것은 법률이지 판례가 아니고, 구 건축법 제57조에 관한 판례의 변경은 그 법률조항의 내용을 확인하는 것에 지나지 아니하여 이로써 위 법률조항 자체가 변경된 것이라고 볼 수는 없으므로, 행위 당시의 판례에 의하면 처벌대상이 되지 아니하는 것으로 해석되었던 행위를 판례의 변경에 따라 확인된 내용의 위 법률조항에 근거하여 처벌한다고 하여 그것이 형벌불소급의 원칙에 반한다고 할 수는 없다 할 것이다.

(2) 대법원 1999. 9. 17. 97도3349

1. 사실관계

피고인은 H 미디어 주식회사를 설립하고 1986년 UVN(United Video Network Inc.)이 현물출자한 기자재를 수입한 것처럼 진실한 수입면장 11매를 복사한 사본을 변조한 후 한국산업은행에 제출하여 수입결제대금 미화 1,250,500달러를 대출받고 미국으로 송금하여 국외로 재산을 도피하였다. 검사는 피고인을 특정경제범죄 가중처벌 등에 관한 법률위반(재산국외도피)과 공문서변조 및 동 행사죄로 공소제기하였다.

2. 소송의 경과

제 1 심은 공소사실에 대하여 모두 유죄를 인정하였다. 이에 대하여 피고인은 수입면장의 사본을 변조한 것은 회사 직원들이 자기가 모르는 사이에 한 것이고, 변조 및 행사된 수입면장은 사본에 의한 것인데 당시의 대법원판례는 사본에 의한 변조를 처벌하지 않았으므로, 피고인에게는 위법성의 인식이 없었거나 형법불소급의 원칙에 따라 처벌할 수 없다는 취지로 항소하였다.

원심은 피고인의 항소를 기각하면서, 다만 1996. 7. 1. 시행된 개정형법에 의하여 공문서변조 및 동 행사죄의 법정형이 '1년 이상 10년 이하의 징역'에서 '10년 이하의 징역'으로 변경되었다는 이유로 원심판결을 파기하고, 피고인에게 징역 3년에 5년간 집행유예를 선고하였다. 피고인이 항소이유와 같은 이유로 상고를 제기하였다.

3. 판결요지

형사처벌의 근거가 되는 것은 법률이지 판례가 아니고, 형법 조항에 관한 판례의 변경은 그 법률조항의 내용을 확인하는 것에 지나지 아니하여 이로써 그 법률조항 자체가 변경된 것이라고 볼 수는 없으므로, 행위 당시의 판례에 의하면 처벌대상이 되지 아니하는 것으로 해석되었던 행위를 판례의 변경에 따라 확인된 내용의 형법 조항에 근거하여 처벌한다고 하여 그것이 헌법상 평등의 원칙과 형벌불소급의 원칙에 반한다고 할 수는 없다.

[판례의 연구]

Ⅰ. 문제의 제기

소급효금지의 원칙은 「범죄와 형벌은 행위 시의 법률에 규정되어 있어야 한다」는 현대형법의 일반원리이다. 형벌법규는 그 시행 이후에 이루어진 행위에 대하여만 적용되고, 시행 이전의 행위에까지 소급하여 적용될 수 없다는 원칙이다. 소급효금지의 원칙은 법적 안정성과 법률에 대한 예측가능성을 담보하는 법치국가이념에 그 근거가 있다. 즉 행위 시에 범죄가 되지 않는다고 신뢰한 행위자를 처벌하거나 그가 예측한 것보다 불리한 처벌을 해서는 법에 대한 국민의 신뢰와 국민의 행동의 자유를 보장할 수 없고, 소급하여 과하여진 형벌은 책임과 결부된 정당한 형벌이라고 할 수도 없다.

소급효금지의 원칙의 적용범위와 관련해서는 보안처분과 소송법규정에 이 원칙이 적용되는가와 함께 판례변경에 대하여도 소급효금지의 원칙이 적용되는가, 즉 행위 시의 판례에 의하면 처벌받지 않던 행위를 판례의 변경에 의하여 처벌할 수 있는지가 문제된다. 소급효금지의 원칙은 「범죄와 형벌은 행위 시의 법률에 규정되어 있어야 한다」는 원칙이다. 그런데 판례는 법률이 아니다. 그러나 판례변경은 실질적으로 피고인에게 불리한 새로운 입법이 소급적용되는 것과 같은 의미를 가진다. 특히 대법원판례는 국민의 법의식상 사실상의 구속력을 가지고 국민에 대하여 행동의 지침을 부여하는 역할을 수행하고 있다. 따라서 판례변경에 의하여 국민을 처벌할 수 있다고 하는 것은 법률에 대한 국민의 신뢰와 법적 안정성을 해하고, 국민의 자유와 권리를 보장하고자 하는 죄형법정주의의 실효성이 상실될 위험이 있다. 여기서 피고인에게 불이익한 판례변경에 소급효금지의 원칙이 적용되는가는 그 적용범위에 관한 가장 중요한 문제의 하나가 되지 않을 수 없다.

대상판결은 판례변경과 소급효금지의 원칙에 대한 기본적인 대법원판결이다. 대상판결 (1)은 원래 구 건축법 제54조 내지 제56조가 행위의 주체로 영업주라는 신분을 요구하고 있는 경우에 양벌규정에 의하여 영업주 아닌 행위자도 그 주체가 될 수 있는가에 대한 판결이다.[1] 대법원은 종래 양벌규정인 구 건축법 제57조는 실제의 위반행위자 이외에 이익귀속주체인 법인이나 자연인을 처벌할 수 있다는 규정일 뿐 행위자 처벌규정이라고 할 수 없다는 태도를 취해 왔다.[2] 대상판결은 양벌규정이 당해 위반행위를 집행한 행위자의 처벌규정임과 동시에 그 이익의 귀속주체인 업무주에 대한 처벌규정이라고 판시함으로써 종래의 판례를 변경한 전원합의체판결이다. 대상판결 (2)는 대법원이 전원합의체판결을 통하여 「복사문서가 원본에 대신하는 증명수단으로서의 기능이 증대되는 실정에 비추어 복사문서의 사본도 문서위조, 동 행사죄의 객체인 문서에 해당한다」고 판시하여[3] 종래의 판례를 변경하기 전에 범한 범죄에 대한 판결이다. 그 이전에 대법원은 복사문서는 문서가 될 수 없다는 태도를 일관했으며,[4] 피고인들의 범행 당시에도 이들 판례의 태도가 유지되고 있을 때였다. 결국 두 대상판결은 모두 행위 시의 판례에 의하여 처벌되지 않던 행위가 판례변경에 의하여 처벌받게 된 경우에 소급효금지의 원칙이 적용되는가가 문제된 판결이다.

---

1) 이에 대하여는 4. 양벌규정과 행위자의 처벌 참조.
2) 대법원 1990. 10. 12. 90도1219; 대법원 1993. 2. 9. 92도3207.
3) 대법원 1989. 9. 12. 87도506 전원합의체판결.
4) 대법원 1978. 4. 11. 77도4068 전원합의체판결; 대법원 1986. 2. 25. 85도2835; 대법원 1988. 10. 24. 88도1680.

Ⅱ. 소급효금지원칙의 적용여부

피고인에게 불이익한 판례변경에 대하여 소급효금지의 원칙이 적용되는가에 관하여는 부정설(소급효 긍정설)과 긍정설(소급효 부정설)이 대립되고 있다.

1. 부 정 설

판례변경에 대하여는 소급효금지의 원칙이 적용되지 않으므로 판례변경을 통한 소급처벌도 허용된다는 견해이다.1) 독일의 통설이며2) 대상판결도 이 입장에 서 있다. 부정설의 논거는 다음과 같다.

첫째, 헌법 제13조 1항과 형법 제1조 1항은 법률의 소급효를 금지하고 있으므로 이를 판례에까지 확대 적용하는 것은 헌법과 형법의 문언에 반한다. 소급효금지의 대상은 법률이므로 금지되는 것은 법률의 소급효에 제한된다고 한다. 즉 소급효금지의 원칙은 가벌성이 행위 시에 특정되어 있을 것을 요구하는 것이지, 행위자에 의하여 행위 시에 침해된 형벌규범이 판결 시에도 같이 해석될 것을 요구하는 것은 아니다. 판례는 구체적 사건에 대한 법적 판단에 지나지 않으므로 판례와 법률은 구별해야 하며, 법관은 법해석을 임무로 하고 법관의 법해석은 법률조항의 의미를 확인하는 데 불과하므로, 판례변경도 법률조항의 변경이 아니라 그 의미내용의 확인에 지나지 않는다. 그럼에도 불구하고 판례변경에 대하여도 소급효금지의 원칙이 적용된다고 해석하는 것은 입법과 사법의 혼동이며, 법관의 임무를 법규정의 내용을 충전하는 데 제한하고 있는 헌법정신에 반하게 된다고 한다.

둘째, 판례에 대하여도 소급효금지의 원칙이 적용된다고 해석할 때에는 법률해석의 발전은 불가능하게 된다. 새로운 해석은 소급적 처벌이나 가중처벌이 아니라 이미 존재하지만 아직까지 정확하게 인식되지 못한 법률의사의 실

---

1) 김일수/서보학 66면; 박상기 32면; 손동권 35면; 이재상 20면; 임웅 23면; 정영일 「피고인에게 불리한 판례변경과 형법 제1조 1항」, 형사판례의 연구 I, 10면; 천진호 「피고인에게 불리한 판례변경과 소급효금지원칙」, 앞의 책, 24면; 허일태 「피고인에게 불리한 판례의 변경과 소급효금지원칙」, 형사판례연구 9, 141면.

2) Dannecker LK §1 Rn. 436ff; Ebert AT 3. Aufl. S. 13; Jescheck/Weigend S. 139; Kindhäuser AT 3. Aufl. §3 Rn. 4; Kley Rn. 81; Lackner/Kühl §1 Rn. 4; Roxin AT §5 Rn. 61; Rudolphi SK §1 Rn. 8; Tröndle/Fischer §1 Rn. 17.

현에 불과하며, 이에 의하여 살아서 움직이는 법률을 발견할 수 있기 때문이다.[1] 뿐만 아니라 판례는 법원의 판결 이전에 범해진 범죄를 대상으로 하기 때문에 본질적으로 소급적 성질을 가진다는 점에서도 소급효금지의 원칙이 적용될 수 없는 영역이라고 한다.[2]

셋째, 긍정설에 의할 때에는 판례변경에 대하여 소급효금지의 원칙이 적용되는 결과 판례를 변경하면서 피고인에 대하여는 무죄판결을 선고한 원심판결을 유지해야 하는데, 이는 상고심의 기능과 일치하기 어렵다. 상고는 오판을 시정하여 당사자의 권리를 구제하고 법령해석을 통일하는 기능을 가진다. 따라서 판례변경을 위한 법원의 판단은 그것이 당해 사건에 중요한 경우에 한하여 허용된다고 해야 한다. 당해 사건에 영향을 미치지 않은 채 장래에 대하여만 적용될 판례의 변경은 상고심의 기능과 일치하지 않는다는 것이다.[3]

2. 긍 정 설

피고인에게 불리한 판례변경에 대하여도 소급효금지의 원칙이 적용되므로 종전의 판례에 따라 무죄 또는 경한 처벌을 해야 한다는 견해이다.[4] 다만, 독일의 긍정설은 판례변경에 대하여 원칙적으로는 소급효금지의 원칙이 적용되지 않지만 판례가 법률보충적 기능(gesetzesergänzende Funktion)을 수행하는 때에만 소급효가 금지되어야 한다는 이론이라는 점에서,[5] 우리 형법상의 긍정설과 구별된다. 긍정설 가운데는 판례가 현존하는 법률 안에서의 법발견활동에 불과한 때에는 소급효금지의 원칙이 적용되지 않지만, 법률 밖에서의 자유로

---

1) Roxin §5 Rn. 61.

2) Kley Rn. 81.

3) Ulfrid Neumann 「Rückwirkungsverbot bei belastenden Rechtssprechungsänderungen der Strafgerichte?」, ZStW 103, 353.
법원조직법 제8조의 「상급법원의 판단은 당해 사건에 관하여 하급심을 기속한다」는 규정을 근거로 장래의 사건에 대하여만 적용되는 판결은 불가능하다고 하거나, 같은 법 제7조 1항 3호의 전원합의체에 의한 판례변경에 관한 규정을 판례변경에 대하여 소급효금지의 원칙이 적용되지 않는 근거로 드는 견해도 있다(정영일 앞의 글, 7, 10면). 그러나 법원조직법 제8조는 파기판결의 구속력을 규정한 것에 불과하고, 전원합의체에 의한 판례변경은 판례변경의 경우에 소급효를 긍정하라는 의미는 아니다.

4) 배종대 98면; 손해목 61면; 신동운 44면; 이정원 38면; 정영석/박광민 20면.

5) Hassemer/Kargl NK §1 Rn. 57; Schmitz MK §1 Rn. 33; Sch/Sch/Eser §1 Rn. 9.
배종대 98면도 같은 입장이다.

운 법발견 내지 법창조활동이 될 때에는 소급적용이 금지되어야 한다는 견해도 있다.[1] 긍정설의 논거는 아래와 같다.

첫째, 판례는 그 자체가 성문법은 아니지만 유권적 해석에 의하여 법의 내용을 확정하고 사실상 구속력을 가지고 있는 법규범이다. 법률과 법관의 법적용은 통일체로서 허용되는 행위와 금지되는 행위의 한계를 밝히는 기능을 하며, 따라서 현대 방법론에 의하면 판례도 법률을 구체화하는 데 있어서 독자적 의의를 가지고 있다. 특히 구성요건이 법률상 불충분하게 규정된 때에는 법관의 법해석에 의하여 그 범위를 확정할 수밖에 없으므로, 이 범위에서는 판례변경에 대하여도 소급효금지의 원칙이 적용되어야 한다는 것이다.

둘째, 국민은 판례를 사실상 구속력 있는 법규범으로 인식하고 있으므로 법적 안정성과 예측가능성이라는 측면에서 볼 때, 국민의 이러한 신뢰를 보호해야 한다. 따라서 판례변경을 소급효금지의 원칙 밖에 두면 국민의 신뢰를 보호하여 법적 안정성과 예측가능성을 확보하려는 죄형법정주의의 의의와 목적은 상실되지 않을 수 없다는 것이다.

3. 사 견

긍정설(소급효 부정설)의 가장 큰 난점은 실정법적 근거가 없다는 점에 있다. 즉 소급효금지의 원칙은 법률의 소급효를 금지하고 있을 뿐이며, 판례변경의 소급효를 금지하는 규정은 없다. 이에 반하여 부정설(소급효 긍정설)은 형식논리에 집착한 나머지, 판례가 가지고 있는 사실적 구속력 있는 법규범으로서의 실질적 기능을 무시하고, 이에 대한 국민의 신뢰보호에 불충분하다는 난점이 있다. 그러나 판례에 대한 국민의 신뢰보호는 법률에 대한 그것과 비교할 수 없다는 점을 주의해야 한다. 즉 입법자는 지금까지의 판단과 관계없이 자유롭게 법률을 개정할 수 있기 때문에 이에 대하여는 소급효금지의 원칙이 철저히 적용된다. 그러나 법관은 규범침해에 대한 사후적 판단에 의하여 규범기대를 안정화할 과제를 갖고 있다. 따라서 규범기대가 합목적적이지 못할 때에 법률을 개정하는 것은 법관의 과제가 아니라 입법자가 해야 할 일이다. 확립된 대법원판례의 변경은 자의적인 것이 아니라, 지금까지의 판례가 모순되기 때

1) 김일수 한국형법 I, 187면.

문에 불법을 피하기 위하여 이루어지는 것이다. 명확성의 원칙에 따라 법관에게 주어진 해석의 폭은 넓지 않으며, 유추해석금지의 원칙에 의하여 법관의 해석은 형법규정의 가능한 의미의 범위를 지켜야 한다.[1] 이에 의하여 판례변경에 대하여는 법적 안정성과 예측가능성이 충분히 담보되어 있고, 자의적 판단의 위험이 방지될 수 있다.[2] 법 해석은 견해의 수정 즉 판례의 변경가능성을 전제로 한다. 따라서 시민들은 법이 정해둔 태두리 안에서 법원의 견해는 언제나 변경될 수 있음을 염두에 두어야 하며, 판례의 변경으로 인하여 불이익을 받는 경우에도 이를 감수해야 한다.[3] 이러한 의미에서 판례변경에 대하여도 소급효금지의 원칙이 적용되어야 한다는 긍정설을 취할 수는 없다고 생각한다. 판례변경의 경우에 종래의 판결에 대한 국민의 신뢰가 형법 제16조의 규정에 의하여 법률의 착오가 정당한 이유 있는 경우에 해당하여 책임이 없다는 이유로 충분히 보호될 수 있다면, 판례변경에 대하여도 소급효금지의 원칙을 적용해야 할 필요성은 더욱 약화된다. 여기서 피고인에게 불리한 판례변경이 법률의 착오에 해당하는가를 검토해 볼 필요가 있다.

Ⅲ. 판례변경과 법률의 착오

판례변경의 경우에 법률의 착오에 관한 규정이 적용될 수 있는가에 대하여도 긍정설과 부정설이 대립되고 있다. 판례변경의 경우에 소급효금지의 원칙이 적용되지 않는다는 부정설을 취하는 학자들은 대부분 피고인에게 불리한 판례변경으로 인한 국민의 신뢰는 법률의 착오에 관한 규정을 적용함으로써 보호할 수 있다고 해석한다.[4] 이에 반하여 부정설은 판례변경의 경우에 법률의 착오에 관한 규정의 적용을 부정한다. 부정설의 논거는 학자들에 따라 다소 차이가 있으나, 대체로 다음의 세 가지 유형으로 정리될 수 있다.

---

1) 김일수 앞의 책, 187면의 「판례변경이 자유로운 법발견 내지 법창조활동이 될 때에는 소급적용이 금지되어야 한다」는 설명은 이러한 의미에서 적절하지 않다고 생각된다. 허일태 앞의 글, 140면 참조.

2) Rudolphi SK §1 Rn. 8.

3) 김일수/서보학 66면.

4) 김일수/서보학 66면; 손동권 39면; 이재상 20면; 임웅 23면; 천진호 앞의 글, 23면; 허일태 앞의 글, 139면. 다만, 정영일 앞의 글, 9면은 법률의 착오규정의 적용을 부정하고 있다.

첫째, 판례는 형법 제16조의 법령에 해당하지 않으므로 판례를 신뢰한 경우는 법률의 착오에 해당하지 않는다는 견해이다.[1] 즉 금지의 착오에 관하여 독일형법 제17조는 '불법을 행함을 통찰하지 못한 경우'라고 규정하여 판례의 경우에도 금지착오에 관한 규정이 적용될 가능성을 열어두었으나, 형법 제16조는 '법령에 의하여 죄가 되지 아니하는 것으로'라고 규정하고 있으므로 판례변경의 경우에는 적용될 여지가 없다는 것이다. 그러나 형법 제16조의 '법령에 의하여 죄가 되지 아니하는 것으로 오인한 행위'란 행위자에게 위법성의 인식이 없는 모든 경우를 의미한다고 해석해야 하므로, 종전의 판례를 신뢰하여 자기의 행위가 허용된다고 오인한 경우도 당연히 법률의 착오에 해당한다고 해야 한다. 둘째, 판례변경의 문제는 금지착오의 법리와 근본적으로 다른 차원의 문제라는 견해가 있다.[2] 즉 금지착오의 경우는 법원이 당해 사건에 관하여 종전의 판례를 변경하는가의 여부와 관계없이 종전 판례에 대한 행위자의 신뢰에 대하여 형법 제16조를 적용할 수 있는지 여부를 판단하는 것이므로, 판례변경의 문제와는 근본적으로 다르다는 것이다. 법률의 착오와 판례변경이 다른 제도인 것은 물론이다. 그러나 판례변경의 경우에 종전 판례를 신뢰하여 허용된다고 오인한 때에 법률의 착오에 관한 규정이 적용되는 것은 별개의 문제이다. 물론, 종전의 판례를 모르면서 위법성의 인식이 없었던 경우에도 법률의 착오에 관한 규정을 적용할 것인가에 대하여는 견해의 대립이 있음에 반하여, 판례변경에 소급효를 인정할 것인가는 행위자의 인식여부와 관계없는 것이 사실이다. 그러나 판례변경으로 인한 신뢰보호는 종전의 판례를 신뢰한 행위자를 보호하기 위한 것이므로 법률의 착오에 관한 규정을 적용하는 데 방해가 되지 않는다고 해야 한다. 셋째, 금지착오의 문제로 해결하는 것은 소급효금지의 문제를 정면에서 대처하지 못한 흠이 있으므로 법적 안정성을 보장하고 신뢰보호가 깨지는 것을 막기 위해서는 판례변경의 소급효를 부정해야 한다는 견해이다.[3] 그러나 법률의 착오규정을 적용하는 것은 판례변경에 소급효금지의 원칙이 적용되지 않는다는 전제에서 종전 판례를 신뢰한 국민의 신뢰를 보호하기 위한 것이다. 소급효금지

1) 배종대 98면.
2) 정성근/박광민 20면; 정영일 앞의 글, 9면.
3) 신동운 44면.

의 원칙을 정면으로 대처하기 위하여 이론상 적용될 수 없는 경우까지 이 원칙의 적용을 확장해야 하는 것은 아니다. 그렇다면 판례변경의 경우에도 종전의 판례를 신뢰한 자에 대하여는 법률의 착오에 관한 규정에 의하여 착오에 정당한 이유가 있는 때에는 책임이 부정된다고 해야 한다. 국민은 판례를 신뢰할 수는 있어도 비판할 능력은 갖지 못했다는 점에서 대법원판례를 신뢰한 때에는 정당한 이유를 인정해야 할 경우에 해당한다.

Ⅳ. 대상판결의 검토

대상판결 (1)과 (2)는 모두 판례변경의 경우에는 소급효금지의 원칙이 적용되지 않는다는 이유로 종전의 판례에 의하면 처벌받지 않는 행위도 판례변경에 의하여 처벌할 수 있다는 취지를 명백히 한 판결이다. 소급효금지의 대상은 법률인데 판례는 법률이 아니고, 해석에 대하여는 그 본질상 소급효금지의 원칙이 적용될 수 없을 뿐만 아니라, 판례에 대한 국민의 신뢰보호의 필요성은 법률에 의한 소급처벌의 경우에 비하여 현저히 약화되고, 법률의 착오에 관한 규정을 적용하여 책임을 부정하는 방법에 의하여 그 신뢰는 충분히 보상받을 수 있다는 점에서 판례의· 태도는 타당하다고 생각된다. 다만 대상판결들이 판례변경의 경우에 소급효금지의 원칙이 적용되지 않는다는 점을 밝히는 데 그치고, 피고인의 행위가 법률의 착오에 의하여 면책될 수 있는가를 심리하지 아니한 것은 문제이다. 판례변경에 소급효금지의 원칙이 적용되지 않는다고 해석하는 경우에도 종전의 판례를 신뢰하여 위법성의 인식이 결여된 행위자를 책임의 단계에서라도 보호할 필요성은 절실하기 때문이다. 따라서 대법원으로서는 직권으로라도 원심판결을 파기하고 원심으로 하여금 법률의 착오가 정당한 이유 있는 경우에 해당하는가를 심리하도록 환송하는 것이 옳다고 할 것이다.

2. 보안처분과 형벌불소급의 원칙

[대상판결]

(1) 대법원 1997. 6. 13. 97도703

1. 사실관계 및 소송의 경과

피고인은 1995. 6. 27. 실시되는 제4대 지방선거 성남시장 후보로 출마한 甲의 선거운동을 하면서 같은 달 11일까지 2회에 걸쳐 식사비와 금품 등 1,314,00원을 교부받고, 같은 달 6일부터 15일까지 이적표현물을 소지한 혐의로 공직선거및선거부정방지법(현행 공직선거법)위반 및 국가보안법위반으로 공소제기되었다.

제1심은 위 공소사실에 대하여 유죄를 선고하면서 피고인에게 징역 1년에 2년간 집행유예를 선고하였고, 제1심판결에 대하여 검사와 피고인이 항소하였다. 원심은 검사의 양형부당의 항소이유를 받아들여 제1심판결을 파기하고 피고인에게 징역 1년 6월에 3년간 집행유예를 선고하면서 보호관찰을 명하였다. 집행유예의 경우에 보호관찰을 명할 수 있게 한 것을 내용으로 하는 개정형법 제62조의 2는 1997. 1. 1. 시행되었다.

피고인은 집행유예의 경우에 보호관찰이나 사회봉사명령을 명하는 규정은 1997. 1. 1.부터 시행된 것인데, 원심법원이 그 이전의 범행에 대하여 피고인에게 보호관찰을 명한 것은 형벌불소급의 원칙 내지 죄형법정주의에 위반된다는 이유로 상고하였다.

2. 판결요지

개정형법 제62조의 2 제1항에 의하면 형의 집행을 유예를 하는 경우에는 보호관찰을 받을 것을 명할 수 있고, 같은 조 제2항에 의하면 제1항의 규정에 의한 보호관찰의 기간은 집행을 유예한 기간으로 하고, 다만 법원은 유예기간의 범위 내에서 보호관찰의 기간을 정할 수 있다고 규정되어 있는바, 위 조항에서 말하는 보호관찰은 형벌이 아니라 보안처분의 성격을 갖는 것으로서, 과거의 불법에 대한 책임에 기초하고 있는 제재가 아니라 장래의 위험성으로부터 행위자를 보호하고 사회를 방위하기 위한 합목적적인 조치이므로, 그에 관하여 반드시 행위 이전에 규정되어 있어야 하는 것은 아니며, 재판시의 규정에 의하여 보호관찰을 받을 것을 명할 수 있다고 보아야 할 것이고, 이와 같은 해석이 형벌불소급의 원칙 내지 죄형법정주의에 위배되는 것이라고 볼 수 없다.

(2) 대법원 2008. 7. 24. 2008어4 결정

1. 사실관계

원심은 2006년 7월 말경에 있었던 재항고인의 이 사건 폭행행위에 대하여 현행 가정폭력범죄의 처벌 등에 관한 특례법 제41조, 제40조 1항 제5호, 제4호를 적용하여 재항고인에게 6개월간 보호관찰을 받을 것과 200시간의 사회봉사 및 80시간의 수강을 명하였다.

원심이 적용한 보호처분에 관한 규정은 이 사건 폭행행위 이후인 2007. 8. 3. 법률 제8580호로 개정된 것으로서 개정 전 가정폭력처벌법(구 가정폭력처벌법)에는 사회봉사 및 수강명령의 상한이 각각 100시간으로 되어 있다가 각각 200시간으로 그 상한이 확대되었다. 피고인은 원심결정에 대하여 대법원에 재항고하였다.

2. 결정요지

[1] 가정폭력범죄의 처벌 등에 관한 특례법이 정한 보호처분 중의 하나인 사회봉사명령은 가정폭력범죄를 범한 자에 대하여 환경의 조정과 성행의 교정을 목적으로 하는 것으로서 형벌 그 자체가 아니라 보안처분의 성격을 가지는 것이 사실이다. 그러나 한편으로 이는 가정폭력범죄행위에 대하여 형사처벌 대신 부과되는 것으로서, 가정폭력범죄를 범한 자에게 의무적 노동을 부과하고 여가시간을 박탈하여 실질적으로는 신체적 자유를 제한하게 되므로, 이에 대하여는 원칙적으로 형벌불소급의 원칙에 따라 행위시법을 적용함이 상당하다.

[2] 가정폭력범죄의 처벌 등에 관한 특례법상 사회봉사명령을 부과하면서, 행위시법상 사회봉사명령 부과시간의 상한인 100시간을 초과하여 상한을 200시간으로 올린 신법을 적용한 것은 법률적용을 그르친 위법이 있다.

[판 례 의 연 구]

Ⅰ. 문제의 제기

소급효금지의 원칙이란 「범죄와 형벌은 행위 시의 법률에 규정되어 있어야 한다」는 원칙이다. 따라서 형벌에 대하여 소급효금지의 원칙이 적용되어야 한다는 점에는 이론이 없다. 소급효금지의 원칙을 형벌불소급의 원칙이라고 하는 이유도 여기에 있다. 문제는 보안처분에 대하여도 소급효금지의 원칙이 적용되어야 하는가이다. 보안처분은 형벌과는 달리 과거의 불법이나 행위자의 책임에 대한 제재가 아니라 장래의 위험성에 대처하기 위한 합목적적 처분이므로 보안처분을 과할 것인가는 판결시법을 기준으로 판단해야 할 것 같기 때문이다. 그러나 보안처분도 실질에 있어서는 형벌에 못지 않은 자유제한을 수반하는 것이므로 이에 대한 국민의 신뢰를 보장해야 법치국가적 형법이 유지되는 것이 아닌가라는 문제가 제기된다.

대상판결 (1)은 집행유예 시에 명해지는 보호관찰, 대상판결 (2)는 가정폭력범죄의 처벌 등에 관한 특례법에 의한 사회봉사명령이 보안처분이라는 전제에서 보안처분에 소급효금지의 원칙이 적용되는가에 대한 대법원의 태도를 밝힌 판결이다. 같은 보안처분임에도 불구하고 대법원은 앞의 판결에서는 소급효금지의 원칙의 적용을 부정한 반면, 뒤의 판결에서는 사회봉사명령에 대하여 형벌불소급의 원칙의 적용을 긍정하였다. 여기서 보안처분에 대하여 소급효금지의 원칙이 적용되는가와 함께, 보호관찰과 사회봉사명령의 본질은 무엇인가를 검토할 필요가 있다.

Ⅱ. 보안처분과 형벌불소급 원칙의 적용여부

1. 학설의 대립

보안처분에 대하여도 형벌불소급의 원칙이 적용되는가에 관하여는 긍정설과 부정설 및 개별적 적용설이 대립되고 있다.

(1) 부 정 설

보안처분에 대하여는 형벌불소급의 원칙이 적용되지 않는다는 견해이다.[1] 보안처분은 과거의 불법에 대한 책임에 기초하고 있는 제재가 아니라 장래의 재범위험성으로부터 행위자를 보호하고 사회를 방위하기 위한 합목적적 조치이므로 어떤 조치가 합목적적인가는 행위 이전에 규정되어 있을 필요가 없고 판결 시에 결정되면 족하다는 것을 이유로 한다. 「보안처분에 관하여는 법률에 특별한 규정이 없는 때에는 판결 시의 법률에 의한다」는 명문의 규정(독일형법 제2조 6항)을 두고 있는 독일형법의 해석에 있어서 다수설이 취하고 있는 태도이다.[2] 부정설은 우리 형법에는 이런 규정이 없지만 헌법 제12조 1항과 제13조 1항이 보안처분에도 소급효금지의 원칙이 적용되어야 한다는 것을 의미하지 않는 이상 결국 보안처분의 본질적인 성격에서 판단해야 하는데, 비록 행위 시에 재범위험성이 존재한다고 하더라도 판결 시에 그 위험성이 더 이상 존재하지 않는다면 보안처분을 선고할 수 있는 타당성 내지 필요성은 사라질 것이므로 보안처분에서는 형벌에서와 같이 불소급의 원칙이 반드시 적용될 필요성은 없다고 한다. 대상판결 (1)은 부정설의 태도와 일치한다고 볼 수 있다.

(2) 긍 정 설

보안처분에도 소급효금지의 원칙이 적용되어야 한다는 견해이다. 보안처분도 범죄에 대한 제재로서 자유제한의 정도에 있어서 형벌 못지 않은 효과가 있을 뿐만 아니라, 보안처분에 대하여 소급효금지의 원칙이 적용되지 않으면 소급효금지의 원칙의 의미는 상실된다는 것을 근거로 한다. 우리나라의 통설의 태도이다.[3] 독일형법의 해석에 있어서도 1998. 1. 26.의 성범죄처벌법(Gesetz zur Bekämpfung von Sexualdelikten und anderen gefährlichen Straftaten)에 의하여 보호감호의 기간이 연장된 이래 긍정설이 점점 유력해지고 있다고 할 수 있다.[4] 그것은 첫째, 죄형법정주의가 행위 이전에 금지의 인식가능성이 책

1) 신동운 796면; 김혜정 「보호관찰과 형벌불소급의 원칙」, 형사판례의 연구 I, 33면.

2) Jescheck/Weigend S. 139; Kindhäuser §3 Rn. 4; Kley §3 Rn. 79; Lackner/Kühl §2 Rn. 32; Maurach/Zipf S. 157; Sch/Sch/Eser §2 Rn. 42; Tröndle/Fischer §2 Rn. 15; Wessels/Beulke Rn. 50.

3) 김일수/서보학 64면; 박상기 31면; 배종대 93면; 손해목 61면; 오영근 59면; 이재상 18면; 임웅 21면; 정성근/박광민 18면.

4) Dannecker LK §1 Rn. 409; Hassemer/Kargl NK §2 Rn. 60; Jakobs §4 Rn. 56; Roxin §5 Rn.

임의 전제가 된다는 책임원칙에 근거를 두고 있다면 책임과 관련 없는 보안처분에는 적용될 여지가 없지만 그것은 여기에 그치는 것이 아니며, 소급효금지의 원칙은 행위 시에 예견할 수 없는 제재로부터 개인을 보호하기 위한 것이므로 보안처분에도 당연히 적용되어야 하며,[1] 둘째 형벌과 보안처분을 과거와 장래에 대한 제재로 엄격히 구별하는 것은 형벌과 보안처분이론은 물론 그 부과와 집행의 현실과도 일치하지 않으므로, 보안처분이 실질적으로 행위자에게 형벌 못지 않은 효과를 가진 이상 개념상의 차이가 아니라 제재로서의 사실상의 동일성이 법치국가적 보장의 기초가 되어야 한다는 것이다.[2]

(3) 개별적 적용설

보안처분의 범주가 넓고 그 모습이 다양한 이상 보안처분에 속한다는 이유만으로 일괄적으로 불소급의 원칙이 적용된다거나 그렇지 않다고 단정할 것이 아니라 각각의 경우에 따라 불소급의 원칙의 적용이 상당한지를 판단해야 한다는 견해이다.[3] 이에 의하면 보호감호나 사회봉사명령과 같이 형벌적 성격이 강한 보안처분에는 불소급의 원칙이 적용되어야 하지만, 보호관찰에 대하여는 적용되지 않는다는 결과가 될 수 있다. 대법원이 종래 구 사회보호법의 보호감호에 관하여 동종 또는 유사한 죄를 저지른 것이 위 법 시행 이후인 때에만 보호감호를 할 수 있다고 하여 소급효금지의 원칙을 적용하였고,[4] 대상판결 (1)에서 보호관찰에 대하여는 개정법률 시행 이전의 행위에 대하여도 소급적용을 인정하면서 대상판결 (2)에서는 사회봉사명령에 관하여 소급효금지의 원칙이 적용된다고 판시한 것은 개별적 적용설의 입장이라고 볼 수도 있다.

2. 학설의 검토

형벌과 보안처분은 형벌이 과거의 불법에 대한 행위자의 책임에 기초하고 있는 제재임에 반하여 보안처분은 행위자의 사회에 대한 장래의 위험성에 대

56; Rudolphi SK §2 Rn. 18; Schmitz MK §2 Rn. 52; Stratenwerth/Kuhlen §3 Rn. 12.

1) Roxin §5 Rn. 56.
2) Hassemer/Kargl NK §2 Rn. 60.
3) 이재홍「보호관찰과 형벌불소급의 원칙」, 형사판례연구 7, 30면.
4) 대법원 1983. 10. 25. 83도2477, 83감도426; 대법원 1987. 2. 24. 86감도286.

처하기 위한 처분이라는 점에서 구별된다. 즉 형벌과 보안처분은 정당성의 근거에서 차이가 있다. 그러나 소급효금지의 원칙이 적용되는가를 판단하는 기준은 그 정당성이 어디에 있는가가 아니라 그 실질이 무엇인가를 기준으로 해야 한다. 보안처분도 형벌과 마찬가지로 행위자의 자유를 제한하며 행위자에게 불이익을 초래하는 제재라는 점에서 동일하다. 따라서 보안처분에 대하여도 소급효금지의 원칙이 적용되어야 한다는 긍정설이 타당하다. 법치국가적 보장을 보안처분에 대하여 적용하는 것을 부정해야 할 이유는 없다고 생각한다. 독일형법 시행법이 보호감호, 지도감독, 직업금지 등 새로운 보안처분에 대하여는 소급효금지에 대한 특별규정을 두고 있고, 1974년 개정된 오스트리아 형법 제 1 조와 2007년 개정된 스위스형법 제 1 조가 「형벌 또는 보안처분은 행위 시의 법률에 의하여 형벌로 처벌받는 행위에 대하여만 과할 수 있다」고 규정한 이유도 이러한 의미에서 이해할 수 있다.

보안처분에는 자유박탈 보안처분과 자유제한 보안처분이 있다. 즉 모든 보안처분은 자유제한을 내용으로 하며, 따라서 소급효금지의 원칙을 보안처분의 종류에 따라 개별적으로 판단해서 적용여부를 판단해야 한다는 견해도 옳다고 할 수 없다. 여기서 보호관찰이나 사회봉사명령을 보안처분이라고 할 수 있는가가 문제된다.

Ⅲ. 보호관찰과 사회봉사명령의 성질

1. 보호관찰의 법적 성질

(1) 학설의 대립

보호관찰이란 자유로운 상태에 있는 범죄인에 대한 사회적 지도에 의하여 범죄인의 사회복귀와 교육의 목적을 달성하기 위한 범죄인에 대한 외래적 치료를 말한다. 형법은 집행유예와 선고유예의 경우에 보호관찰을 명할 수 있고(제62조의 2, 제59조의 2), 가석방의 경우에는 가석방기간 중 보호관찰을 받도록 하고 있다(제73조의 2). 형의 집행유예의 경우에 명해지는 보호관찰의 법적 성질에 관하여는 보안처분설, 독립제재설 및 부담부 조건설이 대립되고 있다.

보안처분설은 보호관찰을 행위자의 장래의 위험성에 대처하기 위한 자유제한적 보안처분이라고 해석한다.[1] 대상판결 (1)도 보호관찰은 형벌이 아니라 보안처분의 성격을 갖는다는 전제에서 소급효금지의 원칙의 적용을 부정하고 있다. 독립제재설은 보호관찰을 형벌도 보안처분도 아닌 제3의 길로서 독립된 제재에 속한다고 이해한다.[2] 보호관찰은 처벌이 아니므로 형벌이라고 볼 수 없고, 사회방위보다는 피고인의 개선과 교화를 통한 사회복귀에 중점을 두고 보호를 위한 관찰을 위주로 하는 것일 뿐만 아니라, 형벌과 보안처분은 독립적으로 부과되는 데 반하여 보호관찰은 독립적으로 부과되지 않고 그 내용도 자유의 박탈 또는 제한이라고 보기 어렵다는 점에서 보안처분이라고도 할 수 없기 때문에 보호관찰은 형벌도 보안처분도 아닌 제3의 제재라고 보아야 한다는 것이다. 부담부 조건설은 보호관찰은 집행유예에 대한 부담부 조건이라고 한다.[3] 부담부 조건(Auflage)이란 이미 범해진 불법의 회복을 위한 형벌유사의 제재(strafähnliche Sanktion)를 의미하고,[4] 다수설에 의하면 집행유예의 본질은 형집행의 변형이라고 해석하고 있으므로,[5] 이 견해에 의하면 보호관찰은 형집행의 변형을 위한 형벌유사의 제재 또는 형벌유사의 독립된 제재를 의미하게 된다. 신동운 교수는 가석방기간 중의 보호관찰과 치료감호법에 의한 보호관찰은 보안처분이지만, 선고유예나 집행유예의 경우에 붙게 되는 보호관찰은 특별예방을 지향하는 선고유예나 집행유예의 부수조치로서의 성질을 갖는다고 한다.[6]

(2) 학설의 검토

1) 독립제재설과 부담부 조건설에 대한 비판 독립제재설이 보호관찰을 형벌이라고 볼 수 없다고 한 것은 타당하다. 그러나 보안처분과 보호관찰이 전자가 사회방위에 중점을 두고 행위자의 재범위험성에 대한 부정적 예측에 기초하고 있음에 반하여 보호관찰은 교육과 개선에 의한 행위자의 사회복귀

---

1) 김일수「보안처분과 형벌불소급의 원칙」(법률신문 1997. 9. 1.), 15면.
2) 김혜정 앞의 글, 36면; 이재홍 앞의 글, 23면.
3) 김일수/서보학 64면, 785면; 배종대 94면; 정성근/박광민 698면.
4) Horn SK §56 b Rn. 2; Lackner/Kühl §56 b Rn. 1; Sch/Sch/Stree §56 b Rn. 2; Tröndle/Fischer §56 b Rn. 2.
5) 김일수/서보학 778면; 박상기 536면; 이재상 601면; 임웅 623면; 정성근/박광민 694면.
6) 신동운 796면. 그러나 집행유예의 부수조치라고 해서는 그 본질을 무엇이라고 할 것인가에 대하여 아무런 해답을 주지 않는다.

를 목적으로 한다는 점에서 구별된다고 한 것은 옳지 않다. 보안처분도 행위자의 개선을 위한 처분이며 보호관찰은 보호뿐만 아니라 감독도 그 내용으로 한다. 현재의 보안처분법은 보안보다 개선을 강조하고 있다. 보안처분은 독립적으로 부과됨에 반하여 보호관찰은 그렇지 않다는 설명도 잘못이다. 심신미약자에 대한 치료감호와 같이 형벌과 병과하여 부과되는 보안처분도 있고, 자유형의 집행종료 또는 가석방기간 중의 보호관찰과 같이 독립적으로 부과되는 보호관찰도 있기 때문이다. 부담부 조건설이 보호관찰을 집행유예에 대한 부담부 조건이라고 해석하는 것도 부당하다. 집행유예에 부과되는 보호관찰은 자유형의 집행을 피하기 위하여 행위자의 생활형성에 지속적인 영향을 미치는 특별예방적 조치이기 때문이다. 즉 보호관찰은 과거의 불법에 대한 회복을 내용으로 하는 부담이 아니라 행위자의 개선을 위한 지시(Weisung)에 해당한다.[1)] 따라서 보호관찰은 형벌유사의 처분이 아니라 보안처분에 가까운 성질을 가졌다고 해야 한다.

2) 형법상 보호관찰제도의 본질 보호관찰은 영미의 probation에서 유래하는 제도이다. probation은 형의 선고를 하지 않고 유죄판결만으로 피고인에게 보호관찰을 명하는 제도이다. 따라서 그것은 형벌도 보안처분도 아닌 독립된 제 3 의 제재이다. 독일형법의 집행유예는 프랑스 · 벨기에식의 조건부 판결제도(sursis)에 기초한 제도이다. 독일형법에서 보호관찰에 해당하는 제도로 지도감독(Führungsaufsicht)과 보호관찰(Bewährungshilfe)이 있다. 전자가 보안처분임에 반하여, 후자는 집행유예에 필연적으로 결합된 피고인의 개선을 위한 지시이다. 그런데 형법의 보호관찰은 독일형법과 달리 집행유예의 경우에 반드시 명해야 하는 것도 아니다. 우리나라에 보호관찰이 도입된 것은 소년법에서 규정한 보호처분으로서의 보호관찰에서 시작되었다. 그 후 사회보호법과 치료감호법에 의하여 보호관찰이 도입되었다. 이들 보안처분인 보호관찰에 대하여는 보호관찰 등에 관한 법률에 의하여 보호관찰관의 지도와 감독을 받게 되었다(동법 제32조, 제33조). 형법개정에 의하여 성인에 대해서도 보호관찰이 적용되었으나, 그 내용은 보안처분의 경우와 마찬가지로 보호관찰법에 의한 지도와 감독을 받는 것이다. 보안처분으로서의 보호관찰과 동일한 내용의 보호관찰이

---

1) Horn SK §56 d Rn. 2; Lackner/Kühl §56 d Rn. 1; Sch/Sch/Stree §56 d Rn. 1.

집행유예와 선고유예 및 가석방의 경우에 확장되었다고 해서 그 본질이 달라지는 것은 아니다. 이러한 의미에서도 형법의 보호관찰도 보안처분의 성격을 가졌다고 할 수 있다.

2. 사회봉사명령의 법적 성질

사회봉사명령이란 유죄가 인정된 범죄인에게 자유형을 집행하는 대신 정상적인 사회생활을 영위하게 하면서 일정한 기간 내에 지정된 시간 동안 무보수로 근로에 종사하게 명하는 제재이다. 형법은 집행유예를 선고하는 경우에 사회봉사명령을 할 수 있다고 규정하고 있으며(제62조의 2), 벌금미납자의 사회봉사 집행에 관한 특례법에 의하여 노역장유치에 대신하여 사회봉사를 허가할 수 있도록 하고 있다(동법 제4조 내지 제6조).

사회봉사명령의 성질에 관하여도 보안처분설, 형벌 또는 형집행변형설 및 독립제재설이 대립되고 있다. 보안처분설은 사회봉사명령을 환경조정과 성행교정을 통한 범죄인의 교화·개선에 중점을 둔 보안처분이라고 해석한다.[1] 대상판결 (2)를 비롯하여 대법원이 취하고 있는 태도이기도 하다.[2] 형벌 또는 형집행변형설은 사회봉사명령을 자유형이 아니라 자유시간형으로서 현대사회에 부합하는 형벌이라고 해석하거나,[3] 자유형의 변형 또는 대체수단으로서의 지위를 가지고 보호관찰과는 독립된 지위를 점하는 형벌집행의 변형이라고 이해한다.[4] 이에 반하여 독립제재설은 사회봉사명령을 범죄인과 사회의 화해를 통한 범죄인의 교화·개선이라는 이념 아래 고안된 사회내 처우라는 점에서 주성격으로 보안처분과 보조적 성격으로 형벌의 성격을 동시에 가지고 있는 제3의 제재라고 이해한다.[5]

사회봉사명령은 영국에서 1972년 형사사법법(Criminal Justice Act 1972)에 의하여 처음 실시된 제도이다. 즉 영국에서는 사회봉사명령(community service order)을 독립된 주형으로 인정하고 있다. 이에 반하여 독일형법은 주형으로서

1) 이영란「사회봉사명령의 양형과 효과에 관한 경험적 연구」, 형사정책 12-1(2000), 28면.
2) 대법원 2006. 9. 8. 2006도4741.
3) 최준혁「형사제재로서의 사회봉사명령」, 한국형사법학의 오늘, 275면.
4) 정동기 사회봉사명령제도의 연구 16면.
5) 박미숙「형사제재로서의 사회봉사명령의 의의와 전망」, 형사법연구 17(2002), 97면; 이규훈「사회봉사명령의 의의 및 한계」, 형사판례연구 17, 207면.

의 사회봉사명령은 도입하지 않고 집행유예 시에 부과되는 부담부 조건의 하나로 사회봉사(Gemeinnüzige Arbeit)를 명하거나 이를 벌금형에 대한 대체자유형에 대신하는 제재로 인정하고 있다. 독일의 사회봉사명령은 단기자유형이나 대체자유형의 폐해를 방지하기 위한 새로운 제재로 평가받고 있다.[1] 우리나라의 사회봉사명령도 독일의 그것과 유사하다고 볼 수 있다. 생각건대 사회봉사명령의 시간과 종류는 범죄인의 위험성을 기준으로 부과되는 것이 아니라 불법과 책임을 고려해서 판단해야 하며 그 내용이 노동의 부과라는 점에서는 자유형에 유사한 성격을 갖지만, 벌금미납자에 대한 사회봉사명령은 대체자유형을 피하기 위한 제재이고 범죄인의 사회통합을 주된 목적으로 하는 제재라는 점에서 형벌과 보안처분의 성격을 함께 가지고 있지만, 보안처분보다는 오히려 형벌적 색채가 강한 제 3 의 제재 내지 독립된 제재라고 해석하는 것이 타당하다고 생각한다.

Ⅳ. 대상판결의 검토

대법원은 보호관찰과 사회봉사명령을 모두 보안처분이라고 해석하면서도 대상판결 (1)에서 보호관찰에 대하여는 소급효금지의 원칙이 적용되지 않는다고 함에 반하여, 대상판결 (2)에서는 사회봉사명령에 관하여 그 적용을 긍정하였다. 먼저 대상판결 (1)이 보호관찰을 보안처분이라고 해석한 것은 타당하다고 생각한다. 집행유예의 경우에 부과되는 보호관찰은 부담부 조건이 아니라 피고인의 교육과 개선을 목적으로 하는 지시라고 해석해야 할 뿐만 아니라, 보안처분으로서의 보호관찰과 내용에 있어서 차이가 없다고 해야 하기 때문이다. 그러나 대상판결 (1)이 보호관찰에 대하여 소급효금지의 원칙이 적용되지 않는다고 해석한 것은 옳다고 할 수 없다. 대법원은 보호관찰의 경우 자유제한의 정도가 사회봉사명령의 경우에 비교하여 현저히 약하다는 것을 전제로 한 것으로 보인다. 보호관찰에 의한 행동의 제약은 피고인이 나쁜 습관을 버리고 선한 생활을 해야 한다는 도덕적 원칙과 그에 따른 다소의 행동기준을 부과하는

1) Dölling「Sanktion ohne Freiheitentzug」, ZStW 104, 281; Streng「Moderne Sanktionrecht?」, ZStW 111, 837.

데 불과하다고 보는 견해도 있다.[1] 그러나 보호관찰 등에 관한 법률에 의하여 보호관찰 대상자는 보호관찰관의 지도와 감독을 받아야 할 뿐만 아니라, 광범위한 준수사항이 부과되며(동법 제32조, 제33조), 이는 단순한 도덕적 원칙과 행동기준을 부과하는 정도가 아니다. 보호관찰도 대상자의 자유를 제한하는 처분인 이상 소급효금지의 원칙이 당연히 적용되어야 할 것이다.

대상판결 (2)가 사회봉사명령에 대하여 소급효금지의 원칙이 적용된다고 판시한 것은 이러한 의미에서 타당하다고 할 수 있다. 사회봉사명령의 내용이 노동의 부과인 이상 대상자에 대한 자유제한의 정도가 자유형에 비교될 수 있을 정도이기 때문이다. 그러나 대상판결 (2)가 사회봉사명령을 보호관찰과 같이 보안처분으로 해석한 것은 옳지 않다. 사회봉사명령은 독립된 주형이 되거나, 대체자유형의 기능을 대신할 수 있을 정도로 형벌로서의 성격이 강하게 나타나는 독립된 제재라고 해야 하기 때문이다. 다만, 사회봉사명령의 성질을 어떻게 해석하더라도 이에 대하여 소급효금지의 원칙이 적용되어야 한다는 결론에는 차이가 없다. 요컨대 대상판결은 모두 소급효금지의 원칙이 적용되어야 할 경우이다.

1) 김혜정 앞의 글, 38면; 이재홍 앞의 글, 31면.

3. 유추금지와 목적론적 축소

[대상판결]

(1) 대법원 1994. 12. 20. 94모32 전원합의체결정

1. 사실관계

피고인은 피해자 A 소유의 사과나무 밭에서 바람이 세게 불자 담뱃불을 붙이려고 마른 풀을 모아 놓고 성냥불을 켜 담뱃불을 붙이고 소화여부를 확인하지 않고 자리를 떠나, 피해자 소유의 사과나무 217주를 소훼하였다.

2. 소송의 경과

검사는 피고인을 형법 제170조 2항, 제167조를 적용하여 공소제기하였다.

제 1 심은 제170조 2항은 타인 소유의 제167조에 기재한 물건(일반물건)을 소훼한 경우에 적용될 수 없고, 그러한 물건을 과실로 소훼한 경우에 처벌할 수 있는 규정이 없으므로, 공소장에 기재된 사실이 진실하다고 하더라도 범죄가 될 만한 사실이 포함되어 있지 아니한 때에 해당한다는 이유로 공소기각의 결정을 하였다. 검사가 즉시항고하였다.

이에 대하여 제 2 심(원심)은 형법 제170조 2항의 '자기의 소유에 속하는 제166조 또는 제167조에 기재한 물건'을 자기의 소유에 속하는 제166조에 기재한 물건 또는 자기나 타인의 소유에 속하는 제167조에 기재한 물건으로 해석하는 것은 죄형법정주의의 원칙, 특히 유추해석금지 또는 확장해석금지에 반한다는 이유로 즉시항고를 기각하고 제 1 심판결을 유지하였다. 검사가 재항고하였다.

3. 판결요지

[다수의견] 형법 제170조 제 2 항에서 말하는 '자기의 소유에 속하는 제166조 또는 제167조에 기재한 물건'이라 함은 '자기의 소유에 속하는 제166조에 기재한 물건 또는 자기의 소유에 속하든, 타인의 소유에 속하든 불문하고 제167조에 기재

한 물건'을 의미하는 것이라고 해석하여야 하며, 제170조 제 1 항과 제 2 항의 관계로 보아서도 제166조에 기재한 물건(일반건조물 등) 중 타인의 소유에 속하는 것에 관하여는 제 1 항에서 규정하고 있기 때문에 제 2 항에서는 그 중 자기의 소유에 속하는 것에 관하여 규정하고, 제167조에 기재한 물건에 관하여는 소유의 귀속을 불문하고 그 대상으로 삼아 규정하고 있는 것이라고 봄이 관련조문을 전체적 · 종합적으로 해석하는 방법일 것이고, 이렇게 해석한다고 하더라도 그것이 법규정의 가능한 의미를 벗어나 법형성이나 법창조행위에 이른 것이라고는 할 수 없어 죄형법정주의의 원칙상 금지되는 유추해석이나 확장해석에 해당한다고 볼 수는 없을 것이다.

[반대의견] 형법 제170조 제 2 항은 명백히 '자기의 소유에 속하는 제166조 또는 제167조에 기재한 물건'이라고 되어 있을 뿐 '자기의 소유에 속하는 제166조에 기재한 물건 또는 제167조에 기재한 물건'이라고는 되어 있지 아니하므로, 우리말의 보통의 표현방법으로는 '자기의 소유에 속하는'이라는 말은 '제166조 또는 제167조에 기재한 물건'을 한꺼번에 수식하는 것으로 볼 수밖에 없고, 같은 규정이 '자기의 소유에 속하는 제166조에 기재한 물건 또는 아무런 제한이 따르지 않는 단순한 제167조에 기재한 물건'을 뜻하는 것으로 볼 수는 없다.

(2) 대법원 1997. 3. 20. 96도1167 전원합의체판결

1. 사실관계

피고인은 1995년 3월부터 6월까지 안양시의회 의원으로 출마한 공소외 A의 사무장 B로부터 활동비 명목으로 780만원을 교부받았다. 피고인은 공직선거및선거부정방지법(현행 공직선거법)의 매수 및 이해유도죄로 구속영장을 발부받았는데, 도피하여 9월 25일자로 기소중지되었다. 피고인은 10월 29일 검찰청에 자진 출석하여 범행을 자백하였다.

2. 소송의 경과

제 1 심은 피고인이 수사기관에 자진 출두하여 범행을 자백한 것은 공직선거및선거부정방지법(이하 '공직선거법'이라 한다)상의 자수에 해당한다고 보아 같은 법 제262조에 따라 형면제 판결을 선고했다. 이에 반하여 원심은 공직선거법 제262조의 취지를 금품제공행위의 발견에 기여한 수령자에게 형면제라는 포상을 주어 금품제공행위를 근절하려는 데 있다고 보고, 피고인처럼 범죄사실이 모두 발견되었고 구속영장이 발부된 이후에 한 자수는 공직선거법 위반범죄의 발견에 유용하다고 할 수 없다는 이유로 발각 전에 한 자수만 같은 법 제262조의 필요적 형면제사유에 해당한다고 판단하고, 피고인에게 형을 선고하였다. 피고인이 상고하였다.

3. 판결요지

(1) 공직선거및선거부정방지법 제262조가 제230조(매수 및 이해유도죄) 제1항 등 금품이나 이익 등의 수수에 의한 선거부정관련 범죄에 대하여 자수한 경우에 필요적 형면제를 규정한 주된 입법 취지는, 이러한 범죄유형은 당사자 사이에 은밀히 이루어져 그 범행발견이 어렵다는 점을 고려하여 금품 등을 제공받은 사람으로 하여금 사실상 신고를 하도록 유도함으로써 금품 등의 제공자를 효과적으로 처벌하려는 데 있다.

(2) [다수의견] 형벌법규의 해석에 있어서 법규정 문언의 가능한 의미를 벗어나는 경우에는 유추해석으로서 죄형법정주의에 위반하게 된다. 그리고 유추해석금지의 원칙은 모든 형벌법규의 구성요건과 가벌성에 관한 규정에 준용되는데, 위법성 및 책임의 조각사유나 소추조건, 또는 처벌조각사유인 형면제 사유에 관하여 그 범위를 제한적으로 유추적용하게 되면 행위자의 가벌성의 범위는 확대되어 행위자에게 불리하게 되는바, 이는 가능한 문언의 의미를 넘어 범죄구성요건을 유추적용하는 것과 같은 결과가 초래되므로 죄형법정주의의 파생원칙인 유추해석금지의 원칙에 위반하여 허용될 수 없다. 한편 형법 제52조나 국가보안법 제16조 제1호에서도 공직선거법 제262조에서와 같이 모두 '범행발각 전'이라는 제한 문언 없이 "자수"라는 단어를 사용하고 있는데 형법 제52조나 국가보안법 제16조 제1호의 "자수"에는 범행이 발각되고 지명수배된 후의 자진출두도 포함되는 것으로 판례가 해석하고 있으므로 이것이 "자수"라는 단어의 관용적 용례라고 할 것인바, 공직선거법 제262조의 "자수"를 '범행발각 전에 자수한 경우'로 한정하는 풀이는 "자수"라는 단어가 통상 관용적으로 사용되는 용례에서 갖는 개념 외에 '범행발각 전'이라는 또 다른 개념을 추가하는 것으로서 결국은 '언어의 가능한 의미'를 넘어 공직선거법 제262조의 "자수"의 범위를 그 문언보다 제한함으로써 공직선거법 제230조 제1항 등의 처벌범위를 실정법 이상으로 확대한 것이 되고, 따라서 이는 단순한 목적론적 축소해석에 그치는 것이 아니라, 형면제 사유에 대한 제한적 유추를 통하여 처벌범위를 실정법 이상으로 확대한 것으로서 죄형법정주의의 파생원칙인 유추해석금지의 원칙에 위반된다.

(3) [반대의견] 공직선거및선거부정방지법 제262조의 자수를 선거법위반행위

의 발견 전에 행하여진 것에 한정된다고 해석하지 아니하고 그 시기에 있어서 제한 없이 체포 전에만 하면 이에 해당하여 형이 필요적으로 면제된다고 해석하게 되면, 첫째 범행발견에 아무런 기여를 한 바가 없음에도 불구하고 같은 법 제262조의 특혜를 주는 것이 되어 같은 법 제262조가 자수에 대하여 형의 필요적 면제를 규정한 입법 취지에 반하고, 둘째 범죄와 형벌의 균형에 관한 국민 일반의 법감정에 맞지 않아 정의와 형평에도 현저히 반하며, 셋째 형법 제52조에 의하여 형이 임의적으로 감경되는 다른 범죄의 자수자, 특히 공직선거및선거부정방지법 제230조 제 1 항 등 3개 죄의 금품 등의 제공범행을 한 후 자수한 자와는 달리 위 3개 범죄의 범행을 하고 범행발각 후에 자수한 자만 아무런 합리적 이유도 없이 필요적 형면제라는 차별적 특혜를 받게 되어 헌법 제11조 제 1 항의 평등위반이라는 위헌의 소지도 있게 된다. 그러므로 공직선거및선거부정방지법 제262조의 자수를 그 입법 취지와 목적에 비추어 위 규정과 형의 필요적 면제의 대상이 되지 아니하는 같은 법상의 다른 처벌규정 등을 전체적 · 종합적으로 헌법에 합치되게 해석하려면 '범행발각 전에 수사기간에 자진출두하여 자백한 경우'만을 의미하는 것으로 해석하여야 되는 것이다. 그리고 유추해석이란 법률에 규정이 없는 사항에 대하여 그것과 유사한 성질을 가지는 사항에 관한 법률을 적용하는 것을 뜻하는 것인바, 공직선거및선거부정방지법 제262조의 자수를 위와 같이 '범행발각 전의 자수'로 축소해석하는 것은 같은 법 제262조의 자수가 형법 제90조 제 1 항 단서나 제101조 제 1 항 단서의 자수와 유사하다고 하여 공직선거및선거부정방지법상의 자수에 위 형법 각 조항을 적용 또는 준용하려는 것이 아니라, 공직선거및선거부정방지법 제262조의 "자수"라는 문언에 포함될 수 있는 여러 경우(즉 '범행발각 전의 자진출두', '범행발각 후의 자진출두' 등) 중에서 같은 법 제262조가 그 조항의 입법 취지와 목적, 다른 처벌규정과의 체계적 관련성에 의하여 내재적으로 한계지워져 있는 것을 풀이함으로써 '범행발각 전의 자진출두'로 제한한 것에 불과하여 이는 다수의견이 주장하는 것처럼 제한적 유추해석이 아니라 목적론적 축소해석에 불과하므로 죄형법정주의의 파생원칙인 유추해석금지의 원칙에 위반되지 아니하는 것이다.

[판례의 연구]

Ⅰ. 문제의 제기

유추해석(Analogie)이란 법률에 규정이 없는 사항에 대하여 유사한 성질을 가지는 사항에 관한 법률을 적용하는 것을 말한다. 그것은 법률에 규정이 없는 경우를 보완하기 위한 법관에 의한 법형성 내지 법창조를 의미하며, 적법한 절차를 따르지 아니한 입법이라고 할 수 있다. 죄형법정주의는 피고인에게 불이익한 유추해석을 금지한다. 즉 유추해석에 의하여 새로운 구성요건을 만들거나 기존의 구성요건에 대한 형을 가중할 수는 없다. 이를 허용할 때에는 명확성의 원칙은 무의미하게 되어 버리기 때문이다. 그러나 모든 법규범에는 해석이 필요하다. 형법에 있어서도 해석은 가능할 뿐만 아니라 불가결하다. 형법규범은 그 추상성으로 인하여 적용을 위해서는 해석을 거쳐야 하며,[1] 형벌법규의 내용도 해석에 의하여 비로소 명확하게 될 수 있기 때문이다.[2] 따라서 형법을 구체적 사건에 적용하기 위해서는 문리해석과 논리해석, 주관적·역사적 해석과 객관적·목적적 해석방법을 동원하여 그 규범의 의미를 명백히 하지 않으면 안 된다. 문제는 허용되는 해석, 특히 목적적 해석과 금지되는 유추의 한계를 어디에 두어야 할 것인가에 있다. 범죄의 성립을 조각하는 사유나 처벌조건을 제한해석하는 것도 피고인에게 불이익을 초래할 수 있다. 여기서 목적론적 축소(teleologische Reduktion)와 유추와의 관계에 관한 문제가 제기된다. 대상판결은 모두 유추와 해석의 한계를 법규정의 가능한 의미에 두고 있다. 대상판결 (1)은 관련조문을 전체적·종합적으로 해석한다고 하더라도 그것이 법규정의 가능한 의미를 벗어나 법형성이나 법창조행위에 이른 것이라고는 할 수 없다고 판시하고 있으며, 대상판결 (2)는 목적론적 축소와 유추의 관계에 관하여 위법성 및 책임의 조각사유나 소추조건 또는 처벌조각사유인 형면제 사유에 관하여 그 범위를 제한적으로 유추적용하게 되면 가능한 문언의 의미를

1) Jescheck/Weigend S. 154; Rudolphi SK § 1 Rn. 28; Sch/Sch/Eser § 1 Rn. 36.

2) Roxin § 5 Rn. 28.

넘어 범죄구성요건을 유추적용하는 것과 같은 결과가 초래되므로 유추해석금지의 원칙에 위반하여 허용될 수 없다고 판시하고 있다. 유추해석금지의 원칙에 관한 대법원의 기본적인 입장을 밝힌 판례라고 할 수 있다.

Ⅱ. 유추와 해석의 한계(대상판결 (1))

1. 유추와 해석의 구별기준

(1) 법문(언어)의 가능한 의미

통설은 유추와 해석의 한계를 법문(언어)의 가능한 의미(der mögliche Wortsinn)에서 찾고 있다.[1] 법률의 목적은 법문에 의하여만 표현될 수 있으므로 해석은 법문에서 시작되어야 하고, 법문은 해석을 위한 기본 자료가 되며 법문의 가능한 의미는 해석의 외적 한계가 된다는 것이다. 따라서 법문의 일상적인 가능한 의미의 범위 내에서 입법자는 법문의 의미와 입법자의 의사, 법체계적인 연관과 법률의 목적으로 고려하여 생명 있는 법을 발견할 수 있음에 반하여, 형벌규정의 가능한 의미를 벗어나는 해석은 유추이므로 허용되지 않는 것이 된다. 그리고 여기서 말하는 법문의 가능한 의미는 현재 일상생활의 언어사용에 따른 의미(heutiger Sprachgebrauch des Täglichen Lebens)[2] 또는 일상용어에 따른 법문의 가능한 의미(möglichen umgangsprachlichen Wortsinn)[3]를 뜻한다.

(2) 통설의 기준에 대한 반론

법문의 가능한 의미가 유추와 해석을 한계지우는 명백한 기준이 될 수 있는가에 대하여 독일에서는 Sax를 비롯하여 Arthur Kaufmann, Hassemer, Jakobs, Schmidhäuser, Stratenwerth 등에 의하여 의문이 제기된 바 있다. 반대설의 논거는 다음 두 가지 점으로 요약될 수 있다.

---

1) 김일수/서보학 73면; 이재상 28면; 임웅 24면; 정성근/박광민 28면; 김영환 「형법해석의 한계」, 형사판례연구 4, 7면, 「법의 흠결과 목적론적 축소해석」, 형사판례의 연구 I, 74면; 장영민 「유추금지와 목적론적 축소해석」, 형사판례연구 7, 9면.

2) Kley §3 Rn. 92.

3) Roxin §5 Rn. 28; Sch/Sch/Eser §1 Rn. 55; Schünemann 「Methodologische Prolegomena zur Rechtsfindung im Besonderen Teil des Strafrechts」, Bockelmann-FS S. 126.

첫째, 유추와 해석은 반대개념이 아니며 해석과 유추 사이에는 논리적 차이가 없다고 한다. 즉 모든 법률해석은 유추 없이 불가능하며, 특히 목적론적 해석은 유추와 일치하기 때문에 유추도 해석의 일종으로 보아야 한다는 것이다.[1] 유추는 유사성(Ähnlichkeit)을 의미하는데 유사성이란 일부분은 일치하고 일부분은 일치하지 않는 것을 말하며, 법률해석에 있어서 법적으로 중요한 사실이 완전히 일치하는 경우는 없는 이상 해석은 유추가 되지 않을 수 없고, 해석의 한계는 유추 이외의 다른 방법으로 결정해야 한다고 한다. 따라서 Arthur Kaufmann은 해석과 유추의 구별은 허용되는 유추와 허용되지 않는 유추의 구별에 불과하다고 하고,[2] Hassemer도 유추금지의 원칙은 결국 허용될 수 없는 과도한 확장해석을 금한다는 의미를 가질 뿐이라고 했다.[3] 이러한 의미에서는 유추금지는 결국 논증되지 않은 유추를 금지한다는 의미를 가진다고 할 수 있다.

둘째, 법문의 가능한 의미는 애매하고 불명확한 형식적 개념에 불과하므로 유추와 해석을 한계지울 수 없다고 한다. 즉 법문이 가능한 의미의 창고를 제한한다 하더라도 일상용어는 용어의 새로운 의미에 열려 있기 때문에 형법 외적 문장의 가능한 언어의 의미는 형법적으로는 사용할 수 없다는 것이다.[4] 따라서 Arthur Kaufmann은 언어의 가능한 의미는 존재론적으로 불가능하기 때문에 구성요건에 의하여 정해진 개념범위에 속하는 불법유형(Unrechtstypus)으로 대체해야 한다고 하였고,[5] Stratenwerth는 여러 개의 법문의 가능한 의미 가운데 무엇이 정당한 것인가를 판단하기 위해서는 불법과 책임유형을 가능한 한 정확히 파악해야 한다고 했고,[6] Jakobs는 언어의 뜻(Wortbedeutung) 대신에 규정의 의미(Sinn einer Regelung)가 기준이 되어야 한다고 했다.[7]

(3) 비　　판

법문의 가능한 의미를 기준으로 해석과 유추를 구별하는 통설에 대한 독일의 반론이 주장하는 바와 같이 해석도 명백히 구성요건에 해당하는 경우를

---

1) Sax *Strafrechtliche Analogieverbot*, 81ff; Stratenwerth/Kuhlen §3 Rn. 32.
2) Arthur Kaufmann *Analogie und Natur der Sache*, 1965 S. 62.
3) Hassemer *Tatbestand und Typus*, 1968 S. 162.
4) Jakobs §4 Rn. 35.
5) Arthur Kaufmann S. 279.
6) Stratenwerth/Kuhlen §3 Rn. 33.
7) Jakobs §4 Rn. 36.

다른 경우와 비교해서 유사성이 인정되는 때에 구성요건해당성을 인정하는 유추과정을 통해 진행되기 때문에 유추와 해석의 한계가 명백하지 않은 것은 사실이다. 언어의 불명확성과 법률의 조작가능성에 비추어 법문의 가능한 의미가 명백한 한계가 되기 어렵다는 것도 인정하지 않을 수 없다. 그러나 이러한 사실이 인정된다고 하더라도 통설이 법문의 가능한 의미를 기준으로 유추와 해석을 구별하는 것은 타당하다고 생각한다.

첫째, 해석과 유추의 유사성은 해석의 결과가 법문의 가능한 의미를 벗어났는가 아닌가를 구별하여, 전자는 금지되는 유추이고 후자는 허용된다고 하는 것을 방해하지 않는다. 유추와 해석의 구별을 허용되지 않는 유추와 허용되는 유추, 허용되지 않는 해석과 허용되는 해석으로 구별하는 것도 논쟁의 가치조차 없는 용어상의 문제에 불과하다.[1)]

둘째, 법문(언어)의 가능한 의미는 해석을 통상생활의 언어사용에 따른 일상용어의 의미내용에 제한하는 것이므로 그 범위를 확정할 수 없는 것은 아니다. 일상생활에 있어서 언어의 사용에 따른 의미를 해석의 한계로 이해하는 것은 규범의 의미와 목적이라는 순수한 규범적 기준에 비하여 그 한계를 일반인이 누구나 이해할 수 있다는 점에서 국민의 신뢰보호라는 관점에서 장점을 가진다.[2)]

셋째, 법문의 가능한 의미의 개념이 불명확하다고 하여 유추와 해석의 한계를 포기하는 것은 법치국가이념에 일치한다고 할 수 없다. 법문의 가능한 의미를 포기하고 불법유형이나 책임유형 또는 규범의 의미와 목적을 기준으로 양자를 구별할 때에는 모든 객관적·목적적 해석의 결과는 허용되고, 법률의 목표와 관계없는 자유로운 법발견만 금지된다는 결과가 된다. 그래서는 법관에 의한 법창조 내지 법관에 의한 입법을 막기 위한 죄형법정주의의 이념을 실현할 수 없게 된다. 이러한 의미에서 유추와 해석을 법문의 가능한 의미를 기준으로 구별하는 통설이 타당하다고 하지 않을 수 없다.

1) Roxin §5 Rn. 36; Rudolphi SK §1 Rn. 22.
2) Sch/Sch/Eser §1 Rn. 55.

2. 대상판결 (1)의 검토

대상판결(1)은 유추와 해석의 한계를 법규정의 가능한 의미에 두고 있다. 또 형법 제166조와 제167조가 자기소유 건조물의 방화죄가 성립하기 위하여는 공공의 위험을 요건으로 하고, 타인소유 건조물이나 물건의 방화를 자기소유물의 방화의 경우에 비하여 무겁게 처벌하고 있는 점에서 자기소유 일반물건의 실화를 처벌하는 경우에는 타인소유 물건의 실화죄도 당연히 처벌해야 하는데, 제166조 기재 물건 중 타인소유의 물건에 대한 실화죄가 제170조 1항에 규정되어 있는 이상 자기소유에 속하는 제166조에 기재한 물건과 167조에 기재된 물건은 소유권의 귀속여부를 불문하고 제170조 2항에 의하여 처벌되어야 한다는 점에서 출발하고 있다. 이 점에 있어서는 다수의견과 반대의견이 의견을 같이하고 있으며, 대상판결의 이러한 논증은 타당하다고 생각된다. 문제는 형법 제170조 2항에서 말하는「자기의 소유에 속하는 제166조 또는 제167조에 기재한 물건」을 '자기의 소유에 속하는 제166조에 기재한 물건 또는 자기의 소유에 속하든 타인의 소유에 속하든 불문하고 제167조에 기재한 물건'을 의미하는 것이라고 해석하는 것이 허용될 것인가에 있다. 다수의견은 전체조문을 전체적·종합적으로 해석하는 경우에는 그렇게 해석하는 것이 법문의 가능한 의미를 벗어난 것이 아니라고 해석하고 있음에 반하여, 소수의견은「자기의 소유에 속하는 제166조 또는 제167조에 기재한 물건」이란 '자기의 소유에 속하는 제166조에 기재한 물건 또는 제167조에 기재한 물건'이 아니므로 '자기의 소유에 속하는'이라는 수식어는 제166조 또는 제167조에 기재한 물건을 한꺼번에 수식하는 것으로 해석할 수밖에 없다고 이해하였다.

형법 제170조 2항에 타인소유의 제167조에 기재한 물건이 포함된다고 해석하는 것에 강력히 반대하는 학자가 김영환 교수이다. 김영환 교수는 제170조 2항의「자기소유에 속하는 제166조 또는 제167조에 기재한 물건」에서 '또는'은 누가 보아도 연결어(Konjunktion)이지 분리어(Disjunction)로 해석될 수 없으며, 따라서 '자기소유에 속하는 제166조 또는 제167조에 기재한 물건'도 '자기소유에 속하는' 제166조 또는 제167조에 기재한 물건으로 해석되며, 이를 다른 기준에 의하여 보완하는 것은 유추의 혐의를 짙게 할 뿐이라고 한다.[1] 해석의 출발점이 법문 또는 문언인 것은 사실이다. 그러나 법문을 기초로 해석을 시작하는 것은 문리해석의 방법이다. 용어의 의미에 따라 법문을 해석하는 것은 해석의 출발점에 지나지 않는다. 법규정의 문법적 해석에 따라 의미를 밝히는 것도 이 단계에서 해야 할 일이다. 문리해석을 문법적 해석(gramatische Auslegung)이라고 하는 것도 이러한 의미에서 이해할 수 있다. 그러나 문리해석만으로 법률을 적용할 수 없는 경우에는 논리해석과 목적론적 해석을 동원하여 법문의 살아 있는 의미를 밝히는 것이 형법해석학이 해야 할 일이다. 대상판결이 말하는 '전체조문을 전체적 · 종합적으로 해석하는 방법'도 이를 의미한다고 볼 수 있다. 그 해석의 결과가 법문의 가능한 의미를 벗어나지 않으면 유추가 되지 않는다. 이 경우에 법문의 논리해석과 법문의 가능한 의미라는 해석의 한계는 구별해야 할 것이다.

형법 제170조 2항에 타인소유의 제167조에 기재된 물건을 소훼한 경우가 포함된다고 해석하면서도, 그 근거를 제170조 2항의 입법상의 흠결에 두면서 법전편찬상의 과오가 있는 경우에는 해석에 의하여 보정할 수 있다고 해석하는 견해도 있다.[2] 법전편찬상의 과오(Reduktionsfehler)란 입법자의 의사가 명백히 오기되었거나 잘못 표현된 경우에는 이를 해석에 의하여 보충할 수 있다는 것을 말한다.[3] 신동운 교수는 일본형법 제116조 2항이 '실화에 의하여 제109조에 규정한 물건(현주건조물)으로 자기의 소유에 속하는 것 또는 제110조에 규정한 물건(건조물 이외의 물건)을 소훼하여 공공의 위험을 발생케 한 자'라고 규정하고, 1940년의 형법개정가안 제260조 2항이 '실화하여 자기의 소유에 속하는 제256조(일반건조물방화)에 기재한 물건 또는 제257조에 기재한 물건(일반물건방화)을 소훼하여 공공의 위험을 발생케 한 자'를 처벌하여 제257조에 기재한 물건은 자기소유뿐만 아니라 타인소유도 포함하는 것으로 규정하였던 것을 형법이 입법의 과오로 잘못 기재한 것이므로 이를 해석에 의해 보완하는 것이 허용된다는 것이다.[4] 그러나 일본형법이나 일본형법가안의 규정이 우리형

1) 김영환 앞의 글, 15면.
2) 신동운 판례백선 형법총론(개정증보판) 35면.
3) Jescheck/Weigend S. 160.
4) 신동운 앞의 책, 33면.

법과 다르다는 이유만으로 형법규정에 법전편찬상의 과오가 있다고 단정할 수는 없다. 우리 형법의 입법과정에서 입법자가 일본형법이나 일본형법가안을 번역하였다고 볼 자료도 없다. 법전편찬상의 과오가 있는 경우에 해석에 의한 보정을 인정하는 견해도 법문이 법전에 규정된 사실관계가 발전하거나 새로운 사실이 등장하여 입법자의 의사와 일치하지 않는 2차적인 편찬상의 과오(sekundärer Reduktionsfehler)의 경우에는 해석의 한계를 넘을 수 없다고 설명하고 있다.[1)]

법률해석의 출발점은 법률의 문언 내지 용어이다. 법문의 문리해석만으로는 형법 제170조 2항의 「자기소유에 속하는 제166조 또는 제167조에 기재한 물건」은 '자기소유에 속하는' 제166조 또는 제167조에 기재한 물건으로 해석하는 것이 옳을 수 있다. 그러나 그렇게 해석하는 경우에는 과실로 자기소유에 속하는 일반물건을 소훼한 경우에는 과실범으로 처벌됨에 반하여 타인소유의 일반물건을 소훼한 때에는 처벌받지 않는 불합리한 결과가 된다. 따라서 형법의 체계와 목적을 고려한 객관적·목적적 해석방법에 의할 때에 그 규정은 '자기소유에 속하는 제166조에 기재한 물건 또는 제167조에 기재한 물건'을 뜻한다고 해석할 수 있게 된다. 문제는 이러한 해석결과가 법문의 가능한 의미를 벗어났는가에 있다. 그러나 법문(언어)의 가능한 의미는 문법적 용어가 아니라 일상생활에서 사용하는 통상의 관용어란 사실을 주의해야 한다. 일반인은 또는 앞에 물건이 추가되었건, 제167조에 기재한 물건 앞에 쉼표가 찍혀 있건 아니건 문제삼지 않는다. 따라서 형법 제170조 2항의 '자기소유에 속하는 제166조 또는 제167조에 기재한 물건'을 '자기소유에 속하는 제166조에 기재한 물건 또는 자기 또는 타인의 소유에 속하는 제167조에 기재한 물건'으로 해석하는 것은 법문의 가능한 의미를 넘었다고 할 수 없으며, 대상판결의 태도는 타당하다고 생각한다.

1) Jescheck/Weigend S. 160.

Ⅲ. 목적론적 축소와 유추(대상판결 (2))

1. 목적론적 축소와 축소해석

목적론적 해석(teologische Auslegung)이란 법률의 목적 또는 입법자의 목적에 따라 해석하는 것을 말한다. 법문의 가능한 범위 안에서의 목적론적 해석은 당연히 허용된다. 목적론적 해석에 의한 축소해석 역시 같다. 여기서 축소해석이란 법문의 의미, 그 적용범위 및 가벌성의 범위를 축소하는 해석을 의미한다. 법문의 가능한 범위 안에서의 축소해석은 피고인에게 불이익하든 이익이든 불문하고 허용된다. 그러나 범죄성립조각사유나 형면제사유의 축소해석은 피고인에 대한 처벌을 확대하는 결과를 초래한다. 축소해석이 피고인에게 불이익을 결과하는 경우이다. 이 경우에 법문의 가능한 범위를 넘는 축소해석을 목적론적 축소 또는 목적론적 환원(teleologische Reduktion)이라고 한다.

법의 흠결이 있는 경우에 이를 보충하는 방법으로 유추와 목적론적 축소가 있다. 여기서 법의 흠결이라고 할 때에는 명시적 흠결과 은폐된 흠결이 있다. 명시적 흠결(offene Lücke)이란 누가 봐도 해당사항에 적용될 법규정이 명백히 존재하지 않는 경우를 말함에 반하여, 은폐된 흠결(verdekte Lücke)은 규율할 법규정은 존재하지만 이를 적용할 경우 불합리한 결과를 초래하는 경우이다. 법의 흠결을 유추에 의하여 보충하는 것은 유추해석금지의 원칙에 의하여 허용되지 않는다. 유추가 허용되지 않는 것처럼, 목적론적 축소도 해석의 한 방법이라기보다는 법형성에 속하는 방법이다. 목적론적 축소는 유추와 정반대의 구조를 갖고 있다. 유추가 법문의 가능한 의미를 넘어서 법의 목적을 찾는 것임에 반하여, 목적론적 축소는 법문의 가능한 의미에 미달해서 법을 형성하는 것이다.[1] 즉 유추가 대상을 포섭하는 것이라면, 목적론적 축소는 포섭된 대상을 배제하는 것이다. 형벌권을 창설·확대하는 유추가 허용되지 않는 것처럼 형벌권을 확대하는 목적론적 축소도 법문의 가능한 의미를 벗어날 때에는 허용되지 않는다고 해야 한다.

---

1) Kley §3 Rn. 97.

2. 대상판결 (2)의 검토

대상판결 (2)는 자수를 필요적 형면제로 규정한 공직선거법 제262조의 주된 입법 취지가 이러한 범죄유형은 당사자 사이에 은밀히 이루어져 그 범행발견이 어렵다는 점을 고려하여 금품 등을 제공받은 사람으로 하여금 사실상 신고를 하도록 유도함으로써 금품 등의 제공자를 효과적으로 처벌하려는 데 있다는 데서 출발한다. 반대의견은 「공직선거법 제262조의 자수를 그 시기에 있어서 제한 없이 체포 전에만 하면 형이 필요적으로 면제된다고 해석하게 되면, 첫째 범행발견에 아무런 기여를 한 바가 없음에도 불구하고 같은 법 제262조의 특혜를 주는 것이 되어 같은 법 제262조의 입법 취지에 반하고, 둘째 범죄와 형벌의 균형에 관한 국민 일반의 법감정에 맞지 않아 정의와 형평에도 현저히 반한다는 등의 이유로, 공직선거법 제262조의 자수를 그 입법 취지와 목적에 비추어 이 규정과 형의 필요적 면제의 대상이 되지 아니하는 같은 법상의 다른 처벌규정 등을 전체적·종합적으로 헌법에 합치되게 해석하려면 '범행발각 전에 수사기간에 자진 출두하여 자백한 경우'만을 의미하는 것으로 해석하여야 된다」고 설시하였다. 대상판결 (1)의 다수의견과 상응하는 이론이라고 할 수 있다. 이에 반하여 다수의견은 「형법 제52조나 국가보안법 제16조 제 1 호의 '자수'에는 범행이 발각되고 지명 수배된 후의 자진출두도 포함되는 것으로 판례가 해석하고 있으므로 이것이 '자수'라는 단어의 관용적 용례라고 할 것인바, 공직선거법 제262조의 '자수'를 '범행발각 전에 자수한 경우'로 한정하는 풀이는 '자수'라는 단어가 통상 관용적으로 사용되는 용례에서 갖는 개념 외에 '범행발각 전'이라는 또 다른 개념을 추가하는 것으로서 결국은 '언어의 가능한 의미'를 넘어 공직선거법 제262조의 '자수'의 범위를 그 문언보다 제한함으로써 공직선거법 제230조 제 1 항 등의 처벌범위를 실정법 이상으로 확대한 것이 되고, 따라서 이는 단순한 목적론적 축소해석에 그치는 것이 아니라, 형면제 사유에 대한 제한적 유추를 통하여 처벌범위를 실정법 이상으로 확대한 것으로서 죄형법정주의의 파생원칙인 유추해석금지의 원칙에 위반된다」고 설명하고 있다. 대상판결 (1)의 반대의견과 일치하는 태도라고 볼 수 있다.

형법과 국가보안법의 자수에는 범행발각 전후의 신고를 포함하며, 자수의 효과를 임의적 감면사유로 규정한 이상 자수를 범행발각 전의 자수로 제한해야 할 필요성도 인정되지 않는다. 문제는 구 공직선거법 제262조가 자수를 필요적 형면제사유로 규정한 데 있었다. 자수를 필요적 형면제사유로 규정하고 보니 범행발각 후에 신고한 자에게 형면제를 해야 할 필요가 있는지 의문이 제기되었고, 원심은 이러한 사정을 고려하여 공직선거법의 자수는 범행발각 전의 신고에 제한된다고 해석하게 된 것이다. 은폐된 법의 흠결이 있는 경우라고 할 수 있다.[1] 법의 흠결을 유추나 목적론적 축소에 의하여 시정하는 것은 허용되지 않는다. 따라서 자수를 범행발각 전의 신고라고 해석하는 것이 언어의 가능한 의미의 범위를 벗어난 것인가를 판단해야 한다.

대상판결의 다수의견은 공직선거법 제262조의 '자수'를 '범행발각 전에 자수한 경우'로 한정하는 풀이는 '자수'라는 단어가 통상 관용적으로 사용되는 용례에서 갖는 개념 외에 '범행발각 전'이라는 또 다른 개념을 추가하는 것으로서 결국은 '언어의 가능한 의미'를 넘어 공직선거법 제262조의 '자수'의 범위를 그 문언보다 제한한 것이라고 설명했다. 공직선거법의 자수를 범행발각 후의 신고에 제한하는 것은 허용되지 않는 목적론적 축소에 해당한다고 해석하는 견해도 있다.[2] 그러나 형법이나 국가보안법의 자수에 관하여 판례가 범행발각 후의 신고를 포함한다고 판시하였다고 하여 그것이 자수의 관용적 의미인가에 대하여는 의문이 있다. 우리말사전에 의하면 자수란 죄를 범한 사람이 수사기관에 대하여 범죄사실을 신고하는 것을 말한다. 물론 신고가 범죄발각 전인가 후인가에 대하여는 아무런 설명이 없다. 그런데 원래 일본형법 제42조에서는 자수를 범행발각 전의 신고로 제한하는 규정을 두고 있었다. 판례는 1965년 이후 범행발각 후의 신고도 자수에 해당한다는 태도를 취하였다.[3] 형법이 자수의 효과를 임의적 감면사유로 규정하고 있었으므로 이를 엄격히 제한해야 할 필요가 없었기 때문에 종래의 자수개념을 확대해석한 것이라 할 수 있다. 물론 이러한 해석은 피고인의 이익을 위한 것이므로 금지되지 않는다. 이러한 확대해석이 허용된다면 자수의 고유한 의미는 범행발각 전에

---

1) 공직선거법 제262조는 2008년 2월 자수를 형의 감경 또는 면제사유로 개정하였다.
2) 김영환 앞의 글, 83면; 장영민 앞의 글, 15면.
3) 대법원 1965. 10. 5. 65도597; 대법원 1968. 7. 30. 68도754.

범죄사실을 신고한 경우에 제한된다고 해석하는 것이 타당하다고 생각된다.

해석과 유추 및 목적론적 축소의 한계인 언어의 가능한 의미는 언어의 일반적 · 관용적 의미이지 법률적 · 전문적 의미를 말하는 것이 아니다. 판례에 의하여 형성된 자수의 개념을 법문의 일반적 · 관용적 개념이라고 할 수도 없다. 자수가 갖는 일반적 · 관용적 의미는 수사기관에 대한 범죄사실의 신고 또는 범행발각 전의 신고를 의미하며, 따라서 공직선거법의 자수를 범행발각 전의 신고로 제한한다고 하여 목적론적 축소에 해당한다고 할 수는 없다. 대상판결의 태도에 찬성할 수 없다. 대상판결에서 다수의견과 반대의견 모두 목적론적 축소해석은 허용된다는 전제에서 목적론적 축소해석을 허용되지 않는 유추와 대비하고 있다. 그러나 목적론적 축소가 허용되지 않는데도 불구하고 목적론적 축소해석은 허용된다고 하는 것이 정확한 용어의 사용이라고 할 수는 없다.

4. 양벌규정의 기능과 한계

[대상판결]

(1) 대법원 1999. 7. 15. 95도2870 전원합의체판결

판결요지[1)]

[다수의견] 구 건축법(1991. 5. 31. 법률 제4381호로 전문 개정되기 전의 것) 제54조 내지 제56조의 벌칙규정에서 그 적용대상자를 건축주·공사감리자·공사시공자 등 일정한 업무주(業務主)로 한정한 경우에 있어서, 같은 법 제57조의 양벌규정은 업무주가 아니면서 당해 업무를 실제로 집행하는 자가 있는 때에 위 벌칙규정의 실효성을 확보하기 위하여 그 적용대상자를 당해 업무를 실제로 집행하는 자에게까지 확장함으로써 그러한 자가 당해 업무집행과 관련하여 위 벌칙규정의 위반행위를 한 경우 위 양벌규정에 의하여 처벌할 수 있도록 한 행위자의 처벌규정임과 동시에 그 위반행위의 이익귀속주체인 업무주에 대한 처벌규정이라고 할 것이다.

[보충의견] 대법원이 종래 양벌규정에 의하여 업무주 등이 아닌 행위자도 벌칙규정의 적용대상이 된다고 해석하여 온 구 건설업법(1995. 12. 30. 법률 제5137호로 개정되기 전의 것) 등의 벌칙규정의 경우에는 선행하는 의무규정 또는 금지규정에서 적용대상자를 업무주 등으로 한정하고 그 의무규정 등의 위반행위를 처벌하는 벌칙규정에서는 그 적용대상자를 별도로 한정하지 아니한 것과는 달리, 구 건축법에는 위와 같은 형식의 벌칙규정(제55조 제3호) 외에도, 의무규정 또는 금지규정에서는 적용대상자를 한정하지 아니하고 그 의무규정 등의 위반행위를 처벌하는 벌칙규정에서 비로소 적용대상자를 업무주 등으로 한정하고 있는 경우(제54조, 제55조 제1호, 제2호, 제4호 등)가 있으나, 선행의 의무규정 또는 금지규정에서 그 적용

1) 사실관계와 사건의 경과는 1. 피고인에 불리한 판례변경과 소급효금지의 원칙 대상판결 (1)과 같다.

대상자를 업무주 등으로 한정한 경우에는 벌칙규정에서 다시 처벌대상자를 한정하지 않더라도 위반행위에 관한 처벌대상자는 업무주 등으로 한정됨이 명백하므로 이를 다시 벌칙규정에서 한정하지 아니한 것일 뿐이고, 한편 선행의 의무규정 또는 금지규정에서 적용대상자를 한정하지 아니한 경우에는 그 위반행위에 관한 처벌대상자를 업무주 등으로 한정하기 위하여 벌칙에서 이를 규정한 것이라 할 것인데, 그러한 차이는 입법기술적인 면에서 비롯된 규정형식상의 차이에 불과할 뿐이며, 어느 경우든 의무규정 또는 금지규정의 위반행위에 관한 벌칙규정의 적용대상자가 업무주 등으로 한정된다는 점에 있어서는 실질적인 차이가 없으므로 각각의 경우에 있어서 동일 형식의 벌칙규정에 대한 양벌규정의 의미가 달라진다고 볼 수 없고, 이와 같이 적용대상자가 업무주 등으로 한정된 벌칙규정임에도 불구하고 양벌규정에서 '행위자를 벌'한다고 규정한 입법 취지는 위의 어느 경우든 업무주를 대신하여 실제로 업무를 집행하는 자임에도 불구하고 벌칙규정의 적용대상자로 규정되어 있지 아니하여 벌칙규정만으로는 처벌할 수 없는 위반행위자를 양벌규정에 의하여 처벌할 수 있도록 함으로써 벌칙규정의 실효성을 확보하는 데에 있음이 분명하다.

[반대의견] 대법원이 종래 양벌규정에 의하여 업무주 등이 아닌 행위자도 벌칙규정의 적용대상이 된다고 해석하여 온 구 건설업법(1995. 5. 30. 법률 제5137호로 개정되기 전의 것) 등의 양벌규정은 모두 그 벌칙 본조에서 그에 선행하는 의무규정 또는 금지규정과 별도로 처벌대상자의 범위에 관하여 규정하고 있지 아니한데 비하여, 구 건축법 제57조의 양벌규정은 그 벌칙 본조인 같은 법 제54조 내지 제56조에서 그에 선행하는 의무규정 또는 금지규정상 이미 그 적용대상자의 범위가 건축주 등으로 제한되어 있는 같은 법 제 7 조의 2와 제 7 조의 3 및 제29조 위반행위에 대하여는 처벌대상자에 관하여 별도로 규정함이 없이 단지 그 각 조에 위반한 자를 처벌한다고 규정하면서도(제55조 제 3 호) 그 의무규정 또는 금지규정에서 적용대상자의 범위를 명시적으로 제한하고 있지 아니한 경우에는 그 벌칙 본조 자체에서 명시적으로 처벌대상자를 건축주·설계자·공사감리자 또는 공사시공자로 한정함으로써 다른 법률에 있어서의 벌칙 본조와는 규정 내용을 명백히 달리하고 있으므로(제55조 제 4 호), 다른 법률의 양벌규정을 행위자 처벌규정이라고 해석하여 왔다고 하여 위와 같이 벌칙 본조의 내용을 달리하고 있는 구 건축법의 양벌규정의 해석을 그와 같이 하여야 할 이유가 없는 점, 환경범죄의 처벌에 관한 특별조치법 제 5 조 및 법무사법 제76조의 양벌규정은 구 건축법의 양벌규정과 유형을 같이 하고 있지만, 행위자의 처벌은 모두 벌칙 본조에 의하고 위 양벌규정이 그 처벌근거가

될 수 없음이 규정상 명백하므로 구 건축법의 양벌규정이 다른 법률의 양벌규정과 그 유형을 같이 하고 있다고 하여 벌칙 본조와 관계없이 행위자 처벌의 근거가 된다고 해석할 수 없는 점, 구 건축법의 양벌규정에서처럼 단지 그 소정의 '행위자를 벌하는 외에'라고만 규정하여 그 규정에서 행위자 처벌을 새로이 정한 것인지 여부가 명확하지 않음에도 불구하고 형사처벌의 근거규정이 된다고 해석하는 것은 죄형법정주의의 원칙에 배치되는 온당치 못한 해석이라는 점, 종래 대법원판례가 구 건축법의 양벌규정이 행위자 처벌의 근거규정이 될 수 없다고 일관되게 해석하여 옴으로써 국민의 법의식상 그러한 해석이 사실상 구속력이 있는 법률해석으로 자리잡게 되었다고 할 수 있음에도 불구하고 단지 다른 법률의 양벌규정과 해석을 같이 하려는 취지에서 국민에게 불이익한 방향으로 그 해석을 변경하고 그에 따라 종전 대법원판례들을 소급적으로 변경하려는 것은 형사법에서 국민에게 법적안정성과 예측가능성을 보장하기 위하여 소급입법금지의 원칙을 선언하고 있는 헌법의 정신과도 상용될 수 없는 점 등에 비추어 구 건축법의 양벌규정 자체가 행위자 처벌의 근거규정이 될 수는 없다.

(2) 헌법재판소 2007. 11. 29. 2005헌가10 결정

1. 사실관계

피고인 甲은 같은 乙이 경영하는 치기공소 직원으로서 치과의사면허 없이 퇴근시간 후에 7명에 대한 치과치료를 해 주고 그 대가로 320만원을 교부받아 무면허 치과의료행위를 업으로 하였다.

2. 사건의 경과

검사는 甲을 보건범죄단속에 관한 특별조치법 제5조, 乙을 동법 제6조의 양벌규정으로 공소제기하였다. 제1심법원은 피고인 甲에게 징역 1년 6월에 3년간 집행유예 및 벌금 100만원의 형을 선고하였고, 피고인 乙에게는 甲의 치과의료행위가 외형상 치과기공업무의 범주에 포함되지 않는다는 이유로 무죄판결을 선고하였다. 甲에 대한 제1심판결은 확정되었고, 乙의 무죄판결에 대하여 검사가 항소하여, 항소심에 계속 중 제청법원은 직권으로 동법 제6조의 양벌규정 중 개인인 업주에 관하여 벌금형 외에 무기 또는 2년 이상의 징역형까지 부과하도록 한 것은 형벌과 책임 간의 비례성의 원칙에 위반된다며 그 위헌여부의 심판을 제청하였다.

3. 결정요지

(1)「책임 없는 자에게 형벌을 부과할 수 없다」는 형벌에 관한 책임주의는 형사법의 기본원리로서, 헌법상 법치국가의 원리에 내재하는 원리인 동시에, 국민 누구나 인간으로서의 존엄과 가치를 가지고 스스로의 책임에 따라 자신의 행동을 결정할 것을 보장하고 있는 헌법 제10조의 취지로부터 도출되는 원리이다. 그런데 앞서 보았듯이 이 사건 법률조항은 영업주가 고용한 종업원이 그 업무와 관련하여 무면허의료행위를 한 경우에, 그와 같은 종업원의 범죄행위에 대해 영업주가 비난받을 만한 행위가 있었는지 여부, 가령 종업원의 범죄행위에 실질적으로 가담하였거나 지시 또는 도움을 주었는지, 아니면 영업주의 업무와 관련한 종업원의 행위를 지도하고 감독하는 노력을 게을리하였는지 여부와는 전혀 관계없이 종업원의 범죄행위가 있으면 자동적으로 영업주도 처벌하도록 규정하고 있다. 이것은 아무런 비난받을 만한 행위를 한 바 없는 자에 대해, 다른 사람의 범죄행위를 이유로 처벌하는 것으로서 형벌에 관한 책임주의에 반하는 것이라 하지 않을 수 없다. 따라서 이 사건 법률조항은 법정형에 나아가 판단할 것 없이 다른 사람의 범죄에 대해 그 책임 유무를 묻지 않고 형벌을 부과함으로써 형사법의 기본원리인 책임주의에 반하므로 결국 법치국가의 원리와 헌법 제10조의 취지에 위반하여 헌법에 위반된다.

(2) 재판관 이공현, 재판관 조대현, 재판관 김희옥, 재판관 송두환의 의견

일정한 범죄에 대해 형벌을 부과하는 법률조항이 정당화되기 위해서는 범죄에 대한 귀책사유를 의미하는 책임이 인정되어야 하고, 그 법정형 또한 책임의 정도에 비례하도록 규정되어야 하는데, 이 사건 법률조항은 문언상 종업원의 범죄에 아무런 귀책사유가 없는 영업주에 대해서도 그 처벌가능성을 열어두고 있을 뿐만 아니라, 가사 위 법률조항을 종업원에 대한 선임·감독상의 과실 있는 영업주만을 처벌하는 규정으로 보더라도, 과실밖에 없는 영업주를 고의의 본범(종업원)과 동일하게 '무기 또는 2년 이상의 징역형'이라는 법정형으로 처벌하는 것은 그 책임의 정도에 비해 지나치게 무거운 법정형을 규정하는 것이므로, 두 가지 점을 모두 고려하면 형벌에 관한 책임원칙에 반한다.

[판례의 연구]

Ⅰ. 양벌규정의 의의와 기능

현대사회에서 기업 또는 법인의 활약이 더욱 커지고 있다. 현대생활이 기업에 의하여 유지되고 있다고 할 수 있을 정도이다. 여기서 행정형법 등 부수형법에서는 법인 또는 업무주체를 처벌하기 위하여 양벌규정을 두고 있다. 양벌규정은 대체로 행정법규의 위반행위가 있는 경우에 행위자인 법인의 대표자 또는 개인의 대리인·사용인 기타 종업원을 처벌하는 외에 그 법인이나 자연인을 함께 처벌하는 형식으로 규정되어 있다. 법인 또는 사용자에게 직접적인 책임이 없거나 입증이 어려운 경우에도 처벌의 확장으로 행정목적과 형벌의 실효성을 확보하는 데 그 입법 취지가 있다고 할 수 있다.

양벌규정의 기능은 대체로 소형법총칙적 기능과 법인의 형사처벌 긍정기능 및 수범자 확대기능의 세 가지 기능으로 요약될 수 있다.[1] 소형법총칙적 기능이란, 양벌규정은 대부분의 행정법규에 규정되어 있어 형법총칙의 규정에 버금가는 정도의 중요성을 갖고 있다는 것을 말한다. 형법 제8조는 「본법 총칙은 타 법령에 정한 죄에 적용된다. 단 그 법령에 특별한 규정이 있는 때에는 예외로 한다」고 규정하고 있다. 양벌규정은 형법 제8조가 규정하고 있는 특별규정의 대표적인 예에 해당한다. 이에 의하여 형법총칙 규정의 적용이 배제되고, 죄형법정주의에 대한 완화작용이 가능하게 된다고 한다.[2] 법인의 형사처벌 긍정기능이란 양벌규정에 의하여 범죄능력이 부정되는 법인에 대한 형사처벌이 가능하게 되는 기능을 말한다. 통설과 판례는 법인의 범죄능력을 부정하고 있다.[3] 형법총칙상 범죄능력이 부정되는 법인에 대하여 양벌규정에 의해 형사처벌을 가능하게 한다는 것이다. 수범자 확대기능이란 행정형법이 의무주체를 일정한 신분자로 한정하거나 업무주 등 일정한 신분자의 행위

1) 신동운 판례백선 89면; 정금천 「양벌규정과 법인의 형사책임」, 형사판례의 연구 I, 138면.
2) 정금천 위의 글, 138면.
3) 대법원 1984. 10. 10. 82도2595 전원합의체판결.

를 처벌하는 규정을 둔 경우에 신분자 아닌 행위자를 처벌할 수 있게 된다는 것을 말한다. 즉 양벌규정에 의하여 행정형법에서 신분자만을 처벌하는 규정을 두어 행위자의 처벌을 면하게 한 처벌의 흠결을 충전할 수 있게 된다는 것이다.

양벌규정의 기능과 관련하여 양벌규정의 수범자 확대기능을 인정하는 것이 옳은가, 또 소형법총칙적 기능은 무제한하게 인정되어 책임주의와 죄형법정주의의 포기도 허용될 수 있는가가 문제된다. 대상판결 (1)은 전자와, (2)는 후자와 관련된 판결이다.

Ⅱ. 양벌규정과 행위자의 처벌(대상판결 (1))

1. 문제의 제기

대상판결 (1)에서 문제된 구 건축법은 제54조 내지 제56조의 주체를 건축주·공사감리자·공사시공자 등 업무주에 제한하고 있었다. 따라서 위의 행위를 업무주가 직접 위반행위를 한 경우에는 문제가 없지만, 업무주 아닌 대리인이나 피용인이 위반행위를 한 경우에는 행위자는 업무주가 아니고 업무주는 직접 행위하지 않았기 때문에 어느 누구도 처벌할 수 없는 처벌의 공백이 생기게 된다. 물론 업무주와 행위자의 공범관계가 인정될 때에는 양자를 모두 처벌할 수 있지만, 공범관계의 입증은 극히 어려운 것이 대부분이다. 그런데 구 건축법은 제57조에서 양벌규정에 관한 조문을 두어 「법인의 대표자·사용인·종업원 등이 위반행위를 한 경우 그 행위자를 벌하는 외에 법인 또는 자연인도 처벌한다」고 규정하고 있었다. 이 양벌규정에 의하여 행위자를 처벌할 수 있는가, 다시 말하면 양벌규정이 창설적 행위자 처벌규정이 될 수 있는가가 문제된다. 독일형법 제14조는 타인을 위한 행위(Handeln für einen andern)라는 표제 아래, 제 1 항에서 「법인의 대표기관 또는 그 기관의 구성원, 인적회사의 대표권자, 타인의 법정대리인의 자격으로 행위한 경우, 특수한 신분이 가벌성을 근거지우는 법률은 그 신분이 본인에게만 존재하는 경우에 대리인에게도 적용된다」는 규정을 두고 있다. 이러한 규정이 있는 경우에는 문제가 쉽게 해결될 수 있다. 그러나 우리나라에는 형법총칙은 물론 부수형법의 어떤 법률에도 이런 규정이 없다. 대상판결 (1)은 이런 문제점을 해결하기 위하여 「구 건축법 제57조의 양벌규정은 업무주가 아니면서 당해 업무를 실제로 집행하는 자가 있는 때에 위 벌칙규정의 실효성을 확보하기 위하여 그 적용대상자를 당해 업무를 실제로 집행하는 자에게까지 확장함으로써 그러한 자가 당해 업무집행과 관련하여 위 벌칙규정의 위반행위를 한 경우 위 양벌규정에 의하여 처벌할 수 있도록 한 행위자의 처벌규정임과 동시에 그 위반행위의 이익귀속주체인 업무주에 대한 처벌규정이다」라고 판시한 것이다.

2. 대법원판결의 태도

양벌규정에 의하여 신분자 아닌 실제 행위자를 처벌할 수 있는가에 관한 종래 대법원의 태도가 일관된 것은 아니었다. 대법원은 구 건축법 위반사건에 있어서는 대상판결 이전에는 일관하여 「양벌규정인 구 건축법 제57조는 같은 법 제54조 등의 규정에 해당하는 행위를 실행한 행위자 이외에 그로 인한 이익이 귀속되는 법인이나 자연인이 따로 있을 때에는, 법인 또는 자연인이 그 범죄의 실행행위에 가공하지 아니하였다고 하더라도 행위자를 처벌하는 외에 법인 또는 자연인도 처벌할 수 있음을 규정한 것일 뿐, 건축주가 아닌 실제의 위반행위자를 처벌할 수 있음을 규정한 행위자 처벌규정이 아니다」라고 판시하여 왔다.[1] 양벌규정을 근거로 실제 행위자를 처벌할 수 없다는 취지의 판결이었다. 한편, 건설업자가 다른 사람에게 자기의 성명 또는 상호를 사용하여 건설공사를 수급 또는 시공하게 함으로써 성립하는 구 건설업법 제16조의 2 위반사건에 관하여는 「건설업법 제60조 제 4 호, 제16조의 2 소정의 벌칙규정의 적용대상은 건설업자임이 그 규정 자체에 의하여 분명하나, 같은 법 제63조는 법인의 대표자나 법인 또는 개인의 대리인, 사용인 기타의 종업원이 그 법인 또는 개인의 업무에 관하여 제59조 내지 제62조의 위반행위를 한 때에는 그 행위자를 벌하는 외에 그 법인이나 개인에 대하여도 해당 각 조의 벌금형을 과한다는 양벌규정을 두고 있고, 이 규정의 취지는 각 본조의 위반행위를 한 행위자와 건설업자인 법인 또는 개인의 쌍방을 모두 처벌하려는 데에 있으므로, 이 양벌규정에 의하여 건설업자가 아닌 행위자도 각 본조의 벌칙규정의 적용대상

---

1) 대법원 1990. 10. 12. 90도1219; 대법원 1993. 2. 9. 92도3207; 대법원 1996. 4. 9. 96도263.

이 된다」고 판시하여[1] 정반대의 입장을 취하였다. 중기관리법 위반사건에 대하여도 대법원은 「양벌규정인 중기관리법 제36조의 규정 취지는 각 본조의 위반행위를 중기소유자인 법인이나 개인이 직접 하지 않은 경우에도 그 행위자와 중기소유자 쌍방을 모두 처벌하려는 데에 있으므로, 이 양벌규정에 의하여 중기소유자가 아닌 행위자도 중기소유자에 대한 각 본조의 벌칙규정의 적용대상이 된다」고 판시하였다.[2]

금지규범의 수범자를 사업자에 제한하였으나 벌칙규정에는 신분을 제한하지 않은 구 도시가스사업법 위반사건에서 대법원은 「양벌규정인 구 도시가스사업법 제55조의 취지는 각 본조의 위반행위를 사업자인 법인이나 개인이 직접 하지 않은 경우에도 그 행위자와 사업자 쌍방을 모두 처벌하려는 데에 있다 할 것이므로, 위 양벌규정에 의하여 사업자가 아닌 행위자도 사업자에 대한 각 본조의 벌칙규정의 적용대상이 된다」고 판시하였고,[3] 대법원은 같은 유형의 법률인 조세범처벌법 위반사건,[4] 구 환경보전법 위반사건[5]에서도 같은 태도를 유지하였다.

결국, 대상판결 (1)은 전원합의체판결을 통하여 종래의 판례를 변경하고, 구 건축법 위반사건의 양벌규정에 관하여도 다른 법률의 경우와 같이 양벌규정에 의하여 영업주 아닌 신분 없는 실제 행위자를 처벌할 수 있다고 판시한 것이며, 이에 의하여 판례의 태도는 일관성 있게 정리되었다고 할 수 있다.

3. 학설의 대립

양벌규정을 근거로 영업주 또는 사업주 아닌 실제 행위자를 처벌할 수 있는가에 관하여 학설은 긍정설과 부정설로 나누어지고 있다.

(1) 긍 정 설

양벌규정을 근거로 본조가 신분자를 처벌하는 경우에 신분 없는 행위자를 처벌할 수 있다는 견해이다.[6] 긍정설의 논거는 다음과 같다.

---

1) 대법원 1997. 6. 13. 97도534.
2) 대법원 1992. 11. 10. 92도2324; 대법원 1996. 2. 23. 95도2083.
3) 대법원 1995. 11. 21. 93도35.
4) 대법원 1992. 8. 14. 92도299.
5) 대법원 1992. 11. 12. 91도801.
6) 김대휘 「양벌규정의 해석」, 형사판례의 연구 I, 116면; 정금천 앞의 글, 151면; 조병선 「양벌규정과 법인의 형사책임」, 형사판례연구 3, 15면.

첫째, 기업범죄의 실정에 비추어 행위자를 처벌하는 것이 행정목적에 부합한다. 조병선 교수에 의하면, 양벌규정은 법인의 처벌이나 법인의 범죄능력여부에서만 의의가 있는 것이 아니고 부수형법상의 이른바 수범자영역과 관련하여 형벌의 공백을 메워주는 충전물로서의 의의가 있다. 그런데 부수형법의 수범자가 기업 자체이거나 소유자인 경우에 그 위반행위를 종업원이 한 경우에 그는 수범자가 아니므로 법의 효력이 미치는 정범이 될 수 없다. 이러한 공백을 메우는 충전물로서의 역할을 최소한 양벌규정을 통해 기대해 볼 수 있다고 한다.[1] 여기서 정금천 박사는 합목적성이 강조되는 행정법적 부수형법의 경우에는 처벌의 흠결이 나타나는 것을 방치할 것이 아니라 적극적으로 해석하여 부실공사에 대처하는 것이 타당하다는 결론을 내렸다.[2]

둘째, 양벌규정의 '행위자를 벌하는 외에'는 '실제 행위자를 처벌하는 외에'라는 의미로 해석해야 한다. 즉 양벌규정에 의하여 신분 없는 행위자도 본조의 행위자가 될 수 있다는 것이다. 김대휘 판사에 의하면 독일형법과 같이 명확한 입법적 해결이 바람직하지만, '현행법상으로도 사실적 고찰방법(faktische Betrachtungsweise) 내지 실질주의에서 출발하는 해석론에 의하여 문제되는 행위자표지를 확장함으로써 형벌의 흠결을 보충할 수 있다. 부수형법상 비록 의무주체는 본인에 한정되어 있지만, 그 본인을 위하여 실제로 행위를 한 자도 실질적으로는 본인을 위한 행위자로서 의무를 부담하여 행위주체가 될 수 있다'고 해석해야 한다는 것이다.[3] 대상판결의 보충의견도 같은 견해라고 할 수 있다.

셋째, 양벌규정이 대표자·사용인·종업원 등이 위반행위를 한 경우 그 행위자를 벌하는 외에 법인 또는 자연인도 처벌한다고 규정하여 그 위반행위의 주체를 종업원에까지 확대한 것은 구성요건을 수정한 것으로 보아야 한다.[4] 따라서 영업주 아닌 실제 행위자는 양벌규정에 의하여 처벌할 수 있고, 양벌규정은 창설적 행위자 처벌규정이 된다는 것이다.

긍정설은 실제 행위자가 처벌되는 경우에 행위자를 벌칙 본조에 의하여

1) 조병선 앞의 글, 16면.
2) 정금천 앞의 글, 150면.
3) 김대휘 앞의 글, 116면.
4) 정금천 앞의 글, 142면.

처벌해야 하는가 또는 양벌규정에 의할 것인가에 관하여 견해가 대립되고 있다. 벌칙 본조에 의해야 한다는 견해는 ① 양벌규정은 사업주의 선임·감독상의 과실을 근거로 하는 처벌규정이므로 실제 행위자에게는 적용될 수 없고, ② 양벌규정에 벌금형만 규정되어 있는 경우에 양벌규정에 의할 때에는 실제 행위자도 벌금형으로만 처벌받게 되어 행위자와 사업주를 모두 벌금형으로만 처벌하게 되는 불합리한 결과가 된다고 한다.[1] 이에 반하여 양벌규정을 형벌공백의 충전규정으로 이해하는 견해는 실제 행위자는 본조에 의하여 처벌할 수 없는 경우에 양벌규정에 의하여 처벌된다고 이해하지 않을 수 없다.

(2) 부 정 설

본조에 의하여 처벌되지 않는 행위자를 양벌규정에 의하여 처벌할 수는 없다는 견해이다.[2] 대상판결 (1)의 반대의견이 취하고 있는 견해이다. 부정설의 논거는 다음과 같다.

첫째, 양벌규정의 본래의 존재의의는 실제 행위자가 아닌 법인이나 사업주에 대한 처벌을 통하여 법인이나 사업주의 행위자에 대한 선임·감독의무를 확실히 보장하려는 데 있으므로, 선행하는 벌칙 본조의 수범자가 사업주에 제한된 경우에 양벌규정을 행위자 처벌의 근거규정이 된다고 할 수 없다.

둘째, 수범자의 범위를 제한한 행위자의 범위를 양벌규정에 의하여 확장하는 것은 부당하다. 즉 벌칙 본조에 의하여 의무주체로 인정되지 않고 단지 사업주의 지시에 좇아 행위한 종업원을 양벌규정상의 '행위자를 벌하는 외에'라는 법문을 근거로 처벌하는 것은 업무주라는 신분이 결여되어 있는 자에 대한 형벌확장이며, 가벌성여부가 분명하지 않은 문언에 근거한 처벌로서 죄형법정주의에 위배되는 해석이라는 것이다.[3]

셋째, 대법원이 원래 양벌규정에 의하여 업무주 아닌 행위자도 벌칙규정의 적용대상이 된다고 해석해 온 구 건설업법 등의 양벌규정은 모두 그 벌칙 본조에서 그에 선행하는 의무규정 또는 금지규정과 별도로 처벌대상자의 범위를 규정하지 않고 있음에 반하여, 구 건축법에서는 벌칙 본조 자체에서 명시적으

---

1) 김대휘 앞의 글, 118면.

2) 박강우 「양벌규정과 업무주 및 행위자의 처벌」, 형사판례연구 8, 143면; 박기석 「양벌규정에 대한 판례분석」, 형사정책연구소식 33호, 33면.

3) 박강우 앞의 글, 146면.

로 처벌대상자를 업무주 등으로 한정함으로써 다른 법률의 본조와는 내용을 명백히 달리하고 있으므로 다른 법률의 양벌규정을 행위자 처벌규정이라고 해석하여 왔다고 하여 구 건축법의 양벌규정을 같이 해석해야 할 이유가 없다.[1) 무허가 건축행위로 인한 건축법위반의 불법은 건축행위라는 사실적 행위가 아니라 건축허가를 받지 않았다는 점에 있으므로 그와 같은 법률관계의 주체가 될 수 있는 자만이 법적 평가의 대상이 되고 법률관계의 주체가 될 수 있다는 해석도 같은 입장이라고 할 수 있다.[2)]

4. 대상판결 (1)의 검토

대상판결이 전원합의체판결을 통하여 구 건축법의 양벌규정에 의하여 벌칙 본조에서 처벌할 수 없었던 실제 행위자를 처벌할 수 있다고 판시함으로써, 건설업법 등 다른 법률에서 일관되게 해석해 온 법리를 건축법에까지 유지될 수 있게 한 것은 법령해석의 통일성에 도움이 된다고 할 수 있다. 또 벌칙 본조에서 처벌규정을 영업주에 제한한 경우에 영업주 아닌 행위자를 공범규정에 의하여 처벌할 수밖에 없는 경우에는 영업주와 실제 행위자를 모두 벌할 수 없게 되는 처벌의 공백이 발생하고, 따라서 부수형법에서 행정목적상 영업주 아닌 실제 행위자를 처벌할 필요가 있는 것도 부정할 수 없다. 그러나 벌칙 본조에서 처벌하지 않는 행위자를 양벌규정을 근거로 처벌할 수 있다고 해석하는 것은 타당하다고 할 수 없다.

양벌규정의 소형법총칙적 기능은 형법 또는 부수형법에 특별한 규정이 있어야 인정된다. 형법 제 8 조는 「타 법령에 특별한 규정이 있는 때에는 예외로 한다」고 규정하고 있기 때문이다. 물론 양벌규정에 의하여 법인이나 사용자를 처벌하는 것은 위의 예외에 해당한다. 그러나 벌칙 본조가 요구하는 신분요소를 갖추지 못한 행위자를 처벌한다는 독일형법 제14조 1항과 같은 규정이 우리 형법에는 없다. 구 건축법 제57조의 양벌규정에서 '행위자를 벌하는 외에'란 동법 제54조 내지 제56조의 행위자, 즉 '업무주인 행위자를 벌하는 외에'라는 의미로 해석할 수밖에 없다. '법인의 대표자 · 사용인 · 종업원 등이 위반행위를

1) 대상판결 (1)의 반대의견의 주된 논거이다.
2) 김우진 「행정형벌법규와 양벌규정」, 형사판례연구 6, 297면.

한 경우'라는 규정도 본조의 수범자의 범위를 확장한 것이라고 할 수 없다. 근본적으로 양벌규정은 본조의 수범자의 범위를 넓히기 위한 규정이 아니다. 행정목적을 달성하기 위해서 명백한 명문의 규정도 없이 처벌의 범위를 확대하는 것은 법관에 의한 법창조이며 유추로서 허용될 수 없다. 그렇다면 형법이나 행정형법에 실제 행위자를 처벌하는 규정이 없는 이상 양벌규정에 의한 수범자 확대기능은 인정될 수 없다고 해야 한다.

대상판결 (1)과 같이 양벌규정을 근거로 업무주 아닌 행위자를 처벌할 수 있다고 해석하는 경우에는 행위자를 벌칙 본조에 의하여 처벌하는가 또는 양벌규정으로 처벌하는가가 문제된다. 양벌규정을 창설적 행위자 처벌규정이라고 해석하면서 본조에 의하여 처벌하는 것은 불합리하다. 본조가 업무주에 대한 처벌규정임에도 불구하고 신분 없는 행위자에게도 본조를 적용하는 것도 이상하다. 그렇다고 행위자를 양벌규정에 의해 처벌하는 것은 더욱 이해할 수 없다. 건축법의 벌칙규정은 고의범 처벌규정인 데 반하여[1)] 양벌규정은 선임·감독상의 과실을 근거로 하는 과실범처벌규정이므로 신분 없는 행위자를 과실범으로 처벌하는 것도 모순이기 때문이다. 양벌규정의 본래의 기능을 무시하고 이를 근거로 행위자를 처벌하려고 한 불합리한 결과라고 할 수 있다. 대상판결 (1)에 찬성할 수 없다.

Ⅲ. 양벌규정과 책임주의(대상판례 (2))

1. 문제의 제기

현행 행정형법상의 양벌규정은 3가지 유형으로 나눌 수 있다. 제 1 유형은 법인이나 사업주의 공범책임을 근거로 처벌하는 형태이다. 즉 법인 또는 사업주가 사전 또는 사후에 직접 행위자의 위반사실을 알고도 이를 방치·방관하거나 교사한 경우에 처벌하는 규정이다. 근로기준법 제115조가 여기에 해당한다. 제 2 유형은 법인이나 사업주의 과실책임을 근거로 처벌하는 취지가 명시

1) 대법원 1996. 4. 9. 96도263 판결은 건축법 제78조 제 1 항의 무허가 건축행위로 처벌하기 위하여는 법인의 대표자가 지시하였거나 알면서 묵인 내지 방치한 사실이 인정되어야 한다고 판시하였다.

된 경우로서, 종업원의 업무집행에 대한 선임·감독을 태만하지 않았음을 증명한 경우에 법인의 책임을 면제하는 형태의 규정이다. 선원법 제148조, 하천법 제97조 및 구 건축법 제57조의 규정이 여기에 해당한다. 제 3 유형은 법인이나 사업주의 처벌에 아무런 조건이나 면책사유를 규정하지 않은 경우로서, 대부분의 양벌규정은 이러한 형태를 취하고 있다. 헌법재판소는 대상결정 (2)에서 제 3 유형에 속하는 보건범죄단속에 관한 특별조치법 제 6 조의 양벌규정이 「다른 사람의 범죄에 대해 그 책임 유무를 묻지 않고 형벌을 부과하고 책임의 정도에 비하여 지나치게 무거운 법정형을 규정한 것은 형사법의 기본원리인 책임주의에 반하므로 결국 법치국가의 원리와 헌법 제10조의 취지에 위반하여 헌법에 위반된다」고 결정하였다. 헌법재판소가 이 유형의 양벌규정은 무과실책임을 인정한 것이고 무과실책임은 책임주의에 위배된다는 점을 명백히 한 것이라고 볼 수 있다. 또한 양벌규정의 소형법총칙적 기능이 책임주의를 부정하거나 완화하는 것을 허용할 수 있는가와 관련된 문제라고 볼 수 있다.

헌법재판소의 결정은 개인인 영업주에 대한 양벌규정을 대상으로 한 것이었다. 개인인 영업주에게는 양벌규정이 규정한 데로 고의 있는 종업원과 동일하게 '무기 또는 2년 이상의 징역형'이라는 법정형으로 처벌하는 것도 가능하였기 때문이다. 그러나 이 결정이 법인에 대한 양벌규정에도 적용될 수 있는가도 문제되지 않을 수 없다. 여기서 개인사업주와 법인의 경우로 나누어 양벌규정과 책임주의의 관계를 검토해 볼 필요가 있다.

2. 개인 사업주의 처벌과 책임주의

개인인 사업주에게는 법인의 경우와는 달리 당연히 범죄능력이 인정되며, 따라서 사업주는 자기책임을 근거로 처벌받게 된다. 이 경우에 양벌규정은 그 처벌을 위한 근거규정이 되는 것도 물론이다. 문제는 개인 사업주에게 무과실책임을 인정할 수 있는가에 있다. 행정형법의 양벌규정에도 책임원칙이 적용되어야 하는가의 문제라고 할 수 있다. 책임주의란 「책임 없으면 형벌 없고, 형벌은 책임의 범위를 넘을 수 없다」는 형법의 기본원칙이다. 헌법재판소는 대상결정에서 「책임주의는 모든 국민이 인간의 존엄과 가치를 가지고 스스로의 책임에 따라 자신의 행동을 결정할 것을 보장하고 있는 헌법 제10조에서 도출된 원리이므로, 책임주의에 반하는 법률은 헌법에 위반된다」고 결정하였다. 따라서 형사법에서 무과실책임을 인정하거나 책임의 범위를 넘는 형벌을 과하는 법률은 허용되지 않으며, 이는 행정형법에 있어서도 동일하다고 해야 한다. 행정의 합목적성이 강조되는 분야라 할지라도 형벌을 과하는 경우에는 형법의 기본원리를 무시할 수 없기 때문이다. 여기서 양벌규정이 행정형법의 분야에서 소형법총칙적 기능을 가졌다고 하더라도 죄형법정주의나 책임주의를 무의미하게 하거나 완화하는 것은 허용되지 않는다는 결과가 된다.

보건범죄단속에 관한 특별조치법 제6조는 「법인의 대표자 또는 법인이나 개인의 사용인 기타 종업원이 그 법인 또는 개인의 업무에 관하여 제2조 내지 제5조의 위반행위를 한 때에는 법인 또는 개인도 각 본조의 예에 따라 처벌한다」고 규정하고 있다. 따라서 개인인 사업주에게 고의·과실이 없는 경우에도 그를 각 본조의 예에 따라 처벌하게 되어 책임 없는 형벌을 과하는 결과가 된다. 처벌의 정도에 있어서도 동법 제5조는 영리의 목적으로 의사 아닌 자가 의료행위를, 치과의사 아닌 자가 치과 의료행위를 업으로 한 자를 무기 또는 2년 이상의 징역으로 처벌하고 있다. 부정의료업자의 처벌에 관한 제5조의 규정이 고의범에 관한 것이라는 점에서 개인인 사업주의 종업원에 대한 선임·감독상의 과실을 근거로 고의범인 종업원과 같은 형으로 처벌하는 것은 책임의 범위와 일치하지 않을 뿐만 아니라, 선임·감독상의 과실이 있다는 이유로 무기 또는 2년 이상의 징역에 처하는 것도 지나치게 과도한 형벌이라고 해야 한다. 따라서 동법 제6조의 양벌규정은 책임주의에 반하여 헌법에 위배되는 규정임이 명백하다. 헌법재판소는 대상결정 이후에도 수산업법,[1] 아동복지법의 양벌규정이 「개인의 대리인·사용인 기타 종업원이 위반행위를 한 때에는 그 개인에 대하여도 해당 조의 벌금형을 과한다」고 규정한 것은 위헌이라는 결정을 계속하였다.[2]

3. 법인의 처벌과 책임주의

개인 사업주의 처벌에 관한 대상 헌법재판소결정의 이론이 양벌규정에 의

1) 헌재결 2010. 9. 2. 2009헌가11.
2) 헌재결 2010. 12. 28. 2010헌가94.

한 법인 처벌에 대하여도 적용될 것인가가 문제된다. 양벌규정에 의한 법인의 처벌에 있어서는 일면 법인에게는 자유형을 과할 수 없으므로 과도한 형벌을 과하는 문제는 없을 수 있다. 그러나 법인에게 종업원의 위반행위가 있는 경우에는 아무런 잘못이 없는 경우에도 본조의 벌금형으로 처벌하는 것이 허용되겠는가가 문제되지 않을 수 없다. 또한 법인의 범죄능력이 책임주의의 실현과 어떤 관련이 있는가도 검토해 볼 필요가 있다.

(1) 법인의 범죄능력

법인에게 범죄능력이 있는가에 관하여는 긍정설과 부정설이 대립하고 있다.

긍정설은 법인의 범죄능력을 인정한다.[1] 긍정설은 ① 법인은 자연인을 통하여 행위할 수 있을 뿐이나, 이는 단체가 갖는 고유한 행위형태로서 법인에게는 행위능력이 있다고 해야 할 뿐만 아니라, ② 법인에 대하여도 조직대응책임으로서 책임을 인정할 수 있고, ③ 법인에 대한 경영개입 · 사회봉사명령 또는 벌금 등의 형벌능력이 인정된다는 점을 근거로 한다. 이에 반하여 우리나라의 다수설은 법인은 범죄행위의 주체가 될 수 없다고 해석한다.[2] 부정설은 ① 법인의 행위란 법적 사유의 산물에 불과하고 형법상의 행위는 자연인만 할 수 있고, ② 책임은 개인에 대한 비난가능성이므로 단체책임을 인정할 수 없으며, ③ 법인에게는 대표적인 형벌인 사형과 자유형의 수형능력이 없다는 것을 이유로 한다.

법인처벌의 근거가 형법 제8조에 근거를 둔 부수형법상의 양벌규정임은 명백하다. 그러나 법인처벌의 성격은 법인의 범죄능력을 인정하는가에 따라 달라지지 않을 수 없다. 긍정설에 의하면 법인의 자기책임이 됨에 반하여, 부정설에 의할 때에는 타인의 행위에 대한 책임, 즉 제3자책임이 되지 않을 수 없다. 문제는 법인의 처벌에 관하여도 책임주의가 적용되어야 하는가에 있다.

(2) 법인처벌과 책임주의

책임주의가 헌법상의 원칙이라면 부수형법의 특별규정에도 이 원칙은 당연히 적용되어야 한다. 따라서 행정형법에서 법인의 자기책임이나 타인의 행

---

1) 김일수/서보학 137면; 정성근/박광민 87면; 조병선 앞의 글, 8면.
2) 박상기 71면; 배종대 212면; 손동권 106면; 손해목 218면; 이재상 97면; 이형국 110면; 정영일 80면; 조준현 120면.

위에 대한 책임을 근거로 법인을 처벌하는 경우에도 무과실책임이 인정될 수는 없다고 해야 한다. 결국 책임주의는 법인에 대하여도 적용되어야 한다. 따라서 법인처벌에 있어서도 책임 없는 형벌을 인정할 수는 없다. 그러므로 양벌규정의 제3유형과 같이 종업원의 행위가 있으면 무조건 처벌하는 것은 허용되지 않는다. 헌법재판소는 법인처벌에 있어서도 수질 및 수생태계보전에 관한 법률과[1)] 구 자동차손해배상보장법의 양벌규정은 이러한 이유로 위헌이라고 결정하였다.[2)] 책임주의는 책임 없는 형벌뿐만 아니라 책임의 범위를 넘는 처벌도 허용하지 않는다. 물론 법인에게 자유형에 관한 규정을 적용할 여지는 없다. 그러나 고의범인 행위자에 비하여 과도한 형을 과하는 것도 허용되지 않는다고 해야 한다.

4. 대상판례 (2)의 검토

대상결정 (2)에서 헌법재판소는 책임주의를 헌법상의 원칙으로 규정하고 사업주에게 무과실책임을 인정한 부수형법의 양벌규정을 위헌이라고 결정하였다. 책임주의를 헌법 제10조에서 유래하는 헌법상의 원칙으로 격상시킨 것은 의미 있는 결정이라고 할 수 있다. 부수형법의 양벌규정으로 개인 사업주를 처벌하는 경우에도 책임주의에 반하는 규정은 위헌이며, 따라서 양벌규정에 의하여 사업주에게 무과실책임을 인정할 수 없음은 명백하다. 그러나 책임주의는 책임 없는 형벌뿐만 아니라 책임의 범위를 넘는 형벌도 금지하는 점에 비추어 선임·감독상의 과실이 있을 뿐인 개인 사업주에게 고의범과 동일한 징역형을 과하거나 과도한 벌금형을 부과하는 것도 허용되지 않는다고 해야 한다. 그리고 개인 사업주에 대한 무과실책임을 인정한 양벌규정이 위헌이라는 결정은 당연히 법인처벌에 대하여도 적용되어야 한다. 헌법재판소는 그 후 법인에 대한 양벌규정에 관하여도 대상결정 (2)와 같은 취지로 위헌결정을 계속하고 있으며, 이에 따른 법률개정작업도 진행 중에 있다.

---

1) 헌재결 2010. 11. 25. 2010헌가88.
2) 헌재결 2010. 12. 28. 2010헌가73.

5. 부진정부작위범의 성립요건

[대상판결]

대법원 1992. 2. 11. 91도2951

1. 사실의 개요

피고인은 조카인 피해자 1(10세)과 2(8세)를 살해할 것을 마음먹고, 피해자들을 불러내어 미리 물색하여 둔 저수지로 데리고 갔다. 피고인은 피해자 1과 2를 인적이 드물고 경사가 급하여 미끄러지기 쉬운 제방 쪽으로 유인하여 함께 걷다가 피해자 1로 하여금 위와 같은 가파른 물가에서 미끄러져 수심이 약 2미터가 되는 저수지 물속으로 빠지게 하였고, 그를 구호하지 아니한 채 앞에 걸어가고 있던 피해자 2의 소매를 잡아당겨 저수지에 빠뜨림으로써 그 자리에서 피해자들을 익사케 하였다.

2. 사건의 경과

검사는 피고인에 대해 형법 제250조 제1항에 근거하여 두 건의 살인죄로 공소를 제기하였다. 피고인에 대한 재판은 제1심을 거쳐 항소심에 계속되었다. 항소심법원은 피고인에게 유죄를 인정하여 무기징역을 선고하였고, 피고인은 항소심판결에 불복하여 상고를 제기하였다.

피고인의 변호인은 피고인이 피해자 2를 사망하게 한 사실은 별론으로 하고 원심판결이 피해자 1의 사망부분에 대하여 살인죄를 인정한 것은 잘못이라고 주장하며 상고를 제기하였다. 상고이유는 첫째, 피해자 1이 스스로 미끄러져 물에 빠진 것이고, 둘째 피해자 1의 위험을 보고 아무런 조치를 취하지 않은 부작위는 살인의 실행행위에 해당하지 않으므로 피고인은 살인의 예비단계에 있었을 뿐 실행의 착수에는 이르지 않아 피고인을 피해자 1에 대한 살인죄의 기수범으로 처벌할 수 없다는 것이다.

3. 판결요지

(1) 형법이 금지하고 있는 법익침해의 결과발생을 방지할 법적인 작위의무를 지고 있는 자가 그 의무를 이행함으로써 결과발생을 쉽게 방지할 수 있음에도 불구하고 그 결과의 발생을 용인하고 이를 방관한 채 그 의무를 이행하지 아니한 경우에 그 부작위가 작위에 의한 법익침해와 동등한 형법적 가치가 있는 것이어서 그 범죄의 실행행위로 평가될 만한 것이라면, 작위에 의한 실행행위와 동일하게 부작위범으로 처벌할 수 있다고 할 것이다.

(2) 피고인이 조카인 피해자 1을 살해할 것을 마음먹고 저수지로 데리고 가서 미끄러지기 쉬운 제방 쪽으로 유인하여 함께 걷다가 피해자가 물에 빠지자 그를 구호하지 아니하여 피해자를 익사하게 한 것이라면, 피해자가 스스로 미끄러져서 물에 빠진 것이고 그 당시는 피고인이 살인죄의 예비단계에서 있었을 뿐 아직 실행의 착수에는 이르지 아니하였다고 하더라도, 피해자의 숙부로서 익사의 위험에 대처할 보호능력이 없는 나이 어린 피해자를 익사의 위험이 있는 저수지로 데리고 갔던 피고인으로서는 피해자가 물에 빠져 익사할 위험을 방지하고 피해자가 물에 빠지는 경우 그를 구호하여 주어야 할 법적인 작위의무가 있다고 보아야 할 것이고, 피해자가 물에 빠진 후에 피고인이 피해의 범의를 가지고 그를 구하지 아니한 채 그가 익사하는 것을 용인하고 방관한 행위(부작위)는 피고인이 그를 직접 물에 빠뜨려 익사시키는 행위와 다름없다고 형법상 평가될 만한 살인의 실행행위라고 보는 것이 상당하다.

[판례의 연구]

Ⅰ. 문제의 제기

대상판결의 사례에서 피고인에게 살인의 고의가 있었다는 점은 명백하다. 피해자 1과 2에게 사망의 결과도 발생하였다. 피고인이 피해자 2의 소매를 잡아당겨 저수지에 빠뜨림으로써 그 자리에서 같은 피해자를 익사케 하였다는 점에서는 살해행위가 인정되며, 사망의 결과는 피고인의 살해행위에 귀속될 수 있다. 이 범위에서는 살인죄가 성립하는 데 의문이 없다. 그러나 피해자 1

에 대한 관계에서 피고인에게 살해행위가 있었다고 볼 수는 없다. 피고인이 피해자 1을 살해할 것을 마음먹고 저수지로 데리고 가서 미끄러지기 쉬운 제방 쪽으로 유인하여 함께 걷다가 같은 피해자가 물에 빠진 것만으로는 피고인이 살해행위를 하였다고 볼 수 없기 때문이다.[1] 문제는 피고인에게 부작위에 의한 살인죄가 성립할 수 있는가에 있다. 대상판결은 피해자 1에 대한 관계에서 부진정부작위범이 성립하기 위한 요건에 관한 대법원판결이다.

부진정부작위범은 작위범의 구성요건을 부작위에 의하여 실현하는 것이다. 부작위에 의한 작위범이라고도 한다. 그런데 작위범의 구성요건은 금지규범을 전제로 하는 것이지 명령규범을 예상한 것은 아니다. 즉 작위범의 규범은 작위를 금지하는 것이며, 부작위를 금지하는 것이 아니다. 따라서 작위범의 구성요건을 부작위에 의하여 실현하였다고 하기 위하여는 부작위가 작위와 같이 평가될 수 있을 것을 요한다. 이를 부작위의 동가치성 내지 동치성이라고 한다. 부작위의 동가치성이 인정되기 위해서는, 첫째 구성요건에 해당하는 결과를 발생시킨 자가 결과의 발생을 방지할 의무가 있는 자, 즉 보증인이어야 하며(보증인지위), 둘째 부작위가 작위에 의한 구성요건의 실행과 같이 평가될 수 있는 요소를 갖추어야 한다. 이를 '행위정형의 동가성'이라고 한다. 대상판결은 부작위의 동가치성과 보증인지위를 명시한 주목할 만한 판결이라고 할 수 있다. 여기서 대상판결을 중심으로 부진정부작위범의 성립요건, 즉 부작위의 동가치성을 검토해 볼 필요가 있다.

Ⅱ. 보증인지위

1. 보증인지위의 의의

보증인지위란 부작위범이 결과의 발생을 방지하여야 할 보증인의 지위에 있어야 함을 의미한다. 부작위의 동가치성을 위한 제 1 요건이다. 모든 사람의 부작위가 작위와 같이 평가되는 것이 아니라 보증인의 부작위만 작위와 같이

1) 장영민 교수는 물에 굴러 떨어지면 구출하지 않음으로써 죽게 하리라고 마음먹고 있었다면 제방을 걷게 하는 것만으로 실행의 착수를 인정할 수 있다고 한다(장영민 「부진정부작위범의 성립요건」, 형사판례연구 2, 45면). 그러나 범죄현장에 같이 간 것만으로 살인죄의 실행의 착수를 인정할 수는 없다.

평가될 수 있기 때문이다. 보증인지위를 인정하기 위해서는, 첫째 법익의 담당자가 위협되는 침해에 대하여 스스로 보호할 능력이 없고, 둘째 부작위범에게 그 위험으로부터 법익을 보호해야 할 의무 즉 작위의무(보증인의무)가 있으며, 셋째 부작위범이 이러한 보호기능에 의하여 법익침해를 야기할 사태를 지배하고 있을 것을 요구한다. 여기에서 작위의무란 법적의무일 것을 요하며 단순한 도덕적 의무 혹은 사실상 가능성만으로는 족하지 않다고 할 수 있다.

보증인지위의 근거에 관하여 종래에는 보증인지위 특히, 그 내용을 이루는 작위의무가 도덕적 의무가 아니라 법적 의무라는 것을 중시하고, 작위의무에 관하여는 그 발생근거만을 문제삼아 법령 · 계약 · 조리 및 선행행위에 의하여 작위의무가 인정되면 족한 것으로 해석하고 있었다.[1] 이를 형식설 또는 법원설이라고 한다. 이에 반하여 보증인의무를 엄격한 법원에 구애받기보다는 실질적인 관점에서 판단하여 보증인의무의 내용과 한계를 제시해 보고자 하는 기능설이 주장되고 있다.[2] 이 입장에서 보증인의무는 크게 보호의무와 안전의무로 분류된다.

기능설은 구체적으로 의무를 분류함으로써 작위의무의 내용과 한계를 명확하게 할 수 있는 형법상의 기준을 제시한 점에서 형식설보다는 타당한 이론이라고 할 수 있다. 그러나 보증인의무의 발생근거를 전혀 고려하지 않고 기능설에 의하여 그 내용과 한계만을 따질 때에는 보증인지위의 발생을 쉽게 인정하여 처벌의 범위를 무한정 확대할 위험이 있다. 따라서 형식설과 기능설을 결합하여 보증인지위를 파악하는 것이 타당하다고 생각한다.

2. 보증인지위의 근거

작위의무는 법령, 계약, 조리 및 선행행위에 의하여 발생할 수 있다.

대상판결에서 피고인에 대한 보증인지위의 발생근거로는, 첫째 피고인과 피해자가 삼촌과 조카의 사이라는 점, 둘째 익사의 위험에 대처할 보호능력이 없는 어린 피해자들을 익사의 위험이 있는 저수지로 데리고 간 점 등을 들 수 있다. 전자는 민법 제974조가 규정한 친족간 부양의무에 근거를 둔 법령상의

1) 배종대 732면; 유기천 123면; 정영석 108면; 황산덕 70면.

2) Armin Kaufmann에 의하여 주장된 이론이며, 안동준 297면; 이정원 433면도 기능설의 입장이다.

작위의무이다. 그러나 피고인은 피해자의 친권자가 아니고, 친족의 경우 동조 제 3 호에서 생계를 같이하는 경우에만 부양의무를 인정하고 있으나 피고인과 피해자는 생계를 같이하고 있지 아니하므로 피고인에게 법령에 근거한 보증인지위는 인정되지 않는다. 오히려 익사 위험에 대처할 능력이 없는 어린 피해자들을 익사의 위험이 있는 저수지로 데리고 가서 걷게 한 것은 형법 제18조에서 명시한「자기의 행위로 인하여 위험발생의 원인을 야기」한 것으로 볼 수 있다. 위험발생의 원인을 야기한 자는 그 위험이 구성요건적 결과로 발전하지 않도록 해야 할 의무가 있기 때문이다. 따라서 피고인에게는 선행행위로 인하여 보증인지위가 발생하였다고 할 수 있다.

3. 보증인지위의 내용

피고인의 보증인지위는 선행행위에서 발생한 안전의무를 내용으로 한다. 위험원에 대한 안전의무는 위험원을 통제할 것을 요구한다. 다만, 선행행위의 경우에는 선행행위로 인한 위험이 구성요건적 결과로 발전하지 않도록 할 것을 요구하므로, 실질적으로는 보호의무와 같은 내용을 가지게 된다고 할 수 있다. 그러나 단순히 선행행위로 인하여 위험을 야기했다고 하여 언제나 결과방지의무를 인정하는 것은 보증인지위를 지나치게 확대하는 결과를 초래한다. 따라서 선행행위로 인한 보증인지위를 인정하기 위하여는 다음의 세 가지 요건을 충족해야 한다. 첫째, 선행행위는 결과발생에 대한 직접적이고 상당한 위험을 야기할 수 있는 것이어야 한다. 둘째, 선행행위는 객관적으로 의무에 위반했거나 위법한 것임을 요한다. 즉 적법한 선행행위가 있는 경우에는 보증인의무가 발생하지 않는다. 셋째, 의무위반은 그 법익을 보호하기 위한 규범을 침해한 것이어야 한다. 대상판결에서 피고인은, 첫째 어린 피해자를 저수지로 데려가서 급한 경사로 미끄러지기 쉬운 제방 쪽으로 걷게 하여 생명침해의 직접적이고 근접한 위험을 초래하였고, 둘째 피고인의 그러한 행위는 조카인 피해자의 생명을 보호할 의무를 위반한 위법한 행위였을 뿐만 아니라, 셋째 피고인의 위법한 행위는 생명을 보호하기 위한 규범의 위반이라 볼 수 있다.

결국, 피고인은 피해자 1의 생명에 대한 보증인이 된다고 하지 않을 수 없다.

Ⅲ. 행위정형의 동가성(상응성)

1. 동가성의 내용

부진정부작위범이 성립하기 위하여는 부작위가 작위에 의한 구성요건실현과 같이 평가될 수 있어야 한다. 독일형법 제13조는「구성요건에 해당하는 결과를 방지하지 않은 자는 법적으로 결과를 방지할 책임이 있고, 부작위가 작위에 의한 법적 구성요건의 실현에 상응할 때에만 처벌할 수 있다」고 규정하여 행위정형의 동가성을 명시하고 있음에 반하여, 형법에는 이러한 규정이 없다. 그러나 부진정부작위범의 성립에 있어 보증인지위 이외에 행위정형의 동가성 요건이 존재하여야 한다는 점에 대해서는 학계에서 견해가 일치하고 있다. 제 2 의 동가치성의 기준이라고 할 수 있다.

그러나 행위정형의 동가성의 구체적 내용이 무엇인가에 관하여는 학자들 사이에 견해가 일치하지 않는다. 이를 부작위에 작위와 같이 평가될 수 있는 강력한 요소가 보일 것을 요한다고 하거나,[1] 부작위가 작위에 의한 구성요건 실현과 같은 정도의 위법성을 갖추어야 한다거나,[2] 불법 또는 책임에 있어서 작위에 의한 구성요건의 실현과 동일시될 것을 요한다고 해석하는 학자도 있다.[3] 그러나 행위정형의 동가성이 작위와 부작위의 불법에 있어서 동등한 평가를 요구하는 것은 아니라고 해야 한다. 부작위가 언제 불법이나 위법성 및 책임에 있어서 작위와 같이 평가받을 수 있는가에 대하여는 아무런 기준이 없고, 부작위가 작위와 동가성이 인정된다고 할지라도 대부분의 경우에 부진정부작위범에 의해서 형성되는 불법은 작위범의 경우보다 가볍다고 해야 하기 때문이다. 그러므로 여기에서의 행위정형의 동가성은 부작위에 의한 구성요건적 결과가 구성요건에서 요구하는 수단과 방법에 의하여 행하여질 것을 요한다는 의미에 지나지 않는다고 해야 한다.

1) 오영근 303면; 임웅 536면.
2) 진계호 149면.
3) 차용석 309면.

2. 범죄의 종류와 행위정형의 동가성

행위정형의 동가성 즉 상응성은 부작위에 의한 구성요건의 실현이 구성요건에서 요구하는 수단과 방법에 의하여 실현될 것을 요구한다는 의미이다. 따라서 상응성의 요건은 단순한 결과범과 결과가 일정한 수단과 방법에 의하여 발생할 것을 요구하는 행태관련적 결과범에 따라 그 내용을 달리한다. 따라서 살인죄, 상해죄, 손괴죄 또는 방화죄와 같이 결과가 발생하면 성립하는 범죄에 있어서는 행위정형의 동가성은 특별히 문제되지 않는다. 이들 범죄는 작위뿐만 아니라 부작위에 의해서도 당연히 성립할 것이 예상된 범죄이기 때문이다. 이에 반하여 구성요건적 결과가 일정한 방법에 의하여 발생될 것을 요구하는 범죄에 있어서는 부작위가 구성요건이 요구하는 방법에 해당해야 한다. 따라서 사기죄는 사람을 기망하여 재물을 교부받거나 재산상의 이익을 취득해야 성립하며(제347조), 공갈죄는 폭행 또는 협박에 의하여 재물을 교부받거나 재산상의 이익을 취득한 때에 성립하고(제350조), 특수협박죄나 특수폭행죄는 단체 또는 다중의 위력을 보이거나 위험한 물건을 휴대하여야 성립한다(제261조, 제284조). 특수한 행위자요소를 요구하는 범죄에 있어서는 이러한 신분요소를 가진 자만 부작위범이 될 수 있다. 이에 반하여 자수범에 있어서는 범죄의 불법내용이 자수에 의한 범죄실행에 의하여만 달성될 수 있는 것이므로 부작위범이 성립할 여지가 없게 된다.

Ⅳ. 대상판결의 검토

대상판결이 피고인에게 피해자를 구조해야 할 법적인 작위의무가 있다고 보아 보증인지위를 인정하고, 그 근거를 선행행위에 둔 것은 타당하다고 생각한다. 판결요지 (1)은 부진정부작위범으로 처벌할 수 있는 요건에 관하여 보증인지위 외에 「그 부작위가 작위에 의한 법익침해와 동등한 형법적 가치가 있는 것이어서 그 범죄의 실행행위로 평가할 만한 것」이라는 행위정형의 동가성을 요구하고 있다. 부진정부작위범의 성립요건으로 보증인지위와 행위정형의 동가성을 필요로 하고, 특히 행위정형의 동가성에 관하여 형법 제18조에 명시적으로 규정되어 있지 않은데도 불구하고, 대상판결이 이를 부진정부작위범이 성립하기 위한 필수적인 요건이라고 판시한 것도 옳다. 다만, 판결요지 (2)에서 대법원이 부작위가 「살해행위와 다름없다고 형법상 평가될 만한 실행행위라고 보는 것이 상당하다」고 판시함으로써 살인죄에 있어서도 행위정형의 동가성이 필요하고, 상응성의 내용을 작위에 의한 살해행위와 다름없다고 형법상 평가될 것을 요구한다고 판시한 점에는 의문이 없지 않다. 먼저 살인죄는 특별한 행위양상과는 관계없이 '사람의 사망'이라는 결과발생만으로 성립하는 단순한 결과범이다. 대상판결이 '단순한 결과범'에 대하여도 행위정형의 동가성을 요구한다는 취지라면 이는 상응성의 의미를 오해한 것이거나, 또는 불필요한 사족에 불과하다는 비난을 받을 수 있다.[1] 또 상응성의 내용은 구성요건적 동가치성을 의미하는 데 불과함에도 불구하고 작위에 의한 살해행위와 다름없다고 형법상 평가될 것을 요구하는 것도 그 의미가 불명확하거나 지나친 것을 요구한다고 볼 수도 있다. 부작위가 언제 작위와 다름없다고 평가될 수 있는가라는 문제는 그대로 남아 있기 때문이다. 다만, 단순한 결과범에 있어서 행위정형의 동가성을 필요로 하지 않는 이유는 그것이 존재해서 안 되기 때문이 아니라, 결과발생만으로 당연히 동가성이 인정되기 때문이라는 점에서 볼 때에는 판결의 취지를 이해할 수 있다고 할 것이다. 대상판결의 경우에 행위정형의 동가성은 당연히 충족되기 때문이다.

요컨대 대상판결이 부진정부작위범에 있어서 부작위와 작위의 동가치성을 부진정부작위범의 일반적 성립요건으로 요구하고, 보증인지위가 인정될 때에만 동가치성이 인정될 수 있다고 판시하였음은 대상판결이 부작위범이론에 미친 중대한 공헌이라고 할 수 있다.

---

1) 장영민 앞의 글, 44면 참조.

6. 작위와 부작위의 구별, 부진정부작위범의 정범과 공범

[대상판결]

(1) 대법원 2004. 6. 24. 2002도995

1. 사실의 개요

피해자는 1997. 12. 4. 14:30경 술에 취해 화장실을 가다가 중심을 잃어 기둥에 머리를 부딪치고 시멘트 바닥에 넘어지면서 다시 머리를 바닥에 찧어 경막외출혈상을 입고 B 병원(이하 '병원')으로 응급 후송되었다. 피해자는 피고인 1(의사, 병원 신경외과 전담의사)과 피고인 2(의사, 병원 신경외과 3년차 수련의) 등의 의료진에 의하여 수술을 받고 의식이 회복되고 있었으나, 자가호흡을 할 수 없는 상태여서 중환자실에서 호흡 보조장치를 부착한 채 치료를 받고 있었다. 수술 후 아무런 반응을 보이지 않던 피해자는 2월 5일 04:00경 대광반사가 돌아왔고, 운동반응과 호흡이 호전된 상태였으나, 수술부위에서는 피가 배어나와 배액기구로 배액하고 있는 상태였다.

피해자의 처는 종래 가족을 돌보지 않고 폭력을 행사하던 피해자가 차라리 사망하는 것이 낫겠다고 생각하고 여러 차례 피고인 1, 2 등에게 집으로 퇴원시키겠다고 하였으나, 피고인 1과 피고인 2는 피해자를 인공호흡장치가 없는 집으로 퇴원시키면 호흡정지로 사망하게 된다는 것을 설명하고 처에게 돈이 없으면 도망가라고까지 하며 만류하였다.

피해자의 처가 계속하여 피고인 2에게 간청하자 피고인 2는 피고인 1에게 직접 퇴원 승낙을 받으라고 하였고, 피고인 1 역시 처가 찾아오자 재차 피해자가 퇴원하면 사망한다고 설명하며 만류하였으나, 처가 치료비 부담이 어렵다는 등의 이유로 계속 퇴원을 요구하자 결국 피고인 1은 1997. 12. 6. 피고인 2에게 퇴원을 지시하였다.

피고인 2는 피고인 3(의사, 병원 1년차 수련의)에게 피해자를 집까지 호송하도록 지시하였고 그에 따라 1997. 12. 6. 14:20경 피고인 3과 피해자의 처는 피해자를 구급차로 집까지 데리고 간 다음, 피고인 3이 처의 동의를 받아 피해자의 인공호흡 보조장치와 기관삽관을 제거하였고, 피해자는 피고인 3이 떠난 지 5분이 되지 않아 사망하였다.

2. 사건의 경과

검사는 피해자의 처에 대하여 담당의사로 하여금 퇴원을 결정케 하여 인공호흡장치를 제거하게 하였고, 피고인 1 내지 3은 피해자를 퇴원케 하고 인공호흡장치를 제거하여 사망하게 하였다는 이유로 작위에 의한 살인죄로 공소제기하였다.

(1) 제 1 심 법원

제 1 심은 피고인 1, 2와 피해자의 처에 대하여는 피고인 1, 2가 피해자에 대한 뇌수술 및 치료를 담당하고 있었고, 피해자의 상태와 회복가능성, 치료를 중단하고 퇴원시킬 경우 피해자가 호흡이 어렵게 되어 사망하게 된다는 사실을 알고 있었으므로 계속적인 치료를 함으로써 피해자의 생명을 보호하여야 할 의무가 있음에도 불구하고 피해자의 퇴원을 지시하고, 피고인 3이 피해자에게 부착된 인공호흡 보조장치를 제거하여 피해자로 하여금 뇌간압박에 의한 호흡곤란으로 사망에 이르게 함으로써 살해하였다는 이유로 부작위에 의한 살인죄의 성립을 인정하였고, 다만 피고인 3에 대하여는 피고인 1, 2의 보조자에 불과하다는 이유로 무죄를 선고하였다.

(2) 제 2 심(원심)

원심은 작위와 부작위의 구별은 단순한 자연과학적·인과적 분류가 아니라 구성요건의 적용과 해석을 고려한 법적 평가의 문제라고 판단하였다. 즉 원심에 의하면 피해자의 처의 의미 있는 행위의 중점은 피해자에 대한 지속적인 치료를 통하여 피해자의 생명을 보호해야 할 의무가 있음에도 불구하고 피해자를 퇴원시켜 치료중단케 함으로써 사망이라는 결과를 야기한 점에 있는 것이고, 인공호흡장치의 제거는 치료중단이라는 행위수행의 한 내용을 이룰 뿐이므로, 피해자의 처가 퇴원을 요구한 행위는 치료중단이라는 사실의 전제로서의 의미를 갖는다는 점에 비추어 작위가 아니라 부작위에 의한 것으로 판단함이 상당하다.

이에 반하여 피고인 1, 2에 대한 비난은 위 피고인들이 적극적으로 치료행위를 중단한 점에 있다기보다는 피해자의 처의 퇴원요청을 받아들여 퇴원조치를 한 점에 집중되어야 할 것이고, 피고인들의 치료중단이라는 부작위의 측면에서 보더라도 작위에 의한 살인이라고 하는 법익침해와 동등한 형법적 가치가 있는 것이므로 위 피고인들의 행위를 살인범죄의 실행행위로 평가될 만한 것이라 보기는 어렵다.

한편 피고인들의 구성요건적 고의는 구성요건해당성을 인식하고 이를 실현시키려는 의지로서 그 실현의지를 인정하기 위해서는 적어도 결과발생을 용인하는 내심의 의사가 있어야 하는 것인데 피고인들은 피해자의 처가 피해자를 퇴원시켜 사망케 한다는 사정을 인식하고 있었지만 그 결과발생을 용인하는 내심의 의사가 있다고 볼 수 없어 살인죄의 정범으로서의 고의를 부정하고 방조범으로 인정하는 점에 비추어 볼 때, 피고인들의 행위는 부작위에 의한 살해행위가 아니라 피해자의 처가 피해자에 대한 치료를 중단시켜 살해하는 행위에 대하여 피해자에 대한 퇴원조치를 함으로써 그 실행을 용이하게 한 작위의 방조행위로 봄이 상당하다고 판시하였다.

원심법원의 판결에 대하여 피고인 1, 2와 검사가 각 상고하였다.

3. 판결요지

(1) 어떠한 범죄가 적극적 작위에 의하여 이루어질 수 있음은 물론 결과의 발생을 방지하지 아니하는 소극적 부작위에 의하여도 실현될 수 있는 경우에, 행위자가 자신의 신체적 활동이나 물리적·화학적 작용을 통하여 적극적으로 타인의 법익 상황을 악화시킴으로써 결국 그 타인의 법익을 침해하기에 이르렀다면, 이는 작위에 의한 범죄로 봄이 원칙이고 작위에 의하여 악화된 법익 상황을 다시 되돌이키지 아니한 점에 주목하여 이를 부작위범으로 볼 것은 아니며, 나아가 악화되기 이전의 법익 상황이 그 행위자가 과거에 행한 또 다른 작위의 결과에 의하여 유지되고 있었다 하여 이와 달리 볼 이유가 없다.

(2) 피해자는 경막하 출혈상을 입고 9시간 동안 두개골 절제술 및 혈종 제거수술을 받은 후 중환자실로 옮겨져 인공호흡기를 부착한 상태로 계속 합병증 및 후유증에 대한 치료를 받고 있었는데 그로부터 불과 하루 남짓이 경과한 상태에서 피해자에게서 인공호흡기를 제거하는 등 치료를 중단하는 경우 종국에는 사망할 가능성 내지 위험성이 있음이 예견되었고, 피고인들 또한 담당 전문의와 주치의로서 이러한 사실을 인식하고 있었던바, 이러한 점에 비추어 보면 피고인들이 비록 원심공동피고인의 요청에 의하여 마지 못해 치료를 중단하였다고 하더라도 그 당시 피해자의 사망이라는 결과 발생에 대한 미필적 인식 내지 예견마저 없었다고

보기는 어려우므로, 피고인들에게 정범의 고의가 없다고 본 원심의 판단은 잘못된 것이다.

(3) 피고인들은 피해자의 처 원심공동피고인의 강청에 못 이겨 피해자의 퇴원에 필요한 조치를 취하기는 하였으나, 당시 인공호흡장치의 제거만으로 즉시 사망의 결과가 발생할 것으로 생각하지는 아니하였던 것으로 보이고(피해자가 실제로 인공호흡장치를 제거한 지 5분 정도 후에 사망하였다는 것만으로 그러한 결과가 사전에 당연히 예견되는 것이었다고 단정하기는 어렵다), 결국 피고인들의 이 사건 범행은 피해자의 담당 의사로서 피해자의 퇴원을 허용하는 행위를 통하여 피해자의 생사를 민법상 부양의무자요 제1차적 보증인의 지위에 있는 원심공동피고인의 추후 의무 이행여부에 맡긴 데 불과한 것이라 하겠고, 그 후 피해자의 사망이라는 결과나 그에 이르는 사태의 핵심적 경과를 피고인들이 계획적으로 조종하거나 저지·촉진하는 등으로 지배하고 있었다고 보기는 어렵다. 따라서 피고인들에게는 앞에서 본 공동정범의 객관적 요건인 이른바 기능적 행위지배가 흠결되어 있다고 보는 것이 옳다. 결국, 피고인들은 피고인 3에게 피해자를 집으로 후송하고 호흡 보조장치를 제거할 것을 지시하는 등의 적극적 행위를 통하여 원심공동피고인의 부작위에 의한 살인행위를 도운 것이므로 이를 작위에 의한 방조범으로 본 원심의 판단은 정당한 것으로 수긍할 수 있고, 거기에 피고인들이 상고이유로 주장하는 바처럼 형법상 작위와 부작위의 구별 및 방조행위의 성립에 관한 법리오해 등의 위법은 없다.

(2) 대법원 1997. 3. 14. 96도1639

1. 사실의 개요

피고인 甲은 G 백화점 잡화부 소속 직원으로 잡화매장 관리업무를 담당하면서 공동피고인 乙이 운영하는 잡화매장에서 가짜 캘빈클라인, 세린느, 디케이앤와이, 게스 상표가 새겨진 혁대를 진열·판매하는 것을 알면서도 이를 제지하거나, 상급자에게 보고하여 판매를 금지하도록 조치를 취하지 아니함으로써, 공동피고인 乙이 가짜 상표가 새겨진 위 상품을 고객들에게 계속 판매하도록 방치하였다.

2. 사건의 경과

제1심 법원은 피고인 甲과 乙을 상표법위반과 부정경쟁방지법위반의 공동정범으로 처벌하였다. 이에 반하여 제2심 법원(원심)은 피고인 甲이 부작위에 의해 공동피고인 乙의 상표법위반과 부정경쟁방지법 위반행위를 방조한 것으로 인정하였다.

피고인들이 원심판결에 대하여 상고하였다.

3. 판결요지

(1) 형법상 부작위범이 인정되기 위하여는 형법이 금지하고 있는 법익침해의 결과발생을 방지할 법적인 작위의무를 지고 있는 자가 그 의무를 이행함으로써 결과발생을 쉽게 방지할 수 있었음에도 불구하고 그 결과의 발생을 용인하고 이를 방관한 채 그 의무를 이행하지 아니한 경우에, 그 부작위가 작위에 의한 법익침해와 동등한 형법적 가치가 있는 것이어서 그 범죄의 실행행위로 평가될 만한 것이라면, 작위에 의한 실행행위와 동일하게 부작위범으로 처벌할 수 있다.

(2) 백화점에서 바이어를 보조하여 특정매장에 관한 상품관리 및 고객들의 불만사항 확인 등의 업무를 담당하는 직원은 자신이 관리하는 특정매장의 점포에 가짜 상표가 새겨진 상품이 진열·판매되고 있는 사실을 발견하였다면 고객들이 이를 구매하도록 방치하여서는 아니되고, 점주나 그 종업원에게 즉시 그 시정을 요구하고 바이어 등 상급자에게 보고하여 이를 시정하도록 할 근로계약상·조리상의 의무가 있다고 할 것임에도 불구하고, 이러한 사실을 알고서도 점주 등에게 시정조치를 요구하거나 상급자에게 이를 보고하지 아니함으로써 점주로 하여금 가짜 상표가 새겨진 상품들을 고객들에게 계속 판매하도록 방치한 것은 작위에 의하여 점주의 상표법위반 및 부정경쟁방지법위반 행위의 실행을 용이하게 하는 경우와 동등한 형법적 가치가 있는 것으로 볼 수 있으므로, 백화점 직원인 피고인은 부작위에 의하여 공동피고인인 점주의 상표법위반 및 부정경쟁방지법위반 행위를 방조하였다고 인정할 수 있다.

[판례의 연구]

Ⅰ. 문제의 제기

작위와 부작위의 구별은 오래 되었으면서도 아직 해결되지 않은 문제이다. 일반적으로 작위는 신체적 힘을 투입함으로써 사건의 진행을 변경시키는 것이고, 부작위는 사건의 진행을 변경시킬 수 있는데도 신체적 힘을 투입하지 아니하고 방치하는 것이라고 할 수 있다. 작위와 부작위의 구별은 범죄의 성립요건이 다르다는 점에 실익이 있다. 즉 적극적으로 행위하지 않고 부작위한 자의 형사책임은 작위의무의 존재(보증인지위)와 부작위가 작위에 의한 구성요건실현과 상응할 것을 전제로 한다. 범죄성립요건의 차이로 인하여 작위에 해당하면 처벌받는 행위가 부작위에 의해서는 처벌받지 않는 경우도 있게 된다. 대부분의 경우에 작위와 부작위는 존재론적으로 쉽게 구별될 수 있다. 그러나 하나의 행위에 작위적 요소와 부작위적 요소를 동시에 포함하고 있는 경우에는 그 어느 것을 형법적 판단의 기준으로 삼아야 하는가가 문제되지 않을 수 없다. 예컨대 소독하지 않은 염소 털을 직공에게 교부하여 작업하게 한 경우, 의사의 처방전 없이 독극물을 판매하거나, 법정간격을 유지하지 않고 추월하거나, 전조등을 켜지 않고 자전거를 운전한 경우 또는 마취를 위해 노보카인 대신에 코카인을 사용한 경우 등이 여기에 해당한다. 대상판결 (1)은 작위와 부작위의 구별기준에 관한 대법원의 입장을 밝힌 판결이다.

부작위범에 다수인이 가담한 경우에 정범과 공범의 구별이 문제된다. 부작위범에 있어서 정범과 공범은 부작위범에 대한 작위에 의한 가담과 작위범에 대한 부작위에 의한 가담으로 나누어 볼 수 있다. 전자에 대하여는 정범과 공범의 구별기준에 대한 일반이론이 적용된다. 그러나 후자, 즉 직접행위자가 작위로 범죄행위를 수행하고 동시에 보증인지위에 있는 사람이 부작위로 해당범죄의 결과발생을 저지하지 않는 경우가 부작위범에 있어서 정범과 공범의 구별이 문제되는 전형적인 경우이다. 이 경우에 부작위범에게 정범을 인정할 것인가 또는 방조범으로 보아야 할 것인가에 관하여 견해가 대립되고 있다. 대상판결 (2)는 부작위범에 대하여 종범의 성립을 인정한 판결이다. 대상판결 (1)에 있어서도 피고인들의 행위가 작위인가 또는 부작위인가에 따라 정범과 공범의 구별기준이 문제될 수 있다.

Ⅱ. 작위와 부작위의 구별기준

피해자에 대해 보증인지위에 있으면서도 사망의 결과를 방지해야 하는 의무를 이행하지 않고 호흡장치 제거를 요구한 피해자의 처와, 실제로 호흡장치의 제거를 지시한 피고인 1, 2는 모두 작위의 요소와 부작위의 요소를 동시에 가지고 있다. 이 경우 작위의 요소와 부작위의 요소 중 어느 것을 형법적 판단의 기준으로 삼아야 할 것인가가 문제된다.

1. 학설의 대립

문제되는 행위가 작위와 부작위의 요소를 모두 포함하고 있어 이 중 무엇을 형법적 판단의 대상으로 삼을 것인가에 대하여 자연적 관찰방법과 규범적 관찰방법이 대립하고 있다.

자연적 관찰방법은 사람의 의사에 기초한 신체적 활동 또는 적극적인 에너지 투입에 의하여 결과가 발생한 경우에는 작위가 형법적 평가의 대상이 되고, 그렇지 않은 경우에 한하여 부작위가 문제된다는 견해이다. 즉 작위와 부작위의 구별이 명백하지 않을 때에는 먼저 작위가 구성요건에 해당하고 위법·유책한가를 검토하여 작위만 형법적 평가의 대상으로 하고, 그렇지 않은 경우에만 보충적으로 부작위를 문제삼는다. 독일의 다수설이 취하고 있는 입장이다.[1] 부작위가 작위에 대하여 보충관계에 있음을 전제로 하고 있다. 이 입장에 따르면 특히 신체적 활동이 있었는가, 그 신체적 활동이 발생한 결과와 인과관계가 있는가를 중점적으로 고려해야 한다. 인과설(Kausalitätskriterium)이라고도 하며, 대상판결 (1)에서 대법원이 취하고 있는 입장이다. 그러나 자연적 관찰방법에 대하여는 작위와 부작위가 함께 결합되어 있는 경우에만 작위와 부작위의 구별이 필요한데, 자연적 관찰방법을 취하는 이상 항상 작위가 인정되기 때문에 범죄성립을 손쉽게 할 가능성이 커져서 처벌의 확대를 가져올 수 있다는 비판이 제기된다.[2]

이에 반하여 평가적 관찰방법(Formel vom Schwerpunkt der Vorwerfbarkeit)은 작위와 부작위의 구별이 법적 비난의 중요성이 어디에 있는가에 따라 판단해야 할 평가의 문제라고 해석한다. 작위와 부작위의 구별은 자연과학적·인

1) Freund MK §13 Rn. 8ff; Jescheck/Weigend S. 603; Roxin §31 Rn. 78; Rudolphi SK §13 Rn. 6; Stratenwerth/Kuhlen §13 Rn. 3; Weigend LK §13 Rn. 6; Wohlers NK §13 Rn. 7.

2) 김성룡 「치료행위중단에 있어서 작위와 부작위의 구별」, 형사판례연구 4, 150면; 이정원 「의학적 권고에 반한 퇴원으로 사망한 환자에 대한 형사책임」, 비교형사법연구 6(2004), 361면.

과적 분류가 아니라 법적 평가의 대상이라는 것을 이유로 한다. 평가적 관찰방법에 대해서도 법적 비난의 중점이 어디에 있는가는 법적 심리의 결과에 의하여 비로소 얻어질 수 있는 법적 평가의 결과에 불과하므로, 이를 처음부터 요구할 때에는 결국 판단자의 주관적인 사고에 의존할 수밖에 없기 때문에 비합리적 감정판단이 되지 않을 수 없다는 비판이 제기된다.[1)]

2. 학설의 검토

자연적 관찰방법과 규범적 관찰방법 가운데는 자연적 관찰방법이 타당하다고 생각한다. 그것은 첫째, 작위범에 있어서 비난의 중점이 작위에 있고 부작위범에 있어서는 부작위에 있으므로 법적 비난의 중점이 어디에 있는가를 알기 위해서는 먼저 작위범인가 부작위범인가를 판단해야 하기 때문에 평가적 관찰방법은 순환논법에 불과하며,[2)] 둘째 법적 비난의 중점이나 사회적 의미가 작위인가 부작위인가를 결정할 명백한 기준이 없기 때문에 그 판단은 자의적이고 비이성적인 감정판단이 되지 않을 수 없고, 셋째 적극적인 에너지 투입에 의하여 야기된 과실에 의한 결과야기에 대하여 보증인의무에 위배되지 않았다는 이유로 처벌을 부정하는 것은 현행법의 태도와 일치할 수도 없기 때문이다.[3)]

다만 자연적 관찰방법과 규범적 관찰방법에 따라서 작위와 부작위의 구별이 크게 차이가 나는 것은 아니다. 따라서 ① 과실범에 있어서 주의의무를 다하지 아니하고 적극적으로 행위한 경우에는 작위범이고, ② 타인의 구조행위를 적극적으로 방해한 때에는 구조행위를 하지 않은 부작위요소가 있다 하더라도 작위범이 되며, ③ 자신의 구조활동의 효과를 적극적으로 중단한 경우에는 작위범이고, ④ 적극적 행위에 의하여 행위무능력상태에 빠지게 한 후 행위무능력상태에서 부작위한 원인에 있어서 자유로운 부작위의 경우에는 어느 견해에 의하더라도 부작위범이 되기 때문이다. 문제는 자신의 구조활동을 적극적으로 중단한 경우, 즉 의사가 치료 중인 환자의 생명유지 장치를 제거하는 경우를 작위로 볼 것인가 또는 부작위로 볼 것인가에 있다. 자연적 관찰방법에

1) 이재상 119면.
2) Roxin AT 2 § 31 Rn. 79.
3) Roxin § 31 Rn. 82.

의하면 작위범이 되나,[1] 평가적 관찰방법에 의하면 부작위범이 될 수 있다.

'미수의 반전'이라는 사고도식을 함께 차용하여 작위와 부작위를 구별하려는 견해도 있다. 이 견해는 결과방지행위가 종료된 종료미수단계와 그렇지 않은 미종료미수단계를 구분하여, 부작위범의 경우에 보증인이 결과방지를 위한 행위를 종료하고 나서 이를 반전시키려면 적극적인 작위로 법익침해 결과를 발생케 해야 함에 반하여, 미종료미수 즉 결과방지 행위가 종료되지 않은 상태라면 부작위 또는 부작위의 일부가 되는 작위로 결과가 발생하고, 이 경우에 결과발생을 직접적으로 이끌어 낸 작위가 있더라도 이는 전체적인 부작위에 포함되는 작위일 뿐이어서 부작위에 흡수된다. 따라서 보증인이 결과방지행위를 종료한 상태에서의 행위는 작위범으로 처벌되고, 결과방지행위를 종료하지 못한 상태에서의 행위는 보증인의 지위에 있음을 전제로 부작위범으로 처벌된다는 것이다.[2] 그러나 이 견해에 대하여는, 첫째 미종료미수와 종료미수, 즉 착수미수와 실행미수의 구별은 형법상 중지미수의 요건을 판단하는 데 있어서 의미를 가질 뿐인데, 그 반전된 경우를 작위와 부작위의 구별기준으로 삼아야 할 근거가 어디에 있는가에 관하여 의문이 제기되며, 둘째 결과방지행위를 종료하지 못한 상태에서의 행위를 부작위로 본다면 제3자의 생명 연장장치의 제거가 작위인데, 보증인의 같은 행위는 부작위가 되는 불합리한 결과를 초래한다는 비난을 면할 수 없다.

결국, 자연적 관찰방법에 의하여 에너지 투입이 인정되는 이상 생명 연장장치의 제거는 작위에 해당한다고 판단하는 것이 타당하다고 할 것이다.

Ⅲ. 부작위범에 있어서 정범과 공범의 구별

1. 학설의 대립

부작위범의 경우에 있어서도 정범과 공범의 구별이 문제된다. 먼저 부작위

---

1) Freund MK §13 Rn. 11; Jescheck/Weigend S. 604; Weigend LK §13 Rn. 9; Wohlers NK §13 Rn. 5.

2) Gropp 「Das Abschalten des Respiratos – Ein Unterlssen durch Tun?」 *Gedächtnisschrift für Schlüchter*, S. 180.
김성룡 앞의 글, 160면도 이 입장이다.

범 사이의 공동정범도 가능하다. 물론 부작위범의 공동정범에서는 공동의 행위실행이 없는 대신에 보증인의무 위반의 공동이 필요하다. 작위범과 부작위범의 공동정범도 가능하다. 부작위범에 대한 작위에 의한 가담의 경우에는 정범과 공범의 구별에 관한 일반적인 기준이 적용된다. 대상판결 (1)에서 피고인의 처를 원심과 같이 부작위범이라고 해석할 때에는 이에 해당한다. 문제는 작위범에 대해 부작위에 의하여 가담한 경우를 정범으로 볼 것인가 또는 종범으로 해석할 것인가에 있다. 대상판결 (2)가 이 경우에 해당하는 판결이다. 부작위범을 종범이라고 볼 때에는 정범의 경우와는 달리 그 형을 필요적으로 감경해야 할 뿐만 아니라(제32조 2항), 종범의 미수를 처벌하지 않는 결과 정범과 종범의 구별은 실질적으로도 중요한 의미를 갖게 된다. 작위범에 대한 부작위에 의한 가담의 경우에 정범과 공범의 구별기준에 관하여는 정범설, 종범설, 의무내용설 및 동가치성설이 대립되고 있다.

(1) 정 범 설

부진정부작위범에서 보증인의 결과발생방지의무는 정범성의 기초가 되므로 보증인이 결과발생을 저지하지 않았다면 그 자체로 정범이 되거나 또는 원칙적으로 정범이 된다는 견해이다. 단일정범개념에 의한 정범적 해결방안을 모색하는 견해와 단일정범개념을 수용하면서 부진정부작위범을 의무범이라고 해석하는 의무범설이 여기에 포함된다.

1) 단일정범개념설 부작위범의 독자적 구조에서 출발하여 보증인이 결과발생을 저지하지 않으면 작위범의 공범이 되는 것이 아니라 그 자신이 정범이라는 단일정범개념에 이르게 된다는 견해이다. Grünwald에 의하면, 부작위에 의한 참가는 작위에 의한 참가와는 다른 독자적인 제 3 의 범죄형태에 해당하며, 이 범죄형태의 특성은 결과발생을 저지하지 않음으로써 작위범의 구성요건을 실현하는 것이 아니라 부진정부작위범의 고유한 구성요건인 보증인요구구성요건(Garantengebotstatbestand)을 실현하는 것이므로, 보증인요구구성요건을 충족하는 자는 모두 정범에 해당한다고 한다.[1] 부작위에 의한 참가에 있어서는 작위범의 정범요소인 행위지배가 없으므로 정범을 근거지울 수 없고 공범도 성

---

1) Grünwald「Die Beteiligung durch Unterlassen」, GA 1959, 112.

립하지 않는다는 것이다. 김성룡 교수도 결과방지를 하지 않은 보증인은 당연히 정범이 되는 것이지 작위정범에 대한 방조범이라는 종속적인 가담형태가 되는 것은 아니라고 함으로써 이 견해를 지지하고 있다.[1)]

그러나 단일정범개념설에 대하여는, 첫째 부작위범에 있어서 작위범의 정범요소인 행위지배가 인정되지 않는다고 하여 곧바로 정범과 공범의 구별이 불가능하다고 단정하는 것은 잘못이며 결과의 발생을 방지하지 않은 부작위범에 있어서도 정범과 공범의 구별은 필요하고, 둘째 제한적 정범개념이론에 의할 때에는 공범은 정범의 처벌확장사유이므로 부작위가 보증인요구구성요건을 침해하고 작위범의 구성요건에 포섭되지 않는다고 하여 부작위에 의한 종범의 성립을 부정할 수는 없으며, 셋째 부작위에 의한 참가를 모두 정범으로 볼 때에는 작위에 의한 종범의 경우에 비추어 형을 감경할 수 없고 종범의 미수도 처벌된다는 점에서 처벌의 확장을 초래한다는 비판을 받고 있다.[2)]

2) 의무범설 부작위범은 의무범이므로 그 정범기준은 행위지배가 아니라 구성요건적 결과방지의무의 침해에 있다고 해석하는 견해이다. Roxin에 의하여 주장된 이론이며, 전지연 교수도 이 입장을 따르고 있다.[3)] Roxin에 의하면 의무범에 있어서는 정범과 공범이 행위기여의 외적 종류에 의하여 구별되는 것이 아니며, 구성요건이 부작위에 의하여 실현될 수 있는 한 구성요건충족의 전제가 되는 형법외적 특수의무(außerstrafrechtliche Sonderpflicht), 즉 결과방지의무를 위반한 자는 모두 정범이 된다고 한다.[4)] Rudolphi도 부진정부작위범의 정범요소는 보증인지위에서 발생한 결과방지의무이므로, 부작위에 의하여 독자적으로 범해질 수 있는 범죄에 있어서는 제 3 자의 작위에 의한 불법을 보증인이 저지하지 않으면 항상 부작위정범이 성립한다고 한다.[5)] 다만, 의무범설을 취하는 Roxin도 정범성은 구성요건실현에 있으므로 구성요건이 결과방지의무가 존재하는 경우에도 부작위에 의하여 실현될 수 없는 범죄에 있어서는 부작위에 의한 공범의 성립이 가능하며, 자수범과 일신전속적 의무범죄(예컨대

1) 김성룡 「부진정부작위범의 정범표지」, 형사판례연구 12, 101면.
2) 이용식 현대형법이론 2, 285면; 전지연 「부작위범에 있어서 정범과 공범의 구별」, 형사판례연구 13, 116면.
3) 전지연 앞의 글, 130면.
4) Roxin LK[11] § 25 Rn. 206, AT 2 § 31 Rn. 140.
5) Rudolphi SK Vor § 13 Rn. 37.

위증죄) 및 영득범죄와 같은 가중적 지배범이 여기에 해당한다고 하고 있다.[1)]

의무범설에 대하여는, 첫째 부진정부작위범은 의무위반만으로 정범이 되는 것이 아니라 구성요건이 부작위에 의하여도 실현될 수 있는 것임을 요하고, 특히 의무범은 형법외적 특수의무를 전제로 하는데 감독보증인은 이러한 특별의무를 지는 것은 아니므로 보증인의무위반만으로 정범성을 결정할 수는 없고,[2)] 둘째 부진정부작위범에 있어서 보증인을 모두 정범이라고 해석하는 것은 타인의 범죄에 직면한 보증인이 자연력이나 기술적 위험으로부터 위협받은 법익객체를 위하여 작위하는 경우보다 더 어려운 상황에 처해 있고, 따라서 보증인에게 요구되는 작위는 다른 상황에서의 행위의무보다 높은 특수한 위험에 결합되어 있다는 사정과 일치하지 않는다고 해야 할 뿐만 아니라,[3)] 셋째 보증인의 부작위를 모두 정범이라고 할 때에는 부작위에 의한 방조에 해당하는 행위를 작위에 의한 방조에 비하여 무겁게 처벌하는 불합리한 결과를 초래한다는 단일정범개념설에 대한 비판이 그대로 적용된다.

(2) 종 범 설

작위범의 범행을 저지하지 않은 보증인은 원칙적으로 종범에 해당한다는 견해이다. 종범설의 대표적인 견해는 행위지배설이지만, 작위범에 대한 종속성을 근거로 드는 견해도 있다.

1) 행위지배설 행위지배를 기준으로 부작위범에게는 일반적으로 또는 대부분 종범이 성립할 뿐이라는 견해로 Gallas에 의하여 처음 주창된 이론이다. Gallas에 의하면 행위지배를 행사하는 고의의 작위범에 의한 결과야기를 저지하지 않은 보증인은 원칙적으로 종범의 역할을 할 뿐이라고 한다.[4)] 즉 적극적으로 행위하는 자가 그의 작위를 통하여 행위과정을 지배하는 한 그는 부작위한 보증인에 대하여 결과에 대한 직접적인 관련을 가지며, 보증인의 부작위는 결과발생에 대하여 작위범을 저지하지 않았다는 점에서 작위범에 의하여 전개된 적극성의 소극적 촉진(negative Förderung)으로서의 의미를 가질 뿐이므로 부작위한 보증인은 작위정범에 대하여 가치적으로 종범의 역할을 하는 데

1) Roxin LK^{11} § 25 Rn. 209.
2) 이용식 앞의 책, 294면.
3) Weigend LK § 13 Rn. 91.
4) Gallas *Beiträge zur Vebrechenslehre*, S. 187.

불과하다고 했다.[1] Jescheck도 행위지배를 행사하는 고의 작위범인 정범의 행위를 저지하지 않은 보증인은 원칙적으로 종범으로서의 의미를 가질 뿐이며, 다만 작위범이 더 이상 행위과정을 지배하지 않을 때에는 행위지배가 부작위범에게 넘어간다고 하였다.[2] 행위지배설에 의하는 경우에 부작위한 보증인이 예외적으로 정범이 될 수 있는 때로 두 가지 경우를 들고 있다. 그것은 첫째, 행위를 지배하던 작위범이 사건경과를 더 이상 지배할 수 없는 상태로 빠지는 경우에는 행위지배가 부작위범에게 넘어왔기 때문에 부작위에 의한 정범이 성립할 수 있고, 둘째 작위행위자가 책임무능력으로 인하여 책임 없는 도구로 이용되는 경우와 같이 처음부터 작위행위자에게 행위지배가 인정되지 않는 경우에도 결과발생을 저지하지 아니한 보증인은 간접정범이 성립하여 정범성이 인정된다고 한다.

행위지배설에 대하여는, 첫째 행위지배는 사건의 인과경과를 적극적으로 지배·조종할 것을 요구하는데 작위범의 경우와는 달리 적극적으로 행위하지 않는 부작위범에 있어서는 처음부터 행위지배가 있을 수 없고, 작위범이 없는 경우에는 행위지배 없는 부작위범도 정범이 될 수 있으므로 행위지배를 근거로 정범과 종범을 구별하는 것은 타당하다고 할 수 없고,[3] 둘째 결과방지가 쉬운가 어려운가는 부작위범에서는 의미가 없음에도 불구하고 자연력에 의하여 법익침해가 발생한 것을 구조하지 않는 경우에 비하여 작위범에 의한 침해를 저지하는 것이 더 어렵다는 이유로 전자를 부작위정범, 후자를 종범이라고 해석하는 것도 옳지 않으며,[4] 셋째 작위범이 살해하는 것을 보고 저지하지 않으면 종범이 되고 작위범이 가 버린 후에 구조하지 않으면 정범이 된다고 하는 것도 우연에 의하여 정범과 공범을 구별하는 결과가 된다는 비판이 제기되고 있다.

2) 작위범에 대한 종속성설 행위지배의 관점이 아니라 부작위범의 작위범에 대한 구조적 종속성을 근거로 작위범의 범행을 저지하지 않은 보증인은

---

1) Gallas *Beiträge*, S. 188.
2) Jescheck/Weigend S. 696.
Joecks MK §25 Rn. 236; Lackner/Kühl §27 Rn. 5; Wessels/Beulke Rn. 734 등도 같은 견해이다.
3) 이용식 앞의 책, 289면; Roxin AT 2 §31 Rn. 153.
4) Roxin §31 Rn. 155.

종범이 된다고 해석하는 견해이다. Ranft에 의하면 보증인의무에 위반하는 부작위범은 구조적으로 작위행위에 종속하기 때문에 종범이 된다고 한다. 즉 Ranft에 의하면 작위범의 결과발생을 저지하지 않은 보증인의 객관화된 불법은 한편으로는 작위범의 고의에 종속된다고 한다. 작위의 정범이 법익침해의 종류와 범위를 결정하고 이로 인하여 부작위범에게 그 방향과 형상을 제공할 뿐만 아니라, 기수의 단계에 이르렀는가의 여부도 작위범의 행위결의가 실현되었는가에 따라 좌우되기 때문이라고 한다.[1] 다른 한편으로 보증인의 객관적 의무위반은 작위범의 불법실현에 종속하며, 보증인의 객관적 의무위반이 있는가는 작위범에게 위법성조각사유가 존재하는가에 따라 결정된다고 한다.[2] 따라서 작위범의 행위가 피해자의 승낙 또는 정당방위에 해당하여 정당화되는 때에는 보증인은 작위범의 법익침해를 방해할 수 없게 된다. 이와 같이 부작위의 불법은 작위에 실질적으로 종속되기 때문에 작위범이 정범이면 이를 부작위한 보증인은 종범에 해당한다는 것이다.

작위범의 침해가 없으면 부작위의 가벌성은 문제되지 않고 작위범의 침해가 있을 때에 보증인의 개입의무가 인정되는 것은 사실이다. 그러나 Ranft의 종속성설에 대하여는 첫째, 작위범에게 고의가 있는 경우뿐만 아니라 과실이 있는 경우에도 보증인에게 개입의무가 인정되므로 이 경우 보호되는 법익에 대한 위험이 존재하는가가 문제되는 것이지 보증인의 불법이 작위범의 고의에 종속되는 것이라고 할 수는 없고, 둘째 보증인의무는 법익주체가 감수해야 할 위험의 방지에까지 미치는 것이 아니므로 법익주체가 감수해야 할 위험에 대하여는 보증인에게 보증인의무가 처음부터 인정되지 않으며 보증인이 작위범의 위법성에 종속되는 것은 아니라는 비판이 제기된다.

(3) 의무내용설

보증인지위의 종류와 내용에 따라 부작위범의 정범과 공범이 구별된다는 견해이다. 즉 보증인지위를 보호보증인과 감독보증인으로 구별하여, 모든 위험으로부터 법익을 보호해야 할 보호보증인(Beschützergarant), 예컨대 아이의 생명과 신체에 대하여 아버지가 결과방지의무를 다하지 않은 때에는 부작위정범

1) Ranft「Garantiepflichtwidriges Unterlassen」, ZStW 94, 832.
2) Ranft ZStW 94, 839.

이 됨에 반하여, 감독보증인(Überwachungsgarant), 예컨대 독약을 보관하고 있던 간호사가 권한 없는 사람이 독약을 꺼내어 사람을 살해한다는 것을 알고 저지하지 않은 때에는 부작위에 의한 종범에 지나지 않는다고 한다. Schröder에 의하여 처음으로 주장되어, Herzberg가 확립한 이론이다. Schröder는 보호법익에 대한 특수한 관계에 따라 보호보증인의 경우에는 보호법익에 대한 범죄적 공격을 저지하지 않으면 정범이 되지만, 감독보증인의 경우에는 특별히 책임 있는 특정인에 의한 공격을 저지하지 않은 때 원칙적으로 종범이 된다고 하였다.[1] Herzberg는 보호보증인과 감독보증인에게 모두 결과발생 방지의무가 인정되는데, 감독보증인의 작위에 의한 방조행위도 그 핵심에 있어서는 부작위라고 볼 수 있으므로 작위범과 감독보증인에 의한 부작위는 구조적으로 동일하며, 따라서 감독보증인은 의무범의 정범이 아니라 지배범이므로 지배범의 일반원리에 따라 방조범만 성립함에 반하여,[2] 보호보증인은 특정한 개별적 위험원을 감독해야 하는 것이 아니라 법익을 모든 종류의 침해로부터 보호해야 할 의무를 지고 있으므로 보호의무에 위반하는 행위는, 자식이 수영하다가 물에 빠지든, 짐승의 공격을 받든, 타인에 의해 공격을 받든 관계없이, 그 의무는 사망의 결과를 방지해야 하는 점에서 동일하며, 따라서 보호보증인의 부작위는 결과발생과 직접 연결되어 정범으로 인정된다는 것이다.[3]

의무내용설은, 첫째 보호보증인과 감독보증인의 구별은 보증인의무의 내용과 한계를 명확히 하여 부진정부작위범의 성립범위를 제한하기 위한 이론이며 정범과 공범을 구별하기 위한 이론이 아니고, 둘째 동일한 과제가 보호의무가 될 수도 있고 감독의무가 될 수도 있기 때문에 보호보증인과 감독보증인의 구별이 명백하지 못하다는 비판을 받는다. 즉 수영장 관리인은 물의 위험으로부터 수영자를 보호하는 자인가 또는 그 위험의 감독자인가, 백화점 감시원은 주인의 소유권을 보호해야 하는가 또는 백화점경영과 결부된 위험의 감시자인가가 분명하지 않다는 것이다.[4] 셋째, 모든 보증인에게는 위험발생 방지의무,

1) Sch/Sch/Cramer/Heine Vor §25 Rn. 104, 106.
2) Herzberg *Täterschaft und Tatherrschaft*, S. 97.
예외적으로 정범이 성립할 수 있는 경우는 행위지배설과 결론을 같이한다.
3) Herzberg *Täterschaft und Tatherrschaft*, S. 83.
4) Jakobs §29 Rn. 72; Roxin §31 Rn. 160; Rudolphi SK Vor §13 Rn. 40.

즉 위협받는 법익에 대한 보호의무가 있으므로 의무내용이 동일한 이상 같이 취급해야 함에도 불구하고 감독보증인에게는 피해자에 대한 의무가 없기 때문에 종범이 된다고 하는 것은 타당하지 못하고,[1] 넷째 보호보증인은 정범이고 감독보증인은 종범이라고 해석할 때에는, 예컨대 12세의 A가 새총으로 친구 B를 쏘아 B의 눈을 맞춘 경우에 A의 아버지 甲과 B의 아버지 乙이 이를 저지하지 못한 때에 의무내용설에 의할 때에는 甲은 종범이고 乙은 정범이 되는 불합리한 결과가 초래된다는 비판을 면할 수 없다.

(4) 동가치성설

부작위가 작위정범에 상응하는가 또는 작위공범에 상응하는가에 따라 정범과 종범을 구별하는 견해이다.[2] 이용식 교수도 이 입장을 지지하고 있다.[3] 부진정부작위범이 성립하기 위하여는 부작위의 동가치성, 즉 보증인지위와 행위정형의 동가성 내지 상응성을 필요로 한다. 그런데 보증인지위로는 부작위 정범과 공범을 구별할 수 없으므로 상응성에 의하여 이를 구별할 수밖에 없다는 것이다. 그런데 행위정형의 동가성 내지 상응성은 행태관련적 결과범에서만 문제되고 단순결과범에서는 의미가 없다는 것이 일반적 이론이다. 그러나 이는 단독범의 경우에 적용되는 이론일 뿐이고 다수인이 참가하는 부작위범에 있어서는 상응성이 바로 정범과 공범을 구별하는 기준이 될 수 있다는 것이다. 따라서 다수인이 참가하는 부작위범에 있어서도 상응성은 정범과 공범의 구별기준으로서 중요한 의미를 가진다고 한다.[4] 그리고 여기서 부작위가 작위정범에 상응하는가 또는 종범에 상응하는가는 가치평가적으로 판단되어야 하지만, ① 같은 경우에 작위에 의하여 참가하였더라면 정범인가 공범인가, ② 부작위범이 사건의 중심형상인가 또는 주변형상인가가 그 판단기준이 될 수 있다고 한다.[5] 따라서 이 이론에 의하면 부작위범은 보호보증인이나 감독보증인을 불문하고 작위정범에 대하여 주변형상(Randfigur)에 불과하므로 일반적으로는 종

---

1) 정범설의 입장으로부터의 비판이다.
2) Schwab *Täterschaft und Teilnahme bei Unterlassen*, S. 189.
3) 이용식 앞의 책, 300면.
4) 이용식 302면.
5) 동가치성설에 의하면 ① 부작위에 의하여 정범이 될 수 없는 범죄에 있어서의 보증인, ② 감독보증인의 부작위는 물론, ③ 보호보증인의 부작위도 원칙적으로 종범에 해당한다고 한다. 이용식 앞의 책, 304면 이하.

범에 해당하지만, 예외적으로 부작위범이 핵심형상으로서의 역할을 수행할 때에는 정범이 될 수 있다고 한다. 부작위범이 핵심형상이 되는 경우로는, 첫째 작위범의 침해가 보증인이 보호하는 법익에 대하여 간접적인 침해인 경우, 예컨대 경비원이 지키는 집에 방화하는 것을 보고도 방치하고 그 후 주인을 구조할 수 있었음에도 그대로 두어 주인이 화재로 사망한 경우 살인죄에 관하여는 보증인이 정범이 되고, 둘째 보호보증인이 보호법익에 대한 위험을 인식하였으나 그것이 작위범에 의한 것인지는 모른 경우가 여기에 해당한다고 한다.

동가치성설에 대하여는, 첫째 행위정형의 동가성 내지 상응성은 부진정부작위범의 성립요건이지 정범과 공범에 대한 구별기준이 될 수 있는 것은 아니고,[1] 둘째 상응성에 의한 정범과 공범의 구별은 작위로 가담한 경우에 정범인가 또는 공범이 되는가의 문제로 되는데 작위범에 있어서 작위와 부작위의 구별은 행위지배의 유무에 있으므로 작위범의 정범요소인 행위지배설을 부작위범에 전용하는 것에 지나지 않고,[2] 셋째 동가치성설에 의한 전체고찰의 방법을 이용한 정범과 공범의 구별은 정범과의 관련성이나 보증인의 의사 또는 중심형상이라는 다양한 도구에 의한 구별을 인정하여 불명확하고 감정적인 구별이 되지 않을 수 없다는 비판이 제기되고 있다.[3]

2. 정범과 공범의 구별기준

정범설에 의하여 작위범의 행위에 가담한 부작위범을 정범이라고 해석할 때에는 작위범이라면 종범으로 처벌받을 정도의 행위를 한 부작위범을 정범으로 처벌하게 되어 종범감경이 불가능하다. 부작위범의 불법과 책임은 대부분의 경우에 작위범에 비교하여 경미함에도 불구하고 부작위범을 작위범보다 무겁게 처벌하는 것은 허용될 수 없다. 의무범설이 부진정부작위범은 보증인의무 위반만으로 성립하는 범죄가 아니고, 특히 감독보증인에게는 형법외적인 특수의무가 전제되는 것이 아님에도 불구하고 보증인의무위반만으로 부작위범을 정범이라고 해석하는 것도 잘못이다. 의무내용설도 보호보증인과 감독보증인의 구별이 보증인의무의 내용과 한계를 명확히 하여 부진정부작위범의 성

1) Roxin §31 Rn. 167.
2) 전지연 앞의 글, 128면.
3) Roxin §31 Rn. 168.

립범위를 제한하기 위한 이론인데, 이를 정범과 공범의 구별기준으로 전환해야 할 이론적 근거와 필요성을 인정하기 어렵다. 동가치성설이 부작위가 작위정범에 상응하는가 작위공범에 상응하는가에 따라 정범과 공범을 구별하는 것도 행위정형의 동가성 내지 상응성은 부진정부작위범의 성립요건이지 정범과 공범의 구별기준이 아니고, 작위범에 있어서의 정범요소인 행위지배가 부작위범에는 인정되지 않는데 어떻게 그 상응성을 판단할 수 있는가라는 극복하기 어려운 난점이 있다.

작위범에 가담한 부작위범은 원칙적으로 종범에 해당하며, 그 이론적 근거는 행위지배설에서 찾을 수밖에 없다고 생각한다. 작위범에 있어서 정범요소는 행위지배에서 찾아야 한다는 것이 통설이다. 그런데 사건의 인과진행에 대한 조종인 행위지배가 부작위범에는 인정되지 않는다. 즉 부작위범에서의 행위지배는 작위에 의하여 사건진행을 조종할 수 있었는가라는 잠재적 행위지배(potetielle Tatherrschaft)에 불과하고, 잠재적 행위지배는 행위지배가 아니다. 그러나 부진정부작위범에 있어서는 이러한 잠재적 행위지배가 정범요소를 판단하는 기준이 될 수 있다.[1] 따라서 작위범에 가담한 부작위범은 작위범에게 행위지배가 있고 부작위범에게는 잠재적 행위지배가 있을 뿐이므로, 정범인 작위범에 대하여 종범이 되는 데 그친다. 다만 작위범이 더 이상 행위지배를 하지 않을 때에는 잠재적 행위지배가 구성요건실현을 방지하는 방법으로 사건을 형성하는 행위지배를 인수하여 정범이 될 수 있다고 할 것이다.

Ⅳ. 대상판결의 검토

1. 작위와 부작위의 구별(대상판결 (1))

대상판결 (1)의 첫 번째 논점은 작위와 부작위의 구별기준이다. 대법원은 「행위자가 자신의 신체적 활동이나 물리적·화학적 작용을 통하여 타인의 법익상황을 악화시킴으로써 타인의 법익을 침해하기에 이르렀다면 이는 작위에 의한 범죄로 봄이 원칙이다」라고 판시하면서, 피고인 1, 2의 행위를 작위로 판단하였다. 대법원이 작위와 부작위의 구별기준에 관하여 자연적 관찰방법을

1) Weigend LK §13 Rn. 94; Joecks MK §25 Rn. 236.

택하였음을 명백히 한 것이라고 볼 수 있다. 자연적 관찰방법은 사람의 의사에 기초한 신체적 활동 또는 적극적인 에너지 투입에 의하여 결과가 발생한 경우에 작위가 형법적 평가의 대상이 된다는 이론이므로 피고인 1, 2의 인공호흡 보조장치의 제거를 지시한 행위가 작위에 해당하는 것은 물론이다. 대법원의 태도는 원심이 평가적 관찰방법에 의하여 「작위와 부작위의 구별은 자연과학적·인과적 분류가 아니라 구성요건의 해석과 적용을 고려한 법적·평가적 문제이다」라고 판시한 것과 다르다. 다만 원심은 평가적 관찰방법을 택하면서도 피해자의 처에 관하여 인공호흡장치의 제거는 치료중단의 내용을 이룰 뿐이므로 부작위에 해당한다고 판시하면서, 피고인 1, 2에 대하여는 그 비난이 치료행위를 중단한 점에 있기보다는 퇴원조치를 한 점에 집중되어야 한다는 이유로 작위에 해당한다고 판시하였다. 그러나 평가적 관찰방법에 의하는 이상 피해자의 처뿐만 아니라 피고인 1, 2의 행위도 모두 인공호흡장치의 제거는 치료중단에 포함된 내용에 불과하므로 제 1 심법원의 판단과 같이 부작위에 해당한다고 해석해야 할 것이다. 이러한 측면에서 대법원이 자연적 관찰방법을 택하여 피고인 1, 2의 행위를 작위라고 판단한 것은 타당하다고 생각한다. 다만, 대법원이 피고인 1, 2는 적극적인 행위를 통하여 원심 공동피고인인 피해자의 처의 부작위에 의한 살인행위를 도운 것이라고 판시함으로써 피해자의 처는 부작위에 의한 살인죄에 해당한다고 판단한 것으로 보인다. 피해자의 처가 상고하지 않았다 하더라도 피고인들의 지시를 받은 피고인 3과 피해자의 처가 피해자를 구급차로 집까지 데려 간 다음, 피고인 3이 처의 동의를 받아 피해자의 인공호흡 보조장치와 기관삽관을 제거하였고, 피해자는 피고인 3이 떠난 지 5분이 되지 않아 사망하였다는 점에 비추어 볼 때, 자연적 관찰방법을 취하는 이상 피해자의 처의 행위도 작위에 해당한다고 보아야 할 것이다.

2. 정범과 공범의 구별(대상판결 (1), (2))

대상판결 (1)의 두 번째 논점과 대상판결 (2)는 부작위범에 있어서의 정범과 공범의 구별기준에 관한 것이며, 특히 대상판결 (2)는 작위범에 가담한 부작위범이 정범인가 또는 종범인가에 대한 판결이다.

(1) 대상판결 (1)

대상판결 (1)은 정범과 공범의 관계에 관하여 피고인 1, 2는 피해자의 퇴원을 허용하는 행위를 통하여 제1차적 보증인지위에 있는 피해자의 처의 추후 의무이행여부에 맡긴 데 불과하고 피해자의 사망이라는 결과나 그에 이르는 사태의 핵심적 경과를 계획적으로 조종하거나 저지·촉진하는 등으로 지배하고 있었다고 보기 어렵다는 이유로 기능적 행위지배가 흠결되었다고 보고 피해자의 처의 부작위에 의한 살인행위를 도운 작위에 의한 방조에 해당한다고 판단하였다. 즉 피고인 1, 2에 대하여는 행위지배설에 입각하여 기능적 행위지배가 인정되지 않는다는 이유로 종범에 해당한다고 판시한 것이다.[1] 피고인 1, 2가 작위에 의하여 부작위범에 가담한 것이므로 작위범에 있어서의 정범과 공범의 구별기준인 행위지배의 유무에 따라 정범과 공범을 구별한 것은 타당하다고 할 수 있다. 특히 피해자의 처의 행위를 작위에 해당한다고 볼 때에는 사례는 작위범에서의 정범과 공범의 구별문제가 된다. 그러나 피고인 1, 2에게 피해자의 사망에 대한 기능적 행위지배를 부정해야 할 것인가에 관하여는 의문이 제기된다. 원심이 인정한 사실에 의하면 피해자는 퇴원 당시 인공호흡기를 제거할 경우 자발호흡이 정상적으로 이루어지기 힘든 상태에 있었고, 피고인들은 수차례에 걸쳐 피해자의 처에게 피해자의 상태에 비추어 지금 퇴원하면 죽는다는 이유로 퇴원을 극구 만류하다가 피해자의 처의 강력한 요구에 따라 퇴원결정을 하였고, 피고인들의 지시로 피해자를 집으로 후송한 피고인 3이 피해자의 처에게 인공호흡 보조장치를 제거하면 피해자가 사망한다는 사실을 고지하고 그 장치를 제거하였고, 피해자는 5분도 지나지 않아 뇌간압박에 의한 호흡곤란으로 사망한 것이므로, 피고인들은 피해자의 퇴원결정과 이에 수반하는 인공호흡장치의 제거지시를 통하여 피해자의 사망에 대한 불가결한 중요한 역할을 담당한 것으로 보아야 한다. 그렇다면 피고인 1, 2에게도 살인죄에 대한 기능적 행위지배가 인정된다고 해야 한다. 나아가 자연적 관찰방

---

1) 원심도 피고인들을 작위에 의한 방조로 판단하였으나, 그 이유는 살인죄의 정범의 고의가 없다는 점에 두고 있었다. 정범과 공범에 대한 주관설의 입장이며, 독일의 BGH의 일부 판결이 취하고 있는 입장이다(BGH StV 1986, 59; BGH NStZ 1992, 31). 그러나 주관설은 ① 정범의사로 행위한 자는 정범이고 공범의사로 행위한 자는 공범이라고 하는 것은 순환론에 불과하고, ② 주관적 요소만에 의하여 정범과 공범을 구별하는 것은 부당하다는 비판을 극복할 수 없다.

법에 따라 작위와 부작위를 구별해서 피해자의 처의 행위도 작위에 해당한다고 보아, 피해자의 처와 피고인 1, 2 모두에게 살인죄의 공동정범관계를 인정하는 것이 타당하다고 생각된다.

(2) 대상판결 (2)

대상판결 (2)는 백화점 특정매장의 상품관리 업무 담당 직원이 자신이 관리하는 특정매장의 점포에 가짜 상표가 새겨진 상품이 진열·판매되고 있는 사실을 발견하고 이를 방치한 경우에는 작위에 의하여 점주의 상표법위반 및 부정경쟁방지법위반 행위의 실행을 용이하게 하는 경우와 동등한 형법적 가치가 있는 것으로 볼 수 있다는 이유로, 부작위에 의한 상표법위반 및 부정경쟁방지법위반의 종범에 해당한다고 판시하였다. 먼저 대상판결이 작위범의 행위에 가담한 부작위범에 대하여 종범의 성립을 인정하였음은 타당하다고 하겠다. 그리고 이 경우에 부작위범에 대하여 종범의 성립을 인정한 것은 종범설인 행위지배설과 종속성설, 그리고 의무내용설과 동가치성설의 공통된 결론이다. 그런데 대상판결은 피고인의 부작위가 작위에 의하여 상표법위반 등의 실행을 용이하게 하는 경우와 동등한 형법적 가치가 인정된다는 점을 근거로 들고 있다는 점에서 동가치성설의 입장에 선 것이라고 하지 않을 수 없다. 대법원은 종래 법원 입찰공무원이 사무원의 입찰보증금 횡령사실을 알고도 방치한 사건에서 결과 발생을 쉽게 방지할 수 있는 공무원이 그 사무원의 새로운 횡령범행을 방조·용인한 것을 작위에 의한 법익 침해와 동등한 형법적 가치가 있는 것이 아니라고 볼 수는 없다는 이유로, 그 담당 공무원을 업무상횡령의 종범으로 처벌한 바 있다.[1] 위의 판결에서 대법원은 단순히 「작위에 의한 법익 침해와 동등한 형법적 가치가 있다」고 판시함으로써 방조는 부작위에 의하여 정범의 실행행위를 용이하게 하는 경우에도 성립하고, 그것이 작위에 의한 법익 침해와 동등한 형법적 가치가 있다고 인정되는 이상 종범이 성립한다고 판시함으로써 마치 동가치성설을 취한 것 같은 인상을 주고 있었다. 다만, 이 판결이 작위에 의한 법익침해와 동등한 형법적 가치를 요구하여, 그것이 일반적인 행위정형의 동가성을 의미하는지 또는 방조행위와의 상응성을 의미하는지 불명확

1) 대법원 1996. 9. 6. 95도2551.

한 태도를 취하였음에 반하여, 대상판결은 「부작위가 작위에 의하여 상표법위반 등의 실행을 용이하게 하는 경우와 동등한 형법적 가치가 인정된다」고 판시함으로써 방조행위와의 동가치성을 요구하였다는 점에서 정범과 공범의 구별기준에 관하여 동가치성설의 입장을 분명히 했다고 할 수 있다. 그러나 행위정형의 동가성은 행태관련적 결과범에 있어서 부진정부작위범이 성립하기 위한 동가치성의 한 요건에 불과하며 정범과 공범의 구별기준이 될 수 없을 뿐만 아니라, 행위지배가 있는 작위범과 그것이 없는 부작위범의 상응성을 찾는 것도 어렵다는 점에서 이를 정범과 공범의 구별기준으로 삼는 것은 옳다고 할 수 없다. 따라서 행위지배설에 따라 작위정범의 행위에 가담한 부작위범의 경우 작위범에게 행위지배가 있고, 부작위범에게는 잠재적 행위지배는 있으나 행위지배가 없기 때문에 작위정범에 대하여 종범이 성립할 뿐이라고 해석하는 것이 타당하다고 생각한다.

7. 인과관계와 객관적 귀속

[대상판결]

대법원 1994. 3. 22. 93도3612

1. 사실의 개요

조직폭력배 甲은 乙 등과 공모하여 같은 조직의 동료들을 폭행한 A 등에게 보복하기 위하여 여관방에 있는 X와 Y를 A 등으로 잘못 알고 쇠파이프와 각목, 낫 등의 흉기를 들고 들어가 X와 Y의 머리와 몸을 쇠파이프로 때리고 낫으로 팔과 다리를 난자하여, X는 10일 동안 의식을 회복하지 못하고 Y는 전치 16-18주의 치료를 요하는 자상 등을 입었다.

X는 이 사건으로 입은 자상으로 인해 발생한 급성 신부전증을 치료받고 있었는데, 수술 후에 발생한 급성 신부전증은 사망률이 높기 때문에 신부전증을 치료할 때에는 수분 섭취량과 소변 배설량을 철저히 조절하고 음식과 수분섭취를 억제해야 하는데, 콜라와 김밥 등을 함부로 먹은 탓에 1달 후에 폐렴, 패혈증 등의 합병증이 발생하여 사망하였다.

2. 사건의 경과

원심은 피고인 등에게 살인죄를 적용하여 징역 15년의 형을 선고하였다. 원심판결에 대하여 피고인과 변호인이 상고하였다. 상고이유의 요지는, 첫째 피고인들에게는 살인의 고의가 없었고, 둘째 피고인들의 폭행과 사망의 결과 사이에는 인과관계가 없다는 점에 있었다.

3. 판결요지

(1) 살인죄의 범의는 자기의 행위로 인하여 피해자가 사망할 수도 있다는 사실을 인식·예견하는 것으로 족하지 피해자의 사망을 희망하거나 목적으로 할 필요는 없고, 또 확정적인 고의가 아닌 미필적 고의로도 족하다.

피고인들이 쇠파이프와 각목으로 피해자들의 머리와 몸을 마구 때리고 낫으로 팔과 다리를 난자한 이상 자기들의 가해행위로 인하여 피해자들이 사망할 수도 있다는 사실을 인식하지 못하였다고 볼 수 없으므로(오히려 살인의 미필적 고의가 있었다고 볼 수 있다), 피고인들에게 살인의 범의가 있었다고 본 원심의 판단은 정당한 것으로 수긍이 되고, 원심판결에 소론과 같이 채증법칙을 위반하여 사실을 잘못 인정한 위법이 있다고 볼 수 없다.

(2) 살인의 실행행위가 피해자의 사망이라는 결과를 발생하게 한 유일한 원인이거나 직접적인 원인이어야만 되는 것은 아니므로, 살인의 실행행위와 피해자의 사망과의 사이에 다른 사실이 개재되어 그 사실이 치사의 직접적인 원인이 되었다고 하더라도 그와 같은 사실이 통상 예견할 수 있는 것에 지나지 않는다면 살인의 실행행위와 피해자의 사망 사이에 인과관계가 있는 것으로 보아야 한다.

피고인들의 이 사건 범행이 위 피해자를 사망하게 한 직접적인 원인이 된 것은 아니지만, 그 범행으로 인하여 위 피해자에게 급성 신부전증이 발생하였고 또 그 합병증으로 위 피해자의 직접사인이 된 패혈증 등이 유발된 이상, 비록 그 직접사인의 유발에 위 피해자 자신의 과실이 개재되었다고 하더라도 이와 같은 사실은 통상 예견할 수 있는 것으로 인정되므로, 위 피고인들의 이 사건 범행과 위 피해자의 사망 사이에는 인과관계가 있다고 보지 않을 수 없다.

[판례의 연구]

Ⅰ. 문제의 제기

대상판결은 인과관계와 객관적 귀속의 문제 이외에 살인죄의 고의, 특히 미필적 고의를 인정할 수 있는가, 객체의 착오는 고의의 성립에 어떤 영향을 미치는가, 또 형사소송법상으로는 검사 이외의 수사기관이 작성한 공범자에 대한 피의자신문조서의 증거능력에 관하여도 형사소송법 제312조가 적용되는가라는 많은 쟁점이 관련된 판결이다. 살인의 미필적 고의를 인정할 수 있는가에 관하여 대상판결이 「살인죄의 범의는 자기의 행위로 인하여 피해자가 사망할 수도 있다는 사실을 인식·예견하는 것으로 족하지 피해자의 사망을 희망하거나 목적으로 할 필요는 없다」고 판시한 것은 대법원이 미필적 고의에 관한 가능성설을 채택한 것이 아닌가라는 의문이 제기될 수 있다.[1] 그러나 대법원이 다른 판결에서 「미필적 고의가 있었다고 하려면 결과발생의 가능성에 대한 인식이 있음은 물론 결과발생을 용인하는 내심의 의사가 있음을 요한다」고 판시하고 있는 점에서,[2] 미필적 고의의 본질에 관한 대법원의 기본태도는 용인설이며, 이 판결은 살인의 고의는 확정적 고의임을 요하지 않고 미필적 고의로 족하다고 판시한 데에 중점이 있다고 보는 것이 타당하다고 생각한다. 또한 구체적 사실의 착오에 있어서 객체의 착오가 고의의 성립에 영향이 없다는 점에는 학설이 일치하고 있다. 따라서 여기서는 대상판결이 갖고 있는 쟁점 가운데 인과관계와 객관적 귀속의 문제에 국한하여 판례의 의미를 분석하고자 한다.

대상판결은 피해자가 자상으로 인한 합병증이나 감염으로 사망한 경우에 피해자의 과실이 개재되었다고 하더라도 그와 같은 사실이 통상 예견할 수 있는 경우에는 인과관계가 인정된다고 판시한 점에서 상당인과관계설에 입각하여 인과관계를 긍정한 판결이라고 볼 수 있다. 결과범에 있어서는 행위와 결과 사이에 발생한 결과가 행위자의 행위에 의한 것이라는 일정한 연관이 있어야 기수가 될 수 있다. 이러한 의미에서 결과에 대한 형사책임의 근거는 구성요건에 해당하는 행위와 결과 사이의 인과관계라고 할 수 있다. 발생된 결과를 행위자에게 귀속시키기 위하여 행위와 결과 사이에 어떤 연관이 있어야 하는가에 관하여 판례는 일관하여 상당인과관계설을 취하고 있으며, 대상판결도 그 하나에 지나지 않는다.[3] 통설이 합법칙적 조건설과 객관적 귀속이론을 결합하여 인과관계의 확정과 법적·규범적 귀속문제를 구별하고 있는 것과 구별된다.[4] 여기서 상당인과관계설은 합법칙적 조건설과 객관적 귀속이론을 결합하여 이원적으로 고찰하는 통설과 어떻게 다르고, 또 대상판결이 상당인과관계설의 입장에서 인과관계를 판단한 것이 과연 타당한가를 검토해 볼 필요가 있

1) 대법원이 가능성설의 입장이라고 해석하는 견해로는 박상기 「고의의 본질과 대법원판례의 입장」, 형사판례연구 10, 59면 참조.

2) 대법원 1985. 6. 25. 85도660; 대법원 1987. 2. 10. 86도2338; 대법원 2004. 5. 14. 2004도74.

3) 배종대 227면; 오영근 191면은 상당인과관계설을 지지하고 있다.

4) 김일수/서보학 154면; 박상기 89면; 손동권 109면; 손해목 264면; 신동운 142면; 이재상 136면; 이형국 128면; 임웅 118면; 정성근/박광민 42면.

다. 특히 대상판결은 행위와 결과 사이에 피해자의 과실이 개입하여 결과가 발생한 경우이다. 따라서 피해자의 과실이 개입하여 발생한 부작용으로 사망한 결과에 대하여 인과관계와 객관적 귀속을 인정할 것인가도 검토되어야 한다.

Ⅱ. 인과관계와 객관적 귀속이론

1. 조건설과 상당인과관계설

인과관계만으로 결과귀속을 인정하는 견해로는 조건설과 상당인과관계설이 있다. 조건설은 인과관계에 관한 가장 오래되고 전통적인 견해이며, 상당인과관계설은 종래 우리나라의 통설의 태도였다.

(1) 조건설(Bedingungstheorie)

행위와 결과 사이에 조건적 관계만 있으면 인과관계를 인정하는 견해이다. 조건설은 행위와 결과 사이에 그 행위가 없었다면 결과가 발생하지 않았다고 볼 수 있는 관계가 있으면 인과관계를 인정하며, 여기에는 conditio sine qua non(절대적 제약관계)의 공식이 적용된다. 이에 의하면 하나의 결과에 대한 모든 조건은 같은 가치를 가지며, 따라서 조건설을 등가설이라고도 한다. 형법상 중요한 원인과 중요하지 않은 원인을 구별하는 것은 불가능하기 때문에 여러 행위가 결과에 조건을 이룬 경우 모두가 원인이 된다고 한다.

독일의 BGH 판결은 조건설에 입각하여 ① 피해자의 특이체질로 결과가 발생한 경우는 물론,[1] ② 술이 취한 사람에게 오토바이 경주를 제안하여 피해자의 과실로 사망한 경우,[2] ③ 야간에 제동등 없이 자동차를 운전하다가 경찰관이 일찍 소등하여 다른 차와 충돌한 경우에 인과관계를 인정하였으며,[3] 일본의 최고재판소도 강도범인이 63세의 부녀에게 가벼운 폭행을 가하였으나 피해자가 심장질환 때문에 사망한 경우에 폭행이 특수사정과 함께 치사의 결과를 일으켰으므로 폭행과 치사 사이에 인과관계가 있다고 판시하였다.[4]

그러나 조건설은 다음과 같은 비판을 받고 있다. 첫째, 조건설은 인과관계

1) BGHSt. 1, 332.
2) BGHSt. 7, 112.
3) BGHSt. 4, 360.
4) 일본 최고재판소 1971. 6. 17 판결(형집 25-4, 567).

를 직접 규명하지 않고 인과관계가 존재한다는 전제에서 가설적 사고과정의 제거절차를 밟고 있다는 점에서 방법론상의 잘못을 범하였다. 그 행위가 없었다면 결과가 발생하지 않았다고 하기 위하여는 행위와 결과 사이에 인과의 연관이 있을 것을 전제로 하기 때문이다. 둘째, conditio sine qua non의 공식에 의할 때에는 甲과 乙이 동시에 丙을 구타하여 丙이 상처를 입은 경우와 같이 그 행위가 없었더라도 다른 원인에 의하여 동시에 같은 결과가 발생하였다고 인정될 가설적 인과관계나 甲과 乙이 동시에 치사량의 독약을 먹여 丙이 사망한 경우와 같이 각개의 조건만으로도 결과발생이 가능한 여러 조건이 결합하여 결과가 발생한 이중적 인과관계의 경우에 인과관계를 설명하지 못하게 된다. 셋째, 조건설에 의할 때에는 인과관계가 지나치게 확대된다. 물론 이와 같이 확대된 인과관계를 책임의 단계에서 고의가 없다는 이유로 제한하는 것이 가능하다고 하더라도 이로 인하여 구성요건적 불법이 지나치게 확대될 뿐만 아니라 위험감소의 경우를 설명할 수 없다는 난점이 남게 된다.

(2) 상당인과관계설(Adäquanztheorie)

조건설에 의한 무제한한 인과관계를 구성요건의 단계에서 제한하려는 이론이다. 상당인과관계설은 그 결과를 발생시키는 것이 경험칙상 상당한 조건, 즉 결과에 상당한 조건만 원인이 되고 상당한 책임의 기초가 된다고 한다. 따라서 결과귀속을 위하여는 그 행위에 의한 결과발생이 개연적인 것을 요구하며, 행위와 결과 사이의 상당성의 관계는 개연성의 관계를 의미하게 된다. 그러므로 상당인과관계설에 의할 때에는 비정상적이고 특수한 사정이 개입되어야만 결과가 발생할 수 있는 비유형적 인과진행의 경우에는 인과관계를 부정하지 않을 수 없게 된다.

상당인과관계설에서 상당성을 어떤 기준에 의하여 판단할 것인가에 관하여는 주관적 상당인과관계설과 객관적 상당인과관계설 및 절충적 상당인과관계설이 대립되고 있다. 주관적 상당인과관계설은 Kries에 의하여 주장된 이론으로, 행위 시에 행위자가 인식한 사실 또는 인식할 수 있었던 사정을 기초로 상당성을 판단해야 한다고 한다. 그러나 주관설에 의할 때에는 인과관계의 범위가 너무 좁을 뿐만 아니라, 왜 과실이 있는 경우에만 인과관계를 인정해야 하는가를 설명하지 못한다는 비난을 받고 있다. Rümelin의 객관적 상당인과관계설은 행위 당시에 존재한 모든 사정을 객관적으로 종합하여 법관이 상당성을 판단해야 한다고 한다. 행위 당시에 존재한 모든 사정을 사후에 판단한다는 의미에서 객관적·사후적 예측이라고도 한다. 그러나 객관설은 반대로 인과관계를 인정하는 범위가 너무 넓어 사실상 조건설과 같은 결과를 초래한다는 비판을 받는다.[1] Träger에 의하여 주장된 절충적 상당인과관계설은 일반인, 특히 주의 깊은 일반인(초인)이 인식한 사실과 행위자가 특별히 인식할 수 있었던 사정을 기초로 일반인 또는 주의 깊은 판단자가 상당성을 판단해야 한다는 이론이다. 그러나 절충설에 대하여도 일반인 특히 주의 깊은 판단자를 어떤 기준으로 정할 것인지 불명확할 뿐만 아니라 왜 가장 우수한 초인을 기준으로 상당성을 판단해야 하는가를 설명할 수 없다는 비난이 제기된다. 결국, 상당인과관계설에 의하는 경우에도 인과관계의 존부가 판단자와 판단자료에 따라 달라진다는 것은 객관적이어야 할 인과관계를 불명확하게 만드는 결과를 초래한다고 할 수 있다.[2]

상당인과관계설에 대하여는 다음과 같은 문제점이 지적되고 있다. 첫째, 상당인과관계설이 제시하는 상당성 또는 개연성은 인과관계를 판단할 명백한 기준이 될 수 없다. 특히 상당성을 개연성의 관계로 이해할 때에는 비유형적인 인과의 진행에 대하여는 인과관계를 부정하여, 상당인과관계설은 인과관계가 문제되는 대부분의 경우에 인과관계를 부정하는 이론이 된다. 그러나 대법원은 피해자의 특이체질로 인하여 결과가 발생한 경우에 반드시 상당인과관계를 부정하는 것은 아니다. 즉 대법원은 「피해자가 평소 병약한 상태에 있었고 피고인의 폭행으로 그가 사망함에 있어서 지병이 또한 사망 결과에 영향을 주었다고 하여 폭행과 사망 간에 인과관계가 없다고 할 수 없다」고 하였고,[3] 평소에 오른쪽 관상동맥폐쇄 및 심실의 허혈성심근섬유화 증세 등의 심장질환을 앓고 있던 피해자를 밀어 넘어뜨려 피해자가 관상동맥부전과 허혈성심근경색 등으로 사망하였더라도, 「피고인의 폭행과 피해자의 사망 간에 상당인과관계

1) 손해목 「인과관계와 객관적 귀속」, 형사판례의 연구 I, 159면.
2) 장영민 「인과관계의 확정과 합법칙적 조건설」, 형사판례연구 3, 31면.
3) 대법원 1979. 10. 10. 79도2040.

가 있었다고 볼 수 있다」고 판시하였다.[1] 반면 고등학교 교사가 제자의 잘못을 징계하기 위해 왼쪽 빰을 때렸고, 그 순간 피해자가 뒤로 넘어지면서 사망에 이르게 된 경우, 「위 피해자는 두께 0.5밀리밖에 안 되는 비정상적으로 얇은 두개골을 가지고 뇌수종을 앓던 심신허약자였기 때문에 좌측 빰을 때리자 급성 뇌압상승으로 넘어지게 된 것이라면 위 소위와 피해자의 사망 간에는 인과관계가 없는 경우에 해당한다」고 판시하였다.[2] 이는 상당성의 판단이 불명확하다는 대표적인 예가 될 수 있다고 생각한다. 둘째, 상당인과관계설은 인과관계와 결과귀속을 혼동하였다는 비난을 받는다. 구성요건단계에서 책임범위를 제한하는 것은 책임의 기초가 되는 법적 중요성이지 인과관계 자체는 아니며, 상당성은 법적 중요성을 판단하는 법적·규범적 판단이지 인과관계의 문제가 아니기 때문이다.

2. 합법칙적 조건설과 객관적 귀속이론

조건설과 상당인과관계설이 인과관계와 객관적 귀속을 인과관계이론만으로 일원적으로 해결하려는 이론임에 반하여, 우리나라의 통설은 객관적 귀속의 전제인 인과관계는 합법칙적 조건설에 의하고 이를 법적·규범적 판단의 문제인 객관적 귀속이론과 결합시키는 이원적 방법을 택하고 있다.

(1) 합법칙적 조건설(gesetzmäßige Bedingungstheorie)

조건설이 기초로 하고 있는 conditio sind qua non의 공식을 일상적 경험법칙으로서의 합법칙성으로 시정하여, 인과관계의 문제는 그 행위가 없었으면 결과가 발생하지 않았을 것이라는 관계가 아니라 행위가 경험법칙에 따른 인과법칙으로 그 결과를 발생케 했는가라는 합법칙적 연관의 문제로 해결하는 견해이다. 여기서 합법칙적 조건설은 조건설에 의한 인과관계는 「행위가 시간적으로 뒤따르는 외계의 변화에 연결되고 행위와 합법칙적으로 결합되어 구성요건적 결과로 실현되었을 때」 인정되어야 한다고 한다. 이러한 의미에서 합법칙적 조건설은 규범적 사고에서 순화된 자연적 인과관계를 확인하는 이론이며, 여기서 말하는 합법칙성은 조건설이 주장하는 논리적 조건이나 상당인과

1) 대법원 1986. 9. 9. 85도2433; 대법원 1989. 10. 13. 89도556.
2) 대법원 1978. 11. 28. 78도1961.

관계설의 생활경험이 아니라 당대의 지식수준에서 알려져 있는 법칙적 관계를 의미한다.[1] 이때의 법칙적 관계의 존재는 당대의 최고의 과학적 지식수준에서 인정되어야 하는 것이기 때문에, 이러한 과학적 지식에 의하여도 파악하기 어려운 경우에는 인과관계를 인정할 수 없게 된다.

합법칙적 조건설에 의할 때에도 결과에 대한 모든 조건은 등가적이므로 행위가 결과발생의 유일한 원인이거나 가장 중요한 조건이 아닌 경우에도 인과관계가 인정된다. 따라서 피해자의 특이체질 또는 그 상태 때문에 결과가 발생한 경우에도 인과관계가 인정되며, 가설적 인과관계와 중첩적 인과관계의 경우뿐만 아니라 甲과 乙이 단독으로는 치사량에 미달하는 독약을 먹여 사망케 한 중첩적 인과관계 또는 누적적 인과관계의 경우에도 인과관계를 인정한다. 결과에 대한 행위의 인과관계는 제3자의 고의 또는 과실에 의한 행위가 개입되었다는 이유로 중단되지 않는다. 그러나 결과가 행위와 분리된 다른 조건에 의하여 실현되어 처음 조건이 결과발생에 기여하지 못한 추월적 인과관계의 경우에는 인과관계를 부정하게 된다.

합법칙적 조건설은 조건설에 비하여 가설적 인과관계와 이중적 인과관계의 경우에도 인과관계를 쉽게 인정할 수 있는 장점을 가지고 있다. 그러나 합법칙적 조건설도 조건설인 이상 인과관계의 인정범위가 지나치게 확대된다는 조건설의 가장 큰 결함을 극복하지 못했다는 비난을 면하지 못한다. 합법칙적 조건설의 이러한 결함은 합법칙적 조건설과 객관적 귀속이론의 결합을 필요로 하는 이유가 된다.

(2) 객관적 귀속이론

객관적 귀속이론이란 인과관계가 인정되는 결과를 행위자의 행위에 객관적으로 귀속시킬 수 있는가를 확정하는 이론이다. 인과관계는 발생된 결과를 행위자에게 귀속시키기 위하여 행위와 결과 사이에 어떤 연관이 있어야 하는가에 대한 이론이다. 그러나 발생된 결과를 행위자에게 귀속시킬 수 있느냐의 문제는 인과관계가 있는가라는 존재론적 문제가 아니라 그것이 정당한 처벌이라는 관점에서 행위자에게 객관적으로 귀속시킬 수 있느냐라는 법적·규범적 문제에

---

1) 장영민 앞의 글, 32면.

속한다. 물론 객관적 귀속을 인정하기 위하여는 인과관계가 있어야 한다. 그러나 행위와 결과 사이의 인과관계는 객관적 귀속의 전제에 지나지 않는다. 인과관계가 존재한다는 것만으로는 이러한 관계가 법질서에 어떤 의미를 갖는가에 대하여 아무런 해결책을 주지 못한다. 정당한 처벌이라는 관점에서 결과를 행위자에게 귀속시킬 수 있는 기준을 제시하는 이론이 바로 객관적 귀속이론이다.

객관적 귀속이론의 기준에 대하여는 회피가능성이론과 위험증대이론이 주장되고 있다. 회피가능성이론은 결과에 대한 귀속판단이 결과가 의사표현이라는 인간행태와 결합되어 있다는 점에서 찾아야 하고, 객관적 관점에서 행위와 결과 사이의 목적적 연관을 판단하는 것은 결과에 대한 지배가능성 내지 회피가능성이 되어야 하므로 결과가 의사의 대상으로서 지배가능할 때에 그 결과는 객관적으로 귀속될 수 있다는 이론이다. 인과의 진행에 대한 객관적 합목적성은 구성요건적 법익침해를 초래하는 법적으로 허용될 수 없는 위험을 창출하거나 증대시키는 점에 있다고 하여 회피가능성이론에 구체적 내용을 부여한 이론이 위험실현 또는 위험증대이론이다. 위험실현이론은 사람의 행위에 의하여 발생한 결과는 그 행위가 법률상 허용될 수 없는 위험을 발생시키거나 증가케 하여 그 위험이 구성요건적 결과로 실현될 때에 객관적으로 귀속될 수 있다는 귀속의 기준을 제시하게 된다.

객관적 귀속이론은 귀속의 구체적 판단기준으로 행위자는 행위의 객체에 대하여 허용되지 않는 위험을 창출하거나 증가시켜야 하므로 위험이 감소되거나 허용되지 않는 위험이 발생하지 않은 때에는 객관적 귀속이 부정되고, 행위자에 의하여 창설되거나 증가된 위험이 결과에 실현되어야 하므로 위험이 창설된 경우에도 결과가 그 위험의 실현으로 발생한 것이 아닐 때에는 귀속되지 않는다는 기준을 제시한다. 뿐만 아니라 위험실현으로 인한 결과의 실현은 객관적으로 지배가능해야 하기 때문에 비유형적인 인과의 진행, 특히 피해자의 특이체질로 결과가 발생한 경우에도 결과는 객관적으로 귀속될 수 있지만 지나치게 비유형적인 인과진행은 객관적으로 귀속되지 않게 되고, 규범의 보호범위이론도 고의범과 과실범에 있어서 결과귀속을 위한 기준이 된다. 또한 과실범에 있어서는 주의의무위반 관련성이, 결과적 가중범에 있어서는 직접성의 원리가 귀속의 기준이 된다.

Ⅲ. 상당인과관계설의 한계

1. 상당인과관계설에 대한 평가

판례는 결과귀속을 상당인과관계의 유무로 판단하고 있다. 대상판결도 같은 입장이다. 대상판결이 취하고 있는 상당인과관계설은 인과관계와 객관적 귀속을 한 개의 단계에서 동시에 판단하는 이론이다. 이러한 의미에서 상당인과관계설은 조건설과 객관적 귀속이론을 결합한 이론이라고 할 수 있다. 상당인과관계설이 조건설과 객관적 귀속이론을 결합하여 동시에 판단하는 이론이라면 상당인과관계설로 족할 것인데, 합법칙적 조건설로 인과관계를 판단하고 객관적 귀속이론으로 귀속문제를 분리하여 이원적으로 판단할 필요가 어디에 있는가에 대하여 의문이 제기될 수 있다. 그것은 상당인과관계설에 의하여 인과관계와 객관적 귀속을 동시에 판단하는 것이 옳은 방법인가, 또 상당인과관계설은 합법칙적 조건설과 객관적 귀속이론을 결합한 것과 같은 결과를 제시하는가의 문제이기도 하다. 그러나 이 질문에 대한 해답은 부정적일 수밖에 없다.

첫째, 상당인과관계설은 인과관계의 존부의 문제가 아니라 귀속의 기준을 제시하는 이론에 지나지 않는다. 즉 상당인과관계설은 비전형적 인과의 진행을 인과의 연관에서 배제할 뿐이며 인과관계의 존부를 확정하는 데 원용할 수 없는 이론이다. 상당인과관계설이 제시하는 상당성은 법적·규범적 판단의 대상임에 반하여 인과관계의 존부는 자연적·사실적 문제에 해당하기 때문이다. 그 결과 판례에서 상당인과관계의 존부가 문제된 대부분의 경우는 객관적 귀속에 대한 판단이었다고 할 수 있다. 즉 대법원은 피고인이 운전하던 자동차에 충격하여 전도된 피해자가 반대차선으로 지나가던 차에 역과되어 사망한 경우에 피고인은 그와 같은 사고를 충분히 예견할 수 있었다는 이유로 인과관계를 인정하였고,[1] 피고인이 운전하던 오토바이에 충격하여 전도된 피해자를 후행 차량이 역과하여 사망케 한 경우에도 피고인의 행위와 피해자의 사망 사이에 상당인과관계가 있다고 판시하였다.[2] 이들 판결은 제 3 자의 행위가 개입된 경

1) 대법원 1988. 11. 8. 88도928.
2) 대법원 1990. 5. 22. 90도580.

우에 허용되지 않은 위험이 결과에 실현되었는가를 문제삼은 객관적 귀속의 기준에 대한 판결이다. 또한 대법원이 강간피해자가 음독·자살한 경우에는 인과관계를 인정하지 아니하면서,[1] 피고인이 강간하려는 행위와 피해자가 피하려다가 사망에 이르게 된 결과 사이에는 상당인과관계를 인정하고,[2] 피고인이 운전하는 승용차에 피해자를 태우고 질주하던 중 하차를 요구하는 피해자가 달리는 차에서 뛰어내려 사망한 경우에 감금과 사망 사이에 상당인과관계를 인정한 것은[3] 결과적 가중범의 객관적 귀속기준인 중한 결과의 직접관계에 관한 판결이다. 뿐만 아니라 대법원이 죄회전 금지구역에서 좌회전한 과실과 후행차량이 중앙선을 넘어 돌진하여 발생한 사고 사이에는 상당인과관계가 없다고 판시하며,[4] 신호에 따라 과속으로 진행한 운전자의 잘못과 신호를 위반해 좌회전하는 차량이 충돌한 경우에 피고인의 과실과 사고 사이에 상당인과관계가 없다고 판시하고,[5] 야간에 고속도로에서 무단 횡단하는 피해자를 충격하여 사망에 이르게 한 경우에 피고인의 과실과 사고 사이에 상당인과관계가 없다고 판시한 것은[6] 과실범의 귀속기준인 주의의무위반 관련성에 관한 판결이다. 또한 피고인이 운전하던 자동차와 피해자가 충돌하지 않았는데 그 자동차와 열차의 충돌사고에 피해자가 놀라 넘어져 상처를 입은 경우에 운전자의 과실과 부상 사이에 상당인과관계가 인정된다고 판시한 것은 규범의 보호범위에 관련된 판결이다.[7] 이러한 판결들로 대법원이 상당인과관계의 유무를 판단하면서 인과관계가 아닌 객관적 귀속문제를 판단하였을 뿐이라는 사실을 알 수 있다.

둘째, 상당인과관계설이 제시하는 상당성은 객관적 귀속의 기준으로도 충분하지 못하다. 상당인과관계설은 상당성만으로 객관적 귀속을 판단하는 이론이다. 그러나 객관적 귀속이론이 제시하는 귀속의 기준에는 객관적 지배가능성뿐만 아니라 위험실현과 위험증대, 규범의 보호범위이론 등이 포함되며, 과

1) 대법원 1982. 11. 23. 82도1446.
2) 대법원 1995. 5. 12. 95도425.
3) 대법원 2000. 2. 11. 99도5286.
4) 대법원 1996. 5. 28. 95도1200.
5) 대법원 1998. 9. 22. 98도1854.
6) 대법원 2000. 9. 5. 2000도2671.
7) 대법원 1989. 9. 12. 89도866.

실범에 있어서의 객관적 귀속의 기준인 주의의무위반 관련성, 결과적 가중범에 있어서의 중한 결과에 대한 직접관계가 포함된다. 상당인과관계설은 이러한 기준은 무시하고 상당성만으로 객관적 귀속을 판단하는 이론에 불과하다.[1] 그러나 상당성을 개연성의 관계로 이해하고 상당성만으로 객관적 귀속을 판단하는 경우에는 비전형적 인과의 진행을 인과연관에서 배제할 수 있을 뿐이며, 올바른 귀속의 기준을 얻을 수 있다고 할 수 없다.

셋째, 상당인과관계설이 인과관계와 객관적 귀속을 동시에 판단하는 것도 올바른 태도라고 할 수 없다. 자연적·사실적 관계인 인과관계와 규범적 평가의 문제인 객관적 귀속 문제를 동시에 판단하는 경우에는 판단의 기준이 명확하게 될 수 없다. 자연적·사실적으로 존재하는 인과관계를 상당하지 않기 때문에 인과관계가 없다고 판단하는 것은 전후 모순된 논증이 된다. 특히 인과관계에 관하여는 종래의 조건설을 유지하고 객관적 귀속에 관해서는 상당성을 기준으로 하는 경우에는 인과관계와 객관적 귀속기준의 불명확으로 인하여 양자를 동시에 판단함에 있어 어려움은 배가된다고 할 수 있다. 이러한 의미에서 상당인과관계설은 합법칙적 조건설과 객관적 귀속이론을 결합한 통설의 입장과 반드시 같은 결론을 제시하는 이론이 아니며, 객관적 귀속의 명백한 판단기준도 제시할 수 없는 이론이라고 해야 한다.

2. 피해자의 행위가 개입되어 발생한 결과에 대한 귀속

피해자의 행위가 개입되어 결과가 발생한 경우에 그 결과를 행위자에게 귀속할 수 있는가에 관하여 상당인과관계설은 그와 같은 사실을 통상 예견할 수 있었는가를 기준으로 판단한다. 대상판결의 입장이라고 할 수 있다. 그러나 상처를 입은 피해자의 과실이 치료과정에서 개입될 것인가를 명확히 판단하는 것은 쉽지 않다. 이 경우도 합법칙적 조건설과 객관적 귀속이론을 통하여 해결해야 할 분야이다.

피해자의 행위가 개입되어 결과가 발생한 경우, 예컨대 피해자에게 상처를 입혔으나 피해자가 종교적 신념을 이유로 수술과 수혈을 거절하여 사망한 경

1) 판례 가운데는 주의의무위반 관련성과 직접관계도 상당성의 내용으로 파악하여 상당인과관계의 유무문제로 판단한 판결이 있으나, 이들 귀속의 기준이 상당성에 포섭된다고 할 수는 없다.

우, 상처를 입은 피해자에게 의사가 입원치료를 지시하였으나 입원치료를 거절하고 집으로 돌아가 사망하거나 실명한 경우, 피해자가 의사의 주의를 어기고 해외여행을 떠나 사망한 경우에 행위자에게 결과귀속을 인정할 것인가에 관하여는 자기책임의 원칙(Prinzip der Selfstverantwortlichkeit)이 적용된다. 자기책임의 원칙이란 피해자가 위험에 대하여 책임 있는 때에는 그 위험과 위험이 실현되어 발생한 결과를 위험을 창설한 행위자에게 귀속할 수 없다는 원칙이다. 피해자의 자기책임은 결과야기행위의 객관적 귀속을 부정한다는 이론이며, 규범의 보호범위에서 유래하는 귀속의 기준이다. 피해자의 행위가 개입된 경우에 행위자의 결과귀속을 부정하는 요건에 관하여는 타인의 행위가 개입된 경우와 같이 피해자에게 고의 또는 중과실이 있을 것을 요건으로 한다는 견해도 있다.[1] 그러나 피해자의 행위가 개입된 경우에는 자기책임의 원칙이 적용된다는 점에서 제3자의 행위가 개입된 경우에 비하여 행위자의 결과귀속이 부정되는 범위가 확대된다고 할 수 있다. 따라서 결과가 피해자의 책임범위에 속한 때에만 선행자의 귀속이 부정된다고 해석하는 것이 타당하다고 생각한다.[2] 피해자의 책임범위임을 이유로 선행자의 귀속을 부정하기 위하여는 첫째, 피해자가 위험창설에 결정적으로 공동해야 한다.[3] 위험창설이 피해자의 자기위험이라고 볼 수 있어야 하기 때문이다. 피해자가 타인위험 또는 타인침해에 동의하였다는 것만으로는 족하지 않다. 둘째, 피해자는 자기책임 있는 자로서 행위해야 한다. 여기서 자기책임을 인정하기 위해서는 피해자가 형법적 의미에서 책임이 있어야 할 뿐만 아니라 타인의 행위로 인한 위험을 자신의 의사에 따라 인수해야 한다. 따라서 피해자는 자신의 행위와 결합된 위험상황을 인식해야 하며, 이성적으로 사유하는 사람이 생각할 수 없을 정도로 비이성적으로(unvernünftlich) 행위할 것을 요한다.[4]

요컨대 피해자의 고의의 자손행위가 개입된 경우에는 물론 피해자의 과실이 개입하여 발생한 결과에 대하여는 선행위험이 결과발생에 부적합할 때(예컨

1) Burgstaller 「Erfolgzurechnung bei nachträglichen Fehlverhalten eines Dritten oder Verletzten selbst」, Jescheck-FS S. 365.
2) Roxin AT §11 Rn. 119.
3) Kindhäuser AT §11 Rn. 25.
4) Kley AT Rn. 305; Rudolphi SK Vor §1 Rn. 72a.

대 경상을 입은 피해자가 다른 약을 먹어 사망한 경우)에는 피해자의 책임범위에 속하게 되어 선행자의 결과귀속이 부정되며, 결과발생에 적합한 위험인 경우(예컨대 치명상을 입은 경우)에는 피해자의 극히 비이성적인 행위에 의하여 결과가 발생한 경우에만 선행자의 결과귀속이 부정된다고 할 수 있다.[1)]

Ⅳ. 대상판결의 검토

대상판결은 피고인들의 행위와 피해자의 사망 사이에 인과관계를 인정하고 살인죄의 기수로 처벌하였다. 살인죄의 기수가 성립한다는 결론에 있어서는 타당하다고 생각한다. 그러나 대법원이 대상판결에서 직접사인의 유발에 피해자의 과실이 개재되었다 하더라도 그와 같은 사실은 통상 예견할 수 있는 것이라는 이유로 인과관계를 긍정한 것은 문제이다. 대법원은 대상판결에서 대법원의 일관된 입장인 상당인과관계설을 택한 것임이 분명하다. 그러나 직접사인의 유발에 피해자의 과실이 개재된 경우에도 통상 예견할 수만 있으면 상당인과관계가 인정된다는 설명은 설득력이 없다. 상당인과관계설은 비전형적인 인과진행의 경우에 인과관계를 부정하는 이론이기 때문이다. 상당인과관계설에 대하여는 그것이 인과관계에 관한 이론이라기보다는 객관적 귀속이라는 법적·규범적 판단에 관한 이론이지만, 객관적 귀속의 기준으로 상당성만을 제시할 뿐이며 더욱이 인과관계라는 사실적 문제와 귀속의 규범적 문제를 동시에 일원적으로 판단하려는 이론이기 때문에 명백한 기준 없는 감정적 판단을 야기한다는 비난을 면하지 못함은 앞에서 본 바와 같다. 대상판결이 피해자 또는 제 3 자의 행위가 개입하여 결과가 발생한 경우에 어떤 기준에 의하여 객관적 귀속을 인정할 것인가에 대하여 오로지 통상 예견할 수 있는 결과였는가만을 문제삼고 있는 것은 상당인과관계설이 귀속이론으로서 불충분하다는 점을 단적으로 증명하고 있다고 할 수 있다. 대상판결이 합법칙적 조건설과 객관적 귀속이론에 의하여 이 문제에 접근했으면 문제를 명백하게 해결할 수 있었다고 할 것이다. 합법칙적 조건설에 의하면 현재의 지식수준에서 알려진 법칙적 관계에 의할 때, 피고인들의 자상 및 폭행이 합법칙적으로 결합하여 결과

1) Roxin AT §11 Rn. 144.

를 발생케 한 것이므로 객관적 귀속의 전제인 조건적 인과관계는 인정되고, 객관적 귀속이론에 의할 때 비록 피고인들의 행위와 결과 사이에 피해자의 과실이 개입되었다고 할지라도 피고인들에 의하여 창출된 허용되지 않는 위험이 결과에 실현되었고 그 결과는 객관적으로 예견가능하였으므로 피고인들의 행위에 귀속될 수 있다는 결론을 얻을 수 있게 된다. 특히 피해자의 과실이 개입되어 결과가 발생한 경우에는 귀속판단의 기준으로 규범의 보호범위를 고려할 필요가 있다. 피해자 본인의 행위가 개입된 경우에는 자기책임의 원리가 적용되어 피해자에게 귀속해야 할 경우가 확대되기 때문이다. 피고인의 행위가 피해자에게 치명상을 가한 이상 행위자에게 그로 인하여 발생하는 사망의 결과 귀속을 배제하기 위하여는 피해자의 특히 비이성적인, 이해할 수 없는 행위가 개입되어야 한다. 단순히 피해자의 상처에 감염되거나 합병증으로 결과가 발생하였고, 그 과정에 피해자의 경미한 부주의가 있었다는 것만으로 피고인에 대한 결과귀속이 부정될 수는 없다. 이와 같이 합법칙적 조건설과 객관적 귀속이론에 의할 때에 피고인에게 명백한 기준에 의하여 살인죄의 기수를 인정할 수 있게 된다.

8. 타인행위의 개입과 객관적 귀속

[대상판결]

(1) 대법원 1990. 5. 22. 90도580

1. 사실의 개요

피고인 甲이 차량의 왕래가 빈번한 편도 2차선 도로에서 야간에 오토바이를 시속 50킬로미터의 속도로 운전하다가 인가가 밀집되어 있고, 우측 도로로 103도 정도 곡각을 이룬 사고지점에서 도로를 무단 횡단하던 피해자를 충격하여 피해자로 하여금 도로상에 전도케 하였고, 그로부터 약 40초 내지 60초 후에 도로 위에 전도되어 있던 피해자는 다른 사람이 운전하던 타이탄트럭에 역과되어 사망하였다.

2. 소송의 경과

제 1 심 법원은 오토바이 운전자인 피고인의 행위와 피해자의 사망 사이에 제 3 자의 독립된 과실행위가 개입되어 있어 선행행위와 결과 간에는 인과관계가 단절되었다는 이유로 피고인에게 무죄를 선고하였다. 이에 반하여 제 2 심 법원(원심판결)은 인과관계 중단이론은 하나의 의제에 불과하므로 이를 근거로 무죄를 선고한 제 1 심판결은 부당하다는 이유로 제 1 심판결을 파기하고 유죄판결을 선고하였다. 원심판결에 대하여 피고인이 상고하였다.

3. 판결요지

피고인이 야간에 오토바이를 운전하다가 도로를 무단 횡단하던 피해자를 충격하여 피해자로 하여금 위 도로상에 전도케 하고, 그로부터 약 40초 내지 60초 후에 다른 사람이 운전하던 타이탄트럭이 도로 위에 전도되어 있던 피해자를 역과하여 사망케 한 경우, 피고인이 전방좌우의 주시를 게을리 한 과실로 피해자를 충격하였고 나아가 이 사건 사고지점 부근 도로의 상황에 비추어 야간에 피해자를 충격하여 위 도로에 넘어지게 한 후 40초 내지 60초 동안 그대로 있게 한다면 후속차량의 운전사들이 조금만 전방주시를 태만히 하여도 피해자를 역과할 수 있음이 당연히 예상되었던 경우라면 피고인의 과실행위는 피해자의 사망에 대한 직접적 원인을 이루는 것이어서 양자 간에는 상당인과관계가 있다.

(2) 대법원 1988. 11. 8. 88도928

판결요지

피고인이 운행하던 자동차로 도로를 횡단하던 피해자를 충격하여 피해자로 하여금 반대차선의 1차선상에 넘어지게 하여 피해자가 반대차선을 운행하던 자동차에 역과되어 사망하게 하였다면, 피고인은 그와 같은 사고를 충분히 예견할 수 있었고 또한 피고인의 과실과 피해자의 사망 사이에는 인과관계가 있다고 할 것이므로 피고인은 업무상과실치사죄의 죄책을 면할 수 없다.

(3) 대법원 2001. 12. 11. 2001도5005

1. 사실의 개요

피고인은 01:10경 편도 2차선 도로 2차로를 선행차량과 약 30미터 가량의 간격을 유지한 채 시속 약 60킬로미터의 속도로 진행하던 중, 비탈길의 고개마루 부근에서 선행차량에 역과된 채 얼굴에 피를 흘리며 도로 위에 누워 있는 피해자를 발견하였으나 급제동할 겨를이 없이 피해자를 역과한 후 10미터 정도 끌고 감으로써 피해자는 광범위한 손상을 입고 그 자리에서 사망하였다. 생활반응의 관찰 결과 피고인의 차량이 피해자를 역과하기 전에는 피해자가 아직 생존해 있었고 피고인의 차량의 역과에 의해서 비로소 피해자가 사망하게 된 것으로 판단되었다.

2. 판결요지

(1) 제 1 심 공동피고인에 이어 피고인이 다시 피해자를 역과함으로써 피해자의 심장 등 내부 장기가 파열되고 두부가 손상되었을 뿐만 아니라 신체의 여러 부위가 골절되는 등의 손상을 입게 된 것이라고 보아야 할 것이고, 피해자의 위 각 손상부위마다 생활반응이 나타난 이상, 피고인이 피해자를 역과하기 전에는 피해자는 아직 생존해 있었고, 피고인 운전차량의 역과에 의하여 비로소 사망하게 된 것으로 판단함이 상당하다고 할 것이다. 원심이 피고인 운전 차량의 역과와 피해자

의 사망 사이에 인과관계가 있다고 판단한 조치는 수긍할 수 있고, 거기에 상당인과관계의 존부에 관하여 채증법칙을 위배하여 사실을 오인한 위법이 있다고 할 수 없다.

(2) 앞차를 뒤따라 진행하는 차량의 운전사로서는 앞차에 의하여 전방의 시야가 가리는 관계상 앞차의 어떠한 돌발적인 운전 또는 사고에 의하여서라도 자기 차량에 연쇄적인 사고가 일어나지 않도록 앞차와의 충분한 안전거리를 유지하고 진로 전방좌우를 잘 살펴 진로의 안전을 확인하면서 진행할 주의의무가 있다고 할 것이다. 피고인은 이 사건 사고차량을 운전하고 편도 2차선 도로 중 2차로를 시속 약 60킬로미터의 속도로 선행 차량과 약 30미터가량의 간격을 유지한 채 진행하다가 선행차량에 역과된 채 진행 도로상에 누워 있는 피해자를 뒤늦게 발견하고 급제동을 할 겨를도 없이 이를 그대로 역과한 사실을 인정할 수 있는바, 이러한 경우 피고인이 사전에 사람이 도로에 누워 있을 것까지를 예상하여 이에 대비하면서 운전하여야 할 주의의무는 없다고 하더라도, 사고 당시의 도로상황에 맞추어 속도를 줄이고 전방시계의 확보를 위하여 선행차량과의 적절한 안전거리를 유지한 채 전방좌우를 잘 살펴 진로의 안전을 확인하면서 운전하는 등 자동차 운전자에게 요구되는 통상의 주의의무를 다하였더라면, 진행 전방 도로에 누워 있는 피해자를 상당한 거리에서 미리 발견하고 좌측의 1차로로 피양하는 등 사고를 미연에 방지할 수 있었음에도 불구하고 위와 같은 주의를 게을리 한 탓으로 피해자를 미리 발견하지 못하고 역과한 것이라고 할 것이므로, 이 사건 사고에 관하여 피고인에게 업무상 과실이 없다고 할 수는 없을 것이다.

(4) 대법원 2007. 10. 26. 2005도8822

1. 사실의 개요

승합차 운전자인 피고인 1은 시속 70킬로미터로 진행하다가 중앙선을 침범한 과실로 반대방향에서 피해자가 운전하는 화물차의 전면부분을 승합차의 우측 뒷부분으로 들이받았다. 피해자의 화물차를 뒤따르던 피고인 2는 승용차 운전 중 전방주시의무를 태만히 하여 30-40미터 정도로 근접운전한 과실로 선행사고를 당한 피해자의 화물차의 뒤 적재함 부분을 들이받아 그 충격으로 피해자는 두부손상 등으로 인하여 병원으로 후송하던 중 사망하였다. 사체를 검안한 의사는 정확한 사인을 알 수 없다 하였고, 이 사건 교통사고 발생경위, 피고인 차량과 피해 차량의 충돌 시기, 충격 부위 및 정도만으로는 피고인의 과실로 인한 제 2 차 충돌로 피해자가 사망하였다는 점을 인정하기에 부족하였다.

2. 판결요지

선행 교통사고와 후행 교통사고 중 어느 쪽이 원인이 되어 피해자가 사망에 이르게 되었는지 밝혀지지 않은 경우 후행 교통사고를 일으킨 사람의 과실과 피해자의 사망 사이에 인과관계가 인정되기 위해서는 후행 교통사고를 일으킨 사람이 주의의무를 게을리 하지 않았다면 피해자가 사망에 이르지 않았을 것이라는 사실이 증명되어야 하고, 그 증명책임은 검사에게 있다.

[관련판결]

(1) 대법원 1984. 6. 26. 84도831

판결요지

피고인이 주먹으로 피해자의 복부를 1회 강타하여 장파열로 인한 복막염으로 사망케 하였다면, 비록 의사의 수술지연 등 과실이 피해자의 사망의 공동원인이 되었다 하더라도 피고인의 행위가 사망의 결과에 대한 유력한 원인이 된 이상 그 폭력행위와 치사의 결과 간에는 인과관계가 있다 할 것이어서 피고인은 피해자의 사망의 결과에 대해 폭행치사의 죄책을 면할 수 없다.

(2) 대법원 1994. 12. 9. 93도2524

1. 사실의 개요

피고인은 1991. 3. 5. 근무하는 정신병원에 입원한 피해자를 진찰하고 정신과 질환인 조증으로 진단한 뒤 그 치료를 위하여 클로르포르마진을 1일 300mg 단위로 같은 달 13.까지 계속적으로 투여하였던바, 정신질환자에게 사용하는 약물인 클로르포르마진을 처음부터 1일 300mg을 투여하는 것은 환자의 상태에 따라서는 과다할 수 있으며, 클로르포르마진의 투여에 의하여 기립성저혈압이 발생할 가능성이 있는데, 피해자의 건강상태가 갑자기 나빠지기 시작하여 같은 달 13. 01:55경 화장실에 다녀오다가 기립성저혈압으로 쓰러지자 혈압을 상승시키기 위하여 계속하여 포도당액을 투여하여 피해자는 전해질이상, 빈혈, 저알부민증 등으로 사망하였다. 같은 병원 야간당직의사는 환자에게 위급상황이 발생할 경우나 응급환자의 처치를 위하여 병동을 순시하고 그러한 상황이 발생할 경우 주치의와 상의하여 문제를 처리해야 하는데 당직의사인 공소외 1은 피고인으로부터 처방전과 간호일지 등을 인계받고 이에 따라 포도당액을 주사하였을 뿐이었다.

2. 판결요지

정신과질환인 조증으로 입원한 환자의 주치의사는 환자의 건강상태를 사전에 면밀히 살펴서 그 상태에 맞도록 조증치료제인 클로르포르마진을 가감하면서 투여하여야 하고, 클로르포르마진의 과다투여로 인하여 환자에게 기립성저혈압이 발생하게 되었고 당시 환자의 건강상태가 갑자기 나빠지기 시작하였다면 좀 더 정확한 진찰과 치료를 위하여 내과전문병원 등으로 전원조치를 하여야 할 것이고, 그러지 못하고 환자의 혈압상승을 위하여 포도당액을 주사하게 되었으면 그 과정에서 환자의 전해질이상 유무를 확인하고 투여하여야 함에도 의사에게 요구되는 이러한 일련의 조치를 취하지 아니한 과실이 있다면, 그러한 과실로 환자가 전해질이상·빈혈·저알부민증 등으로 인한 쇼크로 사망하였음을 인정할 수 있고, 그 치료 과정에서 야간당직의사의 과실이 일부 개입하였다고 하더라도 그의 주치의사 및 환자와의 관계에 비추어 볼 때 환자의 주치의사는 업무상과실치사죄의 책임을 면할 수는 없다.

[판례의 연구]

Ⅰ. 문제의 제기

행위와 결과 사이에 타인의 행위가 개입되어 결과가 발생한 경우가 있다. 교통사고로 인하여 전도된 피해자가 다른 차량에 의하여 역과되어 사망하거나, 상처를 입은 피해자가 병원에서 의사의 진단이나 치료의 잘못으로 사망한 경우가 그 전형적인 예이다. 이 경우에 결과가 종국적으로 타인의 행위에 의하여 발생하였음에도 불구하고 최초행위자는 어느 범위에서 책임을 져야 할 것인가가 문제된다. 타인의 행위를 통하여 간접적으로 야기된 결과에 대하여 행위자가 어느 범위에서 형사상의 책임을 져야 하는가에 관한 문제이다. 대상판결 (1), (2) 및 관련판결 (2)는 최초행위자의 과실행위에 타인의 과실행위가 개입된 경우라고 한다면, 관련판결 (1)은 최초행위자의 고의행위에 타인의 과실행위가 개입하여 결과가 발생한 경우이다. 그리고 대상판결 (3)과 (4)는 최초행위자의 행위에 개입한 후행행위자의 결과귀속에 관한 판결이다.

타인의 행위가 개입되어 결과가 발생한 경우에 어떤 기준에 의하여 최초행위자에게 결과를 귀속시킬 수 있는가에 관하여 판례는 상당인과관계설의 입장에서 인과관계가 인정되면 결과귀속을 긍정하고 있다. 즉 대상판결 (1)과 (2)는 피고인이 후행사고를 당연히 또는 충분히 예견할 수 있었다는 이유로 상당인과관계를 인정하였다. 또 관련판결 (1)에서는 피고인의 행위가 사망의 결과에 대한 유력한 원인이 되었다는 이유로, 같은 (2)에서는 주치의사와 환자와의 관계에 비추어 업무상과실치사죄의 책임을 긍정하고 있다. 판결을 통하여 명백한 태도를 밝히지 않았다고 할지라도 관련판결들 역시 상당인과관계설의 입장이라고 보지 않을 수 없다. 여기서 타인의 행위가 개입하여 결과가 발생한 경우의 결과귀속에 대하여 상당인과관계의 상당성이 유용한 척도가 될 수 있는가, 상당인과관계설이 이 경우를 설명할 수 있는 이론인가를 검토하면서 타인의 행위가 개입된 경우의 결과귀속을 판단할 기준을 분석해 볼 필요가 있다.

후행자의 결과귀속에 관하여 대상판결 (3)은 주의의무를 다했더라면 결과를 방지할 수 있었다고 한다면 피고인에게 과실이 없다고 할 수 없다고 판시하고, 대상판결 (4)는 '주의의무를 다했더라면 결과가 방지되었을 것이란' 사실이 인정되어야 후행자의 과실과 피해자의 사망 사이에 인과관계가 인정된다고 하여 주의의무위반 관련성을 과실 또는 인과관계를 긍정하기 위한 요건으로 취급하고 있다. 상당인과관계설의 결론이었다고도 볼 수 있다. 그러나 과실범의 귀속기준인 주의의무위반 관련성과 보호목적 관련성을 상당인과관계의 유무로 판단할 수 있는가도 상당인과관계설의 한계와 함께 검토되어야 할 것이다.

Ⅱ. 상당인과관계설의 한계

1. 인과관계에 관한 판례의 기본태도

인과관계와 객관적 귀속에 관한 판례의 기본입장은 상당인과관계설이다. 즉 대법원은 행위와 결과 사이에 다른 원인이 개입된 경우에도 이를 경험칙상 예견할 수 있는 경우에는 인과관계를 인정할 수 있다는 태도를 일관하고 있다.

인과관계와 결과귀속이 예견가능성에 의하여 결정된다는 입장이다. 피고인의 행위 이후에 제3자 또는 피해자의 과실이 결합하여 결과가 발생한 경우에도 같다.

(1) 다른 원인과 결합하여 결과가 발생한 경우

먼저 대법원은 제3자 또는 피해자의 개입은 없지만 다른 원인과 결합하여 결과가 발생한 경우에 행위와 결과 사이의 인과관계를 쉽게 인정한다. 즉 대법원은 「피고인의 자상행위로 피해자가 부상한 후 1개월이 지난 후에 패혈증 등으로 사망하였다 하더라도 그 패혈증이 위 자창으로 인한 과다한 출혈과 상처의 감염 등에 연유한 것인 이상 자상행위와 사망과의 사이에 인과관계의 존재를 부정할 수 없다」고 판시하였으며,[1] 「피해자의 머리를 한번 받고 경찰봉으로 때린 구타행위와 피해자가 외상성 뇌경막하 출혈로 사망할 때까지 사이 약 20여 시간이 경과하였다 하더라도 시간적 간격이 있었던 사실만으로 피고인의 구타와 피해자의 사망 사이에 인과관계가 없다고 할 수 없다」고 판시하였다.[2] 피해자의 특이체질로 인하여 발생한 결과에 대하여도 대법원은 원칙적으로 인과관계를 인정하고 있다. 즉 대법원은 피해자가 평소 병약한 상태에 있었고 피고인의 폭행으로 그가 사망함에 있어서 지병이 또한 사망 결과에 영향을 주었다고 하여 폭행과 사망 간에 인과관계가 없다고 할 수 없고,[3] 심장질환이 있는 피해자에게 폭행을 가하여 피해자가 관상동맥부전과 허혈성심근경색 등으로 사망하였더라도, 피고인의 폭행과 피해자의 사망 간에 상당인과관계가 있다고 판시하였다.[4]

(2) 제3자의 과실행위가 개입되어 결과가 발생한 경우

제3자의 과실행위가 결합하여 결과가 발생한 경우에도 대법원은 상당인과관계설의 입장에서 인과관계를 인정하였다. 제3자의 과실행위가 결합된 경우의 전형적인 예는 의사의 과실행위가 개입된 경우와 선행 교통사고의 피해자가 후행차량에 의하여 역과되어 사망의 결과가 발생한 경우이다. 대법원은

1) 대법원 1982. 12. 28. 82도2525.
2) 대법원 1984. 12. 11. 84도2347.
3) 대법원 1979. 10. 10. 79도2040.
4) 대법원 1989. 10. 13. 89도556.

관련판결 (1)에서 의사의 수술지연 등 과실이 피해자의 사망의 공동원인이 되었다고 하더라도 피고인의 폭력행위가 사망의 결과에 대하여 유력한 원인이 된 이상 폭력행위와 치사의 결과 간에는 인과관계가 인정된다고 판시하였고, 대상판결 (1)과 (2)는 피고인의 운전차량에 충격하여 전도된 피해자가 후행 또는 반대방향에서 진행하던 차에 역과되어 사망한 경우에 피고인이 그와 같은 사고를 예견할 수 있었다면 피고인의 과실행위와 피해자의 사망 사이에 상당인과관계가 있다고 판시하였다.

(3) 피해자의 행위가 개입되어 결과가 발생한 경우

대법원은 피해자의 행위가 개입되어 결과가 발생한 경우에도 역시 상당인과관계설의 입장에서 그것이 통상 예견할 수 있는 것이라면 인과관계가 인정된다는 태도를 일관하고 있다. 즉 대법원은 피고인들이 가한 자상으로 인하여 피해자에게 급성신부전증이 발생하였고 그 합병증으로 패혈증이 유발된 경우에 그 직접사인의 유발에 피해자의 과실이 게재되었다 하더라도 그것이 통상 예견할 수 있는 것에 지나지 않는 이상 인과관계가 인정된다고 판시하였다.[1) 또한 대법원은 피고인이 피해자를 호텔 객실에 감금한 후 강간하려 하자, 피해자가 완강히 반항하던 중 피고인이 대실시간 연장을 위해 전화하는 사이에 객실 창문을 통해 탈출하려다가 지상에 추락하여 사망한 경우에는 피고인의 강간미수행위와 피해자의 사망 사이에 상당인과관계가 있다고 판시하였고,[2)] 피해자가 상해행위를 피하려고 하다가 차량에 치어 사망한 경우 상해행위와 피해자의 사망 사이에 상당인과관계가 있고,[3)] 승용차로 피해자를 가로막아 승차하게 한 후 피해자의 하차 요구를 무시한 채 당초 목적지가 아닌 다른 장소를 향하여 시속 약 60km 내지 70km의 속도로 진행하여 피해자를 차량에서 내리지 못하게 하자 피해자가 그와 같은 감금상태를 벗어날 목적으로 차량을 빠져나오려다가 길바닥에 떨어져 상해를 입고 그 결과 사망에 이른 경우에도 감금행위와 피해자의 사망 사이에는 상당인과관계가 있다고 할 것이므로 감금치사죄에 해당한다고 판시하였다.[4)]

---

1) 대법원 1994. 3. 22. 93도3612(*supra* 7의 대상판결).
2) 대법원 1995. 5. 12. 95도425.
3) 대법원 1996. 5. 10. 96도529.
4) 대법원 2000. 2. 11. 99도5286.

그러나 모든 비유형적 인과진행의 경우, 즉 결과발생에 다른 원인이 개입했거나 타인 또는 피해자의 행위가 개입되어 결과가 발생한 경우에 상당인과관계설에 의하여 예견가능성만으로 결과귀속을 판단하는 것이 가능한가에 대하여는 근본적인 재검토가 필요하다고 생각된다.

2. 상당인과관계의 문제점

상당인과관계설은 인과관계와 객관적 귀속을 인과관계라는 한 개의 단계에서 동시에 판단하는 이론이다. 그러나 상당인과관계설에 대하여는 몇 개의 치명적인 결함이 지적되고 있다. 첫째, 상당인과관계설은 인과관계의 존부의 문제가 아니라 귀속의 기준을 제시하는 이론에 지나지 않는다. 즉 상당인과관계설이 제시하는 상당성은 법적·규범적 판단의 대상임에 반하여 인과관계의 존부는 자연적·사실적 문제이다. 판례에서 상당인과관계의 존부가 문제된 대부분의 경우가 객관적 귀속판단에 해당하는 이유도 여기에 있다. 따라서 상당인과관계설은 인과관계의 존부를 확정하는 이론이라고 할 수 없다. 둘째, 상당인과관계설이 제시하는 상당성은 객관적 귀속의 기준으로도 충분하지 못하다. 상당인과관계설은 상당성만으로 객관적 귀속을 판단하는 이론이다. 그러나 상당성의 개념이 반드시 명백한 것은 아니다. 상당성을 개연성의 의미로 이해할 때에는 인과관계의 존부가 문제되는 모든 경우에 상당인과관계설에서 말하는 인과관계가 부정됨에 반하여, 이를 예견가능성의 문제로 이해하면 상당인과관계설은 사실상 조건설과 같은 의미를 갖는 데 불과하다. 뿐만 아니라 상당성만으로 결과귀속을 판단하는 것도 문제이다. 귀속의 기준에는 객관적 지배가능성뿐만 아니라,[1] 위험실현과 위험증대, 규범의 보호범위이론 등이 포함되며, 과실범에 있어서의 객관적 귀속의 기준인 주의의무위반 관련성, 결과적 가중범에 있어서의 중한 결과에 대한 직접관계가 포함되어야 하기 때문이다. 셋째, 상당인과관계설이 인과관계와 객관적 귀속을 동시에 판단하는 것도 올바른 태도라고 할 수 없다. 자연적·사실적 관계인 인과관계와 규범적 평가의 문제인 객관적 귀속문

1) 객관적 귀속이론에서도 귀속의 척도로 지배가능성을 요구하고 있다. 그러나 여기서 말하는 객관적 지배가능성은 사회통념상 그 행위로 일어날 결과라고 볼 수 없는 경우에 결과귀속을 부정할 뿐이다.

제를 동시에 판단하는 경우에는 판단의 기준이 명확하지 아니하여 감정적·정서적 판단이 되지 않을 수 없다. 자연적·사실적으로 존재하는 인과관계를 상당하지 않기 때문에 인과관계가 없다고 판단하는 것은 전후 모순된 논증이 된다.

상당인과관계설의 문제점이 뚜렷이 나타나는 대표적인 예가 타인의 행위가 개입하여 결과가 발생한 경우의 귀속판단이다. 상당성의 판단만으로는 아무런 기준도 얻을 수 없기 때문이다.

Ⅲ. 타인의 행위가 개입된 경우의 객관적 귀속의 기준

선행행위로 인하여 위험이 창출되었으나 후행자의 개입으로 인하여 결과가 발생한 경우에 어떤 기준에 의하여 발생한 결과를 선행행위에 귀속시킬 것인가 또는 선행행위에 대한 결과귀속이 부정되는가에 관하여 독일과 오스트리아에서는 다양한 견해가 주장되고 있다. 먼저 이들 견해를 검토해 볼 필요가 있다.

1. 학설의 대립

(1) 후행행위자의 고의 또는 중과실과 경과실 구별설

선행행위자의 행위 후에 타인 또는 피해자의 행위(후행행위)가 개입되어 결과가 발생한 경우에 선행행위자의 객관적 귀속에는 후행행위의 비중이 중요하고 핵심적인 기준이 된다고 해석하는 견해이다. 오스트리아의 Burgstaller는 후행행위에 대하여 경미한 과실이 인정될 때에는 선행자에 대한 객관적 귀속이 인정되지만 고의 또는 중대한 과실로 인한 후행행위로 결과가 발생한 때에는 선행행위자에 대한 결과귀속이 부정된다고 하였다.[1] 타인의 고의 또는 중과실에 의한 후행행위는 생활경험상 발생한 결과에 대하여 최초행위자의 행위와 최종결과 사이의 연관을 완전히 후퇴시킬 정도로 큰 비중을 차지하며, 이러한 경우에는 형법의 목적에 비추어 볼 때 최종결과를 타인의 후행행위 이외에 최초행위의 행위자에게도 추가적으로 귀속시켜야 할 필요성이 전혀 없기 때문이라고 한다.[2] 독일에서도 타인의 과실행위가 개입되어 결과가 발생한 경우에 경한

1) Burgstaller 「Erfolgzurechnung bei nachträglichen Fehlverhalten eines Dritten oder Verletzten selbst」, Jescheck-FS S. 363~365.
2) Burgstaller Jescheck-FS S. 365.

과실인가 또는 중과실인가에 따라 선행행위에의 귀속이 결정된다고 해석하는 견해가 있다. 즉 Lenckner/Eisele는 타인의 중대한 의무위반이 있는 경우에는 그것이 선행위험에 포함되지 않은 것이므로 일반적으로 고려할 필요가 없고 따라서 의사의 치료 잘못으로 결과가 발생한 경우에 그것이 의학적 수준과 큰 차이가 있는 때에는 결과를 최초행위자에게 귀속할 수 없다고 하고 있으며,[1] Jakobs도 교통사고 이후에 다른 운전자에 의하여 피해자가 역과되거나 의사의 오진으로 피해자가 사망한 경우에, 후행행위자에게 경미한 잘못이 있을 뿐인 경우에는 최초행위자가 책임을 져야 하지만, 후행행위자가 극도로 비이성적으로 행위한 때에는 후행행위자의 자기책임으로 봐야 한다고 하고 있다.[2]

후행행위의 비중을 기준으로 선행행위자의 결과귀속을 판단하는 것은 결과귀속에 대한 명백한 기준을 제시한다는 점에서는 장점이 있는 이론이다. 그러나 후행행위에 대한 고의 또는 중과실과 경과실을 기준으로 모든 경우에 선행행위자의 결과귀속을 판단하는 것이 가능하고 합리적인가에 대하여는 의문이 제기된다. 즉 이 견해에 대하여는 첫째, 후행행위자의 주관적 책임의 정도는 선행행위자에 의해 설정된 조건과 아무런 관계가 없음에도 불구하고 왜 후행행위에 대한 고의 또는 중과실의 경우에는 선행행위자에 대한 귀속이 배제됨에 반하여 경과실의 경우에는 결과귀속을 인정해야 하는가를 설명할 아무런 근거가 없고,[3] 둘째로 후행행위자의 중과실에 의하여 발생한 결과에 대하여도 선행행위자에게 결과귀속을 인정하는 것이 합리적인 경우가 있다는 비판이 제기된다.[4] 오스트리아 대법원은 피고인이 피해자의 복부를 칼로 찔러 병원으로 이송하였으나, 종합병원 담당의사가 상처의 깊이를 알지 못하고 피해자에게 집으로 돌아가 다음날 아침에 검사를 받으러 오라고 했는데, 찔린 상처가 복막염으로 발전하여 다음날 아침 피해자가 패혈증쇼크로 사망한 사건에서 선행자에 대한 사망의 결과귀속을 긍정하고 그것은 의사가 중대한 과실로 행위했는가와 아무런 관련이 없다고 강조하였다.[5] 의사가 중대한 과실로 상처의 깊이

---

1) Sch/Sch/Lenckner/Eisele Vor §13 Rn. 102.
2) Jakobs AT §7 Rn. 55.
3) Kindhäuser AT §11 Rn. 43.
4) Schmoller「Fremdes Fehlverhalten im Kausalverlauf」, Triffterer-FS S. 229.
5) JBl 1992, 464.

를 알지 못했다고 할지라도 그것을 상해의 위험이 아닌 다른 위험이 실현되었다고 할 수는 없기 때문이라고 한다. 반대로 상처를 입은 피해자가 병원으로 호송되던 중 호송차량 운전자의 잘못으로 일어난 사고로 사망한 경우에는 운전자의 과실의 정도와 관계없이 선행자에 대한 귀속을 부정해야 한다.[1)]

(2) 추가적 위험창출과 위험 비방지 구별설

후행행위가 작위에 의하여 추가적 위험을 창출한 경우에는 일반적으로 선행행위자의 귀속이 배제되지만 부작위에 의하여 위험을 방지하지 않은 경우에는 선행행위자에 대한 귀속을 인정하는 견해이다. Rudolphi에 의하면 제3자, 예컨대 의사가 적극적인 행위를 통하여 결과를 발생시켰는가 단순히 결과방지를 부작위한 것인가에 따라 구별해야 하며, 전자의 경우에는 결과는 제3자에게만 귀속되어야 하지만, 제3자의 단순한 부작위의 경우에는 이와 달리 판단해야 하며 이때 방지되지 아니한 결과는 선행행위자에게도 객관적으로 귀속될 수 있다고 한다. 제3자의 행위는 최초행위자에 의하여 의무에 위반하여 창설된 위험의 실현을 방지하는 데 제한되므로 최초행위자에 의하여 창설된 위법한 위험은 결과에 실현되었기 때문이라고 한다.[2)] Kindhäuser도 타인이 부작위에 의하여 위험을 방지하지 않은 경우와 적극적 행위에 의하여 결과를 발생케 한 경우를 구별하고 있다. 즉 제3자가 의무에 위반하여 최초행위자가 창설한 위험을 저지하지 않은 경우에는 의무위반의 부작위로 인하여 위험이 창설된 것이 아니라 기존위험의 실현이 저지되지 않은 것이므로 결과는 최초행위자에게 귀속되지만, 타인이 적극적 행위에 의하여 최초위험을 결과로 발생케 한 경우에는 최초행위자의 책임은 그가 어느 범위에서 그와 같은 사실을 예견하였고(고의), 예견할 수 있었거나 예견했어야 했는가(과실)에 따라 좌우된다고 한다.[3)] Frisch도 후행행위가 작위에 의하여 추가적 위험을 창출한 경우인가 또는 부작위에 의하여 위험을 방지하지 않은 경우인가에 따라 선행행위자에 대한 결과귀속여부가 결정된다는 견해를 취하고 있다.[4)] 다만, Frisch는 객관적 귀속판단의 기준이 되는 것은 작위와 부작위라는 후행행위의 외적인 행위

1) Schmoller Triffterer-FS S. 231.
2) Rudolphi SK Vor §1 Rn. 74.
3) Kindhäuser AT §11 Rn. 47~51.
4) Frisch *Tatbestandmäßiges Verhalten und Zurechnung des Erfolgs*, S. 430ff.

형태가 아니라, 후행행위자에 의하여 추가로 창출된 위험이 결과로 실현되었는가 또는 최초행위자에 의하여 창설된 위험의 실현이 저지되지 않았는가에 있다고 하였다. 예컨대 의사가 과실로 상처의 깊이를 알지 못하여 피해자를 집으로 돌아가게 하여 피해자가 사망한 경우, 의사는 적극적인 작위를 한 것이지만 최초행위자에 대한 귀속을 위해서는 의사의 행위가 최초행위의 위험을 단순히 방지하지 않았다는 점이 기준이 된다는 것이다.[1] 이에 반하여 Roxin은 후행행위자가 최초행위자에 의하여 창출된 위험을 배제시켰는가 또는 그 실현을 저지하지 않았는가에 따라 구별하는 것은 정당하다고 하면서, 예컨대 피해자가 상처 때문에 죽은 것이 아니라 의사의 잘못으로 추가된 위험으로 사망한 때에는 의사가 원래의 위험을 다른 위험으로 대체 또는 배제한 것이므로 의사에게 경미한 과실이 있었는가 중과실이 있었는가를 불문하고 최초행위자에게는 귀속되지 않지만,[2] 의사가 치료를 하지 않았거나 불충분하게 치료했기 때문에 피해자가 원래 입은 상처 때문에 사망한 때에는 의사에게 중과실이 있는 경우에만 최초행위자에 대한 결과귀속을 부정해야 한다고 한다.[3] 상처의 치료에 성공하지 못한 의사의 과실만으로 결과가 의사의 책임범위에서 발생했다고 할 수 없으므로 이 경우에는 양자의 행위로 인한 위험이 모두 결과에 실현되었다고 보아야 하지만, 쉽게 치료될 수 있는 상처인 데도 의사의 중대한 과실로 사망의 결과가 초래된 때에는 의사의 과오가 중대한 비중을 차지하기 때문이라는 것이다.

추가적 위험창출과 위험 비방지를 구별하는 견해는 타인의 부작위가 개입된 경우에 후행자에게 고의 또는 중과실이 있는 경우에도 최초행위자에게 결과를 귀속시킬 수 있게 된다는 점에서 설득력을 가진다. 그러나 선행행위자에 대한 결과귀속판단에 있어서 후행행위가 작위인가 부작위인가라는 행위의 외적 형태에 중점을 두어 선행행위와 결과 사이의 관련성을 전혀 고려하지 않은 점에 의문이 있고,[4] 최초행위자에 의한 위험실현이 방지되지 않은 경우는 타

1) Frisch S. 436ff, S. 442.
2) 따라서 의사가 교통사고의 피해자를 수술하던 중 잘못 절단하여 출혈로 사망하거나 마취사고로 사망한 때에는 운전자는 과실치사죄의 죄책을 질 수 없다고 한다.
3) Roxin AT §11 Rn. 142, 143.
4) 정현미「인과과정에 개입된 타인의 행위와 객관적 귀속」, 형사판례의 연구 I, 186면.

인의 개입행위가 부작위인 때에 제한되지 않는다는 비판을 받지 않을 수 없다.

2. 귀속판단의 기준

타인의 개입행위로 인하여 결과가 발생한 경우에 모든 경우를 명쾌히 해결하는 한 개의 기준을 제시하는 것은 어렵기 때문에 구체적인 경우에 따라 다른 기준을 결합하여 문제를 해결하는 수밖에 없다고 생각한다.[1] 특히 결과귀속은 객관적 귀속이론에 의하여 해결되어야 할 것이므로 후행행위의 외적 형태나 그 고의 또는 과실여부가 아니라 객관적 귀속의 척도인 위험실현의 원리를 기준으로 문제를 해결해야 한다. 위험실현의 원리는 행위자에 의하여 위험이 창출되었을 뿐만 아니라 그 위험이 구성요건적 결과로 실현되었을 것을 요구한다. 따라서 타인의 행위가 개입되어 결과가 발생한 경우에도 귀속의 기준은 이 위험실현이라는 관점에서 찾아야 할 것이다.[2]

(1) 최초위험의 방해받지 않는 실현

후행행위자의 행위가 결과를 저지하지 않은 데 그친 경우에는 최초행위자에 대한 객관적 귀속은 이에 의하여 영향을 받지 않는다. 이는 타인이 아무런 행위를 하지 않은 경우뿐만 아니라 작위에 의하여 적극적으로, 예컨대 결과발생을 지연시키거나 장소와 상황을 변경시키는 경우와 같이 사건의 진행에 관여하거나 변경케 하였지만 추가적 위험을 창출하지 않은 경우에도 같다.[3] 후행행위자가 고의에 의하여 결과를 저지하지 않은 경우에도 최초의 위험은 제한받지 않고 실현되었으므로 최초행위자의 귀속을 중단시키지 않는다. 후행행위자에게 중대한 과실이 있었는가의 여부도 문제되지 않는다. 객관적 귀속을 위해서는 행위자 이외의 타인이 결과에 대하여 어느 범위에서 책임을 져야 하는가가 아니라 최초위험이 결과에 실현되었는가가 기준이 되기 때문이다. 따라서 의사가 자상의 깊이를 몰라서 피해자가 그 상처 때문에 사망한 경우에는 그것이 의사 단독의 작품이라고 할 수 없다. 어떤 이유이든 타인에 의하여 위험이 저지되지 않은 것에 불과한 때에는 최초행위의 위험이 실현된 것으로 보

1) Kühl §5 Rn. 98; Schmoller Triffterer-FS S. 232.
2) Kley AT Rn. 298; Wessels/Beulke AT Rn. 192.
3) Schmoller Triffterer-FS S. 232.

아야 한다.

(2) 추가적 위험의 창출

타인의 후행행위에 의하여 최초행위에는 없던 추가적 위험이 창출되어 그 추가적 위험이 결과로 실현된 때에는 달리 해석해야 한다. 대상판결 (1) 및 (2)가 그 전형적인 경우이다. 먼저 특수한 위험상황을 야기한 행위자는 타인의 사후의 적법한 행위로 발생한 추가위험에 대하여 책임을 져야 한다. 그러나 최초행위자에 대한 귀속이 후행행위자에게 과실이 있다는 것만으로 배제된다는 것도 옳지 않다. 따라서 후행행위자에게 고의 또는 중대한 과실이 있고, 그 행위로 인한 특수한 위험이 결과로 실현된 때에는 최초행위자에 대한 객관적 귀속이 배제된다고 해야 한다.[1] 후행행위에 의하여 특수한 위험을 야기한 자에게 추가적 위험요소가 귀속되어야 하기 때문이다. 따라서 교통사고의 후행행위자가 지나친 과속으로 질주하여 추가사고를 야기한 경우, 치료하던 의사의 수술 중 중대한 절단 잘못으로 사망하거나 방화사건의 피해자가 소방관의 중대한 잘못으로 사망한 경우에 그 결과는 선행행위자에게 귀속되지 않는다.

다만 타인의 후행행위가 개입되어 결과가 발생한 외관을 보인 경우에도 비전형적인 인과의 진행에 의하여 사회적으로 상당한 위험이 창설된 경우에는 결과를 선행행위자에게 귀속시킬 수 없다. 예컨대 중상을 입은 피해자가 병원으로 호송되던 중 교통사고로 사망하였거나, 치료받던 병원에서 화재가 일어나 사망한 경우 또는 병원에서 퇴원하던 중 총기난사에 의하여 사망하였거나, 교통사고 후 안전조치를 취하였음에도 불구하고 뒤따르던 운전자에 의하여 역과된 경우에는 최초행위자에게 귀속되지 않는다고 해야 한다. 이러한 경우에는 선행행위자가 창출한 법적으로 허용되지 않는 위험이 아닌 사회적으로 상당한 위험이 실현된 것으로 보아야 하기 때문이다.

3. 대상판결의 검토

대상판결 (1), (2)와 관련판결들은 모두 상당인과관계설의 입장에서 선행행위자에게 결과귀속을 인정했다고 볼 수 있다. 대상판결 (1)과 (2)는 피고인에

1) 정현미 앞의 글, 188면.

게 후행사고가 당연히 예상되었거나 충분히 예견되었으므로 상당인과관계 또는 인과관계가 인정된다고 판시한 점에서 이를 더욱 명백히 하였다고 볼 수 있다. 관련판결 (1)도 피고인의 폭력행위와 피해자의 사망의 결과 사이에 인과관계를 인정하고 있는 점에서 같은 태도라고 할 수 있다. 그러나 상당인과관계설은 인과관계의 존부의 문제가 아니라 귀속의 기준을 제시하는 이론에 지나지 않음에도 불구하고 상당성만으로 객관적 귀속을 판단할 수는 없고, 상당성판단 또한 명백한 기준이 될 수 없을 뿐만 아니라 인과관계와 객관적 귀속을 한 개의 단계에서 동시에 판단하게 하여 귀속판단을 더욱 불명확하게 하는 이론이라고 하지 않을 수 없다. 결과귀속은 합법칙적 조건설과 객관적 귀속이론의 결합에 의하여 해결하는 것이 타당하다. 대상판결에서 피고인의 충격행위와 피해자의 사망 사이에 합법칙적 조건관계가 인정된다는 점은 의문이 없다. 타인의 후행행위가 개입되어 결과가 발생한 경우의 객관적 귀속판단은 선행행위에 의하여 창설된 위험이 방해받지 않고 실현된 경우와 후행행위로 인하여 추가위험이 발생하여 결과로 실현된 경우에 따라 기준을 달리한다. 후행행위가 선행행위에 의하여 설정된 위험이 결과로 실현되는 것을 저지하지 않은 것에 불과한 때에는 결과는 최초행위자에게 귀속된다. 관련판결 (1)과 (2)의 경우가 여기에 해당한다. 따라서 후행행위자에게 중대한 과실이 있는가의 여부를 불문하고 결과는 피고인에게 귀속된다. 이에 반하여 대상판결 (1)과 (2)는 후행행위로 추가위험이 창설된 경우이다. 이 경우에는 후행행위자에게 중대한 과실이 있는가의 여부에 따라 선행행위자에 대한 결과귀속이 결정된다. 후행차량의 운전자에게 중대한 과실이 있었다고 볼 수는 없으므로 후행행위자의 단독작품이라고 인정할 수는 없고, 따라서 선행행위자에게 결과귀속이 인정된다고 해야 한다.

Ⅳ. 후행행위자의 결과귀속

1. 문제점의 정리

대상판결 (3)과 (4)는 타인의 행위가 개입하여 결과가 발생한 경우에 그 타인 즉 후행행위자의 결과귀속에 관한 판결이다. 선행행위자의 결과귀속에 관한 대상판결 (1)과 (2)의 경우에도 후행행위자에게 과실이 인정되면 후행행위자에게도 결과귀속이 인정될 수 있음은 물론이다. 과실범이 성립하기 위해서는 과실 즉 주의의무위반이 인정되어야 하는 이외에 행위와 결과 사이의 인과관계가 인정되어야 하고, 결과를 행위자에게 객관적으로 귀속시킬 수 있어야 한다. 그런데 대상판결 (3)에서 대법원은 「피해자가 피고인 운전차량의 역과에 의하여 사망하게 된 것이 인정되면 인과관계가 인정되고, 주의의무를 다했더라면 결과를 방지할 수 있었다면 피고인에게 과실이 없다고 할 수 없다」고 판시하였음에 반하여, 대상판결 (4)에서는 「후행 운전자의 과실과 피해자의 사망 사이에 인과관계가 인정되기 위해서는 후행행위자가 주의의무를 게을리 하지 않았으면 피해자가 사망에 이르지 않았을 것이라는 사실이 증명되어야 한다」고 판시하였다. 전자가 주의의무를 다했더라면 결과를 방지할 수 있었다는 사실을 과실인정의 요건으로 판단하였음에 반하여, 후자는 인과관계 인정의 요건으로 본 것이다. 판례의 이러한 태도가 옳은가에 관하여는 근본적인 검토가 필요하다.

2. 과실범의 결과귀속

과실범의 결과귀속은 행위와 결과 사이의 인과관계를 전제로 한다. 대상판결 (3)에서 대법원이 「피해자가 피고인 운전차량의 역과에 의하여 사망하게 된 것이 인정되면 인과관계가 인정된다」고 판시하였음은 이러한 의미에서 이해할 수 있다. 행위와 결과 사이의 인과관계는 과실범에 있어서도 합법칙적 조건설에 의하여 행위가 결과에 대한 합법칙적 조건이 되는 때에 인정된다고 할 수 있다. 그러나 과실범의 결과귀속은 조건적 인과관계로 족하지 않고 결과를 행위자에게 객관적으로 귀속시킬 수 있는 것이어야 한다. 과실범에 있어서 객관적 귀속의 핵심문제는 결과가 주의의무위반으로 발생하였는가, 즉 주의의무위반이 없었으면 결과가 발생하지 않았을 것이라는 관계가 인정되어야 한다. 따라서 결과가 발생한 경우에도 주의의무를 다한 때에도 같은 결과가 발생했을 것이라고 인정될 때에는 객관적 귀속이 부정된다. 이를 주의의무위반 관련성이라고 한다. 그리고 주의의무를 다하였다면 결과가 발생하지 않았을 것이라는 점의 인정정도에 관하여는 무죄추정설과 위험증대설이 대립되고 있다.

전자는 확실성에 가까운 개연성을 요구하고 있음에 반하여, 후자는 위험증가가 인정되면 객관적 귀속을 인정하여 단순한 가능성으로 족하다고 해석한다.[1]

과실범에 있어서 주의의무위반 관련성에 대한 판례의 태도는 명백하지 않다. 대상판결 (1)이 이를 과실인정의 요건으로 파악했음에 반하여, (2)는 주의의무를 다했으면 피해자가 사망에 이르지 않았음에 대한 인과관계를 요구하고 있다. 대법원은 또한 「피고인이 주의의무를 다했다 하더라도 사고를 피할 수 없다 할 때에는 피고인의 과실이 사고의 직접적인 원인이 되었다고 할 수 없다」고 판시한 바 있다.[2] 이와 같이 대법원이 주의의무위반 관련성을 객관적 귀속문제로 다루지 않고 인과관계 또는 직접적 인과관계의 문제로 처리한 것은 상당인과관계설을 취하고 있는 대법원의 입장과 일치한다고 볼 수 있다. 과실범의 결과귀속을 위해서 과실로 인한 결과발생이 필요한 것은 물론이다. 과실이 없었어도 발생했을 결과를 행위자의 과실로 인한 것이라고 비난할 수는 없기 때문이다. 그러나 과실범에 있어서의 주의의무위반 관련성을 인과관계의 문제로 이해한 것은 옳다고 할 수 없다. 과실이 없었어도 같은 결과가 발생했겠는가는 현실세계의 문제가 아니라 가상의 판단문제이며 규범적 평가의 대상이기 때문이다. 규범적 평가문제를 인과관계에 포섭하여 동시에 판단하면 불명확한 기준으로 인하여 판단자의 자의를 초래하며, 그것이 바로 상당인과관계설의 결함이다. 요컨대 행위와 결과의 관계는 자연적·사실적 인과관계의 문제로 합법칙적 조건설에 의하여 해결하고, 과실과 결과발생의 관계인 주의의무위반 관련성은 규범적 평가의 문제로 객관적 귀속의 문제로 판단하는 것이 타당하다고 할 것이다.

1) 주의의무위반 관련성에 관하여는 *infra* 9. 과실범의 결과귀속 참조.

2) 대법원 1991. 2. 26. 90도2856, 「피고인이 트럭을 도로의 중앙선 위에 왼쪽 바깥 바퀴가 걸친 상태로 운행하던 중 피해자가 승용차를 운전하여 피고인이 진행하던 차선으로 달려오다가 급히 자기 차선으로 들어가면서 피고인이 운전하던 트럭과 교행할 무렵 다시 피고인의 차선으로 들어와 그 차량의 왼쪽 앞 부분으로 트럭의 왼쪽 뒷바퀴 부분을 스치듯이 충돌하고 이어서 트럭을 바짝 뒤따라 가던 차량을 들이받았다면, 설사 피고인이 중앙선 위를 달리지 아니하고 정상 차선으로 달렸다 하더라도 사고는 피할 수 없다 할 것이므로 피고인 트럭의 왼쪽 바퀴를 중앙선 위에 올려놓은 상태에서 운전한 것만으로는 위 사고의 직접적인 원인이 되었다고 할 수 없다.」

3. 대상판결 (3), (4)의 검토

먼저 대상판결(3)에서 피고인에게 과실을 인정한 점에는 문제가 없다. 피고인이 제한속도를 위반하고 앞차와의 안전거리를 유지하지 않은 점은 피고인의 과실이라고 보아야 하기 때문이다. 피고인이 피해자를 역과하기 전에 피해자가 생존하고 있었고 피고인 운전차량의 역과에 의하여 피해자가 비로소 사망하게 된 것이므로 역과와 사망 사이에 인과관계가 인정된다고 판시한 것도 타당하다. 그러나 대법원이 상당인과관계설을 취한 나머지 과실이 없었으면 결과가 발생하지 않았을 것이라는 사실을 과실인정의 전제로 삼는 데 그치고 별도의 귀속기준으로 검토하지 않은 점은 문제이다. 주의의무위반 관련성은 과실이 인정된 경우에도 그 과실로 인한 결과를 행위자에게 귀속시킬 수 있는가에 관한 객관적 귀속의 문제이기 때문이다. 대상판결(4)에서 대법원이 「교통사고를 일으킨 사람의 과실과 사망 사이의 인과관계를 인정하기 위해서는 주의의무를 게을리 하지 않았다면 피해자가 사망에 이르지 않았을 것이라는 사실이 증명되어야 한다」고 판시하여 주의의무위반 관련성을 요구한 것은 타당하다. 그러나 이 판결에서 대법원이 주의의무위반 관련성을 인과관계를 인정하기 위한 전제로만 이해한 것은 문제이다. 주의의무위반 관련성, 즉 적법한 대체행위의 문제는 규범적·평가적 관점에서 검토해야 할 귀속의 문제이지 자연적·사실적 연관으로서의 인과관계의 문제가 될 수 없기 때문이다. 대법원은 적법한 대체행위의 경우에 결과방지의 인정정도에 관하여도 아무런 기준을 제시하지 않았기 때문에 이에 관한 판례의 태도도 미해결된 상태에서 앞으로의 판례의 발전을 기대할 수밖에 없다.

9. 과실범의 결과귀속

[대상판결]

(1) 대법원 1990. 12. 11. 90도694

1. 사실의 개요

종합병원의 수술주관의사와 마취담당의사인 피고인들은 할로테인이라는 마취제를 사용하여 피해자를 전신마취한 후 피해자에 대해 난소종양절제수술을 하였는데, 피해자는 수술 후 일주일이 경과하여 급성전격성간염증상이 진단된 간 부전으로 사망하였다. 이 사건에서 마취제로 사용한 할로테인을 간 기능에 이상이 있는 환자에게 사용하는 경우에는 90% 이상이 간 기능의 악화로 심한 경우에는 사망에 이르게 된다는 사실이 널리 알려져 있었다. 따라서 통상 마취제로 할로테인을 사용하여 개복수술을 할 때에는 마취제에의 적응여부를 판단하기 위해 사전에 환자에 대해 혈청의 생화학반응에 의한 간 기능검사를 하는 것이 보편적이었다. 그럼에도 불구하고 피고인들은 수술 자체가 위급하지 않음에도 이러한 검사 대신 정확성이 떨어지는 소변검사만 실시한 채, 그 결과만을 믿고 수술을 하였던 것이다.

2. 사건의 경과

검사는 피고인들을 각 업무상과실치사죄로 기소하였다. 이에 대하여 원심은, 피고인들에게 전신마취제로 간 장애를 초래할 위험이 있는 할로테인을 사용하면서 종합적인 간 기능검사를 실시하지 않은 채 소변에 의한 간 기능검사의 결과만을 믿고 마취를 감행한 과실이 인정되고 피해자에게 간 장애가 있음을 알지 못하여 전신마취에 의한 개복수술을 감행하였고, 수술 후에도 피해자에게 고열이 발생함에도 종합적인 간 기능검사를 시행하지 않은 과실이 인정되며, 이로 인하여 피해자가 급성전격성간염에 빠져 사망에 이르렀으므로 피고인들에게 업무상과실치사죄가 성립한다고 판시하였다.

피고인들은 원심판결에 불복하여 상고하였고, 대법원은 피고인들이 소변에 의한 간 기능검사의 결과만을 믿고 마취를 감행하고 전신마취에 의한 개복수술을 한 점에 과실이 있음은 인정하였지만, 피고인들의 과실과 피해자의 사망 간에 인과관계가 있다고 하려면 피고인들이 수술 전에 피해자에 대한 간 기능검사를 하였더라면 피해자가 사망하지 않았을 것임이 입증되어야 함에도, 원심판결이 이러한 사실의 입증 없이 피고인들에게 업무상과실치사죄를 인정한 것은 채증법칙에 위반하여 사실을 오인하고 나아가 인과관계에 관한 법리를 오해한 잘못이 있다고 보아 원심판결을 파기하고 사건을 원심으로 환송하였다.

3. 판결요지

가. 전신마취에 의한 개복수술은 간 부전을 일으키고 간성혼수에 빠지게 하기도 하는데 특히 급만성 간염이나 간 경변 등 간 기능에 이상이 있는 경우에는 90% 이상이 간 기능이 중악화하고 심한 경우에는 사망에 이르게 하는 것으로 알려져 있어 개복수술 전에 간의 이상 유무를 검사하는 것은 필수적이고, 피해자의 수술 시에 사용된 마취제 할로테인은 드물게는 간에 해독을 끼치고 특히 이미 간 장애가 있는 경우에는 간 장애를 격화시킬 위험이 있으므로 이러한 환자에 대하여는 그 사용을 주의 또는 회피하여야 한다고 의료계에 주지되어 있으며, 이 사건 사고 당시 의료계에서는 개복수술 환자의 경우 긴급한 상황이 아닌 때에는 혈청의 생화학적 반응에 의한 간 기능검사를 하는 것이 보편적이었다면, 응급환자가 아닌 난소종양환자의 경우에 있어서 수술주관의사 또는 마취담당의사인 피고인들로서는 난소종양절제수술에 앞서 혈청의 생화학적 반응에 의한 검사 등으로 종합적인 간 기능검사를 철저히 하여 피해자가 간 손상 상태에 있는지의 여부를 확인한 후에 마취 및 수술을 시행하였어야 할 터인데 피고인들은 시진, 문진 등의 검사결과와 정확성이 떨어지는 소변에 의한 간 검사결과만을 믿고 피해자의 간 상태를 정확히 파악하지 아니한 채 할로테인으로 전신마취를 실시한 다음 이 사건 개복수술을 감행한 결과 수술 후 22일 만에 환자가 급성전격성간염으로 인하여 사망한 경우에는 피고인들에게 업무상과실이 있다 할 것이다.

나. 혈청에 의한 간 기능검사를 시행하지 않거나 이를 확인하지 않은 피고인들의 과실과 피해자의 사망 간에 인과관계가 있다고 하려면 피고인들이 수술 전에 피해자에 대한 간 기능검사를 하였더라면 피해자가 사망하지 않았을 것임이 입증되어야 할 것인데도(수술 전에 피해자에 대하여 혈청에 의한 간 기능검사를 하였더라면 피해자의 간 기능에 이상이 있었다는 검사결과가 나왔으리라는 점이 증명되어야

할 것이다) 원심은 피해자가 수술당시에 이미 간 손상이 있었다는 사실을 증거 없이 인정함으로써 채증법칙위반 및 인과관계에 관한 법리오해의 위법을 저지른 것이다.

(2) 대법원 1998. 9. 22. 98도1854

1. 사실의 개요

피고인은 택시를 운전하여 8차선 간선도로의 2차로를 따라 진행하던 중 직진 신호에 따라 교차로를 통과하고 있었다. 피고인의 택시가 지나던 교차로는 폭 28 m의 왕복 8차선 도로와 폭 10 m의 왕복 2차선 도로가 만나는 'ㅏ'자형 삼거리였다. 이때 피해자가 운전하는 승용차가 피고인 진행 방향 오른쪽의 접속도로에서 갑자기 피고인이 운전하는 택시 앞을 가로질러 좌회전하려고 하였다.

피고인은 피해자가 운전하는 승용차를 약 5 m 전방에서 발견하고 이를 피하려 하였으나 피하지 못하고 피해자의 승용차를 충돌하였다. 이 사건에서 교차로는 피해자의 진행 방향에서 보면 신호등이 설치되어 있지 아니하였고, 피고인 진행차선에는 황색 실선의 중앙선과 횡단보도가 설치되어 있어서 접속도로로부터 8차선 도로에 진입하기 위한 좌회전이 허용되지 아니하였으며, 또한 8차선 도로로부터 접속도로에 진입하기 위한 좌회전도 허용되지 아니하였다.

2. 판결요지

녹색등화에 따라 왕복 8차선의 간선도로를 직진하는 차량의 운전자는 특별한 사정이 없는 한 왕복 2차선의 접속도로에서 진행하여 오는 다른 차량들도 교통법규를 준수하여 함부로 금지된 좌회전을 시도하지는 아니할 것으로 믿고 운전하면 족하고, 접속도로에서 진행하여 오던 차량이 아예 허용되지 아니하는 좌회전을 감행하여 직진하는 자기 차량의 앞을 가로질러 진행하여 올 경우까지 예상하여 그에 따른 사고발생을 미리 방지하기 위하여 특별한 조치까지 강구할 주의의무는 없다 할 것이고, 또한 운전자가 제한속도를 지키며 진행하였더라면 피해자가 좌회전하여 진입하는 것을 발견한 후에 충돌을 피할 수 있었다는 등의 사정이 없는 한 운전자가 제한속도를 초과하여 과속으로 진행한 잘못이 있다 하더라도 그러한 잘못과 교통사고의 발생 사이에 상당인과관계가 있다고 볼 수는 없다.

[판례의 연구]

Ⅰ. 문제의 제기

과실범에 있어서 불법의 핵심은 과실, 즉 주의의무위반에 있다. 그러나 과실범이 성립하기 위해서는 과실 이외에 구성요건적 결과가 발생하고 그 결과와 행위 사이에 인과관계가 인정되어야 한다. 대상판결 (1)에서의 인과관계는 바로 피고인들의 전신마취에 의한 수술과 피해자의 사망 사이의 연관을 의미한다. 그런데 과실범에 있어서는 고의범과는 달리 의사에 의한 행위조종이 존재하지 아니하므로 어떤 행위를 통하여 결과를 야기했다기보다는 주의의무에 위반하여 결과를 회피하지 못했다는 점에 중점이 있다. 따라서 과실범의 결과귀속을 위해서는 행위와 결과 사이에 자연법칙적인 인과관계로 족하지 않고 규범적 관점에서 발생된 결과를 행위자에게 귀속시킬 수 있어야 한다. 과실범에 있어서 객관적 귀속의 척도로 제시되는 것이 결과가 주의의무위반으로 발생하였는가라는 문제와 주의의무위반으로 침해된 규범이 이러한 결과방지를 위한 규범이었는가의 문제이다. 전자를 주의의무위반 관련성, 후자를 보호목적 관련성이라고 한다. 대상판결 (1)이 주의의무위반 관련성에 관련된 판결임에 반하여, 대상판결 (2)는 보호목적 관련성과 관련된 판결이다.

대법원은 고의범에 있어서뿐만 아니라 과실범에 있어서도 상당인관계설의 입장을 일관하고 있다. 대상판결들에 있어서도 대법원은 피고인들의 과실과 피해자의 사망 사이의 인과관계가 인정되려면 과실이 없었으면 결과가 발생하지 않았을 것이 입증되어야 한다거나(대상판결 (1)) 또는 과실이 없었으면 충돌을 피할 수 있었다는 사정이 없는 한 상당인과관계를 인정할 수 없다고(대상판결 (2)) 판시하고 있다. 여기서 주의의무위반 관련성과 보호목적 관련성이 인과관계 또는 상당인과관계의 내용이 될 수 있는가, 또 상당인과관계설이 과실범의 결과귀속을 위한 명백한 기준이 될 수 있는가를 검토하고, 주의의무위반 관련성과 보호목적 관련성의 내용과 판단기준을 명백히 할 필요가 있다.

대상판결 (1)의 판결요지 가.는 수술주관의사 및 마취담당의사의 과실을 인정한 부분이다. 대법원은 할로테인을 사용한 전신마취로 난소종양절제수술을 함에 앞서 혈청의 생화학적 반응에 의한 검사 등으로 종합적인 간 기능검사를 철저히 하여 피해자가 간 손상 상태에 있는지의 여부를 확인한 후에 마취 및 수술을 시행하였어야 할 터인데 피고인들이 시진, 문진 등의 검사결과와 정확성이 떨어지는 소변에 의한 간 검사결과만을 믿고 피해자의 간 상태를 정확히 파악하지 아니한 채 할로테인으로 전신마취를 실시한 다음 이 사건 개복수술을 감행한 결과 수술 후 22일 만에 환자가 급성전격성간염으로 인하여 사망한 사실을 근거로 피고인들에게 업무상과실을 인정하였다. 과실범에 있어서 과실, 즉 주의의무위반은 사회생활에서 요구되는 객관적 주의의무위반을 의미하며, 여기서 객관적 주의의무는 특별법령, 의술의 일반원칙 또는 일반적으로 인정된 기준으로 판단해야 한다. 당시 의료계에서 할로테인을 사용한 전신마취로 개복수술을 하는 경우 혈청의 생화학적 반응에 의한 간 기능검사를 하는 것이 보편적이었음에도 불구하고 응급환자가 아닌 난소종양환자에 대하여 수술주관의사 또는 마취담당의사인 피고인들이 이러한 검사를 하지 않고 개복수술을 감행한 결과 수술 후 환자가 급성전격성간염으로 인하여 사망한 이상 피고인들에게 과실을 인정한 것은 당연하다고 생각된다. 다만 여기서는 쟁점을 과실범의 결과귀속에 제한했으므로, 피고인들에게 주의의무위반, 즉 과실이 인정되는가는 검토의 대상에서 제외하고자 한다.

Ⅱ. 주의의무위반 관련성

1. 주의의무위반 관련성과 상당인과관계

과실범의 결과는 그것이 주의의무위반으로 발생한 때에만 행위자에게 객관적으로 귀속될 수 있다. 과실범은 모든 결과의 발생을 처벌하는 것이 아니라 주의의무위반으로 인한 결과의 발생을 금지하기 때문이다. 따라서 행위자가 주의의무에 위반하였고 그것으로 인하여 구성요건적 결과가 발생되었다 할지라도 주의의무를 다한 때에도 같은 결과가 발생했을 것이라고 인정될 때에는 객관적 귀속이 부정되지 않을 수 없다. 이를 주의의무위반 관련성이라 하며, 과실범의 결과귀속을 위한 첫 번째의 척도이다. 과실범에 있어서의 객관적 귀속의 척도인 주의의무위반 관련성을 대법원이 직접적 인과관계라는 용어로 표현하고 있다고 보는 학자도 있다. 즉 직접적 인과관계란 과실범에 있어서 결과발생에 조건관계에 있는 여러 행위 가운데 가장 직접적으로 결과발생에 원인이 된 행위를 규범적으로 찾아내어 그 행위와 결과 사이의 밀도 높은 관계를 표현한 것이며, 이때 직접적 인과관계가 인정되는 형법적 원인을 찾아내는 방법이 바로 「행위자가 주의에 합치되는 행위를 하였더라도 마찬가지의 결과가 발생하였는가를 묻는 방법이고, 이를 합법칙적 대체행위이론이라고 한다」는 것이다.[1] 대법원이 피고인이 중앙선 위에 왼쪽바퀴가 걸친 채 운행한 과실이 피해자가 반대차선으로 진행하다가 자기차선으로 들어가면서 충격한 결과발생에 직접적 원인이 되었다고 할 수 없다고 판시함으로써 직접적 인과관계와 유사한 용어를 사용한 판결이 있는 것은 사실이다.[2] 그러나 대법원에서 과실이 결과발생에 직접적 원인이 되었다고 판시한 것은 과실로 인하여 결과가 발생하였으면 인과관계가 인정된다는 의미에 불과하며, 이를 근거로 합법적 대체행위의 문제를 직접적 인과관계로 표현했다고 볼 수는 없다. 대법원이 「피고인들의 행위가 사망에 대한 직접적 원인이 되었다고 볼 수 없다」고 판시한 판결도 있다는 점에서,[3] 판례에서 등장하는 직접적 인과관계는 주의의무위반 관련성을 의미하는 것이 아니라, 과실범에 있어서 인과관계 또는 상당인과관계가 인정된다는 의미에 불과하다고 해야 할 것이다.

대법원은 상당인과관계설의 입장을 일관하여 과실로 인한 결과발생, 즉 주의의무위반 관련성을 상당인과관계의 문제로 해결하고 있다. 대법원이 「좌회전 금지구역에서 좌회전한 과실과 후행차량이 중앙선을 넘어 돌진하여 발생한 사고 사이에는 상당인과관계가 없다」고 판시한 판결,[4] 「과속으로 진행한 잘못과 신호위반하여 좌회전하는 차량과 충돌한 사고 사이에는 상당인과관계가 없다」고 한 판결[5] 및 「야간에 고속도로에서 무단 횡단하는 피해자를 충격하여 사망케 한 경우에 피고인의 과실과 사고 사이에 상당인과관계가 없다」고

1) 김성돈 「합법적 대체행위이론과 입증의 정도」, 형사판례의 연구 I, 267면.
2) 대법원 1991. 2. 26. 90도2856.
3) 대법원 2007. 11. 16. 2005도1796.
4) 대법원 1996. 5. 28. 95도1200.
5) 대법원 1998. 9. 22. 98도1854(대상판결 (2)).

판시한 판결[1])은 모두 과실로 인한 결과발생, 즉 주의의무위반 관련성을 상당인과관계의 문제로 해결한 것이라고 보지 않을 수 없다. 김성돈 교수는 규범적 평가의 문제를 사실확인 차원의 문제로 환원하고 있는 대법원의 태도는 순수 규범적인 평가가 그 평가의 잣대를 잃어버리거나 흔들리게 될 경우 초래될 자의적 판단의 위험을 차단해 준다는 점에서 중요한 함의를 가지고 있다고 본다.[2]) 그러나 자연적·사실적 인과관계와 규범적·평가적 귀속문제는 구별해야 한다. 인과관계가 행위와 결과 사이의 자연적·사실적 연관의 문제임에 반하여, 주의의무위반 관련성은 간 기능검사를 철저히 했더라면 결과가 방지되었겠는가라는 현실세계에 일어난 사실의 존재가 아닌 가상의 세계에서 전개되는 추정에 불과하다. 그것은 사실판단이 아닌 가치판단 내지 규범적 판단이다. 사실판단을 잣대로 한 규범적 판단은 자의적 판단을 초래하며, 사실판단과 규범판단의 결합도 불명확한 판단을 초래한다고 해야 한다. 이러한 의미에서 주의의무위반 관련성은 행위와 결과 사이의 인과관계 이외에 과실범의 결과귀속을 위한 객관적 귀속의 척도라고 해야 하며, 대법원이 주의의무위반 관련성을 인과관계 또는 상당인과관계의 내용으로 요구한 것은 타당하다고 할 수 없다.

2. 합법적 대체행위 문제

합법적인 대체행위가 있는 경우에도 같은 결과가 발생하였을 것이 확실한 경우에 결과귀속이 부정된다는 점에는 의문이 없다. 문제는 합법적인 대체행위를 하였다면 결과가 발생하지 않았을 것이 확실하지는 않지만 가능성 또는 개연성이 인정되는 경우에 결과귀속을 인정할 것인가에 있다. 1957년 독일 연방법원의 화물자동차사건의 판결을 통하여 논쟁이 전개되었던 쟁점이다.[3])

(1) 무죄추정설과 위험증대설

주의의무를 다한 경우, 즉 합법적 대체행위의 경우에 결과가 발생하지 않

1) 대법원 2000. 9. 5. 2000도2671.
2) 김성돈 앞의 글, 277면.
3) BGHSt. 11, 1. 피고인이 화물자동차를 운전하여 자전거를 타고 가던 사람의 옆을 법정간격보다 좁은 75cm의 거리를 두고 추월하였는데 술에 만취한 자전거운전자가 핸들을 왼쪽으로 꺾어 화물자동차의 바퀴에 치여 즉사한 사건이다. 법정간격을 유지한 채 추월한 경우에도 사고가 발생했을 개연성 또는 가능성이 있었음이 확증되었다.

았을 것이 어느 정도 인정되어야 하는가에 관하여는 무죄추정설과 위험증대설이 대립하고 있다.

1) **무죄추정설** 주의의무를 다하였으면 결과가 발생하지 않았을 것이라는 점에 대하여 확실성에 가까운 개연성이 있음을 요하며 단순한 가능성으로는 객관적 귀속을 인정할 수 없다고 하는 견해이다. 따라서 이 견해는 주의를 다하였더라도 결과가 발생하였을 것인가가 명백하지 아니할 때에는「의심스러울 때에는 피고인의 이익으로」(in dubio pro reo)의 원칙에 따라 피고인의 이익으로 판단하여야 한다고 한다. 우리나라의 다수설의 태도라고 할 수 있다.[1)]화물자동차사건에 관하여 독일 연방법원도「교통규칙을 준수했더라면 결과가 발생하지 않았을 것이 확실한 경우에만 교통규칙에 위반한 행위가 결과에 대한 원인이 됨을 인정할 수 있다」고 판시하여 무죄추정설의 입장을 따르고 있다. 대상판결 (1)도 무죄추정설의 입장이라고 할 수 있다.[2)] 주의의무를 다하였으면 결과가 발생하지 않았을 것인가라는 가정적 판단에 있어 확실성의 정도에 이르지 못하는 것이 대부분의 경우이므로, 무죄추정설에 의할 때에는 대부분의 과실범의 경우에 결과귀속을 부정해야 한다는 난점이 존재한다.

2) **위험증대설** 적법한 대체행위의 경우에 결과방지의 가능성만 있으면 객관적 귀속을 인정해야 한다는 견해이다. 행위자가 허용되지 않는 위험을 증가시켜 결과가 발생한 때에는 금지된 위험이 실현되었으므로 객관적 귀속을 인정해야 한다는 것이다. Roxin에 의하여 주장된 이론이다. 즉 Roxin에 의하면「행위자가 허용된 위험을 벗어나서 이를 통하여 아직까지는 참을 수 있는 위험을 더욱 증대한 때에는 전체적으로 보면 금지된 위험을 창출한 것이고, 결과가 발생한 때에는 전체적으로 금지된 위험이 실현된 것이며, 이에 대하여 의문이 없는 이상 in dubio pro reo 의 원칙은 적용될 여지가 없다」고 한다.[3)] 참을 수 있는 위험을 초과한 행위자에게 그의 행위의 결과를 귀속시키지 않아야 할 이유가 없다는 것을 근거로 한다.[4)] 결국 위험증대설에 따르면, 합법적 대체행

1) 김성돈 549면; 김일수/서보학 178면; 박상기 103면; 이재상 196면; 정성근/박광민 158면; 정영일 149면.

2) 신양균「과실범에 있어서 의무위반과 결과의 관련」, 형사판례연구 1, 78면 참조.

3) Roxin AT §11 Rn. 90,「Pflichtwidrigkeit und Erfolg bei fahrlässigen Delikten」, ZStW 74, 411, 432.

4) Roxin §11 Rn. 89.

위에 대한 가정적 판단을 통한 결과발생의 방지가 확실성의 정도에 이르지 못한 경우에도 의무위반행위가 '허용된 위험을 초과'한 경우에는 과실범의 결과귀속을 인정하게 된다. 따라서 위험증대설에 의할 때에는 객관적 귀속기준으로서의 주의의무위반 관련성을 부정하는 결과가 된다는 난점이 있다.

신동운 교수는 주의의무 위반행위가 행위객체에 대하여 상당한 정도로 위험을 증가시켰을 때 그때부터 주의의무 위반행위와 결과발생 사이의 인과관계를 인정할 수 있다고 주장하고, 이를 절충설이라고 설명하고 있다.[1] 그러나 상당한 정도로 위험을 증가시켰다는 것만으로 주의의무위반 관련성을 긍정하는 것은 절충설이 아니라 위험증대설이라고 할 수 있다.[2]

(2) 결과방지의 정도

무죄추정설에 대하여는 결과귀속은 형사정책적 가치결정의 문제이므로 in dubio pro reo의 원칙이 적용될 수 없고, 대부분의 과실범에 있어서 결과귀속을 부정해야 하는 난점이 지적되고 있다. 그러나 in dubio pro reo의 원칙은 실체법적 문제가 아니라 절차법상의 문제이다. 객관적 귀속판단의 요건인 주의의무위반 관련성, 즉 주의의무를 다한 경우에는 결과가 방지될 개연성에 가까운 확실성이 있는가에 대하여 법관에게 확신을 줄 수 없는 경우에 거증책임의 문제가 제기됨은 당연하다.[3] 객관적 귀속의 기준을 충족하지 못한 경우에 결과귀속을 부정해야 하고, 결과방지의 개연성이 있는가에 대한 합리적 사실인정을 통하여 난점은 극복할 수 있다고 생각된다. 위험증대설을 취할 경우 첫째, 주의의무에 위반한 경우에는 항상 결과발생의 기회가 허용된 위험보다 높아지게 되므로 언제나 결과귀속을 긍정하지 않을 수 없다. 모든 규범위반은 행위 시의 사전판단(ex ante)에 의하면 위험증대라고 하지 않을 수 없기 때문이다. 이에 대하여 Roxin은 위험은 사전판단일 것을 요하지만 현실적 사태에 기

1) 신동운 238면, 판례백선 136면.
2) Jescheck은 주의의무위반이 행위의 객체에 통상의 위험에 비하여 현저히 증가된 위험을 초래한 때에 비로소 결과에 대한 객관적 귀속이 인정되고, 주의의무에 위반한 행위를 통하여 위험의 본질적 증가가 발생했는가에 대하여 의문이 있는 때에 in dubio pro reo의 원칙이 적용된다고 주장하면서도 이를 위험증대설이라고 하고 있다(Jescheck/Weigend AT S. 585).
3) Kindhäuser AT §33 Rn. 38; Ulsenheimer 「Erfolgsrelevante und erfolgsneutrale Pflichtverletzungen im Rahmen der Fahrlässigkeits delikte(과실범에 있어서 결과관련적 의무위반과 결과중립적 의무위반)」, 이재상 역 인과관계와 객관적 귀속 210면.

초하고 있어야 하므로 위험이 증가하지 않는 것도 가능하다고 반론한다.[1] 그러나 위험판단을 현실적인 사태를 기초로 한 사전판단이라고 할 때에는 행위 후의 사실적·현실적 사태진행이라는 사후적 관점(ex post Gesichtpunkt)이 사전판단의 기초가 된다는 논리적 모순을 초래한다.[2] 이에 의하여 귀속기준으로서의 주의의무위반 관련성은 무의미하게 되고, 과실결과범은 위험범화되지 않을 수 없는 것은 물론이다. 둘째, 예컨대 제한속도를 초과하여 허용되지 않게 행위했다는 것은 도로교통법위반의 점에 관하여는 책임을 인정할 근거가 되지만, 그것으로 인하여 발생한 사망의 결과를 귀속시킬 수 있는가의 문제는 의무위반이 있는가를 확정하거나 증대된 위험이 창설되었다는 사정만으로 충분한 것이 아니라, 창설된 위험이 결과로 실현될 것을 필요로 한다. 이러한 의미에서 합법적 대체행위의 경우에 결과가 방지되었을 정도에 관하여는 다수설인 무죄추정설이 타당하다고 하겠다.

김성돈 교수는 합법적 대체행위의 문제를 입증의 주체와 입증의 정도에 연관시켜, 주의를 다했더라면 결과가 방지되었겠는가는 검사가 증명할 사항임에 대하여 같은 결과가 발생했을 것이라는 점은 피고인이 증명할 사항인데, 전자에 대하여는 검사가 합리적으로 의심할 여지 없이 증명하여야 함에 대하여, 후자는 그 가능성 정도만 입증하면 충분하다는 점을 고려하여, 검사는 주의의무를 다했으면 결과가 발생하지 않았을 것이라는 점에 관하여 확실성에 가까운 개연성, 피고인은 주의의무를 다했더라도 결과가 발생했을 가능성을 증명하면 충분하다는 주장을 하고 있다.[3] 과실범의 결과귀속을 위해서 검사가 주의의무를 다했다면 결과가 방지되었을 것이라는 귀속판단의 근거를 법관에게 확신을 줄 정도로 증명해야 한다는 것은 타당하다. 그러나 증명의 대상과 입증의 정도는 구별해야 하며, 거증책임과 입증의 부담은 작용의 단계가 다르다는 점을 주의할 필요가 있다. 증명의 대상은 무죄추정설에 의하면 주의의무를 다했다면 결과가 방지되었을 확실성에 가까운 개연성이며, 위험증대설에 의하면 그 가능성이다. 증명의 정도에 있어서는 검사는 법관에게 확신을 주어야 하며,

1) Roxin「Literaturebericht」, ZStW 78, 221.
2) Ulsenheimer 앞의 글, 213면.
3) 김성돈 앞의 글, 273면 이하.

피고인은 증거의 우월 정도로 족하다. 주의의무를 다했다면 결과가 방지되었을 것인가라는 실질적 거증책임의 판단은 종국판결 시에 필요한 판단임에 반하여, 피고인의 증명은 소송의 진행과정에 문제되는 입증의 부담에 불과하다.

3. 대상판결 (1)의 검토

대상판결 (1)에서 대법원은 난소종양절제수술에 앞서 혈청의 생화학적 반응에 의한 검사 등으로 종합적인 간 기능검사를 하지 아니한 채 할로테인으로 전신마취를 실시한 다음 개복수술을 감행한 점에서 피고인들의 과실을 인정하면서도, 간 기능검사를 하지 않은 과실과 피해자의 사망 간에 인과관계가 있으려면 수술 전에 간 기능검사를 하였더라면 피해자가 사망하지 않았을 것임이 증명되어야 한다고 판시함으로써 과실범의 결과귀속을 위해서 주의의무위반 관련성을 요구한 점에 이 판결의 의의가 있다고 할 수 있다. 그러나 주의의무위반 관련성은 규범적 관점에서 판단해야 할 귀속의 문제임에도 불구하고 이를 인과관계의 문제로 해결하여 인과관계의 판단과 규범적 판단을 혼동한 것은 대법원이 상당인과관계설을 따른 불가피한 결론이었다고 볼 수 있다.[1] 대법원이 적법한 대체행위의 경우에 결과방지의 개연성을 필요로 하는가 또는 단순한 가능성으로 족한가에 관하여 아무런 판단을 하지 않고 있는 이유도 여기서 비롯한다고 할 수 있다.

대상판결 (1)은 간 기능검사를 하지 않은 점에 피고인들의 과실이 있다고 할지라도 간 기능검사를 했더라면 → 간의 이상이 발견되었고 → 이로 인하여 결과가 방지되었을 것이 입증되어야 한다는 전제에서 피고인들에게 유죄판결을 선고한 원심판결을 파기하고 이를 원심법원에 환송하였다. 이 판결에 대하여 위험증대설 또는 절충설의 입장에서는 간 기능검사를 하지 않았기 때문에 위험이 증대하였음에도 불구하고 의료규칙을 준수하였어도 결과가 발생했을 가능성이 있다는 이유만으로 사망의 결과를 귀속시킬 수 없다고 판시한 것은 의문이라는 비판을 제기하고 있다.[2] 그러나 대상판결이 무죄추정설의 입장과도 반드시 일치하는 것은 아니라고 생각된다. 간 기능검사를 하지 않으면 간의

---

1) 동지: 신양균 앞의 글, 81면.
2) 신동운 판례백선 136면; 신양균 앞의 글, 80면.

이상여부를 발견할 수 없는 이상 간 기능검사를 하지 않은 경우에는 간에 이상이 있다는 사실을 증명할 수 없다. 간 기능검사를 하지 않은 것이 피고인들의 과실임에도 불구하고 간 기능검사를 하지 않았으면 간에 이상이 있었다는 사실을 인정할 수 없다는 이유로 주의의무위반 관련성을 부인한다는 것은 모순된 논증이다. 따라서 간 기능검사 → 간의 이상발견 → 결과방지라는 논증의 중간판단은 '간의 이상발견'을 '간의 이상여부 판단'으로 대체해야 한다고 생각된다. 사전에 간 기능검사를 했더라면 간의 이상여부를 판단할 수 있는 확실성에 가까운 개연성을 인정할 수 있게 되기 때문이다. 물론 간 기능검사를 통하여 간에 이상이 없음이 밝혀진 경우에도 원인불명의 간 기능손상 또는 수술에 따른 불가피한 간 손상에 의하여 사망의 결과가 발생할 가능성이 전혀 없는 것은 아니다. 그러나 그러한 가능성은 간 기능검사를 했더라면 간의 이상여부를 알 수 있어 결과의 발생을 방지할 수 있는 개연성의 인정에 영향을 미치지 못한다고 생각된다. 대상판결 (1)의 판단에 찬성할 수 없다.

Ⅲ. 규범의 보호목적 관련성

1. 규범의 보호목적 관련성의 의의

규범의 보호목적 관련성(Schutzzweckzusammenhang)이란 주의의무에 위반한 행위와 발생한 결과 사이에 주의규범이 지니는 보호목적을 침해하였다는 관련성이 없을 때에는 결과귀속을 인정할 수 없다는 이론이다. 즉 침해된 규범은 발생된 결과를 피하기 위한 것이어야 하고, 따라서 결과가 규범의 보호범위 안에서 발생해야 객관적으로 귀속할 수 있다는 것이다. 침해된 규범의 보호범위 밖에서 결과가 발생한 때에는 구성요건적 결과의 발생이 규범의 침해로 인한 것이라고 할 수 없기 때문이다. 만약 규범이 그 회피를 목적으로 하고 있지 않은 결과에 대해서까지 규범위반자에게 형사책임을 묻는다면, 어떤 의미에서든 규범에 위반하는 행위를 하면 처벌될 위험이 항상 존재하게 되어, 행동의 자유가 필요 이상으로 제한되어 버린다. 이와 같은 결과책임에 의한 과다한 자유제한을 피하기 위한 귀속제한의 원리가 바로 규범의 보호목적 관련성이론이다. 규범의 보호목적 관련성과 관련하여 가장 많이 제시되는 대표적인 사례는 운전자가 과속과 신호위반으로 교차로를 통과하여 다시 약 1km 정도 정상속도로 진행하는데 차량 앞으로 어린아이가 뛰어들어 사망한 사건이다.[1] 제한속도와 신호를 지켜 운전했더라면 물론 운전자는 사고 시간에 사고 장소에 도착할 수 없어 사고를 피할 수 있었다. 이 사건에서 독일 연방법원은 속도제한과 신호 준수규정은 사고를 방지하기 위한 것이지 운전자가 일정한 장소에 도착하는 것을 지연시키기 위한 것은 아니므로 결과를 운전자에게 귀속시킬 수 없다고 판시하였다. 발생된 결과가 규범의 보호범위 밖에서 일어난 것인 때에는 객관적 귀속을 부정해야 한다는 것이다.

규범의 보호목적 관련성이론에 대하여는 객관적 귀속론의 적용에 있어서 규범의 보호목적이 무엇인가를 확정지어야 하는데 적지 않은 사례에서 그 확정이 쉽지 않고 그 내용이 기교적이고 어색하여 설득력이 없기 때문에 규범의 보호목적이론은 인위적이고 부자연한 귀속척도에 불과하므로 결과발생의 예견가능성으로 해결하면 족하다는 반론을 제기하는 학자도 있다.[2] 위의 사례에서는 사고발생 당시를 보면 예견가능성이 없기 때문에 과실이 없는 경우에 불과하다는 것이다. 그러나 첫째, 사고발생 당시에는 예견가능성이 없었다고 할지라도 사고현장에서의 결정적 교통상황에 이르기 전에 주의의무위반이 있었고 인과관계와 주의의무위반 관련성이 긍정되는 경우에도 규범의 보호범위를 고려하여 결과귀속을 부정해야 할 경우가 있고(BGH VSR 20, 129), 둘째, 사고현장에서 주의의무위반이 있는 경우에도 결과가 침해된 규범의 보호범위 밖에서 일어나 결과귀속을 부정해야 할 경우가 있다는 점에서 규범의 보호목적 관련성이론은 과실범의 결과귀속을 제한하기 위한 유용한 귀속척도가 될 수 있다고 해야 한다. 다만 이 경우에도 규범의 보호범위이론의 적용범위가 주의의무위반 관련성에 비하여 제한되지 않을 수 없는 것은 물론이다.

2. 규범의 보호목적 관련성이론의 적용범위

대상판결 (2)의 판결요지는 「가. 녹색등화에 따라 왕복 8차선의 간선도로를 직진하는 차량의 운전자는 특별한 사정이 없는 한 왕복 2차선의 접속도로

1) BGH VRS 20, 129(1960), OLG Stuttgart NJW 1959, 351.

2) 임웅 504면.

에서 진행하여 오는 다른 차량들도 교통법규를 준수하여 함부로 금지된 좌회전을 시도하지는 아니할 것으로 믿고 운전하면 족하고, 접속도로에서 진행하여 오던 차량이 좌회전을 감행하여 직진하는 자기 차량의 앞을 가로질러 진행하여 올 경우까지 예상하여 그에 따른 사고발생을 미리 방지하기 위하여 특별한 조치까지 강구할 주의의무는 없다 할 것이고, 나. 운전자가 제한속도를 지키며 진행하였더라면 피해자가 좌회전하여 진입하는 것을 발견한 후에 충돌을 피할 수 있었다는 등의 사정이 없는 한 운전자가 제한속도를 초과하여 과속으로 진행한 잘못이 있다 하더라도 그러한 잘못과 교통사고의 발생 사이에 상당인과관계가 있다고 볼 수는 없다」는 점에 있다. 판결요지 가.가 과실판단의 기준으로서의 신뢰의 원칙에 관련된 것임에 반하여, 판결요지 나.는 주의의무위반 관련성에 관한 판결이라고 볼 수 있다. 그런데 대상판결을 규범의 보호범위이론에 관한 판례라고 해석하는 학자도 있다.[1] 여기서 규범의 보호목적 관련성의 적용범위가 어디까지이고, 대상판결이 규범의 보호목적 관련성에 관한 판결이라고 볼 수 있는가를 검토할 필요가 있다.

규범의 보호목적 관련성이론이 적용되는 전형적인 예는 사고현장에 이르기 전에 과속과 신호위반의 과실이 있었지만 사고지점에서는 정상적인 속도로 운전하다가 사고를 낸 운전자의 사례[2]와 독일 연방법원의 치과의사사건(Zahnarztfall)이 있다.[3] 치과의사가 심장질환을 앓고 있는 부인의 어금니를 발치하면서 내과 전문의에게 심장 기능검사 의뢰를 하지 않고 마취했다가 부인이 심장마비로 사망한 사건이다. 그러나 감정결과에 따르면 내과의사가 검진을 했더라도 그대로 이를 뽑아도 좋다고 했을 것이며, 다만, 내과의사에게 검진을 의뢰했을 때에는 검사를 통해 부인의 사망시간이 지연되었을 것이라는 사실이 인정되었다. 이 사건에서 독일 연방법원은 「내과의사에의 검사의뢰는 위험한 수술을 사전에 방지하기 위한 것이지 수술을 지연시켜 생명에 대한 침해를 지연시키는 데 목적이 있는 것은 아니다」라고 판시하였다. 이와 같이 규범의 보호목적 관련성이론이 적용되는 전형적인 사례는 사고지점에서는 주의의무위반

---

1) 신동운 판례백선 126면.
2) BGH VRS 20, 129(1960), OLG Stuttgart NJW 1959, 351 참조.
3) BGHSt. 21, 59.

이 인정되지 않는 경우이다. 문제는 사고지점까지 주의의무위반이 계속된 경우에도 규범의 보호목적 관련성이론이 적용될 것인가에 있다. 이를 부정하는 견해도 있다.[1] 규범의 보호목적 관련성에 관한 전형적인 운전자 사례에서 사고지점 이전에 과속과 신호위반이 있었어도 사고지점에서의 주의의무위반이 없었을 뿐만 아니라, 자동차를 운전하여 시속 100Km 지점을 140Km의 과속으로 교차로를 통행하다가 좌측에서 오던 차량과 충돌한 사건에서[2] 1984년 독일 연방법원이 「과속금지와 교통사고 사이의 법적 인과연관은 운전자가 결정적인 교통상황에 돌입할 때 감속하거나 제한속도로 진행했더라면 사고가 발생하지 않았을 것으로 인정될 때에는 긍정된다」라고 판시한 점에 비추어 보면 일응 설득력이 있다고 생각된다. 그러나 규범의 보호목적 관련성이론은 이 경우에만 적용되는 것이 아니라 행위 시에 주의의무위반이 있는 경우에도 문제된다고 해야 한다. 앞에서 본 치과의사례는 행위 시에 피고인에게 과실이 있었지만 규범의 보호범위를 넘는 경우이다. 대법원은 자동차의 운전자가 그 운전상의 주의의무를 게을리 하여 열차건널목을 그대로 건너는 바람에 그 자동차가 열차좌측 모서리와 충돌하여 20여 미터쯤 열차 진행방향으로 끌려가면서 튕겨나갔고 피해자는 타고 가던 자전거에서 내려 위 자동차 왼쪽에서 열차가 지나가기를 기다리고 있다가 위 충돌사고로 놀라 넘어져 상처를 입은 사건에서 「비록 위 자동차와 피해자가 직접 충돌하지는 아니하였더라도 자동차운전자의 위 과실과 피해자가 입은 상처 사이에는 상당한 인과관계가 있다」고 판시함으로써 피고인에게 업무상과실치상죄의 성립을 긍정한 바 있다.[3] 그러나 이 사건은 주의의무위반 관련성의 문제가 아니라 규범의 보호목적 관련성의 문제로서, 규범의 보호범위 밖에서 일어난 결과이기 때문에 결과귀속을 부정해야 할 경우이다. 열차 건널목에서 일단 정차해야 한다는 규범은 자동차와 열차의 충돌로 인한 사고를 방지하기 위한 것이지 목격자가 충돌사고에 놀라 넘어져 입은 상처에 대해서까지 미치는 것은 아니기 때문이다. 그러나 사고지점에서 주의의무위반이 없는 때에만 규범의 보호목적 관련성이 문제된다는 논리

1) 이건호 「과실범의 주의의무위반 여부에 대한 해석과 주의규범의 보호목적이론」, 형사판례의 연구 I, 259면.
2) BGHSt. 33, 61.
3) 대법원 1989. 9. 12. 89도866.

가 잘못되었다고 하여 대상판결이 규범의 보호목적 관련성의 문제에 해당한다는 뜻은 아니다. 대상판결을 규범의 보호목적 관련성이론의 전형적 사례라고 보고 있는 신동운 교수는 과속운전을 금지한 도로교통법의 관계규정은 일반적으로 도로에서의 위험을 방지하고 교통의 안전과 원활을 확보하기 위하여 마련된 것이지 교통사고를 방지하기 위한 것은 아니라는 논리를 전제로 하고 있다.[1] 그러나 과속금지의 규범은 단순히 교통의 안전과 원활을 확보하기 위한 규범에 그치는 것이 아니라 과속으로 인한 사고로 사람의 생명이나 신체를 침해할 위험에 대처하기 위한 규범이라고 해야 한다. 독일 연방법원도 「과속금지는 교통의 원활한 진행만을 목적으로 하는 규범이 아니라 이로 인한 사고 발생과 그 위험에서 보호하기 위한 규범이므로 이를 위반한 경우에 규범의 보호목적 관련성이론이 적용될 여지가 없다」고 판시한 바 있다.[2] 그렇다면 대상판결은 규범의 보호목적 관련성이론이 적용될 여지가 없는 경우라고 해야 한다.

3. 대상판결 (2)의 검토

대상판결 (2)의 판결요지 가.는 직진신호에 따라 간선도로를 직진하는 차량의 운전자는 특별한 사정이 없는 한 접속도로에서 진행하여 오는 다른 차량들도 교통법규를 준수하여 금지된 좌회전을 시도하지는 아니할 것으로 믿고 운전하면 족하다는 것으로서, 이는 교통사고에 있어서 신뢰의 원칙을 선언한 것으로 볼 수 있다. 신뢰의 원칙은 허용된 위험의 원리를 도로교통에 적용한 것으로서 자동차운전자의 예견의무와 결과회피의무를 제한함으로써 피고인의 주의의무위반 자체를 부정하는 이론이다. 문제는 직진신호에 따라 진행하던 피고인이 과속으로 진행한 잘못이 있는 경우에도 신뢰의 원칙이 적용되는가에 있다. 신뢰의 원칙은 스스로 교통규칙을 위반한 자에 대하여는 적용되지 않기 때문이다. 그러나 신뢰의 원칙의 제한은 스스로 규칙위반행위를 통하여 다른 교통관여자의 규칙위반을 야기했거나 그것이 사고의 원인이 된 경우에만 적용된다. 이 사건에서도 피고인이 과속을 하지 않았다면 사고를 피할 수 있었을 경우, 즉 과속과 사고발생 사이의 연관이 인정될 때에는 신뢰의 원칙이 적용되

1) 신동운 판례백선 126면.
2) BGHSt. 33, 65.

지 않는다.

판결요지 나.는 「운전자가 제한속도를 지키며 진행하였더라면 피해자가 좌회전하여 진입하는 것을 발견한 후에 충돌을 피할 수 있었다는 등의 사정이 없는 한 운전자가 제한속도를 초과하여 과속으로 진행한 잘못이 있다 하더라도 그러한 잘못과 교통사고의 발생 사이에 상당인과관계가 있다고 볼 수는 없다」는 점이다. 대상판결 (2)는 과속으로 진행한 과실과 사고발생 사이의 상당인과관계를 요구한다는 점에서 대상판결 (1)과 같은 태도를 유지하고 있다. 그러나 과실과 사고발생 사이의 관련은 제한속도를 유지했으면 사고를 방지할 수 있었겠는가라는 가상세계의 판단이며, 사실판단이 아닌 규범적 평가의 문제이므로 상당인과관계 또는 인과관계의 문제가 아닌 객관적 귀속의 문제라고 해야 한다. 그것은 결국 주의의무를 다했으면 결과를 방지할 수 있었겠는가라는 주의의무위반 관련성의 문제가 된다. 신뢰의 원칙을 적용하여 피고인에 대하여 주의의무위반 자체를 부정하는 경우에는 주의의무위반 관련성도 문제될 여지가 없는 것은 물론이다. 결국 대상판결 (2)는 (1)의 경우와는 달리 결론은 타당하지만 주의의무위반 관련성이라는 객관적 귀속의 문제를 상당인과관계의 문제로 해결한 잘못이 있다고 하지 않을 수 없다.

10. 개괄적 고의의 형법상 취급

[대상판결]

대법원 1988. 6. 28. 88도650

1. 사실의 개요

피고인 甲은 피해자 丙이 평소 약간 저능아인 甲의 처에게 젖을 달라는 등 회롱하는 데 불만을 품고 있던 중 피고인 乙 및 피해자 丙과 함께 술을 마시다가 丙이 욕설을 하자 甲은 손바닥으로 丙의 빰을 수회 때리고 乙이 丙의 복부를 2회 때려 넘어뜨린 다음 분노가 폭발하여 丙을 살해하기로 마음먹고, 甲은 丙의 배 위에 올라타 가로 20센티미터, 세로 10센티미터의 돌멩이로 丙의 가슴을 2회 내려치고, 乙도 이에 합세하여 가로 13센티미터, 세로 7센티미터의 돌멩이로 丙의 머리를 2회 내려친 후 다시 丙을 일으켜 세워 乙이 복부를 1회 때려 뒤로 넘어지게 하여 丙이 뇌진탕 등으로 인하여 정신을 잃고 축 늘어졌다. 피고인들은 丙이 죽은 것으로 오인하고 그 사체를 몰래 파묻어 증거를 인멸할 목적으로 丙을 그곳에서부터 약 150미터 떨어진 개울가로 끌고 가 삽으로 웅덩이를 파고 丙을 매장하여 丙으로 하여금 질식하여 사망에 이르게 하였다.

2. 판결요지

피해자가 피고인들의 살해의도로 행한 구타행위에 의해 직접 사망한 것이 아니라 죄적을 인멸할 목적으로 행한 매장행위에 의해 사망하게 되었다 하더라도, 전 과정을 개괄적으로 보면 피해자의 살해라는 처음에 예견된 사실은 결국은 실현된 것으로서 피고인들은 살인죄의 죄책을 면할 수 없다 할 것이므로 같은 취지에서 피고인들을 살인죄로 의율한 제 1 심 판결을 유지한 원심의 조치는 정당하고 거기에 아무런 잘못도 없다.

[판례의 연구]

Ⅰ. 개괄적 고의의 의의

개괄적 고의(dolus generalis)란 행위자는 일정한 행위를 통해 구성요건적 결과를 발생시키려 하였으나, 그의 생각과는 달리 연속된 다른 행위에 의하여 결과가 발생한 경우를 말한다. 예컨대 甲이 乙을 살해하려고 돌로 乙의 머리를 때려 乙이 기절하자 乙이 죽은 것으로 오인하고, 그를 물에 빠뜨려 익사케 한 경우,[1] 또는 대상판결과 같이 피고인이 피해자가 죽은 것으로 오인하고 사체를 감추기 위해 매장하였던바 피해자가 이로 인하여 질식사한 경우가 여기에 해당한다. 원래 개괄적 고의라는 용어는 Weber에 의해 특수한 고의형태로 제시된 개념이나, 오늘날에는 일정한 사례군을 지칭하는 용어로 사용되고 있다. 개괄적 고의사례의 구조적 특수성은 연속된 두 개의 행위에 의하여 결과가 발생하였다는 점에 있다. 그러나 그 두 개의 행위는 완전히 독립된 행위가 아니라 제 2 행위는 행위자가 제 1 행위에 의하여 달성하려고 한 인과과정을 이루고 있다는 점에 특색이 있다. 대상판결은 '개괄적 고의의 사례'에 대한 대법원의 입장을 밝힌 판례라고 평가된다.

Ⅱ. 개괄적 고의사례의 처리

개괄적 고의사례의 형법적 취급에 관하여 학설은 크게 제 1 행위에 대한 기수를 인정하는 기수설과 그 미수를 인정할 뿐인 미수설로 대립되고 있다. 기수설은 다시 그 근거에 관하여 개괄적 고의설, 객관적 귀속설, 주관적(고의) 귀속설 및 인과관계 착오설로 나누어진다. 그리고 객관적 귀속설이나 주관적 귀속설은 경우에 따라 제 1 행위에 대한 미수범을 인정할 뿐인 견해도 있다.

1) BGHSt. 14, 193. 분뇨웅덩이 사건(Jauchegrubenfall)이라고 한다.

1. 기 수 설

(1) 개괄적 고의설

개괄적 고의의 개념을 인정하여 기수책임을 인정하는 견해이다. 즉 개괄적 고의란 결과가 두 개의 부분적 행위에 의하여 이루어졌는데 행위자는 의욕된 결과가 제 1 행위에 의하여 달성된 것으로 믿었으나 사실은 그 행위를 은폐하기 위한 제 2 행위에 의하여 발생한 경우에 두 개의 행위를 하나의 행위로 보아 전체행위를 지배하는 개괄적 고의에 의하여 살인의 고의를 인정하는 것을 말한다. Weber의 개괄적 고의의 개념을 기수 책임을 인정하는 근거로 삼는 견해이다. Welzel이 개괄적 고의의 사례에서「의사가 살해에 향하고 있었다면 피해자의 매장은 전체행위의 비독립적인 부분행위에 불과하므로 살인기수죄가 성립한다」고 한 것도,[1] 개괄적 고의설의 입장이라고 이해되고 있다. 제 1 행위와 제 2 행위는 행위로서의 독자성이 없는 동작에 불과하므로 사회적·형법적 행위표준설에 따라 1개의 행위로 평가할 수 있다는 견해도 같은 입장이라고 볼 수 있다.[2] 다수의 학자들은 대상판결이「전 과정을 개괄적으로 보면 피해자의 살해라는 처음에 예견된 사실은 결국은 실현된 것이다」라고 판시한 것도 개괄적 고의설의 입장이라고 이해하고 있다.[3]

그러나 개괄적 고의설에 대하여는 제 1 행위와 제 2 행위는 살인과 사체유기라는 다른 고의에 의하여 지배된 행위임에도 불구하고 전체를 개괄하는 살인의 고의를 인정하는 것은 고의가 구성요건적 고의임을 무시한 것이며, 나아가 고의의 법치국가적 한계를 벗어났다는 비판을 받고 있다.[4] 사체유기행위에 살인의 고의가 유지되고 있다고 해석하는 것도 옳지 않다.

(2) 객관적 귀속설

개괄적 고의의 사례는 고의의 문제가 아닌 객관적 귀속의 문제라고 해석하는 견해이다. 즉, 구성요건적 결과가 죄적은폐를 위한 제 2 행위에 의하여 야

---

1) Welzel *Das deutsche Strafrecht*, 11. Aufl. S. 74.
2) 임웅 169면. 다만 임웅 교수는 개괄적 고의의 사례는 행위가 1개이므로 인과관계착오설에 따라 해결해야 한다고 한다.
3) 배종대 281면; 임웅 167면; 신동운 판례백선 157면; 이훈동「소위 객괄적 고의의 형법적 취급」, 형사판례의 연구 I, 207면.
4) 이훈동 앞의 글, 207면.

기된 경우에 제 2 행위가 생활경험상 죄적은폐를 위한 전형적 행위인 때에는 객관적 귀속을 인정해야 한다는 것이다.[1] 다만, 개괄적 고의의 사례에서 발생한 결과에 대한 기수를 인정하는 범위는 학자에 따라 차이가 있다. 김일수 교수는 개괄적 고의의 사례의 전형적인 경우에는 제 1 행위에 객관적 귀속을 인정하여 고의기수범의 성립을 인정한다. 다만, ① 행위자가 제 1 행위로 졸도한 피해자가 죽은 줄 알고 매장하러 가다가 교통사고로 피해자가 사망한 경우와 같이 결과를 제 2 행위에 객관적으로 귀속시킬 수 없는 경우, ② 발사한 탄환이 빗나갔음에도 불구하고 죽은 시늉을 하는 피해자를 죽은 줄 알고 바다에 던져 피해자가 익사한 경우와 같이 제 1 행위가 실패한 경우, ③ 피해자가 의식을 잃고 쓰러지자 머리를 물통 속으로 밀어 넣었는데 구조행위를 하다가 효과가 없다고 잘못 판단하여 구조행위를 중단하고 매장하여 질식사한 경우와 같이 결과가 비통상적인 사정에 의하여 유발된 경우에는 결과의 제 1 행위에 대한 귀속이 배제된다고 한다.[2] 이에 반하여 이훈동 교수는 제 1 행위와 제 2 행위의 인과적 기여의 강도를 기준으로 제 1 행위의 기여가 절대적 · 결정적인 경우(치명상을 가한 경우)에는 객관적 귀속이 긍정되지만, 개괄적 고의의 전형적인 사례에 있어서는 제 1 행위의 인과적 기여가 제 2 행위의 결의의 야기에 그치고 결과발생의 발전에 더 이상 기여가 없었던 경우이므로 살인미수와 과실치사의 경합범이 성립할 뿐이라고 해석한다.[3]

생각건대 결과귀속의 기준은 객관적 귀속이론에 의하여 결정해야 하며, 따라서 귀속판단은 행위와 결과 사이에 타인의 행위가 개입된 경우와 관련해서 검토해야 한다. 행위자의 행위 이후에 피해자의 행위가 개입된 경우에는 자기책임의 원칙에 따라 행위자에의 결과귀속이 부정되는 범위가 확대됨에 반하여, 타인의 행위가 개입된 경우에는 위험실현의 원리와 후행자의 고의 또는 중과실여부가 귀속판단의 기준이 된다.[4] 이에 반하여 피고인 스스로의 과실행위가 결합하여 결과가 발생한 경우에는 행위자의 제 1 행위에 의하여 창설된 위험이

1) 김일수/서보학 206면; 이훈동 앞의 글, 221면.
2) 김일수 한국형법 I, 401면. 그러나 결과를 행위자에게 귀속시킬 수 없는 ①의 경우는 개괄적 고의의 사례라고 할 수 없고, ②와 ③의 경우에는 제 1 행위에 대하여 결과귀속을 부정해야 할 이유가 없다고 생각된다.
3) 이훈동 앞의 글, 221면.
4) *supra* 8. 타인행위의 개입과 객관적 귀속 참조.

결과에 실현되었으므로 그 결과를 당연히 피고인에게 귀속시켜야 한다는 점에서 객관적 귀속설에 의하는 경우에는 결과귀속을 긍정하는 것이 타당하다고 생각된다.

객관적 귀속설에 대하여는 개괄적 고의의 사례에서는 객관적 귀속을 인정할 것인가가 아니라 결과발생에 대한 고의를 인정할 수 있는가가 문제되며,[1] 객관적 귀속이 인정되지 않는 경우에는 다시 개괄적 고의의 문제는 검토할 필요가 없음에도 불구하고 이를 다시 객관적 귀속의 문제로 해결하려고 하는 점에 근본적인 난점이 있다고 할 수 있다.

(3) 주관적(고의) 귀속설

객관적 귀속에서 더 나아가 '고의 행위에 대한 귀속'이라는 고의범에 특수한 귀속판단의 단계를 설정하고자 하는 입장이다. 이 입장에서는 객관적 귀속이 인정되는 경우에도 다시 고의기수범에 독특한 독자적 귀속이 필요하다고 한다. 객관적 귀속만으로는 과실범이나 고의미수범에 비하여 무거운 고의기수범의 형벌을 설명할 수 없으므로 다시 고의기수범 독자의 귀속기준이 필요하다는 것을 이유로 한다. Roxin이나 Jakobs 등 독일 학자들에 의해 주장된 이론이다. Roxin은 고의에 대한 귀속요건으로 행위자의 계획이 결과에 실현될 것을 요한다고 한다.[2] 계획실현설에 의하면 기수와 미수의 판단은 제 2 행위에 대한 결의가 원래 있었는가 또는 제 1 행위 이후에 있었는가에 따라 결정되며, 사체유기의 의사가 살해행위 이후에 생긴 경우에는 살인미수와 과실치사의 경합범이 성립한다. 그런데 제 1 행위 시에 살인의 목적으로 행위한 자는 사체를 제거해야 하므로 제 1 행위 시에 이미 제 2 행위를 계획하는 데 반하여, 제 1 행위 시에 살인에 대하여 미필적 고의를 가졌을 뿐인 자는 피해자의 생존도 희망하게 되므로 피해자의 사망 시에 사체를 어떻게 할 것인가에 대하여는 생각하지 않는 것이 일반적이라고 한다.[3] 여기서 Roxin은 행위자가 제 1 행위 시에 목적 내지 의도적 고의를 가진 때는 고의의 기수가 되지만, 미필적 고의를 가졌을 뿐인 때에는 고의의 미수가 된다고 한다.[4] 이에 반하여 Jakobs는 고의가 구성

1) Wessels/Beulke Rn. 262.
2) Roxin AT §12 Rn. 179.
3) Roxin §12 Rn. 180.
4) Roxin 「Gedanken zum dolus generalis」, Würtenberger-FS S. 120, 이재상 역 「개괄적 고

요건실현 위험의 인식이므로 고의에 의한 귀속을 인정하기 위해서는 행위자에 의하여 고의로 설정된 위험이 실현되었을 것을 요한다고 한다.[1] 따라서 개괄적 고의의 사례에서 제 1 행위의 위험이 제 2 행위에 의하여 설정된 위험에 의하여 배제된 때에는 고의범으로서의 결과는 귀속될 수 없지만, 제 2 행위의 위험이 제 1 행위의 위험을 배제하지 않고 그것을 변형하거나 보충하는 데 그친 때에는 결과귀속을 인정해야 한다고 한다.[2]

주관적 귀속설에 대하여는 범죄체계를 지나치게 복잡하게 한다는 비판이 제기된다. 즉, 객관적 귀속에서 출발하여 다시 고의에의 귀속문제를 따져 다시 양자의 관계를 객관적으로 판단하게 하는 것은 범죄체계상 의문이 있을 뿐만 아니라, 객관적 귀속판단에 주관적 요건을 혼입하는 것은 형법을 심정형법화하여 귀속판단의 실천성을 상실케 할 위험이 있다는 것이다.[3]

(4) 인과관계 착오설

개괄적 고의의 사례는 인과관계의 착오의 특수한 경우이므로 인과관계의 착오이론에 의하여 해결하여야 하며, 다만 이 경우의 인과관계의 착오는 본질적이거나 중요하지 않은 경우이므로 행위자에게 살인죄의 기수를 인정할 수 있다고 한다. 즉 인과관계는 객관적 구성요건요소이므로 고의는 인과과정의 본질적 개요를 파악할 것이 요구되는 것은 당연하므로 현실로 진행된 인과과정이 예견된 인과의 진행과 본질적인 차이가 있는 때에는 고의기수가 부정되는데, 어떤 경우에 본질적 차이가 있는가에 대하여는 인식한 인과과정과 현실적 인과의 진행과의 차이가 일반적 생활경험에 의하여 예견할 수 있는 범위 안에 있고 다른 행위로 평가할 수 없는 때에는 본질적인 것이 아니며, 개괄적 고의의 사례는 여기에 해당한다는 것이다. 우리나라의 다수설의 입장이다.[4]

인과관계 착오설에 대하여는, 첫째 현실적인 인과과정의 인식은 고의의 인

의에 대한 고찰」, 형법상의 착오, 231면 이하.

1) Jakobs AT §8 Rn. 64.
2) Jakobs §8 Rn. 78, 79.
3) 이훈동 앞의 글, 215면.
4) 박상기 140면; 배종대 282면; 손해목 324면; 신동운 212면; 안동준 84면; 이재상 182면; 이형국 152면; 정성근/박광민 192면.

식대상이 아니며, 따라서 인과과정의 착오는 실질적으로 볼 때 착오가 아니라 행위 시점에서의 인과예측의 오류에 불과하고,[1] 둘째 개괄적 고의의 특수성은 행위가 둘 이상 있다는 것이 사실인데 살해의 고의를 가지고 제 1 행위를 했다는 사실 때문에 더 이상 살해의 고의가 없고 과실로 행하여진 행위로 야기된 사망을 제 1 행위의 결과라고 할 수는 없으며,[2] 셋째 현실적 인과과정과 행위자의 표상의 어긋남이 본질적일 때 고의가 조각된다면 무죄 또는 과실범이 되어야 할 것인데 미수범이 된다고 하는 것은 착오문제로서의 체계적 지위부여에 의문이 남는다는 비판이 제기된다.[3]

2. 미 수 설

제 1 행위에 의하여 이미 결과가 발생한 것으로 믿고 제 2 행위로 나아간 때에는 발생한 결과에 대한 미수범과 과실범의 경합범이 될 뿐이라는 견해이다.[4] 제 1 행위에 대하여 제 2 행위의 독립성을 인정해야 하고, 두 개의 행위가 하나의 행위로 될 수 없다는 것을 이유로 한다.

미수설에 대하여도, 첫째 두 개의 독립된 행위가 인정된다고 하더라도 고의에 의하여 행하여진 제 1 행위가 제 2 행위의 야기를 매개로 구성요건적 결과를 발생시켰다면 인과관계는 인정되고 그 발생된 결과는 고의의 기수행위로 평가될 수 있으므로 미수라고 하기 위해서는 제 1 행위와 결과발생 사이에 인과관계 및 객관적 귀속이 부정되어야 하는데 이러한 점을 간과하고 있으며,[5] 둘째 고의행위에 연결된 자신의 과실행위에 의하여 결과가 발생하였다는 이유로 과실행위의 독립성을 강조한 나머지 객관적으로 귀속될 수 있는 결과마저 미수범으로 처벌하는 것은 부당하다는 비판이 제기되고 있다.[6]

---

1) 이훈동 앞의 글, 212면.
2) 이용식 「소위 "개괄적 고의"의 형법적 취급」, 형사판례연구 2, 31면.
3) 이훈동 앞의 글, 213면.
4) 오영근 278면; 이용식 앞의 글, 34면.
독일에서 Hettinger, Hruschka, Maiwald 등에 의하여 주장된 이론이다. Hettinger 「Der sog. dolus generalis; Sonderfall eines Irrtums über den Kausalverlauf?」, Spendel-FS S. 246ff, 안경옥 역 「소위 개괄적 고의: 인과관계에 관한 착오의 특수유형인가?」, 형법상의 착오, 255면 이하; Maiwald 「Der dolus generalis; Ein Beitrag zur Lehre von der Zurechnung」, ZStW 78, 30, 정현미 역 「개괄적 고의; 귀속론에의 기여」, 같은 책, 197면 이하 참조.
5) 이훈동 앞의 글, 210면.
6) 이재상 182면.

3. 학설의 검토

개괄적 고의의 사례에서 제 1 행위에 의하여 피해자가 사망하면 살인죄의 기수가 되고 결과가 발생했다고 믿고 제 2 행위로 나아가 제 2 행위에 의하여 결과가 발생한 때에는 미수에 그친다고 해석하는 것은 법감정에 반함은 물론 상식상으로도 납득할 수 없다. 사람을 살해한 후 증거를 인멸하기 위하여 사체라고 생각한 사람을 물에 던지거나 매장하거나 불에 태워버린 모든 행위를 미수라고 결론내리는 것은 누구도 이해할 수 없다. 문제는 제 2 행위로 인하여 발생한 결과를 고의로 행위한 제 1 행위에 귀속시킬 수 있는가에 있다. 객관적 귀속의 기준은 행위 후에 타인의 행위가 개입하여 결과가 발생한 경우와 비교하면 명백해진다. 타인의 행위가 개입하여 결과가 발생한 경우에도 그 행위는 독립된 행위이다. 그러나 타인의 행위가 개입된 경우에도 선행자에 의해 창출된 위험이 결과로 실현되었다면 선행자에게 결과가 귀속되는 것이 원칙이고, 후행자에 의하여 추가위험이 발생한 경우에도 후행자의 고의 또는 중과실에 의한 경우에만 예외적으로 선행자에 대한 결과 귀속이 부정된다. 행위자의 행위가 개입된 때에는 더욱더 결과귀속의 범위가 확대되어야 한다. 후행행위가 과실행위라 하더라도 그 행위는 선행행위의 위험을 증가시켜 결과에 실현되게 하였기 때문이다. 그렇다면 개괄적 고의의 사례에 있어서 발생된 결과는 고의에 의한 제 1 행위에 귀속될 수 있으며, 따라서 미수설은 옳다고 할 수 없다.

기수설 중 개괄적 고의설은, 살인의 고의와 사체유기의 고의를 개괄하는 살인의 개괄적 고의를 인정하여 제 1 행위의 고의를 다른 고의에 의하여 행하여진 제 2 행위까지 확대하는 것이 되어 고의의 구성요건적 관련성 내지 구성요건적 고의의 본질을 무시하는 이론이므로 채택할 수 없다. 주관적 귀속설 역시 범죄체계론적 어려움 이외에도 고의를 계획실현 또는 위험인식이라고 해석하는 전제 자체도 옳다고 할 수 없다. 객관적 귀속설은 개괄적 고의의 문제가 인과관계와 객관적 귀속이 인정되는 경우에 행위자에게 발생된 결과에 대한 고의가 없다는 이유로 미수를 인정해야 할 수 없는가를 검토하는 이론이라는 점을 간과했다고 할 수 있다. 결국 다수설인 인과관계 착오설이 타당하다고 하지 않을 수 없다.

인과관계 착오설에 대한 비판을 검토해 볼 필요가 있다. 먼저 인과과정의 인식이 고의의 대상이 되지 않는다는 비판이다. 인과관계가 사실판단의 문제임에 반하여 객관적 귀속은 규범적 평가의 문제인 것은 사실이다. 그러나 인과과정은 인과관계 또는 객관적 귀속판단의 전제가 되는 구체적·현실적 사실을 의미한다. 인과관계와 객관적 귀속이 객관적 구성요건의 단계에서 검토해야 할 구성요건요소인 이상 그것이 고의의 대상이 되어야 하는 것은 당연하다. 다만, 신이 아닌 인간이 구체적인 인과의 진행을 자세히 아는 것은 불가능하기 때문에 이에 대한 인식은 '대체로' 또는 '본질적인 점'을 인식하는 것으로 족한 것이다. 둘째, 개괄적 고의의 경우에 행위가 둘 이상 있는데 과실로 행하여진 행위로 야기된 사망을 고의로 행위한 제1행위의 결과라고 할 수는 없다는 비판이다. 그러나 개괄적 고의의 사례에서 제1행위와 제2행위는 두 개의 행위라고 할지라도 완전히 독립된 행위가 아니라 서로 관련된 행위이며, 제2행위에 의하여 결과가 발생한 경우에도 결과를 제1행위에 귀속시킬 수 있는 경우이다. 셋째, 현실적 인과과정과 행위자의 표상의 어긋남이 본질적일 때 고의가 조각되면 무죄 또는 과실범이 되지 않고 미수범이 된다고 하는 것은 발생된 결과에 대한 고의를 조각하기 때문이며, 따라서 고의범의 기수는 되지 않지만 미수범과 과실범의 성립에는 영향이 없다. 결국, 개괄적 고의의 사례는 인과관계 착오설에 의하여 인과관계의 착오가 중요하지 않기 때문에 고의범의 기수가 성립한다고 해석할 수밖에 없다.

Ⅲ. 대상판결의 검토

대상판결에서 대법원은 「전 과정을 개괄적으로 보면 피해자의 살해라는 처음에 예견된 사실은 결국은 실현된 것이므로 피고인들은 살인죄의 죄책을 면할 수 없다」고 판시하였다. 대법원이 기수설을 취한 것은 명백하다. 다만 대법원이 어떤 이론적 근거에서 살인죄의 기수를 인정하였는가는 분명하지 않다. 대상판결이 개괄적 고의설의 입장이라고 해석한 학자들은 대법원이 「학설사의 창고로 사라진 개괄적 고의이론을 다시 꺼내어 살인기수죄의 책임을 묻는 근거로 사용하였다」거나,[1] 「고의의 고물상을 뒤적거려 다시 개괄적 고의를 사안해결의 실마리로 삼은 것은 의문이다」라고 혹평하고 있다.[2] 그러나 '전과정을 개괄적으로 보면'이라는 표현만으로 대법원이 전체 행위를 하나의 행위로 평가했다거나 전체 과정을 지배하는 개괄적 고의 때문에 살인죄의 기수가 성립한다고 판시했다고는 해석할 수 없다. 오히려 「전 과정을 개괄적으로 보면 피해자의 살해라는 처음에 예견된 사실은 결국은 실현된 것이다」라는 표현은 현실로 진행된 인과과정이 예견된 인과의 진행과 일치하지 않지만 그 차이가 본질적인 것이거나 중요한 것이 아니기 때문에 고의가 조각되지 않는다는 의미로 해석할 여지도 있다. 이러한 의미에서 대상판결은 개괄적 고의의 사례에 인과관계 착오설에 의하여 살인죄의 기수를 인정한 것으로 판례의 태도는 타당하다고 생각한다.

1) 신동운 판례백선 157면.
2) 이훈동 앞의 글, 208면.

11. 소위 개괄적 과실의 처리

[대상판결]

대법원 1994. 11. 4. 94도2361

1. 사실의 개요

피고인은 내연관계에 있는 피해자와 함께 호텔에 투숙한 다음 피해자를 마구 구타하여 우측 흉골 골절 및 우측 늑골 골절상과 이로 인한 우측 심장벽 좌상과 심낭내 출혈 등의 상해를 가함으로써, 피해자는 바닥에 쓰러진 채 정신을 잃고 빈사상태에 빠졌다. 피고인은 피해자가 사망한 것으로 오인하고 피고인의 위와 같은 행위를 은폐하고 피해자가 자살한 것처럼 가장하기 위하여, 피해자를 베란다로 옮긴 후 베란다 밑 약 13미터 아래의 바닥으로 떨어뜨렸다. 피해자는 추락 시에 입은 좌측 측두부 분쇄함몰골절에 의한 뇌손상 및 뇌출혈 등으로 현장에서 사망하였다.

2. 사건의 경과

제 1 심은 피고인에게 상해치사죄를 인정하였다. 이에 대하여 검사는 단순히 피해자가 쓰러져 정신을 잃고 있는 것을 보고 자살로 가장하기 위하여 피해자를 베란다 밑으로 던진 피고인의 행위는 최소한 피고인에게 당시 피해자가 살아 있을 수도 있다는 인식을 배제할 수 없어 살인의 미필적 고의가 있었다고 볼 수 있다는 이유로, 변호인은 결과적 가중범인 상해치사죄에서 사망이라는 중한 결과는 기본행위에 의하여서 야기되어야 하는데, 가사 피고인이 피해자가 사망한 것으로 오인하여 피해자를 베란다 아래로 던져 사망케 하였다고 하더라도, 결과적 가중범에 있어 과실은 기본적 구성요건의 실행 시에 존재하여야 하고 그 후의 과실에 의하여 사람을 사망에 이르게 하였다면 이는 결과적 가중범으로 의율될 수 없고 과실치사죄로 의율해야 할 것이라는 이유로 각 항소하였다.

이에 대하여 원심은 피고인이 피해자를 베란다에서 떨어뜨리기 전에 이미 치명상을 입힘으로써 빨리 병원에 후송하여 적절한 치료를 받게 하지 않으면 사망하게 될 상태에 놓이게 하였으므로 피고인으로서는 피해자를 빨리 병원에 옮겨 치료를 받게 하여야 할 의무가 있음에도 불구하고 오히려 피해자가 자살한 것으로 위장하기 위해 베란다로 끌고 가 떨어뜨림으로써 결국 사망케 한 일련의 행위를 포괄적으로 파악하여 상해치사죄로 의율한 제 1 심의 판단은 정당하고 제 1 심판결에 결과적 가중범으로서의 상해치사죄의 법리를 오해한 위법이 없다고 판시하였다.

원심판결에 대하여 변호인이 상고하였다. 상고이유는 피고인이 피해자에게 상해를 가하고 나아가 빈사상태에 빠진 피해자를 사망한 것으로 오인한 나머지 추락시켜 사망에 이르게 하였다 할지라도 두 개의 행위를 포괄하여 일죄로 볼 수는 없고, 피고인의 제 2 행위에 의하여 인과관계가 중단되었으므로 상해치사죄로 의율할 것이 아니라 상해죄와 과실치사죄의 경합범이 되어야 한다는 점에 있었다.

3. 판결요지

피고인이 1993. 10. 3. 01:50경 피해자와 함께 낙산비치호텔 325호실에 투숙한 다음 손으로 피해자의 뺨을 수회 때리고 머리를 벽쪽으로 밀어 붙이며 붙잡고 방바닥을 뒹구는 등 하다가 피해자의 어깨를 잡아 밀치고 손으로 우측 가슴부위를 수회 때리고 멱살을 잡아 피해자의 머리를 벽에 수회 부딪치게 하고 바닥에 넘어진 피해자의 우측 가슴부위를 수회 때리고 밟아서 피해자에게 우측 흉골 골절 및 우측 제2, 3, 4, 5, 6번 늑골 골절상과 이로 인한 우측심장벽 좌상과 심낭내출혈 등의 상해를 가함으로써, 피해자가 바닥에 쓰러진 채 정신을 잃고 빈사상태에 빠지자, 피해자가 사망한 것으로 오인하고 피고인의 위와 같은 행위를 은폐하고 피해자가 자살한 것처럼 가장하기 위하여, 같은 날 03:10경 피해자를 베란다로 옮긴 후 베란다 밑 약 13미터 아래의 바닥으로 떨어뜨려 피해자로 하여금 현장에서 좌측 측두부 분쇄함몰골절에 의한 뇌손상 및 뇌출혈 등으로 사망에 이르게 하였다면, 피고인의 판시 소위는 포괄하여 단일의 상해치사죄에 해당한다고 할 것이므로 이와 같은 취지의 원심판단은 정당하고, 원심판결에 소론과 같은 결과적 가중범, 인과관계 및 포괄일죄 등에 관한 법리를 오해한 위법이 있다고 볼 수 없다.

[판례의 연구]

Ⅰ. 개괄적 과실의 의의

소위 개괄적 과실(culpa generalis)이란 과실범이나 결과적 가중범에서 발생한 결과가 제 1 의 과실행위(과실범) 또는 제 1 의 고의행위(결과적 가중범)에 의하여 직접 야기된 것이 아니라 제 2 의 과실행위에 의하여 야기된 사안을 말한다. 개괄적 고의의 사례와 행위결합의 외적 형태에 있어서 유사하다는 점에서 이를 개괄적 과실이라고 한다.[1] 그러나 개괄적 고의(dolus generalis)가 행위자는 일정한 행위를 통해 구성요건적 결과를 발생시키려 하였으나, 그의 생각과는 달리 연속된 다른 행위에 의하여 결과가 발생한 경우에 발생된 결과를 행위자의 고의행위에 귀속시킬 수 있느냐의 문제임에 반하여, 개괄적 과실에 있어서는 발생한 결과가 행위자가 원래 의도하였던 결과가 아니며, 따라서 고의의 기수범을 인정할 수 있는가의 문제가 아닌 점에서 양자는 서로 구별된다.

개괄적 과실에는 통상 두 가지 유형의 사례가 제시되고 있다. 첫째는 과실범에 있어서의 결과가 행위자의 고의 없는 제 2 행위에 의하여 야기된 경우이다. 예컨대 교통사고로 피해자를 역과한 운전자가 피해자가 사망한 것으로 오인하고 사체를 물에 빠트려 익사케 한 경우가 여기에 해당한다. 둘째는 결과적 가중범의 중한 결과가 행위자의 고의 없는 제 2 행위에 의하여 야기된 경우이다. 예컨대 상해의 고의로 피해자를 타격하여 가사상태에 빠지자 그가 사망한 것으로 오인하고 물에 던져 익사케 하거나 자살로 가장하기 위하여 고층빌딩에서 던져 추락사하게 한 경우이다. 이 경우에 행위자에게 한 개의 결과적 가중범인 상해치사죄가 성립하는가 또는 상해죄와 과실치사죄의 경합범이 성립

---

1) Culpa generalis라는 용어는 Burgstaller가 직접 결과를 야기한 행위가 과실행위인 경우에도 제 1 행위와 통일적으로 파악하여 통일적으로 귀속시킬 수 있다는 점에서 개괄적 고의에 대응하여 사용한데서 유래한다. Burgstaller *Das Fahrlässigkeitsdelikt im Strafrecht*, S. 124. 독일에서는 Schroeder, Vogel 등에 의하여 사용되고 있다. Vogel LK § 18 Rn. 33; Schroeder LK[11] § 16 Rn. 32, § 18 Rn. 17.

하는가는 행위자에 대한 처벌의 정도에 있어서 큰 차이가 있다. 다만, 이 유형의 개괄적 과실에 있어서는 전체과정을 개괄하는 하나의 과실행위가 문제되는 것이 아니라 결과적 가중범의 성립여부가 쟁점이 된다는 점에서 개괄적 과실이론의 문제라기보다는 결과적 가중범의 귀속척도의 문제가 된다고 할 수 있다. 대상판결은 바로 제 2 유형의 개괄적 과실의 사례에서 결과적 가중범인 상해치사죄가 성립할 수 있는가에 대한 대법원의 태도를 밝힌 판결이다.

Ⅱ. 결과적 가중범의 귀속기준

1. 문제의 제기

결과적 가중범이 성립하기 위해서는 중한 결과에 대한 예견가능성과 기본범죄와 중한 결과 사이의 인과관계 이외에 기본범죄에 내포된 전형적 위험이 실현되어 중한 결과가 실현되어야 한다. 결과적 가중범에 있어서 기본범죄는 중한 결과를 야기할 수 있는 일반적 경향이 있는 범죄에 제한되어 있고, 중한 결과가 기본적인 범죄에 내포된 전형적인 위험이 실현된 것에 지나지 않는다는 점에서 결과적 가중범에 대한 중한 형을 정당화할 수 있기 때문이다. 따라서 독일의 통설과 판례는 결과적 가중범의 결과귀속을 위해서 직접성의 원칙(Unmittelbarkeitszusammenhang)을 요구하고 기본범죄에 전형적인 위험연관(tatbesandstypische Gefahrzusammenhang) 또는 특수한 위험실현연관(spezifischer Gefahrverwirklichungszusammenhang)을 필요로 한다고 하고 있고, 우리나라의 통설도 직접성의 원칙을 결과적 가중범의 특수한 귀속척도로 삼고 있다.[1] 직접성의 원칙은 기본범죄에 고유한 위험이 창설되고 그 위험이 결과에 실현되어야 결과적 가중범이 성립한다는 규범의 의의와 본질에서 유래하는 귀속척도이다. 따라서 중한 결과가 제 3 자의 개입 또는 피해자 자신의 행위에 의하여 발생한 경우에는 기본범죄에 고유한 위험이 결과에 실현되었다고 할 수 없기 때문에 결과적 가중범은 성립할 여지가 없게 된다. 개괄적 과실의 사례에서 결과적 가중범이 성립하는가를 검토하기 위해서는 결과적 가중범의 귀속기준인

1) 김일수/서보학 472면; 박상기 293면; 배종대 693면; 이재상 204면; 임웅 515면; 정성근/박광민 440면.

직접성의 원칙이 어느 정도까지 요구되고, 또 이 경우에 직접성의 원칙을 충족할 수 있는가를 검토해 볼 필요가 있다.

2. 독일의 판례와 학설

(1) 판례의 태도

독일의 연방법원은 종래 상해치사죄에 관하여는 직접성의 원칙을 엄격히 적용하였다. 따라서 피고인이 가정부를 때려 상처를 입힌 후 칼을 들고 추격하자 피해자가 창문을 통해 발코니로 뛰어내리다가 사망한 사건에서 피해자의 행위에 의하여 사망의 결과가 발생한 경우에는 상해치사죄를 적용할 수 없다고 판시하였고,[1] 피해자의 자기책임으로 인하여 사망의 결과가 발생한 경우에는 결과적 가중범은 성립하지 않는다고 하였다.[2] 다만, 피고인이 고층 방에서 피해자에게 돈 있는 곳을 말하라고 심하게 폭행을 하자 피해자가 한순간 창문 앞에 서 있다가 또 있을 폭행에 대한 심한 두려움 때문에 창문을 통해 뛰어내려 사망한 사건에서는 폭행에 기초한 피해자의 정신상태의 침해로 상해와 사망의 결과가 결합하여 그 위험이 피해자의 사망으로 실현되었다는 이유로 상해치사죄의 성립을 인정하였다.[3] 이에 반하여 감금죄나 약취·유인죄 등의 자유에 대한 죄에 있어서는 연방법원도 직접성의 원칙을 적용하지 않는 경향을 보이고 있다. 즉 피고인이 부녀를 차에 태우고 질주하는 도중 피해자가 문을 열고 도주하려다가 추락사한 사건에서 연방법원은 피해자가 직접 감금상태에서 탈출하기 위한 시도에서 발생한 사망도 감금에 의하여 야기된 것이므로 감금치사죄에 해당한다고 판시하였다.[4] 이들 구성요건에서는 폭력행위로 인한 결과뿐만 아니라 감금상태에서 간접적으로 야기된 전형적인 위험도 가중의 근거가 되기 때문이라고 한다. 연방법원은 또한 강도피해자가 범인의 추격에 도망하다가 넘어져 사망한 사건에서도 강도치사죄의 성립을 인정하여,[5] 자유에 대한 죄에 있어서는 직접성의 원칙의 적용을 부정하였다고 할 수 있다. 그러나

1) BGHSt. NJW 1971, 152(Rötzelfall).
2) BGHSt. NStZ 2001, 29.
3) BGHSt. NJW 1992, 1708(Fenstersturzfall).
4) BGHSt. 19, 382(Autosturzfall).
5) BGHSt. 22, 362(Nacheilefall).

최근 독일 연방법원은 직접성의 원칙을 무시하거나 거부하는 경향을 보이고 있다고 한다.[1] 연방법원은 상해의 피해자가 높은 의자에서 넘어져 골절상을 입었으나 의사의 치료 잘못으로 인하여 색전증으로 사망한 경우에도 상해치사죄의 성립을 인정하였고,[2] 은행강도가 지점장을 인질로 삼아 자동차로 도주하면서 경찰관이 추격하면 인질을 살해하겠다고 통지하였는데 경찰관이 인질을 구하기 위해 발사하여 인질이 사망한 사건에서도 인질치사죄의 성립을 인정하였다.[3] 강제상황을 제거하기 위한 대응조치에서 발생한 인질의 생명에 대한 위험은 기본적 구성요건의 실현과 전형적으로 결합된 특수한 구성요건적 위험에 속하기 때문이라고 한다.

(2) 학설의 경향

독일의 학설은 일반적으로 결과적 가중범의 특수한 귀속척도로 직접성의 원칙을 긍정하고 있다. 예컨대 Jescheck는 결과적 가중범에 있어서 중한 결과는 기본범죄에 포함된 특수한 위험이 결과로 실현된 경우에만 객관적으로 귀속될 수 있고, 여기서는 시간적 직접성이 문제되는 것이 아니라 행위에 전형적으로 결합된 위험이 실현되었는가가 기준이 된다고 하고 있고,[4] Rudolphi는 결과적 가중범에 있어서는 일반적 귀속요건 이외에 고의에 의한 기본범죄와 결과 사이의 특수한 연관을 요구한다고 하고,[5] Roxin도 기본범죄의 전형적인 위험에서 발생한 결과에 대해서만 결과적 가중범의 구성요건을 적용하는 것이 법률의 목적에 적합하며, 이러한 결과만 결과적 가중범의 보호목적이라고 하였다.[6] 이에 반하여 직접성의 원칙의 적용범위는 구성요건에 따라 구별해야 한다는 견해도 있다. 예컨대 Schroeder는 피해자가 도피하다가 발생한 결과는 기본행위로 인하여 발생한 결과가 아니라 행위자의 앞으로의 행위에 대한 두려움에 근거한 것이므로 감금죄와 강간죄에 있어서는 결과적 가중범이 성립하지만, 다른 범죄에서는 그 결과가 될 수 없다고 하며,[7] Vogel은 기본범죄의 결

1) Roxin AT §10 Rn. 113.
2) BGHSt. 31, 96(Hochsitzfall).
3) BGHSt. 33, 322(Rettungsschussfall).
4) Jescheck/Weigend S. 289.
5) Rudolphi SK §18 Rn. 3.
6) Roxin §10 Rn. 114.
7) Schroeder LK[11] §18 Rn. 18.

과로 피해자가 자유롭게 행위할 수 없었거나 기본범죄와 여기서 발생한 위험상황이 계속되고 피해자가 구조를 요구하거나 방어하려다가 사망한 때에는 결과적 가중범이 성립할 수 있다고 한다.[1] Kindhäuser도 행위자가 발생시킨 위험상태에서 피해자 또는 제 3 자의 반응은 위험연관을 제거하는 것이 아니므로 피해자가 도주하려다가 사망한 때에도 감금치사죄가 성립하지만 피해자가 위험한 방법으로 도주하는 것은 경미한 상해에 대한 전형적 위험이 아니므로 직접연관을 결한다고 한다.[2] 직접성의 원칙을 결과적 가중범의 귀속척도로 요구하고 있는 견해도 그 적용범위가 구성요건에 따라 다르다는 점에는 견해를 같이하고 있다.[3]

3. 우리 판례의 태도

판례는 다수설과는 달리 결과적 가중범에 있어서의 직접성의 원칙도 일관하여 상당인과관계의 문제로 해결하고 있다. 대법원은 피해자가 폭행 또는 상해를 피하려다가 사망한 경우에도 상해치사죄 또는 폭행치사죄의 성립을 인정하고 있다. 즉 대법원은 피해자가 상해행위를 피하려고 하다가 차량에 치어 사망한 경우에 상해행위와 피해자의 사망 사이에 상당인과관계가 있다는 이유로 상해치사죄의 성립을 인정하였고,[4] 피고인들이 피해자를 폭행하여 당구장 3층 화장실에 숨어 있던 피해자를 다시 폭행하려고 피고인 1은 화장실을 지키고 피고인 2는 당구치는 기구로 문을 내리쳐 부수자 위협을 느낀 피해자가 화장실 창문 밖으로 숨으려다가 실족하여 사망한 경우에 피고인들의 폭행행위와 피해자의 사망 사이에 인과관계가 있다고 하여 폭행치사죄의 성립을 긍정하였다.[5] 감금치사죄와 강간치사죄에 관하여도 같다. 즉 대법원은 「승용차로 피해자를 가로막아 승차하게 한 후 피해자의 하차 요구를 무시한 채 당초 목적지가 아닌 다른 장소를 향하여 시속 약 60km 내지 70km의 속도로 진행하여 피해자를 차량에서 내리지 못하게 한 행위는 감금죄에 해당하고, 피해자가 그와 같은

Hardtung MK §18 Rn. 49도 같은 입장이다.

1) Vogel LK §18 Rn. 38.
2) Kindhäuser AT §34 Rn. 8.
3) Rudolphi SK §18 Rn. 3; Roxin §10 Rn. 114.
4) 대법원 1996. 5. 10. 96도529.
5) 대법원 1990. 10. 16. 90도1786.

감금상태를 벗어날 목적으로 차량을 빠져 나오려다가 길바닥에 떨어져 상해를 입고 그 결과 사망에 이르렀다면 감금행위와 피해자의 사망 사이에는 상당인과관계가 있다고 할 것이므로 감금치사죄에 해당한다」고 판시하였고,[1] 피고인이 자신이 경영하는 속셈학원의 강사로 채용한 피해자를 호텔 객실에 감금한 후 강간하려 하자, 피해자가 완강히 반항하던 중 객실 창문을 통해 탈출하려다가 지상에 추락하여 사망한 사안에서, 「피고인의 강간미수행위와 피해자의 사망과의 사이에 상당인과관계가 있으므로 강간치사죄가 성립한다」고 판시하였다.[2]

Ⅲ. 개괄적 과실의 처리

1. 독일의 판례와 학설

(1) 독일 판례의 태도

독일의 판례는 일찍부터 개괄적 과실의 사안에 대하여 결과적 가중범의 성립을 부정한 것이 일반적이다. 이에 관한 독일 판례로 다음과 같은 판결이 있다.

1) BGH NJW 1955, 1327; NStZ 1999, 170 피고인은 강간이 미수에 그쳤음에도 불구하고 피해자인 여자아이가 계속 소리를 지르며 울자 이를 그치게 하려고 입을 막고 목을 졸랐는데 축 늘어지므로 사망한 것으로 오인하고 냇물에 빠뜨려 사망에 이르게 하였다. 이에 대하여 독일 연방법원은 피고인이 목을 조를 때 피해자가 익사할 것에 대한 예견가능성이 없었다는 이유로 강간치사죄를 인정한 원심을 파기하고 강간미수와 과실치사죄의 경합범으로 의율하였다.

2) BGHSt. 10, 208(1957) 치과의사인 피고인은 폭행과 상해를 가하여 의식을 잃은 부인을 사망한 것으로 오인하고 죄적을 인멸할 목적으로 부인이 타고 있던 승용차에 불을 질러 부인을 소사케 하였다. 연방법원은 피고인을 위험한 상해와 과실치사죄의 경합범으로 의율한 원심판결을 인용하였다. 다만, 이 사안에서는 불을 놓을 당시 피고인에게 살인에 대한 미필적 고의를 인정할 수 있는지 여부가 주로 문제되었으며, 상해치사죄의 성립여부는 문제되지 않았다.

1) 대법원 2000. 2. 11. 99도5286.
2) 대법원 1995. 5. 12. 95도425.

3) BGH StRV 1993, 75 피고인이 상해를 가한 피해자가 사망한 것으로 오인하고 자살을 가장하기 위해 허리띠로 목을 매어 피해자가 이로 인하여 질식사한 사건이다. 연방법원은 이 사건에서도 상해치사죄가 아니라 상해죄와 과실치사죄의 경합범이 성립한다고 판시하였다.

4) BGH StRV 1998, 204 피고인이 상해를 가한 피해자가 죽었다고 오인하고 강물에 던져 피해자가 익사한 사건에서 연방법원은 상해죄와 과실치사죄의 경합범을 인정하였다. 이 사건의 판결에서 연방법원은 상해에 이은 사망의 결과가 행위자에 의하여 야기되었는가 피해자 또는 제 3 자에 의하여 직접 야기되었는가가 문제가 아니라 행위자에 의하여 범해진 상해에 고유한 피해자의 생명에 대한 위험이 실현되었는가가 기준이 된다고 판시함으로써, 직접성의 원칙을 적용하였다.

5) BGH NStZ 1992, 333 피고인이 피해자의 머리를 몽둥이로 때려 의식을 잃자 그가 죽은 것으로 생각했는데, 피고인의 조카가 이 말을 듣고 자살을 가장하기 위해 문 꺽쇠에 피해자의 목을 매달아 질식사에 이르게 한 경우에 상해치사죄의 성립을 긍정하였다.

(2) 학설의 경향

학설은 일반적으로 개괄적 과실의 사례에서 직접관계가 결여되었다는 이유로 결과적 가중범의 성립을 부정하고 있다. 예컨대 Rudolphi는 결과적 가중범을 인정하기 위해서는 고의의 기본범죄와 중한 결과 사이에 일반적 귀속의 조건을 능가하는 '특별한 관계'가 존재해야 한다고 한다. 따라서 개괄적 과실 사안인 BGH NJW 1955, 1327에서 피해자의 사망이 강간의 목적으로 행한 폭력에 의한 것이 아니라 피해자가 사망한 것으로 오인하고 냇물에 빠뜨려서 익사한 경우에 기본행위에 내재한 행위반가치와 발생한 중한 결과 사이에는 연결관계가 없기 때문에 강간치사죄가 성립하지 않는다고 판시한 것은 타당하다고 했고,[1] Roxin도 연방법원의 책임을 제한하는 방향이 근본적으로 타당하다고 했다.[2] Jakobs는 결과적 가중범은 피해자의 이익에 대한 고의의 침해가 양적으로 증가된 양적 착오(Quantitätsirrtum)라고 보고, 이 경우에 가중의 근거는

1) Rudolphi SK § 18 Rn. 3.
2) Roxin § 10 Rn. 114.

기본범죄에서 실현된 위험이 양적으로 제어할 수 없는 위험, 즉 의미 있는 위험이라는 점에 있다고 했다. 따라서 위험의 존재에서 독립한 위험은 기본범죄와 우연히 결합된 것에 불과하므로 여기에 해당하지 않는다고 한다. 다만, 이익에 대한 공격이 전형적으로 같은 이익에 대한 제어할 수 없는 새로운 위험을 초래하는 경우(예컨대 감금치사죄) 또는 필연적인 것은 아니지만 자주 결부되는 제어할 수 없는 위험을 초래하는 경우(방화치사죄)에는 결과적 가중범이 성립한다고 한다.[1)] Jakobs는 개괄적 과실의 사례에서 결과적 가중범이 성립하는가에 대하여 명백히 설명하지는 않는다. 그러나 감금치사죄와 같은 특수한 경우를 제외하고 법익에 대한 침해가 양적 착오의 범위를 넘는 때에는 결과적 가중범의 성립을 부정하는 것으로 볼 수 있다.

이에 반하여 Schroeder와 Burgstaller는 개괄적 과실의 경우에도 원칙적으로 결과적 가중범의 성립을 긍정한다. Schroeder는 인과과정의 착오에 관하여 결정적인 것은 현실적인 경과와 행위자의 인식의 차이의 정도가 아니라 행위자에게 인식된 행위의 구체적 결과적합성(Erfolgstauglichkeit)이며, 고의와 과실의 대상도 본질적인 형태에서의 인과과정이 아니라 결과야기에 대한 행위의 구체적 적합성이라는 점에서 출발한다.[2)] 따라서 그는 개괄적 고의의 사례에서 제 1 행위가 결과발생에 구체적으로 적합한 경우, 즉 피해자가 이미 치명상을 입은 경우에는 물에 빠뜨리거나 매장하여 사망이 빨라진 것도 고의를 조각하지 않고 고의 없이 발생한 중한 결과가 기본행위에 귀속될 수 있지만, 제 1 행위가 결과에 구체적 적합성이 없는 때에는 행위 시에 고의를 인정할 수 없고, 개괄적 과실의 경우에도 같은 이론이 적용된다고 하였다.[3)] Burgstaller는 개괄적 과실의 경우에 개괄적 고의에 있어서와 같이 전체를 하나로 파악하여 통일적으로 귀속시킬 수 없고, 이 경우에는 사고야기자의 제 2 행위가 경과실인가 또는 중과실인가의 문제가 아니라 제 2 행위가 사고와 밀접하게 결합되어 있어 특수한 사고위험이 실현된 것으로 파악할 수 있는가가 기준이 된다고 한다. 따라서 사고야기자가 사고 직후에 피해자를 '사망한 것으로 오인하고' 땅에 파묻

1) Jakobs AT §9 Rn. 35, 36.
2) Schroeder LK[11] §16 Rn. 29.
3) Schroeder Rn. 31, 32.

어서 질식, 사망에 이르게 한 경우에는 사고의 야기와 결과 사이에 위험관계를 인정하는 데 어려움이 없으므로 결과적 가중범이 성립하지만, 사고위험과 제 2 행위 사이의 긴밀한 연관이 인정되지 않을 때에는 결과를 기본행위에 귀속시킬 수 없다고 하였다.[1)]

2. 우리나라의 학설

개괄적 과실의 사안에서 결과적 가중범이 성립하는가에 관하여 부정설은 제 2 행위로 발생한 결과를 제 1 행위에 귀속시켜 결과적 가중범의 성립을 인정할 것인가는 결과적 가중범의 귀속기준인 직접성의 문제로 보고, 제 1 행위와 제 2 행위 사이의 필연적 연결과정이 없다는 이유로 결과적 가중범의 성립을 부정한다. 장영민 교수는 직접성의 요건은 기본행위가 창출한 기본적 위험이 결과에서 실현되었을 것을 요구하는데, 기본행위와 제 2 의 과실행위 사이의 필연적 연결관계를 파악하는 데 있어서는 Jakobs의 기준에 따라 기본행위가 창출한 위험이 제어불능하게 중한 위험으로 발전하여 창출된 위험과 동일한 위험이 결과에서 실현되었을 것을 요구하며, 이 사건에서 상해에서 창출된 것과 동일한 위험이 추락사에 의하여 실현되었다고 보기 어려우므로 제 2 행위는 제 1 행위의 직접적 결과라고 할 수 없다고 한다.[2)] 조상제 교수도 구타행위에 내포된 위험과는 별도의 독립과정인 추락으로 인한 뇌손상이 사망의 직접 원인이 되었으므로 위험실현관계가 부정되며, 최초위험과 후속위험의 단절을 이유로 각각의 행위에 대한 범죄성립을 논해야 하고, 따라서 상해죄와 과실치사죄의 경합범이 성립한다고 해석하고 있다.[3)] 이에 반하여 손동권 교수는 개괄적 과실의 사안에서 제 2 행위는 제 1 행위에 따른 착오에 직접적으로 기인하였고, 중한 결과는 또다시 제 2 행위에 직접적으로 기인하였으므로, 전체적으로 기본범죄행위와 가중된 결과 사이에도 직접성을 긍정하는 것이 합리적이라고 본다는 이유로 상해치사죄의 성립을 긍정하고 있다.[4)]

1) Burgstaller S. 125.
2) 장영민 「개괄적 과실?」, 형사판례의 연구 I, 240면.
3) 조상제 「개괄적 과실사례의 결과귀속」, 형사판례연구 10, 78~79면.
4) 손동권 「소위 개괄적 고의와 개괄적 과실」(고시계 2001. 6), 187면.

Ⅳ. 대상판결의 검토

결과적 가중범이 성립하기 위해서는 기본범죄에 대한 고의 이외에 중한 결과에 대한 과실과 기본범죄와 중한 결과 사이의 인과관계 이외에 객관적 귀속이 인정되어야 하며, 결과적 가중범에 독특한 귀속기준이 바로 기본범죄에 전형적인 특수한 위험이 결과에 실현되었을 것을 요구하는 직접성의 원칙이다. 그리고 직접성의 원칙을 엄격히 적용할 때에는 대상판결의 사안에서는 상해죄와 과실치사죄의 경합범이 성립하게 된다. 그러나 위험실현이라는 일반적 귀속원칙 이외에 직접성의 원칙을 어느 정도까지 요구해야 할 것인가는 쉽게 해결할 수 없는 문제이다. 독일의 판례는 직접성의 원칙을 결과적 가중범의 귀속기준으로 요구하면서도 감금치사죄와 강간치사죄와 같은 자유에 대한 죄에 있어서는 오히려 이를 포기하는 경향을 보이고 있고, 학설 또한 위험연관 내지 직접성을 요구하는 정도는 범죄에 따라서 다르다고 해석하고 있다. 우리나라의 판례 또한 감금치사죄나 강간치사죄뿐만 아니라 상해치사죄에 있어서도 피해자의 행위가 개입하여 결과가 발생한 때에도 결과적 가중범의 성립을 긍정하고 있는 점은 앞에서 살펴본 바와 같다. 여기서 대상판결과 같은 개괄적 과실의 사안에서 결과적 가중범인 상해치사죄의 성립을 인정할 필요가 있는가, 있다면 그 인정근거를 어떻게 설명할 것인가를 검토할 필요가 있다.

1. 상해치사죄 인정의 필요성

먼저 대상판결의 소위 개괄적 과실의 사례에서 상해치사죄의 성립을 부정하고 상해죄와 과실치사죄의 경합범을 인정하는 경우에는 상해행위를 한 후에 피해자가 그냥 죽으면 상해치사죄가 성립하는 데 반하여, 같은 상해행위를 한 후 피해자가 죽었다고 생각하고 물에 던져서 익사하게 하거나 매장하여 질식사하게 한 때에는 상해죄와 과실치사죄의 경합범이 성립하는 데 불과하여 극심한 처벌의 불균형이 생긴다는 점에 문제가 있다. 특히 형법개정으로 자유형의 상한이 30년(가중하는 경우는 50년)까지로 장기화됨에 따라 상해치사죄의법정형이 3년 이상 30년 이하의 징역형임에 반하여 상해죄와 과실치사죄의 경합범일 때에는 9년 이하의 징역형 또는 벌금형이 되어 불균형의 정도는 더욱 더 커지게 되었다. 상해하여 그냥 두었다가 피해자가 사망한 때보다 다시 죽이는 행위를 한 경우를 비교할 수 없을 정도로 가볍게 처벌한다면, 법은 상해해서 피해자의 생명이 위험한 상태에 이르도록 한 행위자에게 피해자를 죽음에 이르게 하는 행위를 하라고 명령하는 것이라고 보아야 한다. 이러한 형사정책이나 그 근거가 된 법률해석이 허용될 수 없음은 당연하며, 따라서 개괄적 과실의 경우에도 결과적 가중범의 성립을 인정할 필요성이 있다는 점을 부정할 수는 없다.

2. 상해치사죄의 인정근거

상해치사죄의 성립을 인정할 필요가 있다고 하더라도 여기서는 귀속이론에 따라 발생한 결과를 직접 상해행위에 귀속시킬 수 있어야 한다. 먼저 중한 결과의 직접성이 기본범죄의 행위와 결과 사이에 인정되어야 하는가 또는 기본범죄의 결과와의 사이에 인정되어야 하는가에 관하여는 행위표준설과 결과표준설이 대립되고 있다. 중한 결과가 기본범죄의 결과에서 직접 발생할 것을 요구할 때에는 상해치사죄가 성립하기 위해서는 기본범죄가 치명상을 가하였을 것을 요구하고 따라서 기본범죄가 기수에 이른 때에만 결과적 가중범이 성립할 수 있게 된다. 치명상설(Letalitätstheorie)이라고도 한다. 그러나 결과가 행위의 산물임에도 불구하고 행위에 전형적인 위험을 고려하지 않는 것은 부당하다고 할 것이므로 중한 결과는 기본범죄의 결과에서 발생한 것임을 요하지 않고 그 행위에서 발생하면 족하다고 해석하지 않을 수 없다. 이 경우에 직접성의 원칙을 판단함에 있어서는 중한 결과가 행위자에 의하여 야기되었음을 요하고, 따라서 피해자 또는 제 3 자의 행위가 개입된 경우에는 원칙적으로 직접성이 부정되지만, 피해가 계속된 상태에서 그 위험을 피하기 위한 피해자의 행위에 의해 결과가 발생한 경우나 기본행위에 의하여 이미 생명에 대한 위험의 구체적 적합성을 구비한 경우(치명상을 가한 경우)에는 직접관계를 인정할 수 있고, 특히 행위자 스스로의 연결된 행위에 의하여 결과가 발생한 경우에는 결과귀속을 인정할 수 있는 범위가 확대될 수 있음을 고려해야 한다. 대상판결의 사례에서는 이미 중상을 입은 피해자를 행위자 스스로 연결되는 과실행위로 사망에 이르게 한 것이므로 기본범죄에 특수한 위험이 결과에 실현되었다고 볼 수 있어 상해치사죄의 성립을 인정할 수 있고, 이러한 의미에서 대상판결은 타당하다고 생각된다.

12. 정당방위의 사회윤리적 제한

[대상판결]

대법원 2001. 5. 15. 2001도1089

1. 사실의 개요

피고인은 피해자와 1987. 11. 21. 혼인하여 딸과 아들을 두었는데, 피해자는 평소 노동에 종사하여 돈을 잘 벌지 못하면서도 낭비와 도박의 습벽이 있고, 사소한 이유로 평소 피고인에게 자주 폭행 · 협박을 하였으며, 변태적인 성행위를 강요하는 등의 사유로 결혼생활이 파탄되어 1999년 11월경부터 별거하였고, 2000. 1. 10.경 피고인이 서울가정법원에 이혼소송을 제기하여 그 소송이 계속 중이었다.

같은 해 4월 23일 10:40경 피해자가 피고인의 월세방으로 찾아왔는데, 문밖에 찾아온 사람이 피해자라는 것을 안 피고인은 피해자가 칼로 행패를 부릴 것을 염려하여 부엌에 있던 부엌칼 두 자루를 방의 침대 밑에 숨겨두었다. 피고인이 문을 열어 주어 방에 들어온 피해자는 피고인에게 이혼소송을 취하하고 재결합하자고 요구하였으나 피고인이 이를 거절하면서 밖으로 도망가려 하자, 피해자는 도망가는 피고인을 붙잡아 방안으로 데려온 후 부엌에 있던 가위를 가지고 와 피고인의 오른쪽 무릎 아래 부분을 긋고 피고인의 목에 겨누면서 이혼하면 죽여 버리겠다고 협박하고, 계속하여 피고인의 옷을 강제로 벗기고 자신도 옷을 벗은 다음 피고인에게 자신의 성기를 빨게 하는 등의 행위를 한 후, 침대에 누워 피고인에게 성교를 요구하였으나 피고인이 이에 응하지 않자 손바닥으로 뺨을 2－3회 때리고, 재차 피고인에게 침대 위로 올라와 성교할 것을 요구하며 "너 말을 듣지 않으면 죽여 버린다"고 소리치면서 침대 위에서 상체를 일으키는 순간, 계속되는 피해자의 요구와 폭력에 격분한 피고인이 그 상황에서 벗어나고 싶은 생각에서 침대 밑에 숨겨두었던 칼(길이 34㎝, 칼날길이 21㎝) 한 자루를 꺼내 들고 피해자의 복부 명치 부분을 1회 힘껏 찔러 복부자창을 가하였고, 이로 인하여 피해자가 장간막 및 복대동맥 관통에 의한 실혈로 그 자리에서 사망하였다.

2. 사건의 경과

검사는 피고인을 상해치사죄로 공소제기하였다. 제 1 심 법원은 피고인의 유죄를 인정하고 징역 3년에 5년간 집행유예를 선고하였다. 검사가 양형부당을 이유로 항소하자, 원심법원은 제 1 심 판결을 파기하고 피고인에게 징역 2년의 형을 선고하였다. 원심판결에 대하여 피고인이 정당방위 또는 과잉방위가 성립한다는 이유로 상고하였다.

3. 판결요지

피고인이 피해자로부터 먼저 폭행 · 협박을 당하다가 이를 피하기 위하여 피해자를 칼로 찔렀다고 하더라도, 피해자의 폭행 · 협박의 정도에 비추어 피고인이 칼로 피해자를 찔러 즉사하게 한 행위는 피해자의 폭력으로부터 자신을 보호하기 위한 방위행위로서의 한도를 넘어선 것이라고 하지 않을 수 없고, 따라서 이러한 방위행위는 사회통념상 용인될 수 없는 것이므로, 자기의 법익에 대한 현재의 부당한 침해를 방어하기 위한 행위로서 상당한 이유가 있는 경우라거나, 방위행위가 그 정도를 초과한 경우에 해당한다고 할 수 없다. 따라서 피고인의 이 사건 범행은 정당방위 또는 과잉방위에 해당하지 아니한다.

[판 례 의 연 구]

Ⅰ. 문제의 제기

정당방위(Notwehr)란 자기 또는 타인의 법익에 대한 현재의 침해를 방위하기 위한 상당한 이유 있는 행위를 말한다(제21조). 형법이 규정하고 있는 대표적인 위법성조각사유의 하나이다. 정당방위의 기본명제는 법은 불법에 양보할 필요가 없다는 법언에 있다. 정당방위의 근거는 타인의 위법한 침해로부터 자기 또는 타인의 법익을 방위하는 것은 인간의 고유권에 속한다는 자기보호의 원리(Schutzprinzip)와 그것이 동시에 법질서를 지키는 것이 된다는 법확증 내지 법수호의 원리(Rechtsbewährungsprinzip)에 있다. 자기보호의 원리에서 정당방위에 의하여 방위될 수 있는 법익은 개인적 법익에 제한되는 반면, 법수호의 원리에 의하여 법수호의 이익이 없을 때에는 정당방위는 제한되지 않을 수 없게 된다.

정당방위가 성립하기 위해서는, 첫째 정당방위상황으로 현재의 부당한 침해가 있어야 하고, 둘째 자기 또는 타인의 법익을 방위하기 위한 방위의사가 있어야 할 뿐만 아니라, 셋째 상당한 이유가 있을 것을 요한다. 대상판결에서 피해자는 이혼소송 중인 피고인을 붙잡아 방안으로 데려온 후 부엌에 있던 가위를 가지고 와 피고인의 오른쪽 무릎 아래 부분을 긋고 피고인의 목에 겨누면서 이혼하면 죽여 버리겠다고 협박하고, 계속하여 피고인의 옷을 강제로 벗기고 피고인에게 성교를 요구하였으나 피고인이 이에 응하지 않자 손바닥으로 빰을 2-3회 때리고, 재차 피고인에게 침대 위로 올라와 성교할 것을 요구하였으므로 피고인에게 정당방위상황이 존재한다는 점에는 의문이 없다. 또한 피고인은 계속되는 피해자의 요구와 폭력에 격분하여 그 상황에서 벗어나고 싶은 생각에서 칼로 피해자의 복부를 찌른 것이므로 방위의사가 있었던 것도 명백하다. 그런데 대상판결에서 대법원은 「이러한 방위행위는 사회통념상 용인될 수 없는 것이므로, 자기의 법익에 대한 현재의 부당한 침해를 방어하기 위한 행위로서 상당한 이유가 있는 경우라거나, 방위행위가 그 정도를 초과한 경우에 해당한다고 할 수 없으므로 피고인의 이 사건 범행은 정당방위 또는 과잉방위에 해당하지 아니한다」고 판시하였다. 따라서 문제는 피고인의 행위가 정당방위의 사회윤리적 제한에 해당하는가, 또 상당한 이유를 인정할 수 있는가에 있다고 하지 않을 수 없다.

Ⅱ. 정당방위의 사회윤리적 제한

1. 정당방위의 사회윤리적 제한의 의의

대상판결이 피고인의 행위에 대하여 상당한 이유가 인정되지 않는다고 판단하면서도 정당방위는 물론 과잉방위에도 해당하지 않는다고 판시하였고, 피고인과 피해자가 비록 별거중이면서 이혼소송이 계속 중인 상태에 있었다고 할지라도 법률상 부부관계에 있었다는 점에서 피고인의 행위가 정당방위의 사회윤리적 제한에 해당하는 경우가 아닌가가 문제된다. 정당방위의 사회윤리적 제한이란 정당방위의 근거인 법수호의 원리에 비추어 법질서 방어의 이익이 없을 때 정당방위는 제한되어야 한다는 이론이다. 정당방위의 사회윤리적 제한을 인정할 것인가에 관하여, 이는 사회윤리적 관념을 빌미로 형벌권을 확장하고 형법의 도덕화를 초래하는 것이므로 형법이론적으로 하나의 오류에 지나지 않는다거나,[1] 상당성의 요건에 사회윤리적 제한이 당연히 포함되는 이상 다시 사회윤리적 제한을 논하는 것은 타당성이나 실익 없는 이론에 불과하다는 견해도 있으나,[2] 통설은 정당방위의 근거에 기초하거나 상당한 이유라는 실정법적 근거를 토대로 정당방위가 제한되어야 한다고 해석하고 있다.[3] 생각건대 ① 정당방위를 자기보호의 원리에 기초한 정당방위권의 문제로 이해할 때에는 정당방위의 남용을 초래하므로 법수호의 원리와의 조화에 의하여 그 한계를 결정해야 하고, ② 법수호의 이익이 없는 경우에 정당방위를 제한한다고 하여 형법의 윤리화를 초래한다고 할 수 없을 뿐만 아니라, ③ 상당성의 내용에 사회윤리적 제한을 포함시키는 경우에도 법수호의 원리를 기초로 상당한 이유의 내용을 명확히 하는 것은 정당방위의 요건을 분명히 하는 데 불가결하다는 점을 고려할 때 통설이 타당하다고 하지 않을 수 없다.

통설은 정당방위의 사회윤리적 제한의 유형으로 ① 책임 없는 자의 침해에 대한 방위, ② 보증관계에 있는 자의 침해에 대한 방위, ③ 극히 경미한 침해에 대한 방위 및 ④ 도발된 침해에 대한 방위를 들고 있다. 이 경우에 정당방위가 제한되는 정도는 법수호의 이익이 없거나 약화되는가에 따라 정당방위가 허용되지 않거나 제한된다고 할 수 있다. 대상판결은 보증관계에 있는 자의 침해, 즉 부부 사이의 일방의 공격에 대한 정당방위가 허용되는가가 문제되는 경우이다.

2. 부부싸움에 있어서의 정당방위

보증관계에 있는 자의 침해에 대한 방위는 정당방위의 사회윤리적 제한의 대표적인 유형에 속한다. 즉 부부나 부자관계와 같은 긴밀한 인적 관계에 있는

---

1) 배종대 347면.
2) 오영근 338면.
3) 김일수/서보학 298면; 박상기 186면; 신동운 278면; 이영란 236면; 이재상 229면; 임웅 220면; 정성근/박광민 230면.

사람들 사이에는 정당방위의 성립이 제한된다. 보증관계에 있는 자 사이에는 자기보호의 원리가 보증인 상호간의 보호의무에 의하여 제한되어 법수호의 원리가 약화되지 않을 수 없기 때문이다.[1] 그러나 부부 사이의 정당방위의 제한이 상대방에 대한 침해의 면허증(Freibrief)을 부여한다는 의미가 될 수는 없다. 부부관계에 있어서는 법수호의 원리가 부정되는 것이 아니라 약화되는 데 지나지 않는다. 여기서 부부싸움에 있어서 정당방위가 어느 범위에서 제한되는가를 검토할 필요가 있다. 이에 관한 독일의 판례를 검토하고, 정당방위 제한의 요건 및 그 한계를 살펴보기로 한다.

(1) 독일 판례의 태도

부부싸움에 정당방위가 허용되는가가 논의되기 시작한 것은 1969년과 1975년에 있었던 두 개의 독일 연방법원 판결에서 비롯되었다고 할 수 있다. 1969년에 있었던 연방법원 판결은 남편의 폭력을 막기 위해서 처가 우산으로 남편의 머리를 찔러, 남편이 우산꼭지에 두개골이 찔려 사망한 사건이다.[2] 이 사건에서 연방법원은 「침해를 받은 경우에 위험을 확실하게 제거하기 위해서 방위행위를 하는 것은 정당하다. 그러나 남편이 무기를 사용하지 않았고, 기본적으로 적대적이라고 생각되지 않는 상태에서 이러한 종류의 방위행위는 요구되지 않는다. 따라서 피고인으로서는 보다 온건한 방법으로는 위험의 제거가 확실히 기대되지 않는 경우라고 할지라도 사망을 초래할 수 있는 방위방법을 선택할 수 없다」고 판시함으로써 정당방위의 성립을 부정하였다. 1975년에 있었던 연방법원의 판결도 같은 취지의 판결이었다. 사건은 술에 취하면 폭행을 일삼던 남편이 자신을 구타하자 본때를 보여주겠다고 생각하고 재떨이를 잡으려고 했으나 칼이 손에 잡히자 칼로 남편의 가슴을 찔러 사망에 이르게 한 경우이다.[3] 이 사건에서도 연방법원은 「정당방위상황이 존재하는 경우에도 적대적인 감정 없이 같은 생활공간에서 생활하는 부부 사이에서 선택된 방위행위가 상대방의 사망을 초래할 수 있는 경우에는 방위행위의 요구성은 엄격히 적용되어야 하기 때문에, 신체에 대한 경미한 상해를 방위하기 위하여 확실한

1) Roxin §15 Rn. 93; Sch/Sch/Lenckner/Perron §32 Rn. 53; Thomas Rönnau/Kristian Hohn LK §32 Rn. 238; Marxen *Die sizialethischen Grenzen der Notwehr*, 38ff.

2) BGH NJW 1969, 802.

3) BGH NJW 1975, 62.

효과를 기대할 수는 있지만 사망을 초래할 수 있는 방어수단을 선택해서는 안 된다」고 판시함으로써 정당방위의 성립을 부정하였다.

이에 반하여 1984년 독일 연방법원은 남편으로부터 폭행을 당하던 임신 중인 부인이 부엌칼로 남편의 가슴을 찔러 사망케 한 사건에서 정당방위의 성립을 긍정하였다.[1] 이 사건에서 연방법원은 「피고인이 임신 중이었기 때문에 남편의 폭력은 부인인 피고인에게 매우 위험하였고, 피고인이 남편에게 피해를 덜 주는 방법으로 방어했더라면 침해를 종료할 수 있었는가가 확실하지 않을 뿐만 아니라, 칼로 찌르겠다고 위협하는데도 불구하고 계속 구타하는 남편에 대한 유일한 방어수단을 남편이 사망할지 모른다는 이유로 포기할 것을 요구하는 것은 배우자에 대한 이해와 배려가 아니다」라고 하여 정당방위의 성립을 긍정한 것이다. 이 판결은 독일에서 학자들에 의하여 대체적으로 지지를 받고 있다고 할 수 있다.[2] 즉 남편의 폭력에 시달리는 부인에 대하여 정당방위를 제한하여 경미한 신체침해를 감수할 것을 요구하는 것은 부인의 인격적 자율성을 과도하게 제한하는 것이며 폭력의 고착화에 기여할 뿐이라는 견해가 있는가 하면,[3] 부부관계와 같은 긴밀한 인적 관계에서의 정당방위의 제한을 긍정하는 입장에서도 정당방위의 제한은 부작위범에 있어서 보증인지위가 인정되는 범위에서 제한되어야 한다고 주장하였다.[4]

---

1) BGH JZ 1984, 529.

이 판결의 사실관계는 다음과 같다. 피고인은 24세로 임신 중에 있었다. 피고인은 평소 결혼생활에서 남편의 외도, 알코올 중독 및 이로 인한 경제적 어려움 때문에 남편과 부부싸움이 잦았다. 사건 당일에도 남편은 부인으로부터 100마르크를 빼앗아 집을 나간 후, 술과 마약에 취해 집으로 돌아와서 피고인이 출산을 위해 남겨 두었던 돈 200마르크마저 빼앗아 다시 집을 나가려고 하였다. 피고인은 남편이 돈을 가지고 나가지 못하도록 열쇠를 빼앗아 감추었다. 그러자 남편은 피고인을 폭행하고 가구 모서리에 머리를 부딪치게 하였다. 폭행을 당하던 피고인이 부엌칼을 가지고 다시 때리면 찌르겠다고 위협하자, 남편은 "당신은 나를 찌를 수 없어. 당신은 나를 사랑해"라고 하면서 덤벼들어 폭행을 하려고 했다. 피고인은 왼손으로 얼굴을 가리고 오른손에 든 칼로 남편의 가슴을 찔렀다. 이로 인하여 심장이 찔린 남편은 사망하였고, 피고인은 자연유산을 하게 되었다.

원심인 Wiesbaden 주법원은 피고인이 남편에게 열쇠를 건네주거나 그 자리에 있었던 친구에게 도움을 청할 수 있었다는 점을 이유로 피고인이 칼을 사용한 것은 정당방위의 필요성을 초과하였다고 판시하였다.

2) 최석윤 「정당방위의 사회윤리적 제한」, 형사판례의 연구 I, 316면; 김태명 「가정폭력에 의한 정당방위의 사회윤리적 제한」, 형사판례의 연구 I, 330면.

3) Spendel 「Keine Notwehreinschränkung unter Ehegatten」, JZ 1984, 509.

4) Marxen *a.a.O.* S. 38ff; Roxin 「Sozialethische Einschränkungen des Notwehrrechts」, ZStW 93, 101.

(2) 부부싸움에 있어서 정당방위 제한의 요건

부부나 부자관계와 같은 긴밀한 인적 관계에 있어서 보증인지위에서 나오는 상대방에 대한 보호의무와 정당방위권이 충돌하여, 법수호의 이익이 약화될 수 있다는 것을 부정할 수는 없다. 그러나 부부 사이의 정당방위의 제한이 육체적으로 열약한 배우자의 정당방위권을 부정하여 위법한 침해에 의하여 배우자로서의 의무를 지속적으로 위반하는 자에게 가혹행위를 계속하는 것에 대한 면허증을 주는 것이어서는 안 된다. 따라서 이 경우의 정당방위의 제한은 상호간의 보호의무가 발생하는 긴밀한 관계를 전제로 할 뿐만 아니라, 부부관계가 존속되는 경우에도 일정한 요건 아래서 허용된다고 해야 한다.

첫째, 부부 사이에 보증인의무가 인정되는 경우에도 정당방위가 제한되는 것은 배우자의 경미한 폭행이나 상해가 기대되는 경우에 제한된다.[1] 누구나 남편으로부터 의사의 치료를 받아야 할 정도의 중대한 침해의 위험을 감수할 필요는 없기 때문이다. 따라서 남편이 흉기로 머리를 타격하거나 무기를 사용하거나 골절에 이르게 할 때에는 부인이 칼이나 총으로 방위하는 것도 필요하다. 부인에게 자신의 생명이나 태아의 생명에 위험이 초래될 때에도 정당방위의 제한은 적용될 수 없다.[2] 독일 연방법원이 1984년 피고인에게 정당방위를 인정한 판결은 이러한 의미에서 이해할 수 있다. 둘째, 정당방위의 제한은 부부 사이의 완전한 공동관계를 전제로 하므로, 배우자가 이미 계속된 가혹행위로 부부 사이의 상호간의 연대관계를 지속적으로 침해한 때에는 정당방위의 제한이 적용될 여지가 없다.[3] 배우자에게 가혹행위를 한 남편은 긴밀한 관계의 연대의무나 보증의무에서 유래하는 더 이상의 감수의무를 주장할 수 없기 때문이다.[4] 어떤 부인에게도 자신의 인격을 무시하고 자신을 남편의 자의의 대상으로 만드는 계속된 폭행을 참아야 할 의무가 없다. 따라서 부인은 거의 매일 폭행을 계속하는 남편에 대하여 집을 떠나야 할 의무가 있는 것이 아니라, 권총을 사용하여 방위할 수도 있다.

부부 사이에 있어서 정당방위의 제한은 상호간의 보호의무가 유지될 것을

---

1) Erb MK §32 Rn. 195; Roxin §15 Rn. 95; Sch/Sch/Lenckner/Perron §32 Rn. 53.
2) Kristian Kühl §7 Rn. 204.
3) Erb MK §32 Rn. 196; Roxin §15 Rn. 95; Thomas Rönnau/Kristian Hohn LK §32 Rn. 240.
4) Tröndle/Fischer §32 Rn. 19.

전제로 한다. 따라서 배우자에 의한 정당방위의 제한은 사실상 혼인공동체의 핵심이 유지될 때에만 요구될 수 있다. 그러므로 결혼이 파탄되거나 이미 타인이 된 배우자에게 정당방위권을 제한할 수는 없다.[1] 부부 사이의 보증인지위가 언제 종료하는가는 형식적인 기준이 아니라 상호신뢰와 종속관계가 존속하는가라는 실질적인 관점에서 판단해야 한다. 따라서 부부가 결혼공동생활을 재개하겠다는 진지한 목적 없이 별거하고 있는 때에는 상호적인 보호의무가 소멸된다고 하겠다.[2]

Ⅲ. 상당한 이유

대상판결이 정당방위의 사회윤리적 제한에 해당하는 사례가 아니라면 피고인의 행위가 정당방위에 해당하는가 또는 과잉방위가 될 것인가는 상당한 이유가 인정되는가의 여부에 달려 있게 된다. 정당방위상황과 방위의사의 존재에 대하여는 의문이 없는 경우이기 때문이다.

1. 상당한 이유의 의의

정당방위에 있어서 상당한 이유란 침해에 대한 방위가 사회상규에 비추어 상당한 정도를 넘지 아니하고 당연시되는 것을 말한다고 설명되고 있다. 형법은 정당방위 이외에도 긴급피난과 자구행위에서도 상당한 이유를 요구하고 있다. 그러나 정당방위는 사전적 긴급행위이면서도 불법 대 법의 관계이기 때문에, 위법한 침해로부터 개인의 권리를 방위하는 것이 법질서의 유지를 위해서도 필요한 경우에 해당한다. 따라서 정당방위에 있어서의 상당한 이유는 긴급피난의 경우와는 달리 보충성이나 균형성을 내용으로 하지 않는다.[3] 그렇다면 여기서 상당한 이유란 방위의 필요성(Erforderlichkeit)을 의미한다고 할 수 있다. 방위의 필요성은 침해의 즉각적인 배제가 확실히 기대되고 위험의 제거가 보장되는 때에 인정된다. 침해를 방위하기 위한 수단 가운데 공격자에게 피해가 적은 방법을 선택할 것을 요구하지만, 선택의 여지가 없는 때에는 보다 큰

1) Roxin §15 Rn. 98; Marxen *a.a.O.* S. 50.
2) Rudolphi SK §13 Rn. 50; Sch/Sch/Stree §13 Rn. 19; Tröndle/Fischer §13 Rn. 6b.
3) 김일수/서보학 296면; 배종대 346면; 임웅 220면; 정성근/박광민 229면.

피해를 준 방어행위에 대하여도 상당성을 인정하지 않을 수 없다. 이러한 의미에서 방위의 필요성은 방위의 적합성과 상대적 최소피난의 원칙을 내용으로 한다고 할 수 있다. 대법원은 정당방위에 있어서 「방위행위가 사회적으로 상당한 것인지 여부는 침해행위에 의해 침해되는 법익의 종류, 정도, 침해의 방법, 침해행위의 완급과 방위행위에 의해 침해될 법익의 종류, 정도 등 일체의 구체적 사정들을 참작하여 판단하여야 한다」고 판시하고 있다.[1] 상당한 이유는 균형성의 원칙을 요구하지는 않지만, 법익의 종류와 침해의 정도를 자료로 하여 구체적으로 판단해야 한다는 의미라고 볼 수 있다. 따라서 대법원은 인적이 드문 심야에 귀가중인 여자에게 폭행을 가하며 음부를 만지고 키스를 하는 피해자의 혀를 깨물어 혀 절단상을 입힌 경우에는 상당한 이유가 인정되지만,[2] 의붓아버지로부터 강간당한 후 계속적인 성관계를 강요받아온 여자 대학생이 식칼로 자고 있는 의붓아버지의 심장을 찔러 살해한 행위는 상당성을 결하였다고 판시하였다.[3] 또 절도범이 재물을 절취하는 것을 보고 사살하는 것은 상당성을 인정할 수 없지만, 폭행으로 지갑을 강취하는 강도범을 사살하는 경우에는 상당한 이유를 인정할 수 있다고 설명하기도 한다. 그렇다면 폭행에 의하여 강간하려는 강간범에 대하여 자신을 방위하기 위하여 총이나 칼로 방위행위를 하는 경우에도 정당방위에 있어서는 상당한 이유를 인정할 여지가 있다. 대법원은 혼인관계가 파탄되어 실질적인 부부관계가 인정되지 않는 법률상의 배우자인 처에 대하여도 강간죄의 성립을 인정하고 있다.[4]

2. 상당한 이유와 사회윤리적 제한

정당방위에 있어서 상당한 이유가 인정되지 않는 경우에는 과잉방위가 성립한다. 대상판결에서도 피고인의 행위에 상당성이 인정되지 않는다고 판단할 때에는 과잉방위가 성립하는 것은 당연하다. 형법은 '당황 · 공포 · 경악에 의하여 정당방위의 한계를 넘는 때'에만 과잉방위를 인정하는 독일형법과는 달리, '방위행위가 그 정도를 초과한 때'에는 과잉방위가 성립한다고 규정하고 있기

1) 대법원 2003. 11. 13. 2003도3606; 대법원 1992. 12. 22. 92도2540.
2) 대법원 1989. 8. 8. 89도358.
3) 대법원 1992. 12. 22. 92도2540.
4) 대법원 2009. 2. 12. 2008도8601.

때문이다. 대상판결에서 피고인이 생명이 침해될 위험이 없음에도 불구하고 방위행위에 의하여 피해자를 사망에 이르게 하였다는 이유로 상당성이 인정되지 않는다고 해석하는 경우에는 과잉방위가 성립하는 것이 명백하다.

문제는 정당방위의 사회윤리적 제한에 해당하는 경우에 과잉방위를 인정할 수 있는가에 있다. 다수설은 정당방위의 사회윤리적 제한도 상당한 이유의 내용에 포함된다고 해석한다.[1] 이에 의하면 정당방위의 사회윤리적 제한에 해당하는 경우는 정당방위상황과 방위의사가 인정되면 과잉방위가 된다. 정당방위의 제한을 상당한 이유의 내용에 포함시킬 때에는 정당방위를 제한하는 것이 목적론적 환원에 해당하지 않는다는 것을 쉽게 설명할 수 있는 장점을 가지는 것이 사실이다. 그러나 정당방위의 사회윤리적 제한에 해당하는 경우를 과잉방위라고 하는 것은 옳다고 볼 수 없다. 강도나 강간범으로부터 자신을 방위하기 위해서 공격자의 생명을 침해하는 것은 상당한 이유가 인정되고, 경미한 침해를 방위하기 위해서 신체나 생명을 침해하는 것은 과잉방위가 될 수 있지만 그 불균형이 심하고 참을 수 없고 극단적인 경우, 예컨대 100원짜리 물건을 훔쳐간다고 절도범을 살해하는 경우는 정당방위는 물론 과잉방위에도 해당하지 않는다. 자초한 침해에 대하여도 정당방위는 물론 과잉방위도 성립할 수 없다고 해야 한다. 배우자의 아버지의 공격을 방위하기 위해서 공격자를 살해하는 경우에도 같은 이론이 적용된다고 해야 한다.

Ⅳ. 대상판결의 검토

대상판결에서 대법원은 「피고인의 행위가 방위행위의 한도를 넘어선 것이므로 자기의 법익에 대한 현재의 부당한 침해를 방어하기 위한 행위로서 상당한 이유가 있는 경우라거나, 방위행위가 그 정도를 초과한 경우에 해당한다고 할 수 없어 정당방위는 물론 과잉방위에도 해당하지 않는다」고 판시하였다. 상당한 이유가 없는 행위인 경우에는 과잉방위에 해당한다고 보아야 함에도 불구하고, 과잉방위에도 해당하지 않는다고 판시한 것은 피고인과 피해자가 부부관계에 있으므로 정당방위가 제한된다고 파악하였기 때문이라고 생각

1) 박상기 181면; 배종대 347면; 신동운 277면; 이영란 236면; 임웅 221면; 정성근/박광민 230면.

할 수 있다. 부부나 부자관계와 같은 긴밀한 인적 관계에서 정당방위가 제한되는 것은 물론이다. 그러나 부부관계에서의 정당방위의 제한은 보증인지위에서 유래하는 보호의무가 사실상 존재하는 범위에서만 인정된다. 따라서 부부 사이에서도 배우자의 지속적인 폭행과 가혹행위가 계속된 경우에는 상대방의 보호의무를 기대할 수 없기 때문에 정당방위가 제한되지 아니한다. 더욱이 혼인생활이 파탄되어 이혼소송이 계속 중인 부부 사이에는 보증인관계가 인정되지도 않는다. 결국, 대상판결은 정당방위의 사회윤리적 제한이 적용될 수 없는 경우임이 명백하다.

문제는 배우자에 대한 폭력을 계속하면서 변태적인 성행위를 강요해 오던 이혼소송 중인 법률상의 남편이 찾아와서 가위를 목에 겨누고, 이혼하면 죽여 버리겠다고 협박하고 변태적 성행위를 강요하는 것을 방위하기 위해서 칼로 남편의 복부를 찔러 사망에 이르게 한 경우에 상당한 이유를 인정할 수 있는가에 있다. 상당한 이유가 인정되면 정당방위가 성립하고, 상당성의 범위를 벗어나면 과잉방위에 해당하게 될 것이다. 대상판결의 원심판결은 「변태적인 성행위는 피해자와 동거 중에도 행하여졌던 것이므로 새삼스러운 것이 아니고, 피해자가 피고인을 죽이겠다고 한 말은 평소에도 해오던 말이었고, 피해자가 가위로 피고인에게 가하였다는 상처는 경미하였으며, 피해자가 피고인을 찾아가 이혼소송의 취하를 요구하고 성행위를 요구하는 과정에서 피고인을 협박하거나 폭행한 것은 동거 중에 있었던 것보다 특별히 심하였던 것은 아니었다」는 점을 고려하여 피고인에게 정당방위의 상당한 이유를 부정하였던 것으로 보인다.[1] 그러나 피고인은 피해자와의 결혼생활 중에 계속된 가정폭력과 변태적 성행위에 견디다 못해 이혼절차를 밟고 있는 상황이다. 결혼생활 중에 피고인이 입은 침해가 크지 않았다고 결혼이 파탄된 이후에 같은 정도의 침해를 경미하다고 할 수는 없다. 장기간에 걸쳐서 반복된 폭행·협박과 변태적 성행위의 강요로 결혼생활이 파탄되어 별거상태에 이른 경우에 소위 매 맞는 아내 증후군(Battered Woman Syndrome)에 빠진 피고인에게 새로운 침해에 대한 방위의 필요성을 부정할 수는 없다고 해야 한다. 사건 당시 피해자가 피고인에게 가위를 가지고 와서 피고인의 다리를 긋고 목에 들이대고 뺨을 때리는 등 폭행을 가하면서, 성행위를 강

1) 서울고등법원 2001. 2. 13. 2000노2528.

요한 것은 위법한 침해이다. 위법한 침해에 대하여 피고인이 한 방위행위에는 부정 대 정의 관계가 유지된다. 그러한 상황에서 피고인이 칼로 피해자의 가슴을 찔러 피해자를 사망에 이르게 한 것을 사회통념상 용인될 수 없다고 단정할 수는 없다. 피고인의 행위에는 방위의 필요성이 인정되고, 다른 방법으로 저항하였다면 더 큰 위험에 직면할 수 있었던 경우여서 다른 경미한 방법으로 방위행위를 할 것이 요구되는 경우도 아니므로 상당한 이유를 인정하지 않을 수 없다.[1] 피고인이 피해자의 폭력에서 벗어나기 위해서 먼저 부엌칼을 침대 밑에 숨겨둔 사실도 피고인에게 정당방위를 인정하는 데 장애가 되거나, 상당한 이유 판단에 부정적으로 작용할 수 없다. 방위행위인가의 여부는 부정한 침해가 있는 때를 기준으로 판단해야 하며, 피고인에 대한 피해자의 침해가 얼마나 심각했는가에 대한 증거가 될 수 있기 때문이다. 가사 피고인의 방위행위에 상당한 이유가 인정되지 않는다고 할 때에는 방위행위가 정도를 초과한 경우에 해당하기 때문에 당연히 과잉방위에 해당하게 된다. 피고인에게 과잉방위의 성립까지 부정해야 할 이유는 전혀 없다. 따라서 대상판결에 대하여는 어떤 점에서도 타당성을 인정할 수 없다고 해야 한다.

1) 동지: 박강우「정당방위의 사회윤리적 제한」, 형사판례연구 10, 96면; 최석윤 앞의 글, 312면; 김태명 앞의 글, 338면.

13. 원인에 있어서 자유로운 행위

[대상판결]

(1) 대법원 1996. 6. 11. 96도857

1. 사건의 개요

피고인들은 피해자 1, 2를 살해할 의사로 범행을 공모한 후에 대마초를 흡연하고 심신이 미약한 상태에서 피해자 1을 잔인한 방법으로 살해하고 매장한 다음, 위 범행사실을 숨기기 위하여 피해자 1의 행방을 찾고 있던 그의 애인인 피해자 2를 최초의 범행장소 부근으로 유인하여 참혹하게 살해하고 매장하였다.

2. 사건의 경과

제 1 심 법원은 피고인들이 대마초 흡연으로 범행 당시 심신미약상태에 있었음을 인정하면서도 제10조 3항의 원인에 있어서 자유로운 행위의 법리를 적용하여 제10조 2항의 적용을 배척하고 피고인들에게 사형을 선고하였다. 제 2 심인 원심에서도 피고인들의 항소를 기각하자 피고인들은 상고를 제기하였다.

3. 판결요지

원심은 피고인들이 상습적으로 대마초를 흡연하는 자들로서 이 사건 각 살인범행 당시에도 대마초를 흡연하여 그로 인하여 심신이 다소 미약한 상태에 있었음은 인정되나, 이는 피고인들이 피해자들을 살해할 의사를 가지고 범행을 공모한 후에 대마초를 흡연하고, 위 각 범행에 이른 것으로 대마초 흡연 시에 이미 범행을 예견하고도 자의로 위와 같은 심신장애를 야기한 경우에 해당하므로, 형법 제10조 제 3 항에 의하여 심신장애로 인한 감경 등을 할 수 없다고 판시하였는바, 기록에 의하여 관계 증거를 살펴보면 위와 같은 원심의 사실인정 및 판단은 정당한 것으로 수긍이 가고, 거기에 상고이유에서 주장하는 바와 같은 심신장애에 관한 채증법칙 위배나 심리미진의 위법이 있다 할 수 없다.

(2) 대법원 1992. 7. 28. 92도999

1. 사건의 개요

피고인은 자동차를 가지고 술집에 가서 술을 마시고, 음주 만취한 상태에서 차를 운전하여 귀가하다가 행인 A를 충격하였다. 피고인은 의식을 잃고 쓰러진 A를 길옆 하수구에 버리고 도주하였다. A는 계속된 출혈로 사망하였다.

2. 사건의 경과

원심은 피고인에 대한 특가법위반죄(도주차량)와 도로교통법위반죄(음주운전)를 모두 유죄로 인정하였다. 원심판결 직후인 1992. 4. 28. 헌법재판소는 교통사고 피해자를 다른 장소에 유기하고 도주한 자에 대하여 최고 사형까지 선고할 수 있게 한 특가법 제5조의 3 제2항 제1호가 위헌이라고 결정하였다. 피고인은 원심판결에 대하여 상고를 제기하였다. 상고이유는 1) 위헌으로 판시된 형벌법규는 소급하여 효력을 상실하므로 실효된 특가법조항을 적용한 원심판결은 위법하며, 2) 음주 만취한 상태에서의 도주행위는 심신장애 상태 하의 행위이므로 형법 제10조 2항에 따라 형을 감경해야 한다는 점에 있었다.

3. 판결요지

(1) 특정범죄가중처벌등에관한법률 제5조의 3 제2항 제1호는 1992. 4. 28. 자로 헌법에 위반된다는 헌법재판소 결정이 있었으므로 위 조항은 소급하여 그 효력을 상실하였다고 할 것이고, 따라서 위 조항을 적용한 원심판결은 위법하여 더 이상 유지될 수 없으므로 이 점을 지적하는 상고논지는 이유 있다.

(2) 형법 제10조 제3항은 「위험의 발생을 예견하고 자의로 심신장애를 야기한 자의 행위에는 전 2항의 규정을 적용하지 아니한다」고 규정하고 있는바, 이 규정은 고의에 의한 원인에 있어서의 자유로운 행위만이 아니라 과실에 의한 원인에 있어서의 자유로운 행위까지도 포함하는 것으로서 위험의 발생을 예견할 수 있었는데도 자의로 심신장애를 야기한 경우도 그 적용대상이 된다고 할 것이다. 원심이 같은 취지에서 피고인이 음주운전을 할 의사를 가지고 음주만취한 후 운전을 결행하여 그 판시와 같은 교통사고를 일으킨 이 사건에서 피고인은 음주 시에 교통사고를 일으킬 위험성을 예견하였는데도 자의로 심신장애를 야기한 경우에 해당하므로 형법 제10조 제3항에 의하여 심신장애로 인한 감경 등을 할 수 없다고 판단하였음은 정당하고 소론과 같은 위법이 없다.

[관련판결]

대법원 1994. 2. 8. 93도2400, 대법원 1995. 6. 13. 95도826

판결요지

피고인이 자신의 차를 운전하여 술집에 가서 술을 마신 후 운전을 하다가 교통사고를 일으켰다면, 이는 피고인이 음주할 때 교통사고를 일으킬 수 있다는 위험성을 예견하고도 자의로 심신장애를 야기한 경우에 해당하여, 가사 사고 당시 심신미약 상태에 있었다고 하더라도 심신미약으로 인한 형의 감경을 할 수 없다.

[판례의 연구]

Ⅰ. 문제의 제기

원인에 있어서 자유로운 행위(actio libera in causa)란 행위자가 고의 또는 과실에 의하여 자기를 심신장애(심신상실 또는 심신미약)의 상태에 빠지게 한 후 이러한 상태에서 범죄를 실행하는 것을 말한다. 예컨대 사람을 상해할 의사로 음주 대취하여 그 상태에서 타인에게 상해를 가하는 경우(고의) 또는 자동차를 운전해야 한다는 것을 생각하지 않고 고의 또는 과실로 음주하여 대취한 상태에서 운전을 하다가 사고를 낸 경우(과실)가 여기에 해당한다. 이와 같이 구성요건에 해당하는 행위의 실행은 심신장애상태에서 이루어지지만 그 결정적인 원인이 책임능력상태에서 행위자에 의하여 자유롭게 설정되었다는 점에서 이를 원인에 있어서 자유로운 행위라고 한다.

책임주의는 행위와 책임의 동시존재의 원칙을 내용으로 한다. 따라서 행위자는 행위 시에 책임능력이 있어야 한다. 그런데 원인에 있어서 자유로운 행위를 원인행위와 실행행위로 분리하여 검토하면, 원인행위는 구성요건적 행위가 아니고 실행행위 시에는 책임이 없기 때문에 이러한 행위를 벌할 수 있는가에 대하여 의문이 제기된다. 그러나 원인에 있어서 자유로운 행위에 있어서는 고의 또는 과실에 의하여 책임능력 결함상태를 만든 점에서 단순히 책임능력 결함상태에서 결과를 발생케 한 경우와는 구별된다. 따라서 형법 제10조 3항은 「위험의 발생을 예견하고 자의로 심신장애를 야기한 자의 행위에는 전 2항의 규정을 적용하지 아니한다」고 규정하여 원인에 있어서 자유로운 행위의 가벌성을 입법적으로 해결하였다. 그러나 형법 제10조 3항의 규정에도 불구하고 원인에 있어서 자유로운 행위의 책임의 근거가 무엇인가에 대하여는 논의가 계속되고 있다. 형법 제10조 3항이 책임주의에 반하는 규정인 때에는 그 효력을 인정할 수 없기 때문이다.[1] 원인에 있어서 자유로운 행위에는 고의에 의한 원인에 있어서 자유로운 행위와 과실에 의한 원인에 있어서 자유로운 행위가 포함된다는 점에 견해가 일치하고 있다. 대상판결 (1)은 고의에 의한 원인에 있어서 자유로운 행위, 대상판결 (2)는 과실에 의한 원인에 있어서 자유로운 행위에 대한 판결이다. 어떤 요건에서 고의와 과실에 의한 원인에 있어서 자유로운 행위가 성립할 수 있는가는 원인에 있어서 자유로운 행위의 유형론의 문제이다. 여기서 원인에 있어서 자유로운 행위의 처벌의 근거가 되는 책임과 유형론을 검토한 후, 고의의 원인에 있어서 자유로운 행위와 과실의 원인에 있어서 자유로운 행위를 대상판결과 관련하여 분석해 보기로 한다.

대상판결 (2)의 판결이유에는 특정범죄가중처벌 등에 관한 법률 제 5 조의 3 제 2 항 제 1 호에 대하여 1992. 4. 28.자로 헌법에 위반된다는 헌법재판소 결정이 있었으므로 위 조항은 소급하여 그 효력을 상실하였다고 할 것이고, 따라서 위 조항을 적용한 원심판결은 위법하여 더 이상 유지될 수 없다는 이유로 파기환송한 부분이 포함되어 있다. 다만, 이 부분은 이 글의 논점에서 제외하기로 한다.

---

1) 우리 형법에 있어서는 형법 제10조 3항이 입법적으로 해결했기 때문에 원인에 있어서 자유로운 행위론은 실익이 별로 없는 이론이고, 이는 제10조 3항에 의하여 대체될 수 있다고 보는 견해도 있다(이용식 「원인에 있어서 자유로운 행위의 구조」, 형사판례의 연구 I, 381, 388면). 그러나 헌법재판소는 책임주의에 반하는 형벌법규는 헌법에 위배되어 무효라고 결정한 바 있으므로(헌재결 2007. 11. 29. 2005헌가10), 형법 제10조 3항의 경우에 책임의 근거를 어디서 찾을 것인가는 논의의 실익이 있고, 또 제10조 3항의 적용범위와 관련하여 같은 규정이 적용되지 않는 행위를 처벌할 수 있는가에 대하여도 결론을 달리한다는 점을 주의할 필요가 있다.

Ⅱ. 원인에 있어서 자유로운 행위의 가벌성의 근거(책임)

원인에 있어서 자유로운 행위의 가벌성의 근거를 어디서 찾을 것인가에 관하여는 구성요건모델과 예외모델이 대립되고 있다.

1. 구성요건모델

구성요건모델(Tatbestandsmodell)은 원인행위 시에 이미 구성요건적 행위의 실행의 착수가 있다고 해석하는 견해이다. 전진배치모델(Vorverlegungsmodell)이라고도 한다. 구성요건모델에는 간접정범유사설과 불법모델 및 확장모델이 포함된다.

(1) 간접정범 유사설

원인에 있어서 자유로운 행위는 자신을 도구로 이용하는 간접정범이므로 원인행위가 실행행위 또는 그 착수행위이며, 책임무능력상태에서의 행위는 원인행위에 기인한 결과에 지나지 아니하고, 따라서 원인행위가 책임능력상태에서 이루어진 이상 처벌할 수 있다는 견해이다.[1] 간접정범 유사설에 의하면 행위자는 원인행위 시에 이미 실행에 착수하였고, 이 시점에서는 아직도 책임능력이 있었으므로 원인에 있어서 자유로운 행위는 행위와 책임의 동시존재의 원칙과 일치한다는 장점을 가진다. 그러나 간접정범 유사설에 대하여는 다음과 같은 비판이 제기되고 있다. 첫째, 원인에 있어서 자유로운 행위는 간접정범이 될 수 없다. 간접정범은 타인을 도구로 이용하여 구성요건을 실현할 것을 요건으로 하며 이용자와 피이용자가 동일인이 아닐 것을 요하므로, 원인에 있어서 자유로운 행위와 같이 자기 자신을 도구로 이용한 간접정범은 있을 수 없고, 간접정범의 본질은 의사지배에 있는데 자신에 대한 자신의 의사지배를 인정할 수는 없고, 간접정범에 있어서 이용자는 완전한 책임이 있는 주체여야 하는데 원인에 있어서 자유로운 행위의 경우에 이용자는 완전한 책임능력자가 아니기 때문이다. 둘째, 간접정범유사설에 의하면 간접정범이 될 수 없는 자수

---

1) 김일수/서보학 384면.
독일에서는 Jähnke LK[11] § 20 Rn. 28; Roxin § 20 Rn. 20; Rudolphi SK § 20 Rn. 28 등이 이 견해를 지지하고 있다.

범이나 한정책임능력자를 이용한 간접정범을 설명할 수 없다. 즉 원인에 있어서 자유로운 행위를 간접정범이라고 할 때에는 자수범에 관하여는 원인에 있어서 자유로운 행위이론이 적용될 수 없다. 간접정범 유사설을 취하고 있는 독일 연방법원도 자수범인 교통범죄, 예컨대 도로교통위험죄와 무면허운전죄의 경우에는 원인에 있어서 자유로운 행위이론이 적용되지 않는다고 판시하였다.[1] 또한 간접정범 유사설은 한정책임능력상태에서의 원인에 있어서 자유로운 행위를 설명하지 못한다. 한정책임능력자를 이용한 간접정범은 있을 수 없기 때문이다.[2] 셋째, 원인에 있어서 자유로운 행위에 있어서 원인행위에 실행행위의 정형성을 인정할 수 없다. 원인행위, 즉 음주행위에 살인행위에 대한 구성요건적 정형성을 인정할 수는 없기 때문이다.

(2) 불법모델

불법모델(Unrechtsmodell)이란 구성요건에 해당하는 행위뿐만 아니라 구성요건을 실현하기 위한 원인설정행위도 실질적 불법에 해당한다는 이론이다.[3] Schmidhäuser에 의하면 불법구성요건은 개별적 형법법규에 있어서 법익침해행위의 전제가 되는 행위의 최소한을 서술하는 기능을 가질 뿐이며 행위의 실행단계를 제한하는 기능을 갖는 것은 아니라고 한다. 따라서 행위자가 원인행위를 통하여 불법을 기초할 때 책임이 있고, 그때의 위험반가치(Gefährdungsunwert)가 결과반가치로 실현된 이상 실행행위의 결과반가치도 객관적으로 귀속된다고 한다.[4] 그러나 구성요건에 해당하지 않는 행위에 의하여 실질적 불법이 실현된다고 할 수는 없다. 우리나라에서 불법모델을 지지하는 학자는 없다.

---

1) BGHSt. 42, 235, 238.

2) 독일에서는 원인에 있어서 자유로운 행위에 관한 명문의 규정이 없고, 독일형법은 심신미약을 임의적 감경사유로 규정하고 있기 때문에 한정책임능력자에 대하여는 원인에 있어서 자유로운 행위이론이 적용되지 않는다고 설명하는 학자도 있다(이용식 앞의 글, 370, 377면). 그러나 독일에서도 통설은 원인에 있어서 자유로운 행위이론이 한정책임능력상태인 경우에도 적용된다고 해석하고 있으며(Heinz Schöch LK §21 Rn. 33; Tröndle/Fischer §21 Rn. 16; Lackner/Kühl §21 Rn. 16), 구성요건모델을 주장하는 학자들도 한정책임능력 상태의 행위를 이용한 경우에는 한정책임능력자에 대한 형의 임의적 감경규정이 적용되어서는 안 된다고 해석하고 있다(Roxin §20 Rn. 69).

3) Schmidhäuser *Die actio libera in causa; ein symptomatische Problem der deutschen Strafrechtswissenschaft*, 1992, S. 27ff.

4) Schmidhäuser AT §5 Rn. 76~77.

(3) 확장모델

확장모델(Ausdehnungsmodell)이란 독일형법 제20조의 책임능력을 요구하는 행위 시(bei Begehung der Tat)의 행위는 원인설정행위까지 확장해야 한다는 이론이다.[1] Streng에 의하면 책임을 규범적으로 이해하는 경우에는 독일형법 제20조의 행위 시의 개념에 대한 확장해석이 가능하며 적절하다고 한다. 즉 규범적 사고에 의할 때 책임은 특정 시점에서의 행위에 대한 행위자의 내적 관념이라는 종래의 심리적 책임론의 소박한 전망이 회피될 수 있다. 책임은 오히려 평가적으로 정리할 수 있으며, 이러한 평가는 판단의 기초를 정확한 행위시점에 한정하지 않는다고 함으로써, 원인행위 시에 책임이 있으면 족하다고 설명한다.[2] 그럼에도 불구하고 확장모델에 대하여도 책임구성요건을 확장해석 하는 것은 행위와 책임의 동시존재의 원칙을 무의미하게 하는 결과를 초래할 뿐이라는 비판이 제기될 수밖에 없다.

2. 예외모델

예외모델(Ausnahmemodell)이란 원인에 있어서 자유로운 행위에 있어서 원인행위는 실행행위 또는 그 착수행위가 될 수 없지만, 책임비난의 근거는 책임능력 결함상태에서 실행된 구성요건의 실현에 있는 것이 아니라 행위자가 유책하게 책임능력 결함상태를 초래한 원인행위 시의 책임에 있다고 해석한다. 원인에 있어서 자유로운 행위의 문제를 책임의 영역에서 해결하려는 이론이라는 점에서 책임모델(Schuldmodell)이라고도 하며, 우리나라의 다수설의 입장이다. 예외모델에 의하면 원인에 있어서 자유로운 행위는 행위와 책임의 동시존재의 원칙과 일치하는 것은 아니지만, 행위와 책임의 동시존재의 원칙은 반드시 엄격히 적용되어야 하는 것은 아니며 원인에 있어서 자유로운 행위는 이 원칙에 대한 예외로 인정되어야 하며, 그것이 책임주의에 반하는 것은 아니라고 한다.

다수설은 예외인정의 근거를 원인행위와 실행행위의 불가분적 연관에서 찾고 있다.[3] 구성요건에 해당하는 행위가 실행되는 때의 결함상태가 유책한 원인

1) Streng「Schuld ohne Freiheit」, ZStW 101, 310ff.
2) Streng MK §20 Rn. 128.
3) 김성천/김형준 346면; 박상기 230면; 배종대 437면; 손해목 61면; 신동운 368면; 이재상 315면; 임웅 286면; 정성근/박광민 319면; 조준현 236면.

행위와 불가분의 연관이 있기 때문에 원인행위 시의 책임을 근거로 처벌하는 것이 사리에 합당하다는 것이다. 원인행위와 실행행위의 불가분적 연관을 양자 사이의 인과적 연관으로 해석하거나,[1] 심리적 동가치책임에서 근거를 구하는 견해도 있다.[2] 심리적 동가치책임설이란 책임능력 있는 상태에서 범죄의 실행을 용이하게 하기 위하여 자신의 책임능력을 스스로 일부러 제거하였다면, 이러한 행위는 책임능력이 있는 것과 규범적으로 동일하게 평가되어야 하고, 따라서 정상적인 상태로 처벌되어야 한다는 점은 권리남용금지의 원칙이나 신의성실의 원칙, 일반적 예방과 정의관념에서 요구된다는 것이다. 그러나 인과적 연관만으로 불가분적 연관을 설명할 수 있는가는 의문이고, 심리적 동가치책임설 역시 불가분적 연관의 근거와 내용을 설명한 것에 지나지 않는다고 생각된다.

3. 소 결

원인에 있어서 자유로운 행위에 있어서 원인행위를 실행행위로 볼 수는 없다. 원인행위에는 구성요건적 정형성이 없기 때문이다. 그러나 실행행위 시에는 완전한 책임능력을 인정할 수 없다. 따라서 원인에 있어서 자유로운 행위를 처벌하기 위해서는 원인행위 시의 책임을 근거로 처벌할 수밖에 없다. 문제는 원인행위 시의 책임을 근거로 원인에 있어서 자유로운 행위를 처벌하는 것이 책임주의와 조화될 수 있는가에 있다.

형법에는 독일형법 제20조와 같은 행위와 책임의 동시존재의 원칙에 관한 규정이 없다. 여기서 행위와 책임의 동시존재의 원칙은 책임주의에 포함되지 않는 책임주의와 별개의 원칙이며, 따라서 행위와 책임의 동시존재의 원칙에 대한 예외를 인정하더라도 책임주의에 대한 예외가 될 수 없다고 해석하는 견해도 있다.[3] 그러나 책임은 행위책임을 의미하며 행위책임을 인정하기 위해서는 행위 시에 책임능력이 있어야 하는 것이 당연한 이상 행위와 책임의 동시존재의 원칙은 책임주의에 의하여 당연히 인정되어야 하는 원칙이라고 해야 한다.[4] 그러나 이 견해가 원인에 있어서 자유로운 행위의 경우에 예외모델에 따

1) 임웅 286면. 임웅 교수는 이러한 인과적 연관을 불가분적 연관설의 내용으로 설명하고 있다.
2) 한상훈 「고의의 원인에 있어서 자유로운 행위」, 형사판례연구 10, 153면.
3) 한상훈 앞의 글, 156면; 이용식 앞의 글, 377, 387면도 같은 취지로 보인다.
4) 배종대 435면; 신동운 365면; 정성근/박광민 315면.

라 원인행위 시의 책임을 근거로 처벌하는 것이 책임주의에 일치한다고 해석하는 것은 타당하다. 예외모델에 의하더라도 구성요건실현에 관련된 책임이 결여된 것은 아니기 때문이다.[1] 책임주의의 내용으로 동시존재의 원칙을 요구하는 견해도 동시존재 원칙의 엄격한 적용을 요구하는 것이 아니라 원인에 있어서 자유로운 행위에 해당하지 않는 한 행위 시에 책임이 있어야 한다는 의미에 불과하며, 따라서 예외모델이 책임주의에 반하는 것은 아니라고 해석하고 있다. 즉 예외모델은 행위와 책임의 동시존재의 원칙에 대한 예외지만, 책임주의와는 조화될 수 있다고 해야 한다. 이러한 의미에서 형법의 해석에 있어서 다수설인 예외모델이 타당하다고 하지 않을 수 없다.

Ⅲ. 원인에 있어서 자유로운 행위의 유형

원인에 있어서 자유로운 행위에는 고의의 원인에 있어서 자유로운 행위와 과실의 원인에 있어서 자유로운 행위가 있다. 전자는 고의범으로 처벌할 수 있는 경우이고, 후자는 과실범이 성립할 수 있는 경우이다. 통설에 의하면 고의의 원인에 있어서 자유로운 행위가 성립하기 위해서는 원인행위 시에 책임능력결함상태의 야기와 구성요건에 해당하는 행위의 실행에 대한 고의, 즉 이중의 고의가 있을 것을 요한다.[2] 그리고 원인에 있어서 자유로운 행위는 원인행위 시의 원인행위와 실행행위에 대한 고의 · 과실의 유무에 따라 4개의 유형으로 분류되는 것으로 이해된다. 이를 4유형론이라고 한다.

[4유형론]

유형	원인행위	실행행위	처리방법
1	고의	고의	고의범
2	과실	고의	과실범
3	고의	과실	과실범
4	과실	과실	과실범

1) Jähnke LK[11] § 20 Rn. 78; Schöch LK § 20 Rn. 199.

2) 김일수/서보학 385면; 배종대 439면; 신동운 374면; 이재상 316면; 이형국 226면; 정성근/박광민 310면; 오상원 「고의의 원인에 있어서 자유로운 행위」, 형사판례의 연구 I, 420면; 한상훈 앞의 글, 165면.

이에 의하면 원인행위 시에 원인행위인 책임능력 결함상태의 야기와 구성요건에 해당하는 실행행위에 대한 이중의 고의가 있을 때에만 고의범이 성립하고, 그 이외의 경우에는 과실에 의한 원인에 있어서 자유로운 행위가 된다. 구성요건모델을 취한 경우에는 특별한 문제가 없다. 구성요건모델에 의하면 원인행위 시에 실행의 착수가 있으므로 그때의 실행행위에 대한 고의로 불법고의가 인정되고, 책임능력 결함상태를 야기하여 실행행위를 한다는 고의로 책임고의가 인정될 수 있기 때문이다. 그러나 예외모델에 의할 때에는 책임능력 결함상태에서의 고의가 있어야 불법고의가 인정될 수 있기 때문에, 원인행위 시의 이중의 고의와 실행행위 시의 고의라는 3중의 고의가 있어야 한다는 논의가 제기된다.[1] 원인에 있어서 자유로운 행위에 대한 논의는 책임단계, 특히 책임능력 판단단계에서의 논의임에도 불구하고 원인행위 시를 기준으로 고의·과실을 판단하는 것은 부당하고, 사전고의나 사후고의가 인정되지 않는 고의범에 있어서 구성요건적 고의의 판단은 구성요건적 행위 시점에서의 판단이지 책임단계 특히 책임능력의 유무와 관련해서 판단하는 것은 부당하며,[2] 결국 예외설의 의미는 책임단계에서는 책임고의·과실을 구분할 수 있다는 점에 불과하고, 책임단계에서 구성요건적 고의·과실을 논하는 것은 체계상 부적절하다는 것이다.[3] 여기서 이 견해는 원인에 있어서 자유로운 행위에 대한 소위 8유형론을 제시한다.[4] 후행행위 시의 불법고의와 선행행위 시의 실행행위에 대한 고의와 심신장애상태 야기에 대한 고의라는 3중의 고의에 따라 그 유형을 분류한 것이다.

예외모델에 의하면 책임능력 결함상태에서의 구성요건에 해당하는 행위가 있어야 실행행위를 인정할 수 있고, 고의는 실행행위 시에 존재해야 하므로 사전고의만으로 불법고의를 인정할 수 없다는 것은 옳다. 명정죄의 구성요건이 없는 형법에서 원인행위의 야기만으로 불법이 실현되는 것도 아니므로 원인행위에 대한 고의를 구성요건적 고의라고 할 수 없는 것도 사실이다. 그러나 원인에 있어서 자유로운 행위는 불법고의를 문제삼는 이론이 아니라 책임능력의

1) 한상훈 앞의 글, 165면.
2) 이용식 앞의 글, 379면.
3) 이용식 앞의 글, 387면.
4) 임웅 290면; 오영근 463면도 같은 입장을 취하고 있다.

문제와 관련된 책임의 문제이다. 예외이론에 의하더라도 구성요건적 고의가 실행행위 시에 존재해야 하는 것은 같다. 책임능력과 고의는 구별되어야 하기 때문에 실행행위 시에 고의가 없는 때에는 책임능력의 유무와 관계없이 고의범이 성립할 여지는 없다. 따라서 원인에 있어서 자유로운 행위의 경우에 요구되는 책임고의는 책임능력 결함상태에서의 행위에 대한 원인행위 시의 고의와 함께 책임능력 결함상태를 고의로 야기하였을 때에 인정된다.[1)] 원인에 있어서 자유로운 행위에는 3중의 고의가 문제됨에도 불구하고 독일형법학에서 이중의 고의를 필요로 한다고 해석하고 있는 이유도 여기에 있다.[2)] 뿐만 아니라 원인에 있어서 자유로운 행위의 유형을 8유형으로 확대해야 할 실익이 있는 것도 아니다. 8유형론은 과실의 원인에 있어서 자유로운 행위의 유형을 숫적으로 증가시켜 복잡하게 만들었을 뿐이기 때문이다.[3)] 결국, 원인에 있어서 자유로운 행위의 유형문제는 어떤 모델을 취하건 기존의 4유형론으로 충분하며, 예외모델이 책임고의만으로 양자를 구별하는 점에서 이론적 순수성이 인정된다고 해야 한다.

[8유형론]

유형	불법	책임		효과
	실행행위	실행행위	원인행위	
1	고의	고의	고의	고의
2	고의	고의	과실	과실
3	고의	과실	고의	상동
4	고의	과실	과실	상동
5	과실	고의	고의	상동
6	과실	고의	과실	상동
7	과실	과실	고의	상동
8	과실	과실	과실	상동

1) Streng MK § 20 Rn. 142.
2) Jähnke LK[11] § 20 Rn. 79; Jescheck/Weigend S. 447; Lackner/Kühl § 20 Rn. 26; Rudolphi SK § 20 Rn. 30; Streng MK § 20 Rn. 142; Tröndle/Fischer § 20 Rn. 50; Wessels/Beulke Rn. 417.
3) 조상제 「과실의 원인에 있어서 자유로운 행위」, 형사판례의 연구 I, 431면.

Ⅳ. 고의의 원인에 있어서 자유로운 행위(대상판결 (1))

대상판결 (1)은 대마초 흡연으로 인하여 심신미약상태를 야기하여 범죄를 실행한 경우에 원인에 있어서 자유로운 행위이론을 적용한 판결이다. 종래 주로 음주로 인하여 명정상태에 빠진 경우에 문제되던 원인에 있어서 자유로운 행위의 이론을 대마초 흡연의 경우까지 확대한 점에서 이 판결은 의미 있는 판결이며, 당연한 결론이었다고 할 수 있다. 대상판결이 고의의 원인에 있어서 자유로운 행위에 관한 판결인 점에도 의문이 없다.

고의의 원인에 있어서 자유로운 행위가 성립하기 위해서는 살해행위 시에 살인의 고의가 있어야 함은 물론 대마초 흡연 시에 위험발생을 예견하고 심신미약상태를 고의로 야기하였을 것을 요한다. 피고인들이 살해의 고의로 살해행위를 하였다는 점에는 의문이 없다. 대상판결은 피고인들이 대마초 흡연 시에 이미 범행을 예견하고도 자의로 심신장애상태를 야기한 경우에 해당한다는 이유로 제10조 3항에 의하여 형을 감경할 수 없다고 판시하였다. 형법 제10조 3항의 '위험의 발생을 예견하고'에 있어서 위험이란 구성요건실현의 가능성 또는 법익침해의 가능성을 의미한다고 볼 수 있다. 대상판결은 '범행을 예견하고'라고 표현하고 있으나, 같은 의미라고 해석된다. 피고인들이 피해자들을 살해할 의사를 가지고 범행을 공모한 후에 대마초를 흡연하였다는 점에서 구성요건실현의 고의가 인정된다고 할 수 있다. 대마초를 흡연할 때 살인의 책임고의가 인정된다는 의미이다. 고의의 원인에 있어서 자유로운 행위가 되기 위해서는 심신미약상태의 야기에 대한 고의도 있어야 한다. 물론 심신미약상태의 야기가 고의의 대상이 되는가에 대하여는 의문이 제기될 수 있다. 구성요건모델을 취할 경우에는 대마초의 흡연이 살인의 실행행위가 될 수 있고, 특히 독일 형법 제323조의 a와 같은 명정죄(Vollrausch)의 구성요건을 두고 있을 때에는 이를 구성요건적 고의라고 해석할 여지가 있지만, 구성요건모델은 실행행위의 구성요건적 정형성을 무시하는 이론이고 형법에는 명정죄의 구성요건도 없다. 따라서 심신미약상태에 대한 고의는 구성요건적 고의가 아니라 책임고의에 불과하다고 해야 한다. 이 경우 심신미약상태의 야기에 대한 책임고의는 대마초 흡연사실에 대한 인식을 의미하며, 그 인식은 미필적 인식으로도 족하다고 해야 한다. 다만, 단순한 명정상태의 야기에 대한 인식으로 족하다고 할 때에는 명정범죄의 대부분이 원인에 있어서 자유로운 행위에 포함되는 불합리한 결과가 초래되므로 범죄와의 연관성을 필요로 한다고 해야 한다. 다만, 특정범죄를 범하기 위해서 명정상태를 야기한다는 인식까지 요하는 것은 아니며, 죄를 범할 것을 예상하면서 책임능력 결함상태에 빠진다는 것을 인식하는 것으로 족하다고 할 것이다. 대상판결 (1)에서는 피고인들에게는 구성요건적 고의 이외에 원인행위 시의 이중의 책임고의를 갖추었으므로 고의의 원인에 있어서 자유로운 행위의 요건을 구비한 것이 명백하다.

원인에 있어서 자유로운 행위의 이론이 심신미약, 즉 한정책임능력 상태에서의 행위에 대하여도 적용되는 것은 제10조 3항의 규정상 명백하다. 대상판결은 타당하다.

V. 과실의 원인에 있어서 자유로운 행위(대상판결 (2))

대상판결 (2)는 「형법 제10조 제 3 항은 고의에 의한 원인에 있어서의 자유로운 행위만이 아니라 과실에 의한 원인에 있어서의 자유로운 행위까지도 포함하는 것으로서 위험의 발생을 예견할 수 있었는데도 자의로 심신장애를 야기한 경우도 그 적용대상이 된다고 할 것이다」고 판시하고 있으므로 과실의 원인에 있어서 자유로운 행위에 관한 판결이라고 이해되고 있다. 다만, 대상판결에서 피고인의 행위는 도로교통법 제148조의 2 제 1 호 위반죄(주취운전죄)와 특가법 제 5 조의 3 제 2 항 제 1 호 위반죄의 경합범에 해당하며, 특가법 위반죄는 업무상과실치사상죄와 유기치사죄, 또는 업무상과실치사죄와 사고운전자 도주죄의 결합범이므로, 업무상과실치사상죄에 관하여만 과실의 원인에 있어서 자유로운 행위가 문제될 수 있다고 할 것이다. 이러한 의미에서는 순수한 과실의 원인에 있어서 자유로운 행위에 대한 판결은 관련판결이라고 할 수 있다.

1. 형법 제10조 3항의 적용범위

형법 제10조 3항은 「'위험의 발생을 예견하고' '자의로 심신장애를 야기한 자의 행위'에는 전 2항의 규정을 적용하지 아니한다」라고 규정하고 있다. 따라서 형법 제10조 3항이 적용되기 위해서는 위험발생을 예견해야 하고, 자의로 심신장애를 야기해야 한다. 여기서 '위험발생을 예견하고'에 관하여 제 1 설은 구성요건실현에 대한 고의와 과실을 포함한다고 해석함에 반하여,[1] 제 2 설은 이를 고의에 제한된다고 해석한다.[2] 또 '자의로 심신장애를 야기한 자'에 관하여는 제 1 설이 고의로 야기한 경우에 제한함에 반하여,[3] 제 2 설은 이를 '스스로'라는 의미로 해석하여 고의뿐만 아니라 과실의 경우도 포함한다고 해석한다.[4] 대상판결은 피고인이 음주 시에 교통사고를 일으킬 위험성을 예견하였는데도 자의로 심신장애를 야기한 경우에 해당한다고 판시함으로써 위험발생의 예견에 관하여는 제 1 설을 취하였으나, 자의로 심신장애상태를 야기하였다는 의미에 관하여는 태도를 명확히 하였다고 볼 수 없다. 위험발생을 예견한다는 것이 고의뿐만 아니라 인식 있는 과실의 경우를 포함해야 하는 것은 당연하고, 위험발생의 가능성을 인식한 경우도 제외해야 할 이유가 없다는 점에서 이에 관한 판례의 태도는 타당하다고 생각된다. 대상판결의 경우 피고인은 운전하는 경우의 교통사고의 위험을 예견하였고, 심신장애상태의 야기에 대하여 인식이 있었던 이상 형법 제10조 3항의 요건을 충족한 경우에 해당한다.

문제는 원인에 있어서 자유로운 행위에 관한 형법 제10조 3항의 독자성을 인정하여 처벌의 근거에 대한 논의는 제10조 3항에 의하여 대체하고, 형법 제10조 3항에 해당하지 않으면 무죄판결을 선고하거나 형을 감경해야 할 것인가에 있다.[5] 그러나 첫째, 형법 제10조 3항은 모든 유형의 원인에 있어서 자유로운 행위를 규정하고 있지 않다. 제 1 설은 심신장애상태를 과실로 야기한 때, 제 2 설에 의하면 과실범의 구성요건을 실현한 경우에는 제10조 3항이 적용되지 않는다. 이 경우에도 원인에 있어서 자유로운 행위의 이론이 적용되어야 한

1) 김일수/서보학 388면; 박상기 235면; 배종대 438면; 손동권 283면; 손해목 615면; 신동운 279면; 이재상 319면; 이형국 193면; 임웅 291면; 정성근/박광민 323면. 조상제 앞의 글, 436면은 고의와 인식 있는 과실을 포함한다고 해석한다.
2) 오영근 419면; 이용식 앞의 글, 398면.
3) 박상기 234면; 배종대 441면; 안동준 156면; 오영근 464면; 이재상 319면; 조상제 앞의 글, 435면.
4) 김일수/서보학 388면; 손동권 283면; 신동운 378면; 임웅 291면; 정성근/박광민 321면; 이용식 앞의 글, 399면.
5) 이용식 앞의 글, 388, 405면은 이러한 입장이다.

다. 둘째, 형법 제10조 3항의 규정에도 불구하고 그것이 책임주의에 반할 때에는 효력을 인정할 수 없으므로 원인에 있어서 자유로운 행위에 대한 책임을 설명할 이론이 필요하다. 셋째, 제10조 3항의 규정이 없는 독일형법의 해석에서 보여주는 것과 같이 그러한 규정이 있는가의 여부를 떠나 원인에 있어서 자유로운 행위에 대하여는 심신장애에 관한 규정이 적용되지 않는다고 해야 한다. 대상판결은 형법 제10조 3항이 과실의 원인에 있어서 자유로운 행위에 대하여도 적용된다고 판시하고 있다. 그러나 제10조 3항의 적용여부를 떠나 이 경우에 원인에 있어서 자유로운 행위이론이 적용된다고 해석하는 것이 타당하다.

2. 대상판결 (2)의 검토

대상판결이 피고인에게 도로교통법 제44조의 주취운전죄를 인정한 점에는 의문이 없다. 주취운전죄는 술에 취한 상태에서 운전하면 성립하는 범죄이므로 심신장애에 관한 규정이 적용될 여지가 없다고 할 수 있다. 피고인의 소위 중 업무상과실치사의 점에 대하여 원인에 있어서 자유로운 행위에 관한 제10조 3항이 적용된다는 점도 이해할 수 있다. 피해자의 사망은 피고인의 운전행위에 객관적으로 귀속될 수 있고, 피고인이 자의로 심신장애상태를 야기하여 과실범의 구성요건을 실현하였기 때문이다. 따라서 관련판결이 업무상과실치사죄에 관하여 형법 제10조 3항을 적용하였음은 당연하다. 대상판결이 형법 제10조 3항은 과실의 원인에 있어서 자유로운 행위에 대하여도 적용된다고 판시한 것도 이러한 의미라고 생각된다. 문제는 특가법 제 5 조의 3의 죄, 특히 사고운전자도주죄와 유기치사의 죄에 대하여도 원인에 있어서 자유로운 행위의 이론이 적용될 수 있는가에 있다. 특가법상의 도주운전죄가 과실, 고의, 결과적 가중범의 결합범이라는 특수한 구조를 갖는 범죄라는 전제에서 대상판결이 결과실현행위가 과실범이면 과실의 원인에 있어서 자유로운 행위의 효과를 인정한 것이라고 보고, 실행행위 시에 도주의 구성요건적 고의가 인정되고 원인에 있어서 자유로운 행위는 업무상과실과 관련하여 인정되면 충분하고 음주 시에는 도주의 고의가 요구되지 않는다고 해석할 여지가 있다고 보는 견해도 있다.[1] 그러나 특가법위반의 죄는 사고운전자가 도주의 고의로 도주했을 때 성

1) 이용식 앞의 글, 408면.

립하는 고의범이다. 유기죄도 같다. 대상판결에서 피고인에게 실행행위 시에 도주나 유기의 고의가 있었다고 볼 수 있다. 이들 범죄에 대하여는 과실범 처벌규정도 없다. 그러나 고의의 원인에 있어서 자유로운 행위로서 형법 제10조 3항이 적용되기 위해서는 실행행위 시의 구성요건적 고의 이외에 원인행위인 음주행위 시에 도주 또는 유기의 고의와 책임능력결함상태의 야기에 대한 고의가 있어야 책임고의가 충족된다. 이러한 요건이 충족되지 않았음에도 불구하고 고의범에 대하여 원인에 있어서 자유로운 행위이론이 적용될 수 있다고 해석하는 것은 옳다고 할 수 없다.[1] 대상판결에 찬성할 수 없다.

1) 동지: 조상제 앞의 글, 444면.

14. 법률의 부지와 법률의 착오

[대상판결]

(1) 대법원 1985. 4. 9. 85도25

1. 사건의 개요

피고인은 천지창조라는 디스코클럽을 경영하는 자로, 1983. 12. 23. 밤 8시부터 11시경까지 위 디스코클럽에 18세 이상자이고 고등학생이 아닌 미성년자 10명을 출입시키고 맥주 등 주류를 판매하였다.

한편 1983. 4. 5. 관할 의정부경찰서 강당에서 개최된 청소년 선도에 따른 관련 업주회의에서 18세 이상자나 대학생인 미성년자의 업소출입 가부에 관한 질의가 있었으나 확답을 얻지 못하였고, 같은 달 26일 경기도 경찰국장의 명의로 청소년유해업소 출입단속 대상자가 18세 미만자와 고등학생이라는 내용의 공문이 의정부경찰서 및 관할지서와 파출소에 하달됨에 따라 피고인을 포함한 업주들도 직접 또는 전화상의 방법으로 그 내용을 알게 되었다.

이에 따라 피고인은 종업원에게 단속대상자가 18세 미만자와 고등학생임을 알려주고 그 기준에 맞추어 주민등록증을 확인하고 난 후, 만 18세 이상자이고 고등학생이 아닌 위 10명의 미성년자를 출입시키고 주류를 판매하게 되었다.[1)]

---

1) **[관련조문]**

미성년자보호법 제 2 조 [금지사항] ① 미성년자는 다음 행위를 할 수 없다.

3. 선량한 풍속을 해할 염려가 있는 흥행장유흥접객업소, 사행행위장, 유기장 등에 출입하는 행위

제 4 조 [영업자의 의무] ① 연초 또는 주류판매자 및 그 고용인은 미성년자에게 그가 끽용 또는 음용할 것을 알고 이들을 판매하거나 공여하여서는 아니된다.

② 제 2 조 제 1 항 제 3 호에 게기된 업소의 영업자는 미성년자를 그 영업소 내에 출입하게 하여서는 아니된다.

제 6 조 [벌칙] ① 제 4 조 제 1 항 또는 제 2 항의 규정에 위반한 자는 1년 이하의 징역이나 100만원 이하의 벌금, 구류 또는 과료에 처한다.

2. 사건의 경과

1심과 원심은 모두 피고인에게 무죄를 선고하였다. 피고인이 18세 이상자이고 고등학생이 아닌 미성년자라면 유흥접객업소에 출입시키거나 주류를 판매하더라도 미성년자보호법에 저촉되지 아니하는 것으로 오인하게 된 사정이 경찰관서의 단속지침을 신뢰한 데서 비롯한 것이라면 그 오인에는 형법 제16조 소정의 법률의 착오의 정당한 이유가 있는 때에 해당한다고 보았다.

그러나 대법원은 검사의 상고를 받아들여 원심판결을 파기환송하였다.

3. 판결요지

가. 형법 제16조에 「자기의 행위가 법령에 의하여 죄가 되지 아니한 것으로 오인한 행위는 그 오인에 정당한 이유가 있는 때에 한하여 벌하지 아니한다」고 규정하고 있는 것은 단순한 법률의 부지의 경우를 말하는 것이 아니고 일반적으로 범죄가 되는 행위이지만 자기의 특수한 경우에는 법령에 의하여 허용된 행위로서 죄가 되지 아니한다고 그릇 인식하고 그와 같이 그릇 인식함에 있어 정당한 이유가 있는 경우에는 벌하지 아니한다는 취지이다.

나. 유흥접객업소의 업주가 경찰당국의 단속대상에서 제외되어 있는 만 18세 이상의 고등학생이 아닌 미성년자는 출입이 허용되는 것으로 알고 있었더라도 이는 미성년자보호법 규정을 알지 못한 단순한 법률의 부지에 해당하고 특히 법령에 의하여 허용된 행위로서 죄가 되지 않는다고 적극적으로 그릇 인정한 경우는 아니므로 비록 경찰당국이 단속대상에서 제외하였다 하여 이를 법률의 착오에 기인한 행위라고 할 수는 없다.

(2) 대법원 2002. 5. 17. 2001도4077

1. 사건의 개요

피고인은 비디오물 감상실업을 운영하면서 18세 미만자의 출입만 금지되는 줄 알고 만 18세 6개월된 미성년자를 출입시켰다가 청소년보호법위반죄로 적발되었다. 청소년보호법은 19세 미만자를 청소년으로 규정하고 비디오방 출입을 금지하고 있는데, 구 음반 · 비디오물 및 게임물에 관한 법률(이하 '음반등법')은 18세 미만인 연소자의 비디오방 출입을 금지하고 있었다.

한편 비디오물감상실을 단속 · 관할하는 부서인 대구 중구청 문화관광과는 업주들을 상대로 실시한 교육과정을 통하여 '만 18세 미만의 연소자' 출입금지표시를 업소출입구에 부착하라고 행정지도를 하였을 뿐, 법에서 금지하고 있는 '만 18세 이상 19세 미만'의 청소년 출입문제에 관하여는 특별한 언급을 하지 않았고, 이로 인하여 피고인을 비롯한 비디오물감상실 업주들은 여전히 출입금지대상이 음반등법 및 그 시행령에서 규정하는 '18세 미만의 연소자'에 한정되는 것으로 인식하였다.[1)]

2. 사건의 경과

원심은 피고인에게 무죄판결을 선고하였다. 원심의 무죄판결이유는

가. 18세 이상 19세 미만의 청소년을 비디오 감상실에 출입시킨 업주는 청소년보호법에 의한 형사처벌의 대상이 아니고,

나. 가사 18세 이상 19세 미만의 사람을 비디오감상실에 출입시킨 업주는 법에 의한 형사처벌의 대상이 된다고 하더라도, 위 음반등법과 그 시행령 규정의 반대해석을 통하여 18세 이상 청소년에 대하여는 출입금지 의무가 없는 것으로 오인될 가능성이 충분하고, 법시행령 제19조가 이러한 오인 가능성을 더욱 부추겨 마치 법에 의하여 부과된 '18세 이상 19세 미만의 청소년에 대한 출입금지 의무'가 다시 법시행령 제19조와 위 음반등법 및 그 시행령의 연관해석을 통해 면제될 수 있을 것 같은 외관을 제시함에 따라, 실제로 개정된 법이 시행된 후에도 이 사건 비디오물감상실의 관할부서(대구 중구청 문화관광과)는 업주들을 상대로 실시한 교육과정을 통하여 종전과 마찬가지로 음반등법 및 그 시행령에서 규정한 '만 18세 미만의

1) **[관련조문]**

청소년보호법 제 2 조 [정의] 이 법에서 사용하는 용어의 정의는 다음과 같다.

1. "청소년"이라 함은 19세미만의 자를 말한다.

5. "청소년유해업소"라 함은 청소년의 출입과 고용이 청소년에게 유해한 것으로 인정되는 다음 가목의 1에 해당하는 업소(이하 "청소년출입 · 고용금지업소"라 한다)와 청소년의 출입은 가능하나 고용은 유해한 것으로 인정되는 다음 나목의 1에 해당하는 업소(이하 "청소년고용금지업소"라 한다)를 말한다.

가. 청소년출입 · 고용금지업소

(2) 음반 · 비디오물 및 게임물에 관한 법률에 의한 비디오물감상실업 및 동법에 의한 노래연습장업 중 대통령령으로 정하는 것

제 6 조 [다른 법률과의 관계] 이 법은 청소년유해환경의 규제에 관한 형사처벌에 있어서 다른 법률에 우선하여 적용한다.

제24조 [청소년 고용금지 및 출입제한 등] ② 청소년출입 · 고용금지업소의 업주 및 종사자는 출입자의 연령을 확인하여 청소년이 당해업소에 출입하거나 이용하지 못하게 하여야 한다.

제51조 [벌칙] 다음 각호의 1에 해당하는 자는 2년 이하의 징역 또는 1천만원 이하의 벌금에 처한다.

7. 제24조 제 2 항의 규정에 위반하여 청소년을 유해업소에 출입시킨 자

음반 · 비디오물 및 게임물에 관한 법률 제 8 조 [유통관련업자의 준수사항] 유통관련업자는 다음 각호의 사항을 준수하여야 한다.

3. 게임제공업소 또는 노래연습장을 운영하는 자는 연소자(18세미만의 자를 말한다. 이하 같다)를 대통령령이 정하는 출입시간외에 출입하게 하여서는 아니된다.

연소자' 출입금지표시를 업소출입구에 부착하라고 행정지도를 하였을 뿐 법에서 금지하고 있는 '만 18세 이상 19세 미만'의 청소년 출입문제에 관하여는 특별한 언급을 하지 않았고, 이로 인하여 피고인을 비롯한 비디오물감상실 업주들은 여전히 출입금지대상이 음반등법 및 그 시행령에서 규정하고 있는 '18세 미만의 연소자'에 한정되는 것으로 인식하였던 것으로 보여지는바, 사정이 위와 같다면, 피고인이 자신의 비디오물감상실에 18세 이상 19세 미만의 청소년을 출입시킨 행위가 관련 법률에 의하여 허용된다고 믿었고, 그렇게 믿었던 것에 대하여 정당한 이유가 있는 경우에 해당한다고 할 것이고, 달리 피고인이 법에 위반된다는 점을 알면서도 18세의 청소년들인 김○○ 등을 출입시켰다고 볼 만한 자료가 없으므로, 이 사건 공소사실은 죄가 되지 아니하는 경우에 해당한다는 점에 있었다.

3. 판결요지

[1] 구 청소년보호법(2001. 5. 24. 법률 제6479호로 개정되기 전의 것, 이하 '법'이라고 한다) 제 2 조 제 1 호는 청소년이라 함은 19세 미만의 자를 말한다고 규정하고 있고, 제 5 호 (가)목 (2)는 청소년출입금지업소의 하나로 음반·비디오물및게임물에관한법률에 의한 비디오물 감상실업을 규정하고 있으며, 제 6 조는 이 법은 청소년유해환경의 규제에 관한 형사처벌에 있어서는 다른 법률에 우선하여 적용한다고 규정하고 있으므로, 비디오물감상실업자가 18세 이상 19세 미만의 청소년을 비디오물감상실에 출입시킨 경우에는 법 제51조 제 7 호, 제24조 제 2 항의 청소년보호법위반죄가 성립한다.

[2] 구 음반·비디오물및게임물에관한법률(2001. 5. 24. 법률 제6473호로 전문개정되기 전의 것) 제 8 조 제 3 호, 제 5 호, 같은법시행령(2001. 10. 20. 대통령령 제17395호로 전문 개정되기 전의 것) 제14조 [별표 1] 제 2 호 (다)목 등이 18세 미만의 자를 연소자로 규정하면서 비디오물감상실업자가 포함되는 유통관련업자의 준수사항 중의 하나로 출입자의 연령을 확인하여 연소자의 출입을 금지하도록 하고 출입문에는 '18세 미만 출입금지'라는 표시를 부착하여야 한다고 규정하고 있다고 하더라도, 법 제24조 제 3 항의 규정내용에 비추어 위 음반·비디오물및게임물에관한법률 및 같은법시행령의 규정을 다른 법령이 청소년보호법위반 행위에 대한 예외사유로서 청소년의 출입을 허용한 특별한 규정에 해당한다고 볼 수는 없다.

[3] 형법 제16조에서 자기가 행한 행위가 법령에 의하여 죄가 되지 아니한 것으로 오인한 행위는 그 오인에 정당한 이유가 있는 때에 한하여 벌하지 아니한다

고 규정하고 있는 것은 단순히 법률의 부지를 말하는 것이 아니고, 일반적으로 범죄가 되는 경우이지만 자기의 특수한 경우에는 법령에 의하여 허용된 행위로서 죄가 되지 아니한다고 그릇 인식하고 그와 같이 그릇 인식함에 정당한 이유가 있는 경우에는 벌하지 않는다는 취지이다.

[4] 비디오물감상실업자가 자신의 비디오물감상실에 18세 이상 19세 미만의 청소년을 출입시킨 행위가 관련 법률에 의하여 허용된다고 믿었고, 그렇게 믿었던 것에 대하여 정당한 이유가 있는 경우에 해당한다.

[판례의 연구]

Ⅰ. 문제의 제기

행위자가 금지규범을 인식하지 못한 경우를 법률의 부지라고 한다. 즉 행위자는 자기가 무엇을 하고 있는가는 알고 있지만, 그 행위가 법적으로 금지되어 있는 규범을 알지 못한 경우이다. 통설은 법률의 부지를 포섭의 착오나 효력의 착오와 함께 행위자가 그의 행위에 직접 적용되는 금지규범을 인식하지 못하여 허용된다고 오인한 직접적 착오로서 법률의 착오에 속한다고 해석하고 있다. 직접적 착오 중 효력의 착오나 포섭의 착오에서는 행위자가 법규정의 효력이나 의미 혹은 해석·적용상의 착오를 일으켜 그 규정이 적용되지 않는다고 오인한 경우인 데 반하여, 법률의 부지에서 행위자는 금지규범의 존재 자체를 전혀 모르고 있다는 점에서 차이가 있다. 그리고 이러한 직접적 착오는 행위자가 금지된 것은 알았으나 구체적인 경우에 위법성조각사유의 법적 한계를 오해하였거나 위법성조각사유가 존재하는 것으로 오인한 간접적 착오와 구별하고 있다. 이에 반하여 대법원은 법률의 부지는 법률의 착오에 해당하지 않는다는 태도를 일관하고 있다. 즉 대법원은 일관하여 「형법 제16조는 단순한 법률의 부지를 말하는 것이 아니고, 일반적으로는 범죄가 되는 경우이지만 자기의 특수한 경우에는 법령에 의하여 허용된 행위로서 죄가 되지 아니한다고 그릇 인식하고, 그와 같은 그릇 인식함에 정당한 이유가 있는 경우에는 벌하지 않는다는 취지이다」라고 판시하고 있다.[1] 이에 의하면 법률의 부지는 정당한 이유가 있는 때에도 범죄의 성립에 영향을 미치지 않게 된다. 대상판결도 같은 취지의 판결들이다. 다만, 대상판결 (1)이 법률의 부지는 법률의 착오에 해당하지 않는다는 취지를 명백히 한 판결임에 반하여, 대상판결 (2)에서는 같은 요지의 판결을 하면서도 피고인의 행위는 법률의 착오가 정당한 이유가 있는 경우에 해당한다고 판시한 점에서 중대한 차이가 있다. 여기서 법률의 착오와 법률의 부지를 구별하는 대법원의 논거는 무엇이고 그 태도는 타당한가, 법률의 부지와 법률의 착오는 어떻게 구별되는가, 법률의 착오의 효과는 무엇이고 정당한 이유의 판단기준은 무엇인가를 검토한 후에 대상판결 (1)과 (2)를 분석해 보기로 한다.

Ⅱ. 법률의 부지와 법률의 착오

1. 대법원판결의 구별근거

대법원은 법률의 부지와 법률의 착오를 구별하면서도 법률의 부지의 개념을 적극적으로 규명하지 않고 소극적으로 법률의 부지는 법률의 착오에 해당하지 않는다고만 판시하고 있다. 따라서 대법원이 왜 법률의 부지의 경우에는 법률의 착오에 해당하지 않는다고 보는가에 대한 근거는 그 배경을 통하여 몇 가지로 추측해 볼 수밖에 없다.

1) 역사적 배경　　법률의 부지는 법률의 착오에 해당하지 않는다는 판례의 태도는 연혁적으로 '법률의 부지는 용서받지 못한다'는 로마법 이래의 전통에 기초하고 있다고 할 수 있다. 이러한 로마법 이래의 법리가 독일형법에 영

1) 대법원은 ① 구 건축법에 의한 허가대상인 줄 모르고 허가 없이 용도를 변경한 경우(대법원 1995. 12. 22. 94도2148; 대법원 1991. 10. 11. 91도1566), ② 부동산 중개업자가 인원수의 제한 없이 중개보조원을 채용하는 것이 허용된다고 오인하고 부동산중개업법이 정한 제한인원을 초과하여 중개보조원을 채용한 경우(대법원 2000. 8. 18. 2000도2943), ③ 파견근로자 보호 등에 관한 법률의 내용을 모르고 근로자 사업허가 없이 외국연예인을 관광업소에서 공연하게 한 경우(대법원 2000. 9. 29. 2000도3051), ④ 보험회사 지점장 등이 규정에 어긋나는 행위를 하는 것을 모르고 보험계약과 관련하여 금원을 수수한 경우(대법원 2001. 6. 29. 99도5026), ⑤ 음식류를 조리·판매하는 레스토랑으로 허가받았으면 청소년을 고용해도 청소년보호법에 위반되지 않는 것으로 알고 일반음식점 영업허가를 받고 야간에 주류를 판매하는 업소에 청소년을 고용한 경우(대법원 2004. 2. 12. 2003도6282)에 법률의 착오에 해당하지 않는다고 판시하였다.

향을 미치고, 독일형법을 본받은 일본형법 제38조 3항이 「법률을 몰랐다고 하여 죄를 범할 의사가 없었다고 할 수 없다」는 명문의 규정을 두게 되었고, 일본의 대심원판례가 일관하여 법률의 부지는 범죄의 성립에 영향을 미치지 못한다고 판시한 것이[1] 우리 판례에 영향을 미친 것이라고 한다.[2] 결국 연혁적으로는 로마법 이래의 전통, 그리고 직접적으로는 일본형법과 일본 판례의 영향 때문이었다고 할 수 있다. 그러나 법률의 부지는 용서받지 못한다는 법원리는 자연법이 모든 사람의 가슴에 각인된 생래적 이념이기 때문에 자연법을 몰랐다는 것은 변명이 되지 않는다는 의미였으므로, 이 법원리는 독일 제국법원(Reichgericht)에 이르러 민사법의 착오는 면책되지만 형사법의 착오는 고려되지 않는다는 이분법적 사고가 지배하게 된다. 그러나 형법이 원래의 핵심형법에서 부수형법으로 팽창되고, 특히 핵심형법도 국제적 왕래의 증가로 그 내용을 누구나 알 수 있는 것이 아니게 되어 이 법원리는 더 이상 적용될 수 없게 되었다.[3]

2) 형법 제16조의 문언 형법 제16조는 법률의 착오에 관하여 '자기의 행위가 법령에 의하여 죄가 되지 아니하는 것으로 오인한 행위'라고 규정하고 있다. 여기서 법령에 의하여 죄가 되지 아니하는 것으로 오인한 행위란 위법성을 적극적으로 오인한 경우를 말하므로 형법 제16조는 위법성에 대한 착오의 일부, 즉 적극적 착오만을 규정한 것이라고 해석할 여지가 있다. 독일형법 제17조가 '행위 시에 행위자에게 위법성의 인식이 없는 때에는'이라고 규정한 것과 구별된다. 독일의 1962년 형법초안 제21조가 금지착오를 불법을 행하지 않는다고 적극적으로 오인한 경우에 제한한 것과 일치한다. 법에 무관심한 자를 금지착오의 규정에 의하여 우대해 줄 필요는 없다는 고려에 기초한다. 대상판결 (1)이 단순히 법률의 부지는 법률의 착오가 아니라고 판시하였음에 반하여, 대상판결 (2)는 법률의 부지와 법률의 착오를 구별하면서도 법률의 착오에 정당한 이유가 있는 경우라고 판시하였음은 이러한 의미라고 이해할 수도 있다.

1) 日大判 대정 8. 10. 10(평론 2-394); 日大判 대정 11. 11. 17(형집 1-666); 日大判 소화 8. 9. 13(형집 11-1169); 日最判 소화 23. 7. 14(형집 2-8, 889).

2) 김영환 「법률의 부지의 형법 해석학적 문제점」, 형사판례의 연구 I, 478면; 허일태 「법률의 부지」, 형사판례의 연구 I, 450면.

3) 김영환 앞의 글, 478~480면 참조.

그러나 위법성에 대한 적극적 오인과 소극적 부지의 구별이 명백한 것도 아니다. 대상판결 (1)에서도 피고인이 자기의 행위가 허용된다고 적극적으로 오인했다고도 볼 수 있기 때문이다. 법에 무관심한 자라고 하더라도 자기 행위의 불법을 전혀 인식할 수 없는 자를 처벌한다는 것은 책임원칙에 정면으로 충돌한다. 뿐만 아니라 법률의 부지를 법률의 착오에서 제외하는 것은 책임비난을 위하여 왜 위법성의 인식이 있어야 하고, 법률의 부지와 위법성조각사유의 착오나 효력과 포섭의 착오와 어떤 가치차이가 있는가에 대한 근본적인 검토가 결여된 결과라고 해야 한다. 결국 자기의 행위가 허용된다고 적극적으로 오인한 경우뿐만 아니라 소극적으로 금지된 것을 모른 경우에도 법률의 착오에 해당한다고 해야 한다.

3) **위법성인식의 대상** 위법성의 인식은 법적 금지의 인식을 의미한다. 따라서 단순한 반도덕성의 인식으로는 족하지 않다. 즉 위법성인식의 대상은 법가치위반이기 때문에 무엇인가 허용되지 않는다는 인식으로 족하며, 구체적인 법규정의 인식까지 요구하는 것은 아니다.[1] 위법성의 인식에 구체적인 법규정의 인식을 요구하지 않는 이상 법규정을 몰랐다는 것만으로는 법률의 착오가 되지 않는다고 해석할 여지가 없는 것은 아니다. 그러나 위법성의 인식에 법규정의 인식을 요하지 않는다고 하여 반대로 법규범을 모른 경우는 법률의 착오가 아니라고 단정할 수는 없다.

그렇다면 법률의 부지를 법률의 착오에서 제외하는 판례의 논거는 어느 하나도 유지될 수 없다고 해야 한다.

2. 위법성의 인식과 법률의 착오

통설인 규범적 책임론에 의하면 책임이란 위법한 행위를 결의한 데 대한 비난가능성을 의미한다. 따라서 자기의 행위가 위법하다고 하는 위법성의 인식이 있어야 범죄를 결의했다는 법감정의 결여를 이유로 행위자를 비난할 수 있게 된다. 이러한 의미에서 위법성의 인식은 행위자로 하여금 법적 의무에 합

1) 대법원 1987. 3. 24. 86도2673, 「위법성의 인식은 범죄사실이 사회정의와 조리에 어긋난다는 것을 인식하는 것으로서 족하고, 구체적인 해당법조문까지 인식할 것을 요하는 것은 아니다.」 다만, 법적 금지의 인식과 사회정의와 조리에 어긋난다는 인식이 같은 의미인가는 의문이다.

치되는 행위를 하도록 하는 기능을 갖게 되며, 위법성의 인식은 책임비난의 핵심이 된다. 따라서 현재의 책임이론에서 책임비난에 위법성의 인식을 요하지 않는다는 견해는 없다고 할 수 있다. 법률의 착오란 책임비난에 필요한 위법성의 인식이 없는 경우, 즉 사실은 인식하였으나 위법성을 인식하지 못한 경우를 말한다. 위법성을 인식하지 못한 원인은 불문하며, 위법성을 인식하지 못한 것이 직접적 착오로 인한 것인지 간접적 착오로 인한 것인지를 묻지 않는다. 그렇다면 금지규범을 인식하지 못하여 위법성의 인식이 없는 경우에도 당연히 법률의 착오에 해당한다고 해야 한다. 위법성의 인식이 없다는 점에서 법률의 부지도 포섭과 효력의 착오 또는 간접적 착오인 위법성조각사유의 착오의 경우와 가치차이가 없다. 형법 제16조는 법률의 착오에 관한 규정이다. 위법성의 인식이 없는 경우가 법률의 착오인 이상, 법률의 부지도 당연히 제16조가 규정하고 있는 법률의 착오에 해당한다고 해야 한다.

Ⅲ. 법률의 부지와 법률의 착오의 한계

대법원의 견해에 의하더라도 포섭의 착오나 효력의 착오는 법률의 착오에 속한다. 그러나 포섭의 착오와 법률의 부지의 한계가 반드시 명확한 것은 아니다. 포섭의 착오란 구성요건적 사실이 어떤 법률적 의미를 가지느냐에 대하여 착오를 일으켜 그 행위가 허용된다고 오인한 경우를 말한다. 행위의 위법성에 대하여 적극적인 착오가 있는 경우라고 할 수 있다. 그러나 대상판결의 사안이 법률의 부지에 해당하는 것이 아니라 포섭의 착오에 해당하는 경우가 아닌가에 대하여 의문이 제기되고 있다.[1] 예컨대 피고인이 미성년자보호법의 규정을 전혀 몰라서 미성년자를 고용해도 처벌받지 않는다고 오인했다면 이는 물론 법률의 부지에 해당한다. 그러나 미성년자보호법이 미성년자의 고용을 처벌한다는 것을 알았지만, 그 적용대상은 18세 미만자이거나 고등학생이라고 오인한 것이라면 이는 포섭의 착오가 된다. 이에 반하여 미성년자는 18세 미만의

---

1) 대상판결 (1)을 평석한 대부분의 학자들은 이 판결이 포섭의 착오를 법률의 부지로 취급하여 법률의 착오에서 제외한 잘못이 있다고 비판하고 있다. 신동운 판례백선 321면; 김영환 앞의 글, 485면; 조국 「법률간의 부정합과 금지착오」, 형사판례의 연구 I, 509면; 허일태 앞의 글, 454면.

자이고, 따라서 미성년자보호법은 18세 미만의 자에게만 적용된다고 오인했다면 이는 미성년자보호법의 내용을 전혀 모른 경우라고 할 수 있으므로 법률의 부지에 해당한다고 볼 수 있다. 대상판결의 사례는 피고인이 미성년자보호법의 내용을 전혀 모른 경우가 아니라 미성년자보호법의 규제대상이 18세 미만의 자라고 오인한 경우이며, 이는 포섭의 착오에 해당하는 경우이다. 그렇다면 대상판결에서 대법원은 포섭의 착오에 해당하는 경우를 법률의 부지라고 잘못 판단하여, 법률의 착오의 범위에서 제외하는 잘못을 범했다고 하지 않을 수 없다.

Ⅳ. 법률의 착오의 효과

1. 고의설과 책임설

법률의 착오에 관하여 형법 제16조는 「자기의 행위가 법령에 의하여 죄가 되지 아니하는 것으로 오인한 행위는 그 오인에 정당한 이유가 있는 때에 한하여 벌하지 아니한다」고 규정하고 있다. 법률의 착오의 효과는 오인에 정당한 이유가 없는 경우에 과실범으로 처벌하는가 또는 고의범으로 처벌하는가에 결론을 달리한다. 여기에는 고의설과 책임설이 대립된다.

(1) 고 의 설

고의설은 고의를 구성요건적 고의와 위법성의 인식을 포함하는 책임요소로 이해한다. 따라서 위법성의 인식은 고의의 구성요소이므로, 위법성의 인식이 없으면 고의가 조각되고, 이를 회피할 수 있었을 때에는 과실범으로 처벌받을 수 있을 뿐이다. 인과적 행위론의 이론적 귀결이라고 할 수 있다. 고의설은 다시 엄격고의설과 제한적 고의설로 나누어진다.

1) 엄격고의설　　고의에는 범죄사실의 인식 이외에 현실적 위법성의 인식을 필요로 한다는 견해이다. 즉 이에 의하면 행위 시에 현실적 위법성의 인식이 있어야 고의범이 성립하게 된다. 그러나 이 견해는 중범죄나 격정범에 있어서는 흥분된 감정상태나 순간적인 격분으로 범죄를 실행한 것이므로 이를 과실범으로 처벌할 수 있을 뿐이며, 확신범이나 상습범에 대하여는 위법성의

인식을 기대할 수 없으므로 처벌할 수 없게 되는 형사정책적 결함을 초래한다는 비판을 면할 수 없다.

2) 제한적 고의설 위법성의 인식은 고의의 구성요소이지만, 고의의 구성요소가 되는 위법성의 인식은 현실적 위법성의 인식이 아니라, 잠재적 인식 즉 위법성인식의 가능성이면 족하다고 해석하는 견해이다. 가능성설이라고도 한다. 제한적 고의설이 엄격고의설의 형사정책적 결함을 극복할 수 있는 것은 사실이다. 그러나 위법성인식의 가능성, 즉 과실을 고의의 구성요소로 이해하여 서로 모순되는 고의와 과실을 결합함으로써 과실 있으면 고의 있다는 결론을 제시한 것은 잘못이라는 비판을 받고 있다.

(2) 책 임 설

책임설은 위법성의 인식을 고의와 분리된 독립된 책임요소로 이해한다. 고의는 주관적 구성요건요소로서 잠재적 위법성의 인식이라는 평가적 요소나 현실적 위법성의 인식이라는 심리적 요소를 포함하지 않는다. 따라서 위법성의 인식이 없는 때에는 고의를 조각하는 것이 아니라 책임을 조각할 수 있을 뿐이다. 이 경우 착오의 법적 효과는 착오의 회피가능성에 따라 결정된다. 즉 착오가 회피불가능한 때에는 책임을 조각하지만, 회피가능할 때에는 책임을 감경할 수 있을 뿐이다. 형법의 해석상 책임설이 타당하다는 점에는 현재 견해가 일치하고 있다.[1)]

2. 정당한 이유의 판단기준

책임설에 의하는 경우 법률의 착오의 효과는 착오의 회피가능성에 의하여 좌우된다. 형법은 착오에 정당한 이유가 있으면 벌하지 아니한다고 규정하고 있지만, 여기서 정당한 이유란 착오의 회피가능성과 같은 의미에 불과하다고 해야 한다. 그런데 회피가능성의 본질은 위법성인식의 가능성에 있으므로 착오의 회피가능성은 과실과 유사한 구조를 가진다. 즉 회피가능성의 판단에는 과실과 같은 기준이 적용된다. 착오의 회피가능성, 즉 위법성인식의 가능성을 인정하기 위한 전제조건으로는, 첫째 위법성인식의 계기가 존재해야 하고, 둘

---

1) 김일수/서보학 401면; 박상기 244면; 배종대 445면; 신동운 396면; 이재상 328면; 임웅 299면; 정성근/박광민 339면.

째 위법성인식을 위한 확인과 조회의무를 다해야 하며, 셋째 행위자가 충분한 노력을 다한 경우에는 위법성을 인식할 수 있었어야 한다.[1]

(1) 위법성인식의 계기

착오가 회피가능하다고 하기 위해서는 위법성인식의 계기가 존재해야 한다. 따라서 행위자에게 법상태를 조사해야 할 계기가 없을 때에는 법률의 착오는 회피불가능하다고 해야 한다. 언제 위법성인식의 계기가 존재하는가에 관하여 심리적 계기개념은 행위자에게 현실적 위법성의 인식이 있거나 적어도 적법성에 대한 의심을 가졌을 때 계기를 인정한다. 그러나 회피가능성은 규범적으로 판단해야 할 책임의 문제이며 적법성에 대하여 의심조차 하지 않은 행위자에게 정당한 이유를 인정하는 것도 타당하다고 할 수 없으므로 심리적 요소를 규범적 기준에 의해 수정할 필요가 있다. 그렇다면 ① 행위자가 행위의 적법성에 대하여 의문을 가진 때에는 그 적법성을 확인해야 할 계기가 있고, ② 핵심형법에 대한 법률의 착오는 일반적으로 정당한 이유가 없는 경우에 해당하고, ③ 부수형법에 있어서는 그 활동영역에 특수한 법규범이 적용된다는 것을 알았을 때는 심사할 계기가 된다고 해야 한다.

(2) 위법성인식의 수단

위법성인식의 수단은 숙고와 조회이다. 즉 위법성인식의 계기가 존재하는 경우에 행위자는 숙고와 조회에 의하여 위법성을 인식해야 하며, 이에 의하여도 위법성을 인식하지 못했을 때에 정당한 이유가 인정된다.

1) 숙고(심사숙고)에 의한 판단 자신의 독자적인 법률해석에 의하여 허용된다고 오인한 경우에 정당한 이유를 인정해야 할 때가 있다. 다만 자신의 숙고에 의한 착오의 회피가능성은 입법적 결단의 전제가 된 가치판단과 합목적성을 긍정하고 규범의 정당성을 타당하게 판단하는 행위자의 능력을 전제로 한다.[2] 행위자가 법원의 판결을 신뢰한 경우에도 정당한 이유를 인정할 수 있다. 즉 행위자가 행위 시의 일관된 판례에 의하여 위법하지 않다고 판시된 때에 이를 신뢰한 행위자의 행위는 법률의 착오가 정당한 이유 있는 때에 해당한

---

1) 정당한 이유의 판단기준에 대한 구체적 검토는 *infra* 15. 법률의 착오에 있어서 정당한 이유의 판단기준 참조.

2) Joecks MK § 17 Rn. 42; Rudolphi SK § 17 Rn. 33.

다. 국민이 판례의 실질적 정당성까지 심사할 수는 없기 때문이다.

2) **법률정보의 상담과 조회** 자신의 숙고에 의하여 행위의 위법성을 판단할 수 없거나 의문이 생긴 때에는 법률전문가나 관할관청에 조회하여 정보를 얻은 결과 행위의 적법성을 확인한 때에만 정당한 이유를 인정할 수 있다. 정보조회의 대상은 변호사 등의 법률전문가와 관할관청이다. 따라서 변호사 등의 법률전문가에게 조회하여 처벌받지 않는다는 법률정보를 얻거나, 관할관청 또는 담당공무원에 조회하여 허용된다는 의견을 받고 행위한 때에는 법률의 착오에 정당한 이유 있는 경우에 해당한다.

Ⅴ. 대상판결의 검토

1. 대상판결 (1)의 분석

(1) 법률의 부지와 법률의 착오

대상판결은 법률의 부지와 법률의 착오의 관계에 관하여 법률의 부지는 법률의 착오가 아니라는 일관된 판례의 입장을 유지하고 있다. 형법 제16조는 자기의 행위가 허용된다고 적극적으로 오인한 경우에만 적용된다는 의미라고 할 수 있다. 대상판결 (2)도 또한 같은 태도이다. 그러나 첫째 형법 제16조는 위법성의 인식이 없는 모든 경우, 즉 법률의 착오에 관한 규정이며, 위법성의 인식이 없는 원인이 적극적 오인인가 또는 소극적 부지인가는 전혀 문제되지 않는다고 해야 할 뿐만 아니라, 둘째 책임의 핵심요소가 위법성의 인식인데 위법성의 인식이 없음에도 불구하고 처벌하는 것은 책임주의와 정면으로 충돌한다고 해야 하고, 셋째 법률의 부지와 포섭의 착오의 한계가 유동적이고 특히 피고인은 미성년자보호법의 내용을 알고 있었다고 보이므로 이는 법률의 부지가 아니라 포섭의 착오에 해당하는 경우라는 점에서 피고인에게 위법성의 인식이 없었다면 이는 당연히 법률의 착오에 해당한다고 해야 한다.

피고인이 법률의 착오에서 행위했다고 하는 경우에는 피고인에게 그 착오에 정당한 이유가 있었는가가 문제된다. 대상판결에서 피고인에게 착오에 정당한 이유가 있었는가에 관하여는 피고인이 경찰청의 단속지침을 신뢰한 이상 정당한 이유를 인정해야 한다는 견해가 있는가 하면,[1] 경찰의 단속지침을 믿고 18세 이상의 고등학생 아닌 미성년자를 출입시켰다고 곧바로 범죄불성립이 되는 것은 아니며, 대법원이 정당한 이유를 인정하지 않은 것은 미성년자의 건전한 인격성장에 대하여 사회공동체가 가지고 있는 공동의 윤리적 관심을 대법원이 고려한 결과라고 긍정적으로 평가하는 의견도 있다.[2] 생각건대 피고인이 미성년자 보호법의 적용범위에 관하여 의심을 가졌고, 미성년자보호법은 피고인과 같은 유흥접객업소에서 적용되는 법률이라는 점에서 위법성심사의 계기가 인정된다. 미성년자의 인격성장에 대한 공동의 윤리적 관심을 고려하는 것은 위법성심사의 계기에 불과하며, 미성년자의 건전한 인격의 발전이라는 이유로 미성년자보호법을 핵심형법이라고 할 수도 없다. 피고인이 단속 관할관청인 경찰서에 조회하여 경찰국장의 공문을 확인하고 18세 이상의 고등학생 아닌 미성년자를 출입시킨 경우이므로 피고인으로서는 조회와 확인의무를 다한 것으로 볼 수 있다. 따라서 피고인의 행위는 법률의 착오가 정당한 이유 있는 경우에 해당한다고 보는 것이 타당하다고 생각된다.

(2) 위법성의 인식을 인정할 수 없는가

문제는 대상판결의 사안에서 피고인에게 위법성의 인식이 있었다고 볼 수 없겠는가라는 점에 있다. 피고인 등의 청소년 선도를 위한 업주 회의를 통하여 논의하고 경찰서에 조회하는 과정에서 피고인은 미성년자보호법의 적용대상이 미성년자라는 사실을 알고 있었다는 의문이 제기되기 때문이다. 위법성의 인식은 반드시 현실적 인식임을 요하지 않고 미필적 위법성의 인식으로 족하다. 따라서 행위자가 그 행위의 위법성을 신중히 검토하고 법에 위반할 가능성을 수인할 때에는 위법성의 인식이 있다고 해야 한다. 또한 처벌대상 내지 범죄의 성립여부와 단속대상은 구별해야 한다. 예컨대 도로교통법위반을 단속하지 않는다는 이유로 그것이 허용된다고 할 수는 없기 때문이다. 미성년자보호법에 관하여도 같다. 피고인이 경찰서에 조회하고 공문을 통하여 확인한 것은 18세 이상의 고등학생 아닌 미성년자 출입의 단속여부이지 미성년자보호법의 적용범위의 문제가 아니다. 대상판결이 판결이유에서 「미성년자보호법 제 4 조에

1) 김영환 앞의 글, 497면; 조국 앞의 글, 510면.
2) 신동운 앞의 책, 322, 326면.

위반되는 이상 경찰당국이 당시 미성년자의 유흥접객업소 출입 단속대상에서 고등학생이 아닌 18세 이상의 미성년자를 제외하였다 하여 그로 인하여 그 범죄의 성립에 어떠한 영향을 미친다고는 할 수 없다」고 판시하였음은 이러한 의미에서 이해할 수 있다. 만약 이러한 경우라면 대상판결에서 대법원은 피고인에게 위법성의 인식이 있었다고 판시하거나 불명확한 경우에는 원심으로 하여금 다시 심리하도록 파기 환송하면 족하고, 법률의 부지나 법률의 착오에 해당한다거나 정당한 이유가 없다고 판시할 필요가 없다. 법률의 착오는 위법성의 인식이 없는 경우이기 때문이다. 대상판결의 판결이유는 이러한 의미에서도 찬성할 수 없다.

2. 대상판결 (2)의 분석

대상판결 (2)는 법률의 부지는 법률의 착오가 아니라고 하면서도 비디오 감상실 업자가 18세 이상 19세 미만의 청소년을 출입시킨 행위는 법률의 착오가 정당한 이유 있는 경우에 해당한다고 판시하였다. 피고인이 비디오 감상실에 18세 이상 19세 미만의 청소년을 출입시킨 행위가 허용된다고 믿었던 점에서 적극적인 착오가 있다는 점을 근거로 한 것으로 보인다. 그러나 법률의 부지도 위법성의 인식이 없는 경우라는 점에서 법률의 착오의 한 유형에 불과하고, 법률의 착오는 위법성인식의 결여가 적극적 오인에 의하건 소극적 부지 때문이든 불문한다고 해야 한다. 대상판결은 이러한 의미에서 이유에 모순이 있다 하더라도 피고인이 법률의 착오에 빠졌음을 인정한 결론은 타당하다고 할 수 있다. 문제는 피고인에게 법률의 착오에 관하여 정당한 이유가 있는가에 있다.

먼저 비디오물감상실업자가 18세 이상 19세 미만의 청소년을 비디오물감상실에 출입시킨 경우, 청소년보호법위반죄가 성립하고, 18세 미만자를 연소자로 규정한 구 음반등법 및 같은 법 시행령의 규정이 청소년보호법위반 행위에 대한 예외규정에 해당할 수 없다는 점에는 의문이 없다. 그러나 피고인이 비디오 감상실을 경영하는 업자라는 점에서 그 업계에 적용되는 청소년보호법이 있다는 것은 당연히 알았으며, 특히 청소년보호법과 구 음반등법과의 관계에서 18세 이상 19세 미만의 청소년을 감상실에 출입시키는 것이 허용되는가에 관하여 의문을 가졌으므로 피고인에게는 위법성심사의 계기가 인정된다. 이 경우에 피고인으로서는 스스로 법률을 판단할 능력이 없는 한 전문가나 관할 관청에 조회하여 위법한 행위인가를 확인할 의무가 있다. 그러나 피고인은 이러한 절차를 거치지 않았고, 관할부서인 구청 문화관광과에서의 교육도 이 사건 범행 이후에 있었던 일에 불과하다. 다만, 피고인의 법률의 착오가 회피불가능하다고 인정하기 위해서는 피고인이 조회와 확인의무를 다한 때에는 위법성을 인식할 수 있었을 것을 전제로 한다. 그런데 청소년보호법이 미성년자의 비디오 감상실 출입을 금지하면서도 동법 제19조에서는 다른 법령에서 청소년 출입에 관하여 특별한 규정을 두고 있는 경우에는 당해 법령이 정하는 바에 의한다고 규정하고 있으며, 구 음반등법 제8조 및 같은 법 시행령 제14조는 18세 미만의 자를 연소자로 규정하면서 비디오물감상실업자가 포함되는 유통관련업자의 준수사항 중의 하나로 출입자의 연령을 확인하여 연소자의 출입을 금지하도록 하고, 출입문에는 '18세 미만 출입금지'라는 표시를 부착하여야 한다고 규정하고 있는 법률 간의 불일치가 착오의 원인이 되었다. 물론 법률 간의 불일치는 위법성심사의 계기가 될 뿐이고 정당한 이유를 인정할 근거가 되지는 않는다. 그러나 그 불일치가 만 18세 이상 청소년에 대하여는 출입이 허용된 듯한 외관을 보이고 이로 인하여 원심이 18세 이상 19세 미만의 사람을 비디오 감상실에 출입시킨 업주는 청소년보호법에 의한 형사처벌의 대상이 아니라는 이유로 무죄판결을 선고하였고, 관할부서에서도 교육을 통하여 만 18세 미만의 연소자 출입금지표지를 출입구에 부착하라는 지도를 하였을 뿐, 만 18세 이상 19세 미만의 청소년의 출입문제에 대하여는 특별한 언급을 하지 않았을 정도에 이르렀다면, 피고인이 법률전문가나 관할관청에 문의하였다 하더라도 허용된다는 회답을 받았을 가능성이 크다고 인정된다. 그렇다면 대상판결 (2)에서 피고인의 법률의 착오는 정당한 이유 있는 경우에 해당하여 범죄가 성립하지 않는다고 해석하지 않을 수 없다. 대상판결의 결론은 타당하다고 생각한다.

15. 법률의 착오에 있어서 정당한 이유의 판단기준

[대상판결]

대법원 1998. 10. 13. 97도3337

1. 사건의 개요

피고인은 콘테이너 잠금장치의 제조·판매 등을 목적으로 설립된 주식회사 파워 브레이스 코리아㈜의 대표이사로서 다른 사람이 등록한 상표와 동일 또는 유사한 상표를 지정상품이나 거래서류, 상품에 관한 광고 등에 표시할 수 없음에도 불구하고, 1993년 8월경부터 1996년 5월경 사이에 피해자 주식회사 한국 블럭스위치 대표이사 A가 1993. 7. 20. 특허청에 상표로 등록한 BE2566과 유사상표인 PB2566을 위 회사에서 생산·판매하는 콘테이너 문짝 견속부품인 잠금장치의 거래서류 및 상품광고 등에 표시하여 위 상표권자의 상표권을 침해하였다는 사실로 상표법 위반으로 기소되었다.

2. 사건의 경과

1심판결은 피고인에게 피해자의 상표권을 침해하였다는 사실을 인정하고 벌금형을 선고하였고, 이에 대하여 피고인이 항소하였다. 항소이유는 첫째, 2566은 문짝 잠금장치의 규격 형상을 나타내는 일련번호에 불과하고 피해자가 BE2566을 상표등록하기 전부터 문제 상표인 PB2566을 사용하여 상품을 생산하였기 때문에 상표권을 침해하지 않았고, 둘째 특허청에서 피고인 회사의 상표를 등록하여 주었고, 이 사건 고소에 대하여 검찰에서도 계속 무혐의 결정을 하다가 대검의 재기수사명령으로 기소된 것이고, 대법원도 종래 숫자는 상표 전체 또는 그 약칭과 함께 인식된다고 판시해 왔으므로 피고인은 형법 제16조에 따라 상표권 침해가 없었다고 믿은 데 정당한 이유가 있는 경우에 해당하므로 상표권 침해로 처벌할 수 없다는 점에 있었다. 이에 원심법원은 피고인이 주장하는 사유만으로는 법률의 착오에 정당한 이유가 있다고 볼 수 없다는 이유로 항소를 기각하였다.

3. 판결요지

[1] 형법 제16조가 「자기의 행위가 법령에 의하여 죄가 되지 아니하는 것으로 오인한 행위는 그 오인에 정당한 이유가 있는 때에 한하여 벌하지 아니한다」고 규정하고 있는 것은, 일반적으로 범죄가 되는 경우이지만 자기의 특수한 경우에는 법령에 의하여 허용된 행위로서 죄가 되지 아니한다고 그릇 인식하고 그와 같이 그릇 인식함에 정당한 이유가 있는 경우에는 벌하지 아니한다는 취지이다.

[2] 어떠한 행위가 정당한 행위로서 위법성이 조각되는 것인지는 구체적인 경우에 따라 합목적적 · 합리적으로 가려져야 할 것인바, 정당행위를 인정하려면, 첫째 그 행위의 동기나 목적의 정당성, 둘째 행위의 수단이나 방법의 상당성, 셋째 보호이익과 침해이익과의 법익권형성, 넷째 긴급성, 다섯째 그 행위 외에 다른 수단이나 방법이 없다는 보충성 등의 요건을 갖추어야 한다.

[3] 피고인들이 변리사로부터 그들의 행위가 고소인의 상표권을 침해하지 않는다는 취지의 회답과 감정결과를 통보받았고, 피고인들의 행위에 대하여 3회에 걸쳐서 검사의 무혐의처분이 내려졌다가 최종적으로 고소인의 재항고를 받아들인 대검찰청의 재기수사명령에 따라 이 사건 공소가 제기되었으며, 피고인들로서는 이 사건과 유사한 대법원의 판례들을 잘못 이해함으로써 자신들의 행위는 죄가 되지 않는다고 확신을 하였고, 특허청도 피고인들의 상표출원을 받아들여서 이를 등록하여 주기까지 하였다는 등 피고인들이 주장하는 사유들만으로는 위와 같은 기준에서 볼 때 피고인이 자신의 행위가 고소인의 상표권을 침해하는 것이 아니라고 믿은 데에 정당한 이유가 있다고 볼 수 없다

[관련판결]

(1) 대법원 1995. 7. 28. 95도702

판결요지

가. “bio”가 “bio seramic”의 약자로 사용되는 일이 있다고 하더라도 등록상표 “BIO TANK”의 “bio”가 그러한 뜻만을 가지고 있는 것이 아니므로 이를 상품의 품질이나 원재료를 표시하는 것이라고 보기 어렵고, “TANK”라는 표장도 이를 단순히 물통만을 의미한다고 볼 수도 없어 등록상표를 그 지정상품인 화분, 물통, 도시

락 등과 관련하여 전체적으로 관찰하면 상품의 품질이나 효능, 원재료 등을 보통으로 사용하는 방법으로 표시한 표장만으로 된 상표라고 볼 수 없다.

나. 피고인이 변리사로부터 타인의 등록상표가 상품의 품질이나 원재료를 보통으로 표시하는 방법으로 사용하는 상표로서 효력이 없다는 자문과 감정을 받아 자신이 제작한 물통의 의장등록을 하고 그 등록상표와 유사한 상표를 사용한 경우, 설사 피고인이 위와 같은 경위로 자기의 행위가 죄가 되지 아니한다고 믿었다 하더라도 이러한 경우에는 누구에게도 그 위법의 인식을 기대할 수 없다고 단정할 수 없으므로 피고인은 상표법 위반의 죄책을 면할 수 없다.

(2) 대법원 1982. 1. 19. 81도646

1. 사건의 개요

피고인은 소아용 의류 및 양말 등을 제조·판매하는 회사의 대표이사로서 1974년 말경 외국상사들로부터 발가락 삽입부가 5개로 형성된 양말을 주문받아 1975년 1월경부터 이를 생산하고 있었다.

피고인은 이 사건 피해자로부터 1975. 2. 24.경 발가락 삽입부가 5개로 형성된 양말은 동인의 의장권을 침해한다 하여 그 제조의 중지요청을 받고 그 즉시 변리사에게 문의하였던바, 양자의 의장이 색채와 모양에 있어 큰 차이가 있으므로 동일 유사하다고 할 수 없다는 회답을 받고, 또 같은 해 3. 11.에는 위 변리사에게 감정을 의뢰하여 위 양자의 의장은 발가락 삽입부 5개가 형성되어 있는 외에는 형상·색채 혹은 그 조합이 각기 다르고 위 발가락 5개의 양말은 위 의장등록이 된 후에도 공소외 甲 명의로 의장등록된 바 있으니 발가락 삽입부가 위 피해자의 등록의장의 지배적 요소라고 할 수 없으므로 양자는 결국 동일 또는 유사하다고 할 수 없다는 전문적인 감정을 받았고, 이에 따라 같은 해 3. 12. 피고인 스스로 자신이 제조하는 양말에 대하여 의장등록출원을 한 결과 같은 해 12. 22. 특허국으로부터 등록사정까지 받게 되었다.

2. 판결요지

사실이 이와 같다면 특허나 의장권 관계의 법률에 관하여는 전혀 문외한인 피고인으로서는 위 대법원판결이 있을 때까지는 자신이 제조하는 양말이 위 김○○의 의장권을 침해하는 것이 아니라고 믿을 수밖에 없었다고 할 것이니, 위 양말을 제조·판매하는 행위가 법령에 의하여 죄가 되지 않는다고 오인함에 있어서 정당한 이유가 있는 경우에 해당하여 처벌할 수 없다.

[판례의 연구]

Ⅰ. 문제의 제기

형법 제16조는 법률의 착오라는 제목 아래「자기의 행위가 법령에 의하여 죄가 되지 아니하는 것으로 오인한 행위는 그 오인에 정당한 이유가 있는 때에는 벌하지 아니한다」고 규정하고 있다. 그러나 법률의 착오란 위법성의 인식이 없는 경우를 말하며, 따라서 형법 제16조의 규정에도 불구하고 위법성조각사유의 착오와 포섭의 착오 및 효력의 착오뿐만 아니라 법률의 부지도 법률의 착오에 해당한다고 해석된다. 위법성인식의 체계적 지위 내지 법률의 착오의 효과를 책임설에 따라 해결해야 한다는 점에는 현재 학자들 사이에 견해가 일치하고 있다. 즉 위법성의 인식은 고의와 분리된 독립된 책임요소이므로, 위법성의 인식이 없을 때에는 고의에는 영향을 미치지 못하고, 위법성의 불인식에 정당한 이유가 있는 때에는 고의범의 책임이 조각되지만 정당한 이유가 없는 때에는 고의범으로 처벌받아야 한다. 법률의 착오를 책임설에 따라 해결하는 경우에는 법률의 착오에 있어서 가장 중요한 문제가 정당한 이유의 판단문제이다. 착오에 정당한 이유가 있는가의 여부에 따라 고의범의 책임이 인정될 것인가가 결정되기 때문이다. 이러한 의미에서 법률의 착오에 있어서 핵심문제는 위법성의 인식의 체계적 지위가 아니라 정당한 이유의 판단기준에 있다고 할 수 있다. 대상판결과 관련판결은 모두 정당한 이유를 어떤 기준에 따라 판단할 것인가에 대한 판결들이다.

Ⅱ. 정당한 이유의 의의

법률의 착오가 책임을 조각하기 위해서는 착오에 정당한 이유가 있어야 한다. 독일형법 제17조가「행위 시에 행위자에게 불법을 행한다는 인식이 없는 때에는 그가 이 착오를 회피할 수 없었던 경우에는 책임이 없다」라고 규정하여 회피가능성(Vermeidbarkeit)을 기준으로 책임의 유무를 판단하는 것과 구별된다. 여기서 형법의 정당한 이유는 회피가능성과 같은 의미인가, 또 회피가능성의 정도는 과실과 다른가가 문제된다.

(1) 정당한 이유와 회피가능성

다수설은 정당한 이유가 독일형법의 회피가능성과 같은 의미를 가진다고 해석하고 있다.[1] 정당한 이유와 회피불가능성은 용어에 따라 의미가 달라지는 것이 아니고, 독일형법의 회피가능성에 대한 논거는 정당한 이유의 판단기준을 제시하는 데 도움이 되기 때문이다. 이에 반하여 형법은 독일형법과는 달리 '정당한 이유가 있는 때'라고 규정하고 있으므로 이는 회피가능성보다 넓게 해석하여 착오가 회피가능한 때에도 무심코 행위한 자의 경우에는 정당한 이유를 인정해야 한다는 견해도 있다.[2]

법률의 착오에 있어서 정당한 이유는 책임설과의 관계에서 이해해야 한다. 즉 법률의 착오는 책임에 영향을 미칠 뿐이며, 법률의 착오에 의한 자신의 행위의 위법성을 인식할 구체적 가능성에 기초를 두고 있다. 따라서 착오에 대한 비난가능성은 회피가능성과 동의어가 된다.[3] 따라서 형법 제16조의 정당한 이유도 회피가능성과 같은 뜻으로 이해해야 하는 것은 당연하다. 정당한 이유라는 용어가 회피가능성과 다르다는 이유로 관례상 행해지는 경우에도 정당한 이유가 있다고 인정할 때에는 정당한 이유를 위법성조각사유에 있어서의 상당한 이유와 같은 의미로 오해할 위험이 있다. 대상판결이 법률의 착오를 문제 삼으면서 정당행위의 요건을 나열한 것도 같은 이유에 기인한다고 볼 수 있다.

(2) 회피가능성과 과실

정당한 이유가 회피불가능성을 의미한다고 하는 경우에도 법률의 착오를 회피할 수 있었다고 하는 것은 과실범에 있어서의 과실과 유사한 구조를 가진다. 여기서 회피가능성을 판단하는 데 있어서 과실과 같은 기준이 적용되어야

---

1) 김일수/서보학 401면; 박상기 244면; 배종대 455면; 손동권 258면; 이영란 355면; 이재상 335면; 임웅 301면; 정현미 「법률의 착오에 있어서 정당한 이유의 판단기준」, 형사판례의 연구 I, 523면; 김신규 「형법 제16조의 정당한 이유의 의미와 판례검토」, 형사법연구 15(2001), 103면; 천진호 「금지착오와 회피가능성」, 한국형법학의 새로운 지평, 133면.

2) 오영근 453면.

3) Krey AT Rn. 692; Sch/Sch/Cramer-Lieben § 17 Rn. 13.

하는가에 대하여 견해가 대립되고 있다. 먼저 회피가능성의 판단에는 과실범에 있어서의 주의의무보다 엄격한 기준이 요구된다는 견해는 구성요건해당성은 위법성을 징표하고 구성요건에 해당하는 행위가 위법하다는 것은 일반적으로 알려져 있으므로, 행위자는 행위의 적법성을 특별히 심사해야 한다는 것을 근거로 한다.[1] 종래 독일의 연방법원 판례가 취하였던 입장이다.[2] 그러나 구성요건적 고의를 가진 자는 당연히 위법성을 인식하고 있다는 전제는 행위자가 구성요건 자체를 인식하지 못한 직접적 착오의 경우에는 적용될 여지가 없다.[3] 구성요건적 고의가 있는 경우라 할지라도 핵심형법에 있어서는 행위상황의 인식은 위법성인식의 계기가 되기 때문에 과실의 경우보다 엄격한 기준을 요구할 필요가 없다. 또 부수형법에 있어서는 구성요건적 고의만으로 위법성의 인식이 인정된다고도 할 수 없다. 따라서 회피가능성의 판단에 과실보다 엄격한 기준을 요구해야 할 필요가 없다. 한편 회피가능성의 판단에 독자적 기준이 필요하다는 견해는 행위과실이 구성요건의 단계에서 문제되는 것임에 반하여 회피가능성은 책임판단의 문제이므로 그 판단대상을 달리하기 때문에 고유한 형태의 기준이 적용되어야 한다고 한다.[4] 위법성인식의 회피가능성은 고의책임의 근거가 되기 때문에 책임의 근거가 되는 것은 사실이다. 그러나 책임판단의 대상이 주관에 있다고 하여 판단방법까지 주관적일 것을 요하는 것은 아니다. 회피가능성과 과실의 판단기준이 같다는 것은 그 대상이 동일하다는 의미가 아니라 판단방법이 유사하다는 의미이다. 따라서 회피가능성과 과실의 판단기준은 같다고 해석하는 것이 타당하다.[5]

(3) 회피가능성의 전제조건

법률의 착오의 회피가능성을 인정하기 위해서는 다음 세 가지 요건이 문제된다. 첫째, 행위자에게 행위의 위법성을 심사할 계기가 있었는가, 둘째 위법성을 인식하기 위한 확인과 조회의 노력을 다했는가, 셋째 충분한 노력을 다한 경우에 위법성을 인식할 수 있었는가가 그것이다.

---

1) 김일수/서보학 386면; 천진호 앞의 글, 135면.
2) BGHSt. 2, 243; 21, 20.
3) Neumann AK §17 Rn. 58; Joecks MK §17 Rn. 37.
4) 김신규 앞의 글, 104면; 정현미 앞의 글, 526면.
5) 동지: 배종대 456면; 신동운 판례백선 300면.

Ⅲ. 위법성인식의 계기

누구나 행위할 때에는 위법성을 인식해야 한다고 하여 국민에게 위법성인식의 의무를 인정하는 것은 자유사회의 법질서와 일치하지 않으며, 사회생활은 마비되지 않을 수 없다. 행위 시에 행위자에게 행위의 위법성을 심사해야 할 계기가 없을 때에는 그에게는 위법성을 인식하기 위하여 노력해야 할 동기가 없어지게 된다. 따라서 법률의 착오가 회피가능하다고 하기 위해서는 위법성인식의 계기가 존재해야 하며, 위법성심사의 계기가 없을 때에는 법률의 착오는 회피불가능하다고 해야 한다.

(1) 심리적 계기개념과 규범적 계기개념

위법성인식의 계기를 언제 인정할 수 있는가에 관하여는 심리적 방법과 규범적 방법 및 형사정책적 방법이 있다.

1) 심리적 계기개념 회피가능성은 심리적 기준에 의하여 판단되어야 한다는 견해이다. 이에 의하면 자신의 행위가 금지된 것일 수 있다는 현실적 인식이 있거나 적어도 행위의 적법성에 대하여 의심을 가졌을 때 위법성인식의 계기가 인정된다고 한다.[1] 그러나 이에 대하여는 첫째, 불법에 대한 의심이 있는 경우에는 대부분 미필적 위법성의 인식이 인정되어 법률의 착오에도 해당하지 않으며, 둘째 회피가능성은 행위자의 심리적·정신적 상태의 문제가 아니라 행위자를 비난할 수 있는가라는 규범적으로 판단해야 할 책임문제이며,[2] 셋째 이 견해에 의하면 법배반적·법중립적 상태에서 행위한 행위자는 위법성에 대하여 의심하지도 않기 때문에 법률의 착오가 있으면 정당한 이유가 인정된다는 부당한 결과를 초래한다는 비판을 받지 않을 수 없다.

2) 규범적 계기개념 위법성인식의 계기를 객관화하여 개별적인 행위자에 대하여 능력에 대한 최소한의 기준을 규범적으로 전제하는 견해이다. 이에 의하면 금지착오의 회피가능성은 인식의 실재적 가능성과 규범적 기대가능성의 산물이며, 따라서 위법성인식의 계기는 정신적 인식능력과 도덕적 가치관

1) Rudolphi *Unrechtbewußtsein*, 1969, S. 105; Zaczyk 「Der verschuldete Verbotsirrtum」, JuS 1990, 893.

2) Jescheck/Weigend S. 458; Neumann AK § 17 Rn. 53; Sch/Sch/Cramer/Sternberg-Lieben § 17 Rn. 13; Schroeder LK^{11} § 17 Rn. 13.

념을 종합하여 판단해야 한다고 한다. Jescheck은 구성요건적 고의에서 출발한 위법성심사에 대한 호소의 강도는 범죄의 종류에 따라 상이하다는 전제에서, 행위가 법익침해와 함께 도덕질서에 대한 심각한 침해가 될 때에는 착오는 일반적으로 회피가능함에 반하여, 도덕질서와 긴밀한 관계가 없는 행위에 있어서는 행위자의 직업생활에 경험상 법규정이 존재한다고 인정되는 경우에 심사의무가 발생한다고 하였다.[1] 규범적 계기개념에 대하여는 그것이 행위자의 개인적 능력을 고려하지 않고 계기가 존재한다고 볼 수 있는 유형을 열거하여 판단기준이 세분화되지 않을 수 없고, 구성요건적 고의에서 위법성인식의 준거점을 찾는 것도 곤란하다는 비판이 제기되고 있다.[2]

3) 형사정책적 계기개념 금지착오의 회피가능성판단은 예방이라는 형사정책적 필요성, 즉 귀속의 사회적 필요성에 따라 해결해야 한다는 기능적 책임론의 입장에서 주장된 이론이다. Jakobs와 Roxin의 이론이 여기에 속한다. Jakobs는 착오가 행위자의 책무에 속할 때 그 착오는 회피가능하며, 착오에 대한 행위자의 책무는 행위로부터 실정법에 대한 충분한 승인이 밝혀지는가에 따라 결정되어야 한다고 한다.[3] 여기서 Jakobs는 적용규정을 형법의 핵심영역과 처분가능한 범위로 구별하고, 핵심규범에 대한 근본착오는 원칙적으로 회피가능함에 반하여 처분가능한 범위에 대한 착오에 있어서는 행위자가 변경가능한 법의 집행을 현저히 위태롭게 한 경우에 한하여 착오에 대하여 책무가 있다고 보았다. 한편 Roxin은 책임과 형사정책적 관점에서 결정되는 답책성(Verantwortlichkeit)을 구별하고 회피불가능한 금지의 착오는 면책사유가 아니라 답책성을 배제하는 사유가 된다고 하면서,[4] 세 가지 경우에 법상태를 심사할 계기를 인정하였다. 그것은 첫째, 행위자에게 스스로 또는 제 3 자의 지적에 의하여 의문이 발생하였을 때, 둘째 법적으로 특별규정이 적용되는 영역에서 활동한다는 것을 알았을 때, 셋째 그 행위가 개인 또는 일반에게 손해를 가한다는 것이 알려진 경우이다.[5] 그러나 형사정책적 계기개념에 대하여도, 첫째

1) Jescheck/Weigend S. 458; Rudolphi SK Rn. 31; Schroeder LK Rn. 29도 같은 입장이다.
2) 정현미 앞의 글, 530면; 천진호 앞의 글, 142면.
3) Jakobs § 19 Rn. 40.
4) Roxin § 21 Rn. 37, 43.
5) Roxin § 21 Rn. 54.

책임이 예방의 목적에 의하여 결정된다고 할 때에는 책임에 의해 형벌을 제한하려는 책임주의의 기능이 무의미하게 될 우려가 있고, 둘째 형법의 핵심영역과 실정화된 영역의 한계와 개인 또는 일반의 법익을 해하는 범죄의 범위도 명백하지 못하다는 비판을 받고 있다.[1]

(2) 위법성심사의 계기

회피가능성은 착오에 이르게 된 심리적 요소가 언제 면책될 수 있는가라는 규범적 문제에 해당한다. 따라서 위법성심사의 계기는 심리적 요소를 규범적 기준에 의하여 수정하여 규범적으로 파악하는 것이 타당하다고 할 수 있다. 그렇다면 회피가능성의 판단에 있어서는 다음의 세 가지 계기를 제시할 수 있다.

첫째, 행위자가 행위의 적법성에 대하여 의문을 가진 때에는 그 적법성을 확인해야 할 계기가 된다. 이 경우 미필적 위법성의 인식으로 법률의 착오를 부인해야 할 경우가 아닌 한 착오에 정당한 이유가 없는 때에 해당한다. 행위의 적법성에 대하여 확신을 가진 때라고 할지라도 반대되는 법원의 판결이나 행정관청의 고시가 있다는 것을 알았거나, 그 행위에 적용되는 법규정이 있다는 것을 안 경우에도 적법성을 심사할 계기가 된다.[2]

둘째, 핵심형법에 있어서는 행위상황에 대한 고의가 침해의 고의를 포함하므로 이에 대한 법률의 착오는 일반적으로 정당한 이유 없는 경우에 해당한다. 여기서 핵심형법이란 형법의 핵심범위 내지 기본적 사회규범을 의미한다고 할 수 있다. 판례가 ① 낙태행위를 한 경우,[3] ② 마약을 판매・보관한 경우,[4] ③ 신고하지 않고 시체를 매장한 경우,[5] ④ 미안하다는 편지를 써두고 소를 끌고 간 경우,[6] ⑤ 관례에 따라 공무원에게 뇌물을 공여한 경우[7]에는 법률의 착오가 정당한 이유 있는 경우에 해당하지 않는다고 판시한 것도 이러한 의미에서 이해할 수 있다.

셋째, 부수형법에 있어서는 행위자가 그 활동영역에 특수한 법규범이 적용

1) 김신규 앞의 글, 111면; 천진호 앞의 글, 147면.
2) Neumann AK §17 Rn. 53; Lesch「Die Vermeidbarkeit des Verbotsirrtums」, JA 1966, 611.
3) 대법원 1965. 11. 23. 65도876.
4) 대법원 1961. 2. 24. 4293형상937.
5) 대법원 1979. 8. 28. 79도1671.
6) 대법원 1970. 7. 24. 70도1149.
7) 대법원 1995. 6. 30. 94도1017.

된다는 것을 알았을 때에는 이를 심사할 계기가 된다. 예컨대 자동차 운전자, 숙박업자, 은행원, 생필품 제조·판매업자에게는 그 직업에 적용되는 법규범을 조사할 계기가 인정된다. 따라서 운전자가 변경된 교통법규를 몰랐다고 하여 착오에 정당한 이유가 있었다고 할 수는 없다. 대상판결에 있어서도 문짝잠금 장치 제조업자인 피고인에게 위법성 심사의 계기가 인정되는 것은 명백하다.

Ⅳ. 회피가능성의 판단기준 — 위법성인식의 수단

위법성인식의 본래적 방법은 양심의 긴장이 아니라 지적 인식능력이다. 양심은 위법성인식의 기초가 될 수 없기 때문이다. 행위자가 지적 인식능력을 다하여 위법성을 인식하는 수단은 숙고와 조회이다.

1. 숙고에 의한 판단

숙고(심사숙고)에 의한 착오의 회피가능성은 스스로의 법률해석에 의한 경우와 법원의 판례를 신뢰한 경우로 나누어 볼 수 있다.

(1) 법률해석에 의한 법률의 착오

자신의 독자적 법률해석에 의하여 허용된다고 오인한 경우에도 정당한 이유를 인정할 수 있는 경우가 있다. 다만, 자신의 숙고에 의한 착오의 회피가능성은 입법적 결단의 전제가 된 가치판단과 합목적성을 긍정하고 법률을 정확하게 해석할 수 있는 행위자의 능력을 전제로 한다.[1] 따라서 법률에 여러 가지 해석 가능성이 있어 행위자의 행위가 허용되는가에 대하여 의문이 있을 때에는 법률의 착오는 회피가능하다고 해야 한다. 판례는 ① 초등학교 교장이 도교육위원회의 지시에 따라 교과식물인 양귀비를 교무실 앞 화단에 심은 경우,[2] ② 동생 이름으로 지원 입대한 피고인이 동생이 군복무 중임을 알고 휴가 나왔다가 귀대하지 않은 경우,[3] ③ 교통부장관의 허가를 얻어 설립한 사단법인 한국교통사고 상담센터의 직원이 교통사고피해자의 위임을 받아 사고회사와 화

1) Joecks MK Rn. 42; Rudolphi SK Rn. 33.
2) 대법원 1972. 3. 31. 72도64.
3) 대법원 1974. 7. 23. 74도1399.

해의 중재나 알선을 하고 피해자로부터 조정 수수료를 받은 경우[1]에 정당한 이유를 인정하였다.

(2) 법원판결의 신뢰

행위자의 행위가 행위 시의 일관된 판례에 의하여 위법하지 않다고 판시된 때에는 이를 신뢰한 행위자에게 법률의 착오에 정당한 이유 있는 경우에 해당한다. 국민이 판례의 정당성까지 심사할 수는 없기 때문이다. 일관된 판례가 아니더라도 문제된 행위가 적법하다는 판결만 있거나, 대법원판결이 없는 경우에 하급심판결을 신뢰한 때에도 정당한 이유를 인정해야 한다. 행위자가 일관된 판례를 모른 경우에도 같다. 조회한 경우에도 착오를 회피할 수 없었기 때문이다. 검사의 혐의 없음 불기소처분을 신뢰하고 행위한 경우에도 정당한 이유를 인정해야 한다.[2] 서로 모순된 판결이 있는 경우에 상급심 판결을 신뢰하여 허용된다고 오인한 때에는 정당한 이유가 인정된다. 그러나 같은 심급의 모순된 판결을 안 경우에는 법률상태가 불명확하다고 해야 하므로 조회에 의하여 허용되는가를 확인해야 한다. 다른 사안에 해당하는 판례를 신뢰한 때에도 정당한 이유를 인정할 수 없다.[3]

2. 법률정보의 상담과 조회

자신의 숙고에 의하여 행위의 위법성을 판단할 수 없거나 이에 대한 의문이 제기된 때에는 법률전문가나 관할관청에 조회하여 행위의 적법성을 확인해야 정당한 이유를 인정할 수 있다.

(1) 법률전문가에 대한 상담과 조회

법률의 착오에 정당한 이유가 있다고 하기 위해서는 법률전문가에게 조회하여 처벌받지 않는다는 법률정보를 얻지 않으면 안 된다. 변호사, 변리사, 법학교수, 법관 등이 법률전문가에 해당한다. 법률전문가는 믿을 수 있는 사람이어야 한다. 따라서 정보제공자에게는 전문성과 공정성 및 신중성이 필요하다. 변호사 등이 실제로 타당한 법률정보를 제공할 수 있었을 것은 요하지 않는다.

---

1) 대법원 1975. 3. 25. 74도2822.
2) 대법원 1995. 8. 25. 95도717.
3) 대법원 1995. 7. 28. 95도1081.

판례도 경제성장과 안정에 관한 긴급명령 공포 당시 변호사에게 문의하여 채권이 이미 소멸되었다는 자문을 받고 신고하지 않은 경우에는 벌할 수 없다고 판시하였다.[1] 기업이나 관공서에 고용된 사내변호사에게 의견을 조회한 경우에도 같다. 대상판결에서 상표법위반사건에 대하여 변리사에게 조회한 것이 정당한 이유에 해당하는가는 이러한 의미에서 검토되어야 한다. 다만, 법률전문가가 당시의 판례, 다수설 또는 담당관청의 의견이 반대라는 사실을 알려주었거나 행위자가 이를 알고 있었던 때에는 정당한 이유가 있다고 할 수 없다.[2]

(2) 관할관청 또는 담당공무원에의 조회

관할관청 또는 담당공무원에게 조회하여 허용된다는 의견을 받아 행위한 경우에도 법률의 착오가 정당한 이유 있는 때에 해당한다. 특히 행정청의 허가가 있어야 함에도 불구하고 담당공무원으로부터 허가를 요하지 않는다는 말을 듣고 허가를 받지 않은 경우가 그 대표적인 예에 해당한다. 판례는 ① 서울시의 식품제조허가지침과 구청의 질의회시를 믿고 별도의 허가를 얻을 필요가 없다고 믿고 미숫가루를 제조한 경우,[3] ② 관광휴양지역 내에서는 구 산림법의 규정이 배제된다는 제주시장의 말을 믿고 허가를 받지 아니하고 산림훼손 등의 행위를 한 경우,[4] ③ 건축허가 담당공무원의 설명을 듣고 건축허가를 받아 국유지상에 건축물을 신축한 경우,[5] ④ 산업기술 연수자로 입국하는 외국인의 입국절차를 대행하는 사업의 허가에 관하여 담당공무원이 절차가 정비되지 않아 허가를 받지 않아도 된다고 알려주어 허가를 받지 않은 경우에[6] 허가를 받지 않더라도 죄가 되지 않는 것으로 착오를 일으킨 데 대하여 정당한 이유 있는 경우에 해당한다고 판시하였다. 당연한 판결이다. 이에 반하여 대법원은 ⑤ 유흥접객업소의 업주가 경찰의 단속대상에서 제외되었다는 말을 듣고 만 18세 이상의 고등학생이 아닌 미성년자를 출입시킨 경우에는 법률의 착오에 해당하지 않는다고 판시하였다.[7] 그러나 위법성의 인식이 없는 모든 경우

---

1) 대법원 1976. 1. 13. 74도3680.
2) Joecks MK Rn. 57; Neumann AK Rn. 72; Rudolphi SK Rn. 40; Schroeder LK[11] Rn. 44.
3) 대법원 1983. 2. 22. 81도2763.
4) 대법원 1992. 5. 22. 91도2525; 대법원 1993. 9. 14. 92도1560.
5) 대법원 1993. 10. 12. 93도1888.
6) 대법원 1995. 7. 11. 94도1814.
7) 대법원 1985. 4. 9. 85도25(*supra* 14의 대상판결 참조).

가 법률의 착오에 해당하므로 법률의 부지도 당연히 법률의 착오에 해당한다고 해야 한다. 대법원이 ⑥ 구 보건사회부 고시 등에 의하여 미승인 오락기구를 당국에 등록하고 그 사용기간을 일정한 기간으로 받은 경우에는 공중위생법상의 벌칙규정에 의한 처벌에서 제외된다는 보건사회부장관의 회시는 법령의 해석에 관한 법원의 판단을 기속하는 것이 아니며,[1] ⑦ 유선비디오 방송업자의 질의에 대하여 체신부장관이 유선비디오 방송은 자가통신설비로 볼 수 없어 허가대상이 되지 않는다는 견해를 밝힌 바 있다고 하더라도 그 견해가 법령의 해석에 관한 법원의 판단을 기속하는 것이 아니라고 판시한 것도[2] 의문이다. 처벌의 대상이 되는가에 대한 고시나 회시가 법원의 판단을 기속하지 못하는 것은 당연하다. 그러나 행위자가 이러한 회시 등을 믿고 승인 또는 허가를 받지 않은 경우에는 법률의 착오에 정당한 이유 있는 경우에 해당한다고 해야 하기 때문이다.

조회나 상담에 의한 행위에 정당한 이유가 있다고 하기 위해서는 조회의 대상이 관할관청이나 담당공무원이어야 한다. 따라서 부동산중개업자가 부동산중개업협회의 자문을 받아 제한인원을 초과하여 중개보조원을 채용하여 부동산중개업법을 위반한 경우에는 법률의 착오가 정당한 이유 있는 경우에 해당한다고 할 수 없다.[3]

Ⅴ. 대상판결의 검토

법률의 착오에 대한 비난가능성은 회피가능성과 동의어에 지나지 않는다. 따라서 형법 제16조에 있어서 정당한 이유는 착오의 회피불가능성을 의미한다고 해야 한다. 정당한 이유가 회피가능성과 용어가 다르다고 하여 회피가능성보다 넓은 의미로 해석할 때에는 정당한 이유를 위법성조각사유에 있어서 상당한 이유와 같은 의미로 오해할 위험이 있다. 대상판결에서 정당행위의 요건을 나열한 후에 피고인의 행위에 정당한 이유가 없다고 판시한 것은 이러한 잘못 때문이라고 보인다.

---

1) 대법원 1991. 8. 27. 91도1523.
2) 대법원 1989. 2. 14. 87도1860.
3) 대법원 2000. 8. 18. 2000도2943.

대상판결에서 피고인에게 위법성심사의 계기가 존재한 것은 명백하다. 피고인은 행위의 적법성에 대하여 의문을 가졌고, 콘테이너 문짝 잠금장치를 생산하는 회사의 대표이사로서 타인의 상표권을 보호하기 위한 상표법이 존재한다는 사실을 명백히 알고 있었기 때문이다. 따라서 피고인은 법률전문가 또는 담당공무원이나 관할관청에 조회하여 그 적법성을 확인해야 착오에 정당한 이유가 있다고 할 수 있다. 피고인은 ① 변리사로부터 고소인의 상표권을 침해하지 않는다는 취지의 회답과 감정결과를 통보받아 상표권을 침해하지 않는다고 믿고 상표를 사용하였으며, ② 피고인들의 행위에 대하여 3회에 걸쳐 검사의 무혐의처분이 있었는데 고소인의 재항고에 따라 대검찰청의 재기수사명령으로 이 사건 공소제기에 이르렀고, ③ 이 사건과 유사한 대법원의 판례들을 잘못 이해하여 자신의 행위는 죄가 되지 않는다고 확신하였으며, 특허청도 피고인들의 상표출원을 받아들여 등록하여 주었다는 이유를 들어 피고인은 자신의 행위가 처벌받지 않는다고 오인한 데에 정당한 이유가 있다고 주장한다. 먼저 ②의 피고인의 행위에 대해 3회에 걸쳐 검사의 무혐의처분이 있었다는 점은, 행위 이전에 같은 사건에 대한 검사의 무혐의결정이 있었다면 피고인이 이를 신뢰한 경우에 정당한 이유를 인정할 수 있는 것이 명백하다. 그러나 검사의 불기소처분과 대검찰청의 재기수사명령이 이 사건 공소제기의 과정에서 있었던 일인 이상 피고인의 법률의 착오에 대한 회피가능성 판단과는 아무런 관련이 없다고 해야 한다. ③ 피고인이 대법원판결을 잘못 이해하였다면 그것만으로 정당한 이유를 인정할 자료가 되지 못한다고 할 것이다. 그러나 종래의 대법원판결은 숫자는 상표전체 또는 그 약칭과 함께 인식된다는 취지의 판결이므로 BE2566과 PB2566이 유사한가에 대하여는 별도의 판단이 필요하다고 해야 한다. 따라서 피고인의 법률의 착오에 정당한 이유가 있는가의 판단에 있어서 특히 중요한 쟁점은 피고인이 변리사에게 조회하여 상표권을 침해하지 않는다는 회답과 감정결과를 통보받았고, 특허청에서 피고인 회사의 상표를 등록해 주었다는 점에 있다고 생각된다.

먼저 피고인이 변리사에게 조회하여 상표권을 침해하지 않는다는 회답과 감정결과를 통보받았다는 점은 피고인이 조회와 확인의무를 다했다는 중요한 자료가 된다. 특허나 상표법위반사건에 있어서 변리사가 법률전문가에 해당한다는 점에는 의문이 없다. 그렇다면 법률전문가인 변리사에게 전문성과 공정성에 있어서 의문이 없는 이상 그 조회나 감정결과에 따른 행위에 대하여는 정당한 이유를 인정하는 것이 당연하다고 해야 한다.[1] 둘째, 특허청에서 피고인 회사의 상표를 등록해 주었다는 사실도 참고자료가 될 수 있다. 특허청은 관할 관청이고, 이를 통하여 피고인은 타인의 상표권을 침해하지 않았다고 신뢰할 수 있었기 때문이다. 이러한 의미에서 피고인의 착오에 정당한 이유를 인정할 수 없다고 판시한 대상판결과 관련판결 (1)은 옳다고 할 수 없다. 이에 반하여 관련판결 (2)에서 대법원이 변리사에게 문의하여 피해자의 의장권을 침해하지 않았다는 감정을 받고, 피고인 스스로 의장등록을 한 경우에는 자기의 행위가 법령에 의하여 죄가 되지 않는다고 오인함에 정당한 이유가 있는 경우에 해당한다고 판시한 것은 타당하다고 생각된다.

1) 동지: 정현미 앞의 글, 533면; 천진호「금지착오사례의 논증과 정당한 이유의 구체적 판단」, 비교형사법연구 2-2, 305면.

16. 중지미수의 자의성

[대상판결]

(1) 대법원 1997. 6. 13. 97도957

1. 사실의 개요

피고인은 자신의 아버지가 주거로 사용하는 건물 중 아버지의 방에서 아버지가 용돈을 주지 않는다는 이유로 라이터로 휴지에 불을 붙여 장롱 안에 있는 옷가지에 불을 놓아 위 건물을 소훼하려 하였으나 불길이 치솟는 것을 보고 겁이 나서 물을 부어 불을 껐다.

2. 판결요지

[1] 범죄의 실행행위에 착수하고 그 범죄가 완수되기 전에 자기의 자유로운 의사에 따라 범죄의 실행행위를 중지한 경우에 그 중지가 일반 사회통념상 범죄를 완수함에 장애가 되는 사정에 의한 것이 아니라면 이는 중지미수에 해당한다.

[2] 피고인이 장롱 안에 있는 옷가지에 불을 놓아 건물을 소훼하려 하였으나 불길이 치솟는 것을 보고 겁이 나서 물을 부어 불을 끈 것이라면, 위와 같은 경우 치솟는 불길에 놀라거나 자신의 신체안전에 대한 위해 또는 범행 발각시의 처벌 등에 두려움을 느끼는 것은 일반 사회통념상 범죄를 완수함에 장애가 되는 사정에 해당한다고 보아야 할 것이므로, 이를 자의에 의한 중지미수라고는 볼 수 없다.

(2) 대법원 1999. 4. 13. 99도640

1. 사실의 개요

피고인은 피해자 甲녀 경영의 주점에 출입하면서 甲과 성관계를 가지게 된 것을 기화로 수차례에 걸쳐 甲에게 폭력을 행사하여 오던 중, 1998. 5. 25. 오후에 주점에 찾아갔으나 이러한 폭력행사에 지친 甲이 더 이상 피고인을 만나지 않으려고 주점의 출입문을 열어주지 않자 이에 앙심을 품고 칼날길이 5 cm 가량의 칼을 등산복 안에 숨긴 채 같은 날 19:30경 주점 종업원인 乙녀가 위 주점의 출입문을 열고 들어가는 순간 乙을 따라 주점에 들어간 다음, 그 안에 있던 甲에게 자신을 용서하여 달라고 말하였으나 甲이 말로만 잘못했다고 하지 말라는 취지로 대답을 하자 이에 격분하여, 주점의 간판 불을 끄고 전화선 코드를 뽑아버린 후 소지하고 있던 칼로 甲의 목 부위와 가슴 부위를 수회 찌르고 乙이 피고인을 만류하자 乙에게 “너도 칼로 찔러버리기 전에 저 구석에 가있어. 너도 죽고 싶으냐. 나오면 죽여 버리겠다”라고 말하여 乙로 하여금 피고인을 만류하지 못하게 한 다음, 계속하여 위 칼로 甲의 머리 부위를 향하여 내리 찍었으나 甲이 이를 피하는 바람에 맞지 아니하자 甲에게 “밤새도록 너를 죽이려고 칼을 갈았다. 오늘은 너도 죽고 나도 죽고 종업원 미스 乙도 죽고 3명이 다 죽는다”라고 말하면서 등산화를 신은 발로 甲의 허벅지와 발을 걷어차다가 甲의 가슴 부위에서 많은 피가 흘러내리는 것을 발견하고는 겁을 먹고 폭력행사를 그만 두고, 이로 인하여 甲에게 약 3주간의 치료를 요하는 다발성 경부 및 흉부자상을 입혔다.

2. 사건의 경과

검사는 피고인을 살인미수죄로 공소제기하였고, 제 1 심과 원심판결은 피고인에 대하여 살인미수죄로 유죄판결을 선고하였다. 원심판결에 대하여 피고인이 상고하였다. 상고이유는 피고인의 행위는 장애미수가 아니라 중지미수에 해당한다는 점에 있었다.

3. 판결요지

범죄의 실행행위에 착수하고 그 범죄가 완수되기 전에 자기의 자유로운 의사에 따라 범죄의 실행행위를 중지한 경우에 그 중지가 일반 사회통념상 범죄를 완수함에 장애가 되는 사정에 의한 것이 아니라면 이는 중지미수에 해당한다고 할 것이지만, 피고인이 피해자를 살해하려고 그의 목 부위와 왼쪽 가슴 부위를 칼로 수 회 찔렀으나 피해자의 가슴 부위에서 많은 피가 흘러나오는 것을 발견하고 겁을 먹고 그만 두는 바람에 미수에 그친 것이라면, 위와 같은 경우 많은 피가 흘러나오는 것에 놀라거나 두려움을 느끼는 것은 일반 사회통념상 범죄를 완수함에 장애가 되는 사정에 해당한다고 보아야 할 것이므로, 이를 자의에 의한 중지미수라고 볼 수 없다.

[판례의 연구]

Ⅰ. 문제의 제기

중지미수란 범죄의 실행에 착수한 자가 그 범죄가 완성되기 전에 자의로 중지하거나 결과의 발생을 방지한 경우를 말한다. 형법 제26조는 중지미수의 경우에 형을 감경 또는 면제하도록 규정하고 있다. 범죄의 미완성이 자의에 의한 점에서 장애미수와 구별되며, 필요적 감면사유라는 점에서 형법이 인정하는 미수 가운데 가장 관대히 처벌하는 형태의 미수범이다. 중지미수를 어떻게 처벌할 것인가에 관하여는 입법례에 따라 차이를 보이고 있다. 영미법계에서는 중지미수를 장애미수와 구별하지 않고 처벌하며 스위스형법 제23조가 중지미수의 경우에 형을 감경 또는 면제할 수 있다고 규정하고 있음에 반하여, 독일형법 제24조, 오스트리아형법 제16조, 그리스형법 제44조는 중지미수를 벌하지 아니한다. 우리형법은 이들 입법례의 절충적 입법이라고 할 수 있다. 중지미수를 관대히 처벌하는 근거는 자의에 의한 중지라는 점에 있다. 따라서 자의성의 판단기준은 중지미수에 있어서 핵심적 과제가 된다. 대상판결은 공포나 경악에 의하여 범죄를 완성하지 못한 경우에 자의성이 인정되어 중지미수가 될 수 있는가에 대한 판결들이다. 먼저 중지미수의 본질을 검토한 후 자의성의 판단기준과 대상판결의 문제점을 분석해 보기로 한다.

Ⅱ. 중지미수의 본질

중지미수를 형의 필요적 감면사유로 규정하고 있는 이유에 관하여는 견해가 대립되고 있다. 형사정책설과 법률설 및 결합설 등의 견해가 그것이다.

1. 형사정책설(황금교설)

중지미수를 특별취급하는 이유가 범죄의 기수를 방지하려는 형사정책적 고려에 있다는 이론이다. 즉 중지미수를 특별취급하는 것은 이미 미수의 단계에 이른 행위자에게 범죄의 완성을 중지하거나 결과의 발생을 방지하기 위한 충동을 주어 '되돌아가는 황금의 다리'를 만들어 준 것이 중지미수라는 것이다.[1] 그러나 ① 중지미수를 유리하게 취급한다는 약속은 일반에게 알려지지 않은 때에는 효과가 없으며 행위자는 일반적으로 행위 시에 이러한 고려를 하는 것도 아니므로 행위자의 결의에 영향을 미치지 못하고, ② 형사정책적 고려만으로 형을 면제할 경우와 감경할 경우를 구별할 수 없다는 비난을 면할 수 없다.

2. 법 률 설

중지미수의 경우에 범죄성립요건의 하나를 감소 또는 소멸하는 것으로 이해하는 견해이다. 위법성감소·소멸설과 책임감소·소멸설로 나누어진다.

(1) 위법성감소·소멸설

미수범에 있어서 고의는 주관적 불법요소이고 위법성의 요소이므로 중지미수에 있어서 중지의 결의는 위법성을 감소·소멸케 한다는 견해이다. 그러나 ① 일단 발생한 위법성은 사후에 감소·소멸된다고 할 수 없고, ② 위법성을 감소·소멸한다고 하면 중지미수의 일신전속적 성격에 반하고, ③ 위법성이 소멸된 때에는 무죄판결을 선고해야 할 것이므로 형을 면제하도록 한 형법의 태도와 일치하지 않는다는 비판을 받고 있다.

(2) 책임감소·소멸설

중지미수의 형을 감면하도록 한 이유는 책임의 감소와 소멸에 있다고 하는 견해이다. 즉 중지미수에 있어서는 자기행위의 가치를 부정하는 규범의식의 각성 또는 중지행위에 나타난 행위자의 인격태도로 인하여 책임이 감소되거나 소멸된다는 것이다.[2] 그러나 ① 책임이 소멸된다면 무죄판결을 선고해야 하므로 형의 면제를 설명하기 어렵고, ② 중지에 의하여 책임이 조정될 수는 있어도 조각된다고는 할 수 없다는 비판을 받고 있다.

---

1) 신동운 479면.
2) 김종원(공저) 293면; 이영란 404면.

3. 결 합 설

형사정책설과 법률설의 결합에 의하여 중지미수의 형을 감경 또는 면제하는 이유를 설명하는 견해이다. 결합설에는 형사정책설과 위법성감소설 및 책임감소설의 결합을 주장하는 견해도 있지만,[1] 책임감소설과 형사정책설의 결합설이 종래 우리나라의 다수설이었다.[2] 중지미수에 의한 형의 면제는 형사정책설에 의하고, 형의 감경은 책임의 감경에 그 근거가 있다는 것이다. 결합설은 중지미수에 있어서 형의 감경과 면제의 법적 성질을 합리적으로 설명할 수 있는 장점을 가진다. 그러나 결합설도 ① 형의 감경의 경우에는 형사정책적 고려를 배제하고 면제의 경우에는 책임감소를 고려하지 아니하여 중지미수의 특별취급에 대한 일관성 있는 설명을 불가능하게 하고, ② 형의 면제와 감경에 대한 기준을 제시하지 못한다는 비난을 받고 있다.

4. 보상설, 형벌목적설 및 책임이행설

중지미수의 법적 성질을 일원적·합일적으로 설명할 것을 시도하는 견해이다.

(1) 보 상 설

미수에 대한 불법과 일반의 법의식에 대한 행위자의 부정적 작용을 회복시킨 자의에 의한 중지의 공적을 보상하는 데 중지미수를 특별취급하는 이유가 있다는 이론이다.[3] 공적설 또는 은사설이라고도 한다. 보상설에 대하여는 중지미수의 경우에 형을 감경 또는 면제하는 것은 형벌이 필요한가라는 형법의 문제이지 은사의 문제가 아니라는 비판을 받고 있다.

(2) 형벌목적설

중지미수는 그 처벌이 형벌목적에 비추어 불필요한 경우라고 하는 이론이다.[4] 즉 자의로 법의 세계에 돌아온 경우에는 범죄의사가 범죄의 실행에 필요

---

1) 오영근 509면, 오영근 「중지미수의 자의성」, 형사판례의 연구 I, 556면.
2) 이형국 286면; 진계호 504면; 황산덕 232면; 성시탁 「중지범」(고시계 1975. 3), 110면.
3) 손해목 871면; 이재상 378면; 정성근/박광민 395면.
박상기 343면은 보상설과 형벌목적설, 임웅 353면은 책임감소·소멸설과 보상설의 결합을 주장한다.

할 정도로 강력하지도 않고 미수에서 표현된 행위자의 위험성도 현저히 약화되었으므로 형벌을 과할 필요가 감소하거나 없기 때문에 중지미수를 특별취급한다는 것이다. 형벌목적설은 중지미수의 경우에도 범죄의사가 이미 완성에 이를 정도로 강력할 수도 있고, 행위자의 위험성도 반드시 약화된다고 볼 수 없다는 비판을 받고 있다.

(3) 책임이행설

행위자가 자기의 귀책가능한 행위에 의한 범죄의 완성에 대해 그에게 부과된 원상회복의무로서의 책임을 이행하였다는 점에 중지미수의 본질이 있다는 견해이다.[1)] 그러나 범죄의 실행에 착수한 자가 실행의 중지나 결과의 방지만으로 책임을 이행하였다고는 할 수 없고, 의무합치적으로 중지하면 중지미수로 특별취급한다는 동어반복에 불과하다는 비판을 받고 있다.

5. 필요적 감면의 근거

중지미수의 본질을 통일적으로 설명하면서도 감경과 면제의 기준을 제시하기 위해서는 보상설이 타당하다고 생각한다. 물론 보상의 근거는 책임의 감경과 형벌목적의 소멸 및 형사정책적 고려가 포함될 수 있다. 보상의 내용에 책임감경과 형벌목적을 포함시킴으로써 보상설은 형벌목적설과 모순되지도 않고, 중지미수의 본질을 은사가 아닌 형법의 문제로 파악할 수 있게 된다. 그리고 보상설에 의하는 한 형의 감경을 설명하기 위해서 책임감소설과 결합이 필요한 것도 아니라고 해야 한다. 보상설에 의할 때 중지미수에 의한 형의 면제는 인적 처벌조각사유임에 반하여 형의 감경은 책임감경사유라고 해석해야 한다. 형의 감면의 법적 성질은 결합설의 결론과 같다고 할 수 있다.

Ⅲ. 자의성의 판단기준

중지미수는 범인이 자의로 실행에 착수한 행위를 중지하거나 결과의 발생

4) 김성천/김형준 431면; 손동권 356면; 정현미「중지미수의 형의 감면근거」, 법학논집 7-1, 81면. 김일수 교수는 중지미수의 본질은 형벌목적에 기한 책임감소에 있다고 하여 형벌목적적 책임감소설을 주장하고 있다(김일수/서보학 535면).

1) 최우찬「중지미수」(고시연구 1992. 2), 42면.

을 방지하여야 성립한다. 자의성은 중지미수가 성립하기 위한 주관적 요건이다. 자의성을 어떻게 이해할 것인가에 관하여는 학설이 대립되고 있다.

1. 객 관 설

외부적 사정과 내부적 동기를 구별하여 외부적 사정에 의하여 범죄가 완성되지 않은 경우는 장애미수이고, 내부적 동기에 의하여 중지한 때가 중지미수라고 한다. 그러나 이에 의하면 인간의사의 발동이 외부적 사정으로 인한 것인지 내부적 동기로 인한 것인지를 구별하기 곤란할 뿐만 아니라, 이에 의하면 자의성의 범위가 지나치게 확대된다는 난점이 있다.

2. 주 관 설

후회·동정·연민·죄책감 등 윤리적 동기에 의해 중지한 경우만이 중지미수이고 그렇지 않은 때는 모두 장애미수라고 한다. 그러나 주관설은 자의성과 윤리성을 혼동한 것이며, 윤리적 동기에서 중지한 경우에만 중지미수를 인정하기 때문에 자의성의 범위를 지나치게 협소하게 인정한다는 난점이 있다.

3. Frank의 공식

할 수 있었음에도 하기를 원하지 않아서 그만둔 경우가 자의에 의한 중지이며, 하려고 하였지만 할 수가 없어서 중지한 때를 장애미수라고 본다.[1] 그러나 이 견해도 자의성과 행위실행의 가능성을 혼동한 것이며, 가능성도 다의적인 개념이므로 명백한 기준이 되지 못하고, 어쩔 수 없이 포기할 수밖에 없어서 중지한 경우도 자의성을 인정해야 하는 등 해석에 따라서는 자의성의 범위가 부당하게 확대된다는 비판을 받는다.

4. 절 충 설

일반사회관념상 범죄수행에 장애가 될 만한 사유가 있는 경우는 장애미수이지만 그러한 사유가 없음에도 불구하고 자기의사에 의하여 중지한 경우

1) 임웅 357면.

에는 자의성을 인정하는 견해이다. 즉 중지의 의사결정이 의사결정을 강요하는 장애사유가 아니라 강제적 장애사유가 없음에도 불구하고 자율적 동기에 의하여 중지한 때에는 자의성이 인정되지만, 범죄수행의 의사추진력이 장애사유로 마비되어 타율적으로 중지한 때에는 자의가 되지 않는다고 해석한다. 우리나라의 다수설의 입장이며[1] 이 견해가 타당하다고 생각된다. 절충설은 외부적 사정에 의한 중지를 강제적 장애사유에 의한 중지로, 내부적 동기를 자율적 동기로 대체한 점에서 객관설의 기준을 구체화한 이론이라고 할 수 있으며, 행위실행의 가능성을 사회통념상 범죄수행에 장애가 될 만한 사유가 있는가에 따라 판단한다는 점에서 Frank의 공식에 명백한 적용기준을 제시한 이론이라고 할 수 있다. 판례도 「중지미수와 장애미수를 구분함에 있어서는 범죄의 미수가 자의에 의한 중지인가 또는 강제적 장애사유에 의한 타율적 중지인가에 따라 구별해야 한다」고 판시하여 절충설의 입장을 취하고 있다.[2] 대상판결이 「범죄의 실행행위에 착수하고 그 범죄가 완수되기 전에 자기의 자유로운 의사에 따라 범죄의 실행행위를 중지한 경우에 그 중지가 일반사회통념상 범죄를 완수함에 장애가 되는 사정에 의한 것이 아니라면 이는 중지미수에 해당한다」고 판시한 것도 절충설에 의하여 자의성을 판단한 것임이 명백하다.

5. 규 범 설

자의성을 순수한 평가의 문제로 이해하고 범행을 중지하게 된 내심적 태도를 처벌이라는 관점에서 평가하여 자의성을 판단해야 한다는 견해이다.[3] 이에 의하면 비이성적 이유에 의한 중지,[4] 합법성으로의 회귀[5] 또는 법에 충실한 심정의 표현[6]이 있으면 자의성이 인정된다고 한다. 그러나 ① 주관적 요소인 자의성의 판단을 규범적 기준으로 판단하는 것은 타당하지 않으며 그 기준

1) 김종원(공저) 297면; 배종대 507면; 신동운 482면; 안동준 190면; 오영근 564면; 이재상 381면; 이정원 269면; 이형국 289면.

2) 대법원 1985. 11. 12. 85도2002.

3) 김일수/서보학 539면; 박상기 347면; 정성근/박광민 399면은 심리적 방법과 규범적 방법을 결합하여 자의성을 판단해야 한다고 한다.

4) BGHSt. 9, 50.

5) Roxin 「Rücktritt vom unbeendeten Versuch」, Heinitz-FS S. 255.

6) Ulsenheimer *Grundfragen des Rücktritts vom Versuch in Theorie und Praxis*, S. 314.

이 되는 규범적 요소를 명백히 제시하지 못하고 있고, ② 이에 의하더라도 자의성은 합법성 또는 윤리성을 요구하는 결과가 되며, ③ 중지미수를 벌하지 않는 독일형법과는 달리 이를 감경 또는 면제하도록 한 형법의 해석에서 합법성으로의 회귀 또는 법에 충실한 심정이 있을 때에만 자의성을 요구해야 할 이유가 없다는 비판을 받고 있다.

Ⅳ. 자의성의 판단자료

통설과 판례의 태도인 절충설에 따라 자율적 동기에 의하여 중지한 때에 자의성을 인정하는 경우에 중지미수가 성립하기 위해서는 중지자의 자유의사가 필요하다. 따라서 외부적 장애사유에 의하여 범죄실행이 저지되거나 불가능해서는 자의성을 인정할 수 없게 된다. 여기서 구체적인 유형에 따라 절충설에 의한 자의성 판단의 기준을 검토해 볼 필요가 있다.

1. 후회·동정 기타 윤리적 동기에 의한 중지

후회나 동정 기타 윤리적 동기에 의하여 중지한 때에는 절충설에 의하는 때에도 당연히 자의성이 인정된다. 자의성의 범위를 가장 좁게 해석하는 주관설에 의하는 때에도 자의성이 인정되는 경우이다. 그러나 절충설에 의하는 한 자율적 중지인 이상 반드시 윤리성 내지 윤리적 정당성까지 요구하는 것은 아니다. 판례도 강간미수의 피해자가 다음에 만나 친해지면 응하겠다고 간곡하게 부탁하자 강간행위의 실행을 중지한 경우에 「피해자의 다음에 만나 친해지면 응해주겠다는 간곡한 부탁은 사회통념상 범죄실행에 대한 장애라고 여겨지지는 아니하므로 중지미수에 해당한다」고 판시하였다.[1]

2. 범행발각의 두려움

범행발각의 두려움은 일반적으로 행위자가 범행 이전에 예상할 수 있는 필수적인 위험이므로 이를 외부적 장애사유라고 할 수 없다. 따라서 행위자가 단순히 범행이 발각될 수 있다는 두려움 때문에 중지한 경우에는 자의성을 인

1) 대법원 1993. 10. 12. 93도1851.

정할 수 있다. 그러나 구체적 사정에서 발각의 위험이 현실화된 경우에는 외부적 장애사유가 존재한다고 해야 한다. 따라서 강간에 착수하였으나 피해자가 아는 여자여서 형사고소를 제기할 것을 두려워 하여 강간행위를 중단한 경우에는 자의성이 인정되지 않는다.[1] 판례도 범행당일 제보를 받은 세관원들이 범행장소 주변에 잠복근무를 하고 있으면서 왔다 갔다 하고 있는 것을 본 피고인이 범행발각을 두려워 한 나머지 자신이 분담하기로 한 실행행위에 이르지 못한 경우에, 「자의에 의한 범행의 중지가 아니어서 중지미수에 해당한다고 할 수 없다」고 판시하였다.[2]

3. 실행의 불가능 또는 곤란

범죄의 실행 또는 완성이 불가능하기 때문에 중지한 때에는 자의에 의한 중지가 될 수 없다. 강간에 착수하였으나 심리적 쇼크로 성교가 불가능한 경우, 절도에 착수했으나 재물이 없었던 경우가 여기에 해당한다. 이 범위에서는 Frank의 공식에 의하더라도 같은 결과가 된다. 그러나 범죄실행이 불가능한 경우뿐만 아니라 가능한 경우에도 합리적 판단에 의하면 범죄의 실행을 중단하는 이외에 다른 선택의 여지가 없는 경우에도 자의성은 인정되지 않는다고 해야 한다. 예컨대 강간에 착수하였으나 피해자가 생리중이거나, 먼저 사정이 되어버려 간음행위를 중단한 경우가 여기에 해당한다. 이러한 의미에서 절충설에 의한 자의성의 판단은 Frank의 공식과 결론을 달리 한다고 해야 한다. 판례도 강도가 강간하려고 하였으나 잠자던 피해자의 어린 딸이 잠에서 깨어 울고 피해자가 시장에 간 남편이 곧 돌아오고 임신 중이라고 말하자 도주한 경우에 「자의로 강간행위를 중지하였다고 볼 수 없다」고 판시하였으며,[3] 피고인들이 피해자를 강간하려고 작은 방으로 끌고가 팬티를 벗기고 음부를 만지던 중 피해자가 수술한 지 얼마 안 되어 배가 아프다고 애원하는 바람에 뜻을 이루지 못한 경우에도 「피고인들이 간음행위를 중단한 것은 피해자를 불쌍히 여겨서가 아니라 피해자의 신체조건상 강간을 하기에 지장이 있다고 본 데에 기인한 것이므로 이는 일반의 경험상 강간행위를 수행함에 장애가 되는 외부적 사정

1) BGHSt. 9, 48.
2) 대법원 1986. 1. 21. 85도2339.
3) 대법원 1993. 4. 13. 93도347.

에 의하여 범행을 중지한 것에 지나지 않는 것으로서 중지범의 요건인 자의성을 결하였다」고 판시한 것도[1] 이러한 의미에서 이해할 수 있다.

4. 공포 · 경악에 의한 중지

두려움과 경악에 의하여 범행을 실행하지 못한 경우에 자의성을 인정할 수 있는가가 문제된다. 대상판결은 모두 불길이 솟거나 많은 피가 흘러나오는 것을 보고 두려움 때문에 범행을 중지한 경우이다. 두려움 · 공포 또는 놀라움으로 범행을 그만둔 경우에는 Frank의 공식을 적용하여 자의성을 유용하게 판단할 수 있다고 해석하는 견해가 있다.[2] 즉 임웅 교수에 의하면 Frank의 공식은 공포심이라 하더라도 ① 범행에 보통 수반할 수 있는 정도의 단순한 두려움 · 공포 · 놀람으로 인하여 범행을 포기한 것은 '할 수는 있지만 원하지 않아서' 그만둔 경우에 해당하므로 자의성이 긍정되어 중지미수가 성립하고, ② 행위자가 자신의 의사나 동작에 대한 통제가 불가능할 정도로 심한 두려움 · 공포 · 놀라움으로 인하여 범행을 포기한 것은 '하려고 해도 할 수가 없어서' 그만둔 경우에 해당하므로 자의성이 부정되어 장애미수가 성립한다는 해답을 명쾌하게 내려준다고 한다. 그러나 Frank의 공식에 의하여 범죄실행이 불가능한 경우에만 장애미수를 인정하는 것은 자의성의 범위를 지나치게 축소한다고 해야 한다. 극심한 공포 · 경악이라고 반드시 범죄실행이 불가능하다고 하기 어렵고, 단순한 두려움 · 공포 · 놀람과 극심한 두려움 · 공포 · 놀람의 구별도 명백하지 못하다는 비판을 면할 수 없다.[3] 한편 오영근 교수는 형법해석의 기본원칙은 피고인에게 불리한 개념은 엄격하게 해석하고 유리한 개념을 넓게 해석해야 한다는 전제에서 중지미수에 있어서는 ① 어떤 형태로든 중지하면 중지미수의 형사정책적 취지는 충족되고, ② 독일형법과는 달리 필요적 감면사유에 불과한 형법의 중지미수를 좁게 해석해야 할 필요는 없고, ③ 중지미수의 자의성은 피고인에게 유리한 개념이므로 넓게 해석할 수 있다고 보아 대상판결 (1) 및 (2)는 물론 판례에서 문제된 대부분의 경우에 자의성을 인정

---

1) 대법원 1992. 7. 28. 92도917.
2) 임웅「중지미수에 있어서의 자의성」, 형사판례의 연구 I, 547면.
3) 임웅 교수도 대상판결 (1)에 있어서도 자의성이 인정되는가에 관하여 명백한 결론을 내리지 않고 있다.

하는 것이 타당하다고 하고 있다.[1] 그러나 자의성을 넓게 해석할 필요가 있다고 하여 중지미수의 주관적 요건이면서 장애미수와의 핵심적인 구별기준인 자의성의 요건을 포기하는 결과를 초래하는 것은 옳다고 할 수 없고, 강제적 장애사유로 인한 중지까지 중지미수에 포함시킬 수는 없다고 해야 한다. 결국 두려움 · 공포 또는 놀라움으로 범행을 그만둔 경우에도 절충설에 의하여 외적 장애사유로 중지한 경우인가 또는 자율적 동기에 의한 중지인가를 구별하여 자율적 동기에 의한 중지의 경우에만 중지미수를 인정해야 하며, 강제적 장애사유에 해당하는가의 여부는 사회통념에 따라 판단한다고 하지 않을 수 없다.

Ⅴ. 대상판결의 검토

중지미수는 실행에 착수한 자가 자의로 중지하거나 결과발생을 방지했을 때 성립한다. 형법은 중지미수의 객관적 요건에 관하여 실행을 중지하거나 결과발생을 방지했을 것을 요구하고 있지만, 이는 착수미수에 있어서는 실행행위를 중지하면 족함에 반하여 실행미수에 있어서는 결과의 발생을 방지해야 한다는 의미로 해석해야 한다. 대상판결 (1)은 방화죄의 실행행위를 종료한 경우이므로 실행미수에 해당하고, 대상판결 (2)는 칼로 피해자의 가슴을 찔렀으나 더 찌를 수 있었던 단계에 있었으므로 착수미수에 해당한다고 할 수 있다. 대상판결 (1)에서 피고인은 물을 부어 불을 껐으므로 결과발생을 방지하였음에 반하여, 대상판결 (2)에서는 피고인이 살해행위를 중지하였다. 따라서 대상판결에서 피고인들이 중지미수의 객관적 요건을 충족하였음은 명백하다. 문제는 피고인들이 자의로 중지하였는가, 즉 피고인들의 중지행위에 자의성이 인정되는가에 있다.

대상판결 (1)에서 대법원은 치솟는 불길에 놀라거나 자신의 신체 안전에 대한 위해 또는 범행 발각 시의 처벌 등에 대한 두려움은 일반 사회통념상 범죄를 완수함에 장애가 되는 사유에 해당한다는 이유로 중지미수가 될 수 없다고 판시하였다. 그러나 대상판결 (1)에서 피고인의 행위는 자의에 의한 중지라

1) 오영근 앞의 글, 561면.

고 해석하는 것이 타당하다고 생각된다.[1] ① 불길에 놀라거나 자신의 신체 안전에 대한 위해 또는 범행 발각 시의 처벌 등에 대한 두려움은 방화죄의 범죄 수행 시 당연히 예상되는 위험이라고 할 수 있으며, ② 자율적 중지와 장애사유에 의한 중지가 반드시 일도양단적 관계에 있는 것은 아닐 뿐만 아니라, ③ 피고인이 물을 부어 불을 끈 행위에는 결과방지를 위한 자율적 결의가 인정된다고 해야 하기 때문이다. 따라서 대상판결 (1)은 사회통념상 강제적 장애사유가 없음에도 불구하고 자율적으로 결과를 방지한 경우이므로 중지미수에 해당한다고 해야 한다.

대상판결 (2)의 경우에도 자의성을 인정하여 중지미수에 해당한다고 해석하는 견해도 있다.[2] 칼로 찌르면 피가 나는 것은 예상할 수 있는 당연한 위험이며 외부적 장애사유가 아니고, 피가 나는 것은 살인죄가 순조롭게 진행된다는 의미이지 장애사유가 될 수 없다는 것을 이유로 한다. 그러나 가슴을 칼로 찔렀을 때 순식간에 많은 피가 솟아나는 것은 경악하여 실행행위를 계속할 수 없을 정도의 장애사유가 될 수 있다고 해야 한다. 이 경우의 두려움은 사회통념상 범행을 계속 수행할 수 없을 정도의 장애사유에 해당하므로 피고인에게는 중지미수가 성립하지 않는다고 해야 한다. 결국 대상판결 (1)에서 대법원이 장애미수라고 판시한 것은 부당하지만, 대상판결 (2)에서 중지미수가 될 수 없다고 판시한 것은 타당하다고 할 것이다.

1) 동지: 오영근 앞의 글, 563면; 하태훈「중지미수의 성립요건」, 형사판례연구 7, 80면.
2) 오영근 앞의 글, 562면.

17. 불능미수와 가능미수의 구별

[대상판결]

대법원 1984. 2. 14. 83도2967

1. 사실의 개요

피고인은 남편 乙을 살해하려 마음먹고 배춧국 그릇에 농약인 종자소독약 유제 3호 8밀리리터 가량을 탄 다음 乙에게 먹여 그를 살해하고자 하였으나 이를 먹던 위 피해자가 국물을 토함으로써 그 목적을 이루지 못하였다. 농약 유제 3호는 동물에 대한 경구 치사량에 있어서 LD50이 킬로그램당 1,590밀리그램이라고 되어 있어 피고인이 사용한 양은 치사량에 현저히 미달했다.

2. 사건의 경과

원심과 제 1 심은 피고인이 남편인 乙을 살해할 것을 결의하고 배춧국 그릇에 농약인 종자소독약 유제 3호 8밀리리터 가량을 탄 다음 乙에게 먹게 하여 동인을 살해하고자 하였으나 이를 먹던 위 피해자가 국물을 토함으로써 그 목적을 이루지 못하고 미수에 그친 사실을 인정하고, 피고인에 대하여 형법 제254조, 제250조 제 1 항, 제25조, 제55조 등을 적용하여 살인미수죄로 처단하였다.

3. 판결요지

형법은 범죄의 실행에 착수하여 결과가 발생하지 아니한 경우의 미수와 실행과 수단의 착오로 인하여 결과발생이 불가능하더라도 위험성이 있는 경우의 미수와는 구별하여 처벌하고 있으므로 원심으로서는 이 사건 종자소독약 유제 3호의 치사량을 좀 더 심리한 다음 피고인의 소위가 위의 어느 경우에 해당하는지를 가렸어야 할 것임에도 불구하고 원심이 이를 심리하지 아니한 채 그 판시와 같은 사유만으로 피고인에게 형법 제254조, 제250조 제 1 항, 제25조의 살인미수의 죄책을 인정하였음은 장애미수와 불능미수에 관한 법리를 오해하였거나 심리를 다하지 아니함으로써 판결에 영향을 미친 위법을 범하였다 할 것이다.

[관련판결]

(1) 대법원 1984. 2. 28. 83도3331

판결요지

이 사건 농약의 치사추정량이 쥐에 대한 것을 인체에 대하여 추정하는 극히 일반적 추상적인 것이어서 마시는 사람의 연령, 체질, 영양 기타의 신체의 상황여하에 따라 상당한 차이가 있을 수 있는 것이라면 피고인이 요구르트 한 병마다 섞은 농약 1.6씨씨가 그 치사량에 약간 미달한다 하더라도 이를 마시는 경우 사망의 결과발생 가능성을 배제할 수는 없다고 할 것이다.

(2) 대법원 2007. 7. 26. 2007도3687

1. 사실관계

피고인은 원심 공동피고인인 공소외 甲과 공모하여 일정량 이상을 먹으면 사람이 사망에 이를 수도 있는 '초우뿌리' 또는 '부자' 달인 물을 甲의 남편인 피해자에게 '뼈가 아플 때 먹는 약이다'라고 속이고 마시게 하여 피해자를 살해하려고 하였으나, 평소 건강체질이던 피해자가 이를 토해버림으로써 미수에 그쳤다.

2. 판결요지

[1] 불능범은 범죄행위의 성질상 결과발생 또는 법익침해의 가능성이 절대로 있을 수 없는 경우를 말한다.

[2] 일정량 이상을 먹으면 사람이 죽을 수도 있는 '초우뿌리'나 '부자' 달인 물을 마시게 하여 피해자를 살해하려다 미수에 그친 행위는 불능범이 아닌 살인미수죄에 해당한다.

3. 판결이유

불능범은 범죄행위의 성질상 결과발생 또는 법익침해의 가능성이 절대로 있을 수 없는 경우를 말하는 것이다(대법원 1998. 10. 23. 선고 98도2313 판결 참조).

기록에 의하면 '초우뿌리'나 '부자'는 만성관절염 등에 효능이 있으나 유독성 물질을 함유하고 있어 과거 사약(死藥)으로 사용된 약초로서 그 독성을 낮추지 않고 다른 약제를 혼합하지 않은 채 달인 물을 복용하면 용량 및 체질에 따라 다르나 부작용으로 사망의 결과가 발생할 가능성을 배제할 수 없는 사실을 알 수 있는바, 원심이 그 설시 증거를 종합하여 피고인이 원심 공동피고인 공소외 1과 공모하여 일정량 이상을 먹으면 사람이 사망에 이를 수도 있는 '초우뿌리' 또는 '부자' 달인 물을 피해자(공소외 1의 남편)에게 마시게 하여 피해자를 살해하려고 하였으나 피해자가 이를 토해버림으로써 미수에 그친 행위를 불능범이 아닌 살인미수죄로 본 제1심의 판단을 유지한 것은 정당하다.

[판례의 연구]

Ⅰ. 불능미수의 의의

불능미수란 실행에 착수하였으나 수단 또는 대상의 착오로 인하여 결과발생이 불가능하지만 위험성이 있는 경우를 말한다(제27조). 결과발생이 불가능하다는 점에서 결과발생이 가능한 가능미수와 구별되며, 위험성이 있다는 점에서 위험성도 없기 때문에 처벌되지 않는 불능범과 구별된다. 형법은 결과발생이 불가능하다는 점에서, 가능미수가 임의적 감경사유에 해당함에 반하여(제25조) 불능미수는 임의적 감면사유로 규정하고 있다(제27조). 독일형법 제23조 3항이 「행위자가 대상 또는 수단으로 기수에 이를 수 없다는 것을 현저한 무지로 (aus grobem Unverstand) 알지 못한 때에는 형을 감경 또는 면제할 수 있다」고 규정하여 불능미수의 경우에도 예외적인 경우를 제외하고 미수범으로 처벌하고 있는 것과 구별된다.

형법 제27조는 불능미수의 요건으로 결과발생이 불가능하지만 위험성이 있을 것을 요구하고 있다. 그런데 위험성이란 결과발생의 가능성 또는 구성요건실현의 가능성을 의미한다고 해석되고 있다. 따라서 형법 제27조는 결과발생이 불가능하지만 결과발생의 가능성이 있는 경우에 불능미수가 성립한다는 의미가 된다. 전후 상반된 모순된 규정이라고 볼 수도 있다. 여기서 불능미수의 요건인 결과발생의 불가능과 위험성은 어떻게 구별되는가가 불능미수에 있어서 해결해야 할 첫 번째 과제가 된다. 결과발생의 불가능이 불능미수와 가능미수의 한계가 된다는 점에서 불능미수와 가능미수를 어떻게 구별할 것인가의 문제라고도 할 수 있다. 대상판결과 관련판결은 불능미수와 가능미수의 구별기준인 결과발생의 불가능을 어떻게 해석할 것인가와 관련된 판결들이다.

Ⅱ. 결과발생의 불가능

불능미수는 실행의 수단 또는 대상의 착오로 결과발생이 불가능할 것을 요한다. 결과발생이 가능하여 위험성이 있는 경우가 가능미수라는 점에서, 결과발생의 불가능은 불능미수와 가능미수의 한계가 된다. 그러나 결과발생이 불가능한 때에도 불능미수가 되지 않는 경우가 있다. 첫째는 인과연관이 인정되지 아니하여 결과발생이 불가능한 경우이다. 이 경우를 불능미수에 포함할 때에는 모든 미수가 불능미수로 될 우려가 있기 때문이다. 둘째, 행위자가 비현실적인 수단을 사용하여 결과가 발생하지 않은 미신범의 경우에도 불능미수가 성립할 여지는 없다. 미신범은 구성요건적 고의 또는 형법상 중요한 행위결의가 결여되었기 때문에 범죄 자체가 성립하지 않는 경우이다.

1. 결과발생의 가능성과 위험성

결과발생의 가능성은 위험성을 의미한다고 할 수 있다. 그런데 불능미수는 결과발생이 불가능하지만 위험성이 있는 경우에 성립한다. 여기서 불능미수와 가능미수의 한계인 결과발생의 불가능의 의미를 밝히기 위해서는 결과발생의 가능성과 위험성이 어떻게 구별되는가를 명백히 할 필요가 있다. 불능미수에 있어서 결과발생의 가능성과 위험성의 구별기준에 관하여는 학설이 대립되고 있다.

(1) 사실적 불가능과 규범적 위험성

우리나라의 다수설은 결과발생의 불가능이 사실적·자연과학적 개념임에 반하여 위험성은 규범적·평가적 개념이라고 해석하여, 사실상 결과발생이 불가능하더라도 규범적·평가적 측면에서 위험성이 인정되면 불능미수가 성립한다고 해석한다.[1] 관련판결 (2)에서 대법원이 「불능범은 범죄행위의 성질상 결과발생 또는 법익침해의 가능성이 절대로 있을 수 없는 경우를 말하는 것이다」라고 판시한 것도 이러한 의미라고 볼 수 있다. 그러나 이 견해에 대하여는 행위자의 인식과 일반인의 인식을 기초사정으로 하여 사실상 불가능하다는 판단을 내렸는데 다시 결과발생이 평가상 불가능하다는 판단을 하여 동일한 기초에 대한 중복된 평가가 가능하다는 것은 관념이 조작하는 환영의 논리 내지 법관의 자의적 논리에 빠질 우려가 있다는 비판이 제기된다.[2] 결과가 발생하지 않은 경우를 사실적으로 판단하면 대부분 결과발생이 불가능하기 때문에 불능미수의 범위가 확대되어 장애미수의 여지가 없어지고, 예컨대 빈 호주머니에 소매치기하려고 한 경우와 같이 사실상 결과발생이 불가능해도 장애미수를 인정할 필요가 있을 수 있다는 것이다.[3]

(2) 사후적 판단과 사전판단

결과발생의 불가능이 사후적 관점에서 결과발생이 불가능한 경우임에 반하여 위험성은 사전적 관점에서 결과발생이 가능한 경우라는 견해이다.[4] 신동운 교수에 의하면 「결과불법의 영역에서 논해지는 결과발생의 불가능은 객관적 · 사후적 판단에 의하여 그 유무가 결정된다. 즉 실행행위가 행해진 이후의 시점에서 발견되는 여러 상황들도 함께 고려하여 이루어지는 객관적 · 사후적 판단의 소산이 결과발생의 불가능이다. 이에 대하여 행위불법의 영역에서 논해지는 위험성은 행위시점을 기준으로 삼아 이루어지는 장래적 판단에 의하여 그 유무를 결정한다. 즉 행위자의 실행행위 시점을 기준으로 삼아 이루어지는 장래적 판단의 소산이 위험성이다. 판단의 기준시점이 다르기 때문에 결과발생의 불가능과 위험성 사이에 모순은 일어나지 않는다」고 한다.[5] 결국, 사후적 위험성은 없으나 사전적 위험성이 있는 경우가 불능미수라는 것이다. 그러나 ① 객관적 · 사후적 판단에 의하면 결과가 발생하지 않은 경우는 항상 결과

---

1) 김종원 「불능미수」, 형사법강좌 2, 625면; 오영근 532면; 이재상 398면; 정성근/박광민 408면; 문채규 「형법 제27조(불능범)의 위험성 표지」, 비교형사법연구 8-2(2006), 37면.

2) 임웅 375면.

3) 한상훈 「형법 제27조(불능범)에서 '결과발생의 불가능'과 '위험성' 표지의 구별기준」, 형사법연구 20-3(2008), 88면.

4) 신동운 510면; 김성돈 479면.

5) 신동운 512면.

발생이 불가능하였던 경우이기 때문에 모든 미수는 불능미수가 되지 않을 수 없고,[1] ② 위험성도 사전판단의 대상이 아니며,[2] ③ 위험성이 불능미수의 행위불법의 영역에서만 문제되는 것은 아니라는 점에 이 견해의 난점이 있다.

(3) 구체적 위험과 추상적 위험(현실적 위험과 행위의 위험성)

결과발생의 가능성은 결과의 현실적 가능성 또는 구체적 위험성이고, 위험성은 행위의 속성인 위험성 내지 추상적 위험을 의미한다는 견해이다. 이용식 교수는 「미수범의 처벌근거가 되는 위험성이 불능미수의 가벌성을 근거짓는 위험성임에 반하여, 미수범의 처벌한계와 관련하여 장애미수의 경우 결과발생의 위험은 당해 보호법익에 대한 개별적 · 구체적 · 현실적 위험이 아니면 안 되고, 결과발생의 구체적 위험이 인정된다면 이는 불능미수가 아니라 가능미수이다」라고 한다.[3] 이정원 교수도 「구체적 범죄실현에 대한 구체적인 위험이 없어야 범죄실현의 불가능성이 인정될 수 있으므로 범죄실현에 대한 위험성은 구체적 위험설의 관점에서 인정되어야 함에 반하여, 범죄실현에 대한 구체적 위험성이 없는 경우에도 추상적 위험설 내지 인상설의 관점에서 법질서에 대한 위험성이 인정되면 위험성이 인정된다」고 한다.[4] 그러나 결과발생의 가능성을 결과발생의 구체적 위험이라고 해석할 때에는 추상적 위험범에 있어서는 장애미수의 성립을 부정하는 결과를 초래하고, 불능미수의 위험성을 행위의 속성인 위험성 또는 추상적 위험을 의미한다고 할 때에는 불능미수가 결과반가치 없이 행위반가치만으로 성립하는 결과가 되어 법익보호라는 근본목적과 형법의 보충성에 반할 뿐만 아니라,[5] 불능미수의 위험성과 행위의 위험성을 같이 볼 수도 없다는 비판을 면할 수 없다. 수단의 착오로 결과발생이 불가능한 경우에는 행위의 위험성도 인정될 수 없기 때문이다.

---

1) 김용욱 「가능미수와 불능미수의 구분」, 형사판례의 연구 I, 573면; 이승준 「형법 제27조(불능범) 논의의 재검토」, 형사정책연구 18-4(2007), 41면; 이정원 「불능미수에서 범죄실현의 불가능과 위험성」,형사정책연구 18-4(2007), 12면.

2) 불능미수에 관한 위험성판단에 있어서 주관설 또는 인상설에 의할 때에만 위험성판단은 사전판단이 될 수 있다. 신동운 교수도 위험성에 관하여는 구체적 위험설을 지지하고 있다(신동운 515면). 구체적 위험설은 위험성을 객관적 · 사후적으로 판단하는 이론이다.

3) 이용식 「불능미수의 위험성」(고시계 1999. 6), 114면.

4) 이정원 앞의 글, 13, 21면.

5) 한상훈 앞의 글, 93면.

(4) 현실적 위험성과 잠재적 위험성

불능미수에 있어서 결과발생의 가능성은 당해 법익침해에 대한 현실적 위험성이고 위험성은 법익침해에 대한 잠재적 위험성이라고 해석하여, 불능미수는 당해 법익에 대한 현실적 위험성은 없지만 잠재적 위험성이 있어 처벌되는 경우라고 보는 견해이다. 박상기 교수는 「행위 시의 상황에서는 결과발생의 현실적 가능성이 없었다고 할지라도 행위수단이나 대상의 착오가 없었던 정상적인 상태였다면 결과발생이 가능하였으리라는 조건에서 위험성을 인정하고, 이를 토대로 처벌하는 것이 타당하다고 본다(구체적 위험설). 그렇다면 형법 제27조가 규정하고 있는 위험성이란 결국 구성요건실현의 잠재적 위험성이라고 할 수 있다」고 한다.[1] 배종대 교수가 「불능미수의 위험성은 행위결과로 지향된 현실적 위험성이 아니라 행위의 사회적 의미에 따른 가설적 위험성을 의미한다」고 하는 것도 같은 의미라고 할 수 있다.[2] 그러나 이 견해는 ① 결과발생의 가능성을 법익침해의 현실적 위험성이라고 해석하고 있지만 언제 현실적 위험성이 인정되며 이를 어떤 기준으로 판단할 것인가에 대하여 아무런 답을 주지 않는다. 현실적 위험성이 구체적 위험을 의미한다고 할 때에는 위험성판단에 관한 구체적 위험설과의 관계를 어떻게 설명할 것인가가 의문이다. ② 이 견해를 취하는 학자들은 불능미수의 위험성에 관하여 구체적 위험설을 취하고 있다.[3] 그렇다면 잠재적 위험이 왜 구체적 위험이 되는가도 문제이다. ③ 잠재적 위험성이란 수단 또는 대상의 착오가 없었더라면 결과의 발생이 가능한가의 문제라고 한다. 그러나 수단 또는 대상의 착오가 없었던 경우에는 항상 잠재적 위험성이 인정되어 불능미수의 성립범위가 지나치게 확대된다는 비판을 피하기 어렵다고 생각된다.

(5) 결과발생의 가능성과 위험성의 구별

결과발생의 불가능과 위험성의 관계에 관하여는 이 이외에도 위험성을 법익침해의 위험[4] 또는 구성요건실현의 가능성을 의미한다고 해석하여[5] 결과발

1) 박상기 364면. 한상훈 앞의 글, 96면도 같은 입장이다.
2) 배종대 526면. 임광주 교수도 결과발생의 불가능이 현실적 위험성임에 반하여, 위험성은 가상적 실현위험성이라고 하여 양자를 구별하고 있다. 「형법 제27조의 위험성」, 형사법연구 19-2(2007), 132면 이하.
3) 박상기 364면; 배종대 528면.
4) 허일태 「불능미수에 있어서의 위험성의 의미」, 형사법연구 13(2000), 117면.
5) 김태명 「형법 제27조(불능범)의 위험성 요건의 독자성과 구체적 의미」, 형사법연구 26(2006),

생의 불가능과 구별하거나, 형법 제27조의 위험성의 의미의 독자적 의의와 기능을 부정하여 어떤 미수범의 형태든 미수범은 모두 위험성을 가진 것이며 불능미수의 판단에서만 위험성표지가 독자적 의의를 가지는 것은 아니라고 하는 견해도 있다.[1] 그러나 위험성을 법익침해의 위험이라고 해석하는 때에는 위험범에 있어서는 법익침해의 위험만으로 기수가 되기 때문에 불능미수는 침해범에 있어서만 가능하다는 결론이 되고, 침해범에 있어서도 결과발생이 불가능하면 법익침해의 위험성도 인정할 수 없어 위험성과 결과발생의 불가능을 명백히 구별할 수 없으며, 이를 구성요건실현의 가능성이라고 해석하는 경우에도 결과범에 있어서는 결과발생이 불가능하면 구성요건실현의 가능성도 없기 때문에 양자를 구별하는 데 불충분하다. 또 불능미수에 있어서 위험성의 독자성을 부정하는 견해도 ① 형법 제27조가 불능미수와 불능범을 위험성에 따라 구별하고 있는 취지에 반하고, ② 가능미수의 위험성이 결과발생 또는 구성요건실현의 가능성을 의미함에 반하여 불능미수의 위험성은 그것과 다른 의미의 위험성을 요구한다는 점에서 옳다고 할 수 없다.

결국, 결과발생의 가능성과 위험성은 다수설에 따라 결과발생의 가능성이 사실적·자연과학적 개념임에 반하여, 위험성은 규범적·평가적 개념이라고 해석하여, 사실상 결과발생이 불가능하더라도 규범적·평가적 측면에서 위험성이 인정되면 불능미수가 성립한다고 해석함이 타당하다고 생각한다. 결과발생의 가능성은 사실적·자연과학적 개념이므로 그 판단은 과학적 전문가가 그 시대의 지식과 경험을 동원하여 판단하지 않을 수 없다. 즉 그 시대의 과학적 지식으로 결과발생이 불가능하면 결과발생이 불가능하다고 해야 한다. 판단의 시점은 객관적·사후적 판단이어야 한다. 그러나 객관적·사후적 판단에 의할 때에는 불능미수의 범위가 지나치게 확대된다. 따라서 판단의 자료는 행위 당시에 존재한 사정에 제한하는 것이 타당하다.[2] 판단의 자료를 행위 당시의 사정으로 제한함에 의하여 가능미수와 불능미수의 한계는 명백히 구별될 수 있다. 사실적 가능성과 규범적 위험성이라는 평가가 동일한 기초에 대한 중복된

238면.

1) 천진호「미수범이론의 발전과 전망」, 형사법연구 18(2002), 149면.

2) 동지: 김용욱 앞의 글, 572면.

평가라고 해서 관념이 조작하는 환영의 논리라고 할 수 없다. 결과발생의 가능성도 위험성인 이상 양자의 구별이 서로 다른 방법의 중복된 평가여야 하는 것은 당연하기 때문이다.

2. 수단 또는 대상의 착오

불능미수에 있어서 결과발생의 불가능은 수단 또는 대상의 착오로 인한 것이어야 한다.

수단의 착오란 수단의 불가능성을 의미한다. 소화제로 낙태하거나 설탕으로 사람을 살해하려고 한 경우가 여기에 해당한다. 수단 그 자체에 착오가 있는 경우라는 점에서 행위자가 인식한 것과는 다른 객체에 결과가 발생한 방법의 착오와 구별된다. 대상의 착오는 객체의 불가능성을 말한다. 예컨대 시체에 대한 살인행위, 자기재물에 대한 절취행위가 여기에 해당한다. 객체의 불가능성은 사실상의 불가능과 법률상의 불가능을 포함한다. 전자가 사실상 불가능한 경우라면, 후자는 법률상의 이유로 결과발생이 불가능한 경우이다.

주체의 착오로 인하여 결과발생이 불가능한 경우에도 불능미수가 성립하는가가 문제된다. 주체의 불가능이란 신분 없는 자가 진정신분범을 범하는 것을 말한다. 독일의 다수설은 이 경우에도 불능미수의 성립을 인정하고 있다. 그러나 형법 제27조의 해석에 있어서는 주체의 불가능의 경우에는 불능미수가 성립할 여지가 없다고 해석하는 것이 타당하다. 그것은 ① 진정신분범에 있어서 신분 없는 자의 행위는 미수범의 행위반가치를 결한다고 해야 할 뿐만 아니라, ② 형법 제27조는 수단 또는 대상의 착오로 인하여 결과발생이 불가능한 경우에 위험성이 있는 때에만 불능미수가 성립한다고 규정하고 있으므로 이를 주체의 착오로 결과발생이 불가능한 경우까지 확대할 수는 없기 때문이다.

Ⅲ. 대상판결의 검토

대상판결은 결과발생이 불가능한 경우에 불능미수가 성립한다는 전제에서 결과발생이 불가능한 경우에 성립하는 불능미수와 그것이 가능한 경우인 가능미수 내지 장애미수의 어느 것에 해당하는지를 심리해야 한다는 취지이며, 관련판결은 결과발생의 가능성이 인정되어 일반 장애미수가 성립하는 경우에 대한 판결이다. 결과발생의 불가능이 불능미수와 가능미수의 구별기준임에도 불구하고, 이들 판결에서 결과발생의 가능성을 어떤 기준에 의하여 판단해야 할 것인가에 관하여는 아무런 설명이 없다.

대상판결은 치사량에 현저히 미달하는 독약으로 사람을 살해하려고 한 경우에 결과발생의 가능성이 있는가를 심리하지 않고 장애미수로 처벌한 원심판결을 파기하고 결과발생이 가능한 경우인가를 심리하도록 한 판결이다. 피고인이 사용한 종자소독약 유제 3호의 치사량은 1 kg당 1,590 mg이므로, 피해자의 체중을 60 kg으로 계산하더라도 95,400 mg(95.4 ml)이 투입되어야 하는데 피고인이 배춧국에 혼입한 양은 8 ml이었던 경우이다. 대상판결은 이와 같이 치사량에 현저히 미달하는 독약으로 사람이 사망할 가능성이 있는가를 심리하여 가능미수와 불능미수의 어느 것에 해당하는가를 밝힐 것을 요구한 것이다. 가능미수와 불능미수를 구별하여 그 처벌을 달리하고 있는 형법의 해석상 당연한 판결이라고 할 수 있다.

관련판결 (1)은 요구르트 한 병에 섞은 농약 1.6 cc가 치사량에 약간 모자라는 경우라고 할지라도 결과발생의 가능성을 인정할 수 있다는 취지의 판결이다. 농약의 치사량에 약간 모자라는 경우라 할지라도 마시는 사람의 연령, 체질, 영양 기타 신체상황에 따라 사망의 결과가 발생할 가능성을 배제할 수 없다는 이유로 미수범의 성립을 긍정한 판결이다. 관련판결 (2)도 초우뿌리나 부자로 사람을 살해하려고 한 경우, 위 약초는 과거 사약으로 사용된 약초로 독성을 낮추지 않고 달인 물을 복용하면 사망의 결과가 발생할 가능성을 배제할 수 없다는 이유로 결과발생의 가능성을 인정하고 살인미수죄의 성립을 긍정하였다. 이들 판결이 결과발생의 가능성을 어떤 기준으로 판단할 것인지에 관하여 명백한 태도를 밝혔다고 할 수는 없다. 그러나 판결들이 「사망의 결과가 발생할 가능성을 배제할 수 없다」고 판시한 점에서 결과발생의 가능성을 사실적 · 자연과학적 개념으로 파악하여 행위 당시의 사정을 기초로 한 과학적 전문가의 판단에 의하여 결과가 발생할 가능성이 있는가를 판단해야 한다는 다수설과 일치한다고 볼 수 있다.

결과발생의 가능성을 긍정한 이상 위험성에 대한 판단을 요하지 않는 것은 물론이다. 그런데 관련판결 (2)는 피고인에 대하여 살인미수죄의 성립을 인정한 원심판결을 유지하면서도, 「불능범은 범죄행위의 성질상 범죄발생 또는 법익침해의 가능성이 절대로 있을 수 없는 경우를 말하는 것이다」라고 설시하고 있다. 판례가 말하는 불능범이 불가벌적인 불능범을 말하는 것인지, 가벌적인 불능미수를 의미하는지는 명백하지 않다. 그러나 형법이 가능미수(협의의 장애미수)와 불능미수를 구별하고 있는 이상 결과발생의 가능성이 있는 경우에는 당연히 가능미수가 성립하고, 결과발생이 불가능한 경우에는 다시 위험성이 있는가를 심리하여 불능미수인가 또는 불능범인가를 판단해야 한다는 점에서 관련판결 (2)의 판결이유에는 논리적 치밀성이 모자란다고 할 수 있다. 이러한 의미에서는 대상판결이 「범죄의 실행에 착수하여 결과가 발생하지 아니한 경우의 미수와 결과발생이 불가능하더라도 위험성이 있는 미수를 구별해야 한다」고 판시한 점은 타당하다고 생각된다.

18. 불능미수에 있어서 위험성

[대상판결]

(1) 대법원 1978. 3. 28. 77도4049

1. 사실의 개요

피고인은 염산메칠에페트린 1.5킬로그램을 소지하고 있다가 검거되었다. 염산메칠에페트린은 감기약, 해열제 등 일반의약품으로 쓰이는 것이지만, 만약 그로부터 메칠기를 빼낼 수만 있다면 메스암페타민(속칭 히로뽕)의 제조원료인 염산에페트린이 된다. 염산메칠에페트린으로 메스암페타민을 생성하기 위해서는 염산에페트린이 원료로 사용되어야 하고, 염산에페트린은 감기약, 해열제인 일반의약품에 불과하다.

甲은 수사과정에서 소지 중이던 염산메칠에페트린 1.5킬로그램은 30만원을 주고 매입한 것이라고 주장하였다. 검사는 피고인을 습관성의약품관리법위반죄로 공소제기하였다.

2. 사건의 경과

제 1 심법원은 피고인의 자백을 근거로 피고인이 에페트린과 빙초산을 혼합하여 섭씨 80-90도로 가열하여 메스암페타민을 제조했으나 기술부족으로 히로뽕이 아닌 염산메칠에페트린을 생성한 것이라는 사실관계를 인정하고, 염산에페트린은 염산메칠에페트린에 의하여 생성시킬 가능성을 인정할 수 있어 불능범이 되지 않는다는 이유로 유죄를 선고하였다. 피고인은 제 1 심판결에 불복 항소하였다.

원심인 제 2 심법원은 피고인의 항소를 기각하였다. 피고인은 원심판결에 대하여 (1) 에페트린과 빙초산 등을 혼합하여 메스암페타민(히로뽕)을 제조하려고 하였다는 자신의 자백은 수사과정에서 행해진 고문에 의해 이루어진 것이며, (2) 소지 중이던 1.5킬로그램의 염산메칠에페트린은 제조에 의해 생성된 것이 아니라 A로부터 매입한 것이라는 이유로 상고하였다.

3. 판결요지

불능범의 판단기준으로서 위험성 판단은 피고인이 행위 당시에 인식한 사정을 놓고 이것이 객관적으로 일반인의 판단으로 보아 결과발생의 가능성이 있느냐를 따져야 하므로 히로뽕제조를 위하여 에페트린에 빙초산을 혼합한 행위가 불능범이 아니라고 인정하려면 위와 같은 사정을 놓고 객관적으로 제약방법을 아는 과학적 일반인의 판단으로 보아 결과발생의 가능성이 있어야 한다.

(2) 대법원 2005. 12. 8. 2005도8105

1. 사실의 개요

피고인은 A로부터 B를 통하여 소송비용 명목으로 100만원을 이미 송금 받았음에도 불구하고 A를 피고로 하여 종전에 피고인이 A를 상대로 제기하였던 여러 소와 관련한 소송비용 상당액의 지급을 구하는 손해배상청구의 소를 제기하였다가 담당판사로부터 소송비용의 확정은 소송비용액 확정절차를 통하여 하라는 권유를 받고 소를 취하하였다. 검사는 피고인을 사기미수죄로 공소제기하였다.

2. 사건의 경과

제 1 심법원은 피고인에게 사기미수죄를 인정하였고 피고인이 항소하였다. 원심은 피고인의 행위가 실행수단의 착오에 해당하는 경우로 위험성도 없어 불능범이라는 이유로 무죄를 선고하였다. 검사는 항소심판결에 불복 상고하였다. 검사의 상고이유는 피고인은 불능범으로 무죄가 되는 것이 아니라 불능미수로 처벌대상이 된다는 점에 있었다.

3. 판결요지

불능범의 판단 기준으로서 위험성 판단은 피고인이 행위 당시에 인식한 사정을 놓고 이것이 객관적으로 일반인의 판단으로 보아 결과발생의 가능성이 있느냐를 따져야 하고(대법원 1978. 3. 28. 선고 77도4049 판결 참조), 한편 민사소송법상 소송비용의 청구는 소송비용액 확정절차에 의하도록 규정하고 있으므로, 위 절차에 의하지 아니하고 손해배상금 청구의 소 등으로 소송비용의 지급을 구하는 것은 소의 이익이 없는 부적법한 소로서 허용될 수 없다고 할 것이다. 따라서 소송비용을 편취할 의사로 소송비용의 지급을 구하는 손해배상청구의 소를 제기하였다고 하더라도 이는 객관적으로 소송비용의 청구방법에 관한 법률적 지식을 가진 일반인의 판단으로 보아 결과발생의 가능성이 없어 위험성이 인정되지 않는다고 할 것이다. 그렇다면 피고인의 이 부분 소송사기 범행은 실행 수단의 착오로 인하여 결과발생이 불가능할 뿐만 아니라 위험성도 없다 할 것이어서 소송사기죄의 불능미수에 해당한다고 볼 수 없으므로 결국 범죄로 되지 아니하는 때에 해당한다.

[판례의 연구]

Ⅰ. 문제의 제기

불능미수란 실행에 착수하였으나 수단 또는 대상의 착오로 인하여 결과발생이 불가능하지만 위험성이 있는 경우를 말한다(제27조). 즉 불능미수가 성립하기 위해서는 결과발생의 불가능과 위험성이라는 요건이 필요하다. 결과발생의 불가능은 불능미수를 결과발생이 가능한 가능미수와 구별하는 기준이 된다. 형법은 결과발생이 불가능하다는 점에서 가능미수가 임의적 감경사유에 해당함에 반하여(제25조), 불능미수는 임의적 감면사유로 구별하고 있기 때문이다(제27조). 결과발생의 가능성은 사실적·자연과학적 개념이므로 과학적 전문가가 그 시대의 지식과 경험을 동원하여 판단하지 않을 수 없다. 즉 그 시대의 사실적·과학적 지식으로 결과발생의 가능성이 배제된 경우에는 결과발생이 불가능하다고 해야 한다. 판단의 시점은 객관적·사후적 판단이다. 그러나 객관적·사후적 판단에 의할 때에는 불능미수의 범위가 지나치게 확대되므로 판단의 자료는 행위 당시에 존재한 사정에 제한하는 것이 타당하다. 형법은 결과발생이 불가능한 경우에도 위험성이 인정될 때에 불능미수를 인정하고 있다. 결과발생의 불가능이 가능미수와 불능미수를 구별하는 기준임에 반하여 위험성은 가벌적인 불능미수와 처벌되지 않는 불능범을 구별하는 한계가 된다. 그러나 결과발생의 가능성을 위험성이라고 이해할 수 있다. 따라서 형법 제27조의 해석은 결과발생의 가능성과 위험성을 어떻게 구별하는가에서 시작해야 한다.[1] 다수설은 결과발생의 가능성이 사실적·자연과학적 개념임에 반하여, 위

1) 이에 관하여는 *supra* 17. 불능미수에 있어서 결과발생의 불가능 참조.

험성은 규범적·평가적 개념이라고 해석하여, 사실상 결과발생이 불가능하더라도 규범적·평가적 측면에서 위험성이 인정되면 불능미수가 성립한다고 해석하고 있다. 그러나 위험성을 규범적·평가적 개념이라고 해석하는 경우에도 위험성판단의 구체적 기준이 제시되지 않으면 안 된다. 대상판결은 추상적 위험설의 입장에서 위험성을 판단한 대표적인 판결이다. 다만 추상적 위험설에 의하는 경우에도 판단의 주체가 누구여야 하는가라는 문제가 해결되어야 한다. 판단의 기준에 따라서 순수한 객관설보다도 위험성의 인정범위가 축소될 가능성이 있기 때문이다. 먼저 위험성판단의 기준을 검토한 후 대상판결을 살펴보기로 한다.

Ⅱ. 위험성의 판단기준

위험성의 판단은 불능범과 불능미수를 구별하는 기준이다. 따라서 위험성을 어떻게 판단할 것인가는 불능미수에 있어서 중심문제가 된다. 위험성의 판단기준에 대해서는 견해가 대립되고 있다.

1. 학설의 대립

(1) 구 객관설

Feuerbach에 의해 주장되어 Mittermaier, Abegg 및 Berner에 의해 발전된 이론이다. 구 객관설은 불능을 절대적 불능과 상대적 불능으로 구별하여, 절대적 불능은 벌할 수 없지만 상대적 불능은 미수범으로 처벌받아야 한다고 한다. 절대적 불능이란 결과의 발생이 개념적으로 불가능한 경우를 말하며, 상대적 불능이란 구체적인 특수한 경우에만 불가능한 경우를 말한다. 예컨대 시체에 대한 살인행위, 설탕으로 사람을 살해하려고 한 경우는 절대적 불능이며, 부재중인 사람에 대한 발포나 치사량 미달의 독약으로 사람을 살해한 경우는 상대적 불능에 해당한다고 한다. 대법원이 히로뽕 제조를 시도하였으나 기술부족으로 완제품을 제조하지 못한 경우[1]에 결과발생이 절대적으로 불가능하지 않

1) 대법원 1985. 3. 26. 85도206, 「불능범은 범죄행위의 성질상 결과발생의 위험이 절대로 불능한 경우를 말하는 것인바, 향정신성의약품인 메스암페타민 속칭 '히로뽕'제조를 위해 그 원료인 염산에페트린 및 수종의 약품을 교반하여 '히로뽕'제조를 시도하였으나 그 약품 배합 미숙으로

다는 이유로 불능미수의 성립을 인정한 것은 구 객관설의 입장과 일치하는 것으로 볼 수 있다.

(2) 법률적 불능 · 사실적 불능설

불능을 법률적 불능과 사실적 불능으로 나누어 법률적 불능은 불능범이지만 사실적 불능은 미수범이라고 하는 견해이다. 프랑스 학자들에 의하여 주장된 이론이다. 이 가운데도 ① 법률적 불능을 절대적 불능, 사실적 불능을 상대적 불능으로 이해하는 견해(Roax)와, ② 법률적 불능을 구성요건의 흠결과 같은 의미로 보고, 사실적 불능은 단순한 사실상의 범죄요건이 결여된 경우로 보는 견해(Garraud)가 있다.

(3) 구체적 위험설

Liszt에 의하여 주장되어 Birkmeyer, Lilienthal, Hippel 등에 의하여 전개된 이론이며 신 객관설이라고도 한다. 구체적 위험설은 구체적 위험성이 없으면 불능범이고 구체적 위험성이 있으면 미수라고 한다. 구체적 위험성의 유무는 행위 당시에 행위자가 인식한 사실과 일반인이 인식할 수 있었던 사정을 기초로 일반적 경험법칙에 따라 객관적 · 사후적 예측(nachträgliche Prognose)에 따라 판단하여야 한다는 것이다. 즉 통찰력 있는 인간이 행위 후에 결과발생의 개연성이 있다고 인정할 때에는 구체적 위험성이 있으므로 미수가 된다고 한다. 이에 의하면 일반인이 임신했다고 믿을 부인의 낙태, 장탄된 것으로 생각하고 발사하였지만 탄환이 없는 경우나 치사량 미달의 독약으로 사람을 살해하려고 한 경우는 불능미수가 되지만, 사체실에 있는 사체를 살아 있다고 생각하고 살해하려고 한 경우는 불능범이 된다고 한다. 우리나라의 다수설이라고 할 수 있다.[1)]

(4) 추상적 위험설

추상적 위험설은 행위 시에 행위자가 인식한 사정을 기초로 하여 행위자가 생각한 대로의 사정이 존재하였으면 일반인의 판단에서 결과발생의 위험성

그 완제품을 제조하지 못하였다면 위 소위는 그 성질상 결과발생의 위험성이 있다고 할 것이므로 이를 습관성의약품제조 미수범으로 처단한 것은 정당하다.」

1) 김일수/서보학 532면; 김종원 304면; 박상기 364면; 배종대 528면; 신동원 515면; 안동준 204면; 오영근 594면; 이정원 239면; 이재상 403면; 도중진 「불능미수와 위험성」, 형사판례의 연구 I, 593면.

이 있는 경우를 추상적 위험 또는 법질서에 대한 위험이라 하여, 이러한 추상적 위험성의 유무에 의하여 미수범과 불능범이 구별된다는 이론이다.[1] 위험성 판단의 기초를 행위자의 주관에 두는 점에서 주관적이지만 위험성 판단의 주체를 일반인에 두는 점에서는 객관적이므로 주관적 위험설이라고도 한다. 이에 의하면 독약으로 알고 설탕을 먹인 경우 또는 음식물에 유황분말을 넣어 사람을 살해하려고 한 경우 불능미수이지만, 설탕에 살인력이 있다고 믿고 설탕을 먹여 사람을 죽이려고 한 경우는 불능범이 된다고 한다. 대상판결들도 이 입장을 취한 것으로 이해되고 있다.

(5) 주 관 설

주관설은 주관적으로 범죄의사가 확실하게 표현된 이상 그것이 객관적으로 절대불능인 때에도 미수범으로 처벌하여야 한다는 이론이다. 원칙적으로 불능범의 개념을 인정하지 아니하고 다만 미신범의 경우에는 미수에서 요구되는 구성요건적 행위가 없기 때문에 미수범의 범위에서 제외된다고 한다.[2] 제국법원(RG) 이후의 독일판례의 일관된 태도이며,[3] 현행 독일형법 제23조 3항의 입장이기도 하다.

(6) 인 상 설

인상설은 행위자의 법적대적 의사가 일반인의 법적 안정감이나 법적 평온상태를 교란하는 인상을 줄 경우에 위험성이 인정된다고 한다.[4] 원칙적으로 주관설과 같은 이론이나 법적 평온상태를 교란하는 인상을 줄 정도의 객관적 요소를 요구함에 의하여 미신범의 경우에 미수범이 성립하지 않는 근거를 설명하려는 이론이라고 할 수 있다.

2. 학설의 검토

위험성의 판단기준에 관한 대립된 학설 중 구 객관설과 법률적 불능·사실적 불능설이 객관설로서 주관설과 대립된 견해이다. 구체적 위험설과 추상

1) 정성근/박광민 414면.
2) 이영란 420면.
3) RGSt. 1, 451; 17, 158; 47, 65; BGHSt. 11, 324.
4) 손해목 914면; 이형국 302면; 허일태 「불능미수범에 있어서 위험성의 의미」, 형사판례연구 8, 54면.

적 위험설이 절충설이지만, 구체적 위험설이 객관설에 입각한 절충설이라면 추상적 위험설은 주관설에 입각한 절충설이며, 인상설은 추상적 위험설보다 더 주관설에 가까운 이론이라 할 수 있다. 구 객관설은 절대적 불능과 상대적 불능의 구별이 반드시 명백한 것은 아니라는 점에서 문제가 있다. 절대적 불능이라도 보는 입장에 따라서는 상대적 불능일 수도 있고, 상대적 불능도 판단의 기준에 따라 절대적 불능이 될 수 있기 때문이다. 치사량 미달의 독약으로 사람을 살해하려고 한 경우는 상대적 불능이라고 할 수 있지만, 치사량 미달의 독약은 객관적으로 보면 절대적 불능일 수 있다. 현재 구 객관설을 지지하는 학자는 없다. 법률적 불능・사실적 불능설 중 ①의 견해에는 구 객관설에 대한 비판이 그대로 적용될 수 있다. 또 ②의 견해에는 구성요건요소 가운데 인과관계를 다른 요소와 구별해야 할 이유가 없을 뿐만 아니라, 형법 제27조가 수단이나 대상의 착오로 구성요건의 흠결이 있는 경우에도 위험성이 있으면 처벌한다고 규정하고 있는 것과 조화될 수 없다는 구성요건의 흠결이론에 대한 비판이 그대로 적용된다.

추상적 위험설에 대하여는 행위자가 경솔하게 잘못 안 경우에도 그 사실만을 기초로 하여 위험성을 판단해야 한다는 것은 부당하다는 비판이 제기되고 있다. 주관설에 대하여는 미신범을 불능미수에서 구별하여야 할 이론적 근거와 한계를 명백히 할 수 없을 뿐 아니라, 행위자의 의사 외에 외적・객관적 요소를 전혀 고려하지 않는 데 근본적인 난점이 있다는 비판을 면할 수 없다. 인상설이 법적 평온상태의 교란에 대한 인상 정도만 있으면 미수범의 처벌을 인정하는 것은 주관설에 치우쳐 미수범의 처벌범위를 지나치게 확대한다는 비난을 면할 수 없다.

불능미수에 있어서 위험성은 질적인 측면에서 미수범의 처벌한계를 결정하는 요소가 된다. 불능미수의 처벌한계가 되는 위험성을 주관적인 측면에서 찾는 것은 옳다고 할 수 없다. 따라서 위험성판단의 기준으로는 구체적 위험설이 타당하다고 할 것이다. 그러나 구체적 위험설을 취하는 경우에도 판단의 방법, 즉 그 대상과 기준을 어떻게 해야 할 것인가를 검토해야 한다.

Ⅲ. 위험성의 판단방법

구체적 위험설에 의하면 위험성은 행위 당시에 행위자가 인식한 사실과 일반인이 인식할 수 있었던 사정을 기초로 일반적 경험법칙에 따라 객관적·사후적 예측에 따라 판단하여야 한다. 추상적 위험설에 의하는 경우에는 행위 시에 행위자가 인식한 사정을 기초로 하여 행위자가 생각한 대로의 사정이 존재하였으면 일반인의 판단에서 결과발생의 위험성이 있다고 인정되는 경우에 위험성이 인정된다. 이들 견해, 특히 구체적 위험설에 의하여 위험성을 판단하는 경우에 위험성 판단의 대상과 판단의 주체를 명백히 할 필요가 있다.

1. 위험성판단의 대상

추상적 위험설에 의하면 위험성판단의 대상은 행위 시에 행위자가 인식한 사실이므로 특별한 문제가 없다. 그러나 구체적 위험설은 행위자가 인식한 사실과 일반인이 인식한 사실을 판단의 대상으로 한다. 여기서 행위자가 인식한 사정과 일반인이 인식한 사정이 일치하지 않는 경우에 어느 사정을 기초로 판단할 것인가가 문제된다. 구체적 위험설에 대한 가장 중요한 비판이라고 할 수 있다.[1] 그러나 행위자가 인식한 사정과 일반인이 인식한 사정이 다를 때에는 일반인이 인식한 사정을 기초로 삼고 행위자가 특히 알고 있었던 사정을 고려해야 하는 것은 당연하다. 구체적 위험설이 일반인이 인식한 사실 이외에 행위자가 인식한 사실도 판단의 대상으로 요구한 것은 일반인이 인식한 사실이 불명확한 경우가 있기 때문에 행위자가 인식한 사실까지 고려하여 위험성을 정확하게 판단하기 위한 것이므로, 일반인이 인식한 사실이 행위자의 인식과 일치하지 않는 경우에는 일반인의 인식을 기준으로 할 수밖에 없기 때문이다. 행위자가 인식할 수 있었던 사정을 기초로 일반적 경험법칙에 따라 객관적·사후적으로 위험성을 판단한다고 하여 구체적 위험설의 취지에 반하는 것도 아니다. 구체적 위험설이 신 객관설이라고 할 수 있을 정도로 객관설에 가까운 이론인 당연한 결과이다.

구체적 위험설에 의한 위험성판단은 객관적 사후판단의 형식에 의해 이루

1) 손해목 910면.

어진다. 즉 위험성판단은 사후판단이다. 다만 판단의 자료는 행위 당시의 행위자가 인식한 사정과 일반인이 인식할 수 있었던 사정이다. 추상적 위험설에 의할 때에도 판단의 대상이 행위 시에 행위자가 인식한 사실이지만 사후판단인 점에서 결론을 같이한다. 위험성판단이 사전판단이라는 견해가 없는 것은 아니다.[1] 그러나 객관적·사후적 판단을 사전판단이라고 할 수 없으며, 사전판단에 의할 때에는 위험성을 인정할 범위가 확대되는 결과를 초래한다.[2]

2. 위험성판단의 주체

구체적 위험설에 있어서는 물론 추상적 위험설에 의하는 경우에도 위험성 판단의 주체는 일반인이다. 그러나 일반인이 구체적으로 어떤 사람을 의미하는가에 대하여는 견해가 일치하지 않는다. 일반인은 통찰력 있는 보통인 내지 사회일반인을 의미한다는 견해[3]와 과학적 일반인을 의미한다는 견해[4]가 그것이다. 대상판결 (1)은 제약방법을 아는 과학적 일반인, 대상판결 (2)는 법률적 지식을 가진 전문적 일반인이 판단주체가 되어야 한다고 하여 후설의 입장에 서고 있다. 그러나 추상적 위험설이나 구체적 위험설에서 말하는 위험성판단의 주체를 과학적 일반인이라고 해석하는 것은 옳다고 할 수 없다. 첫째, 결과발생의 불가능은 사실 판단임에 대하여 위험성에 대한 판단은 규범적·평가적 판단이다. 사실판단인 결과발생의 불가능에 대한 판단주체는 과학적·전문적 일반인이다. 위험성판단까지 과학적 일반인의 판단에 의할 때에는 위험성 판단이 결과발생의 불가능의 판단이 되어 위험성의 판단을 결과발생의 불가능판단, 즉 사실판단으로 환원하게 된다. 그 결과 결과발생이 불가능하면 위험성도 없다는 결론이 된다. 결국 과학적·전문적 일반인은 규범적·평가적 판단의 주체가 될 수 없다. 둘째, 과학적 일반인을 판단주체로 삼는 경우에는 대부분의 경우에 위험성이 부정되어 불능미수의 범위가 축소되지 않을 수 없다. 즉 과학적 일반인의 판단에 의하면 추상적 위험설은 행위자의 인식이 비합리적인

1) 신동운 512면; 이승준 앞의 글, 49면.
2) 오영근 538면은 구체적 위험설에 충실하기 위해서는 판단의 대상을 일반인이 인식할 수 있었던 사정에 제한해야 한다고 주장한다.
3) 배종대 526면; 이재상 402면; 정성근/박광민 412면; 임웅 「불능미수에 있어서 착오로 인한 결과발생불가능과 위험성에 관한 연구」, 형사법연구 22-4(2010), 175면.
4) 신동운 514면; 도중진 앞의 글, 593면; 이승준 앞의 글, 53면.

경우를 제외하면 구 객관설보다 더욱 객관적인 이론이 되어 결과발생이 불가능하면 모두 불능범이 되지 않을 수 없다. 따라서 판단의 주체인 일반인은 통상의 일반인이어야 한다.

Ⅳ. 대상판결의 검토

대상판결 (1)과 (2)는「위험성판단은 피고인이 행위 시에 인식한 사실을 놓고 이것이 객관적으로 일반인의 판단으로 보아 결과발생의 가능성이 있느냐를 따져야 한다」고 판시하여 추상적 위험설의 입장을 명백히 하고 있다. 그러나 행위자가 잘못 안 경우에도 행위자의 인식만을 판단의 기초로 하여 위험성을 판단해야 한다는 것은 타당하다고 할 수 없다. 사람을 살해하기 위하여 설탕을 먹인 동일한 사안에서 독약으로 알고 설탕을 먹이느냐, 설탕을 먹으면 죽는다고 생각하고 먹이는가에 따라 위험성 판단의 결론이 달라진다는 것은 이해할 수 없다. 이러한 의미에서 추상적 위험설은 행위자의 범죄의사에 중점을 두는 주관적 미수론의 범위를 벗어났다고 할 수 없다.[1] 대상판결이 위험성의 판단기준을 추상적 위험설에 따라 판단한 것은 타당하다고 할 수 없으며, 구체적 위험설에 의해 문제를 해결하는 것이 옳다고 생각한다.

대상판결은 추상적 위험설의 입장을 취하면서도 판단의 주체인 일반인을 과학적·전문적 일반인으로 해석하고 있다. 즉 대상판결 (1)은 제약방법을 아는 과학적 일반인, 대상판결 (2)는 법률적 지식을 가진 전문적 일반인의 판단으로 결과발생의 위험성이 있는가를 따져야 한다는 것이다. 그러나 결과발생이 가능한가라는 사실적·존재론적 판단과는 달리 위험성이 있는가라는 규범적·평가적 판단은 과학적·전문적 일반인의 판단대상이 아니며, 결과발생의 불가능과 함께 위험성판단까지 과학적·전문적 일반인에게 맡길 때에는 결과발생이 불가능하면 모두 위험성도 없다는 결과가 되어 추상적 위험설이 객관설보다 더 객관적인 결과를 초래한다. 추상적 위험설에 의하여 위험성을 인정하는 범위는 일반적으로 구체적 위험설의 경우보다 확대된다. 그러나 판단의 주체를 과학적·전문적 일반인으로 할 때에는 추상적 위험설이나 구체적 위험설이

---

1) 도중진 앞의 글, 593면.

나 모두 위험성을 인정할 수 없는 결과를 초래하며, 추상적 위험설이 구 객관설과 같은 이론이 되어 버린다. 따라서 추상적 위험설이나 구체적 위험설 중 어떤 견해를 취하더라도 판단의 주체는 평균적 일반인 내지 보통의 양식 있는 일반인으로 하지 않으면 안 된다.

구체적 위험설에 따라 위험성의 유무를 판단해 보기로 한다. 대상판결 (1)에서는 행위자가 인식한 사정은 빙초산에 에페트린을 혼합하여 가열하면 히로뽕을 만들 수 있다는 사정이고 일반인의 인식도 같으므로 위험성의 판단자료는 동일하다. 평균적 일반인이 위험성을 판단하면, 이 경우에 위험성이 긍정된다. 대상판결 (2)에서도 피고인이 행위 당시에 '손해배상청구소송을 통해서 소송비용을 받아내려'고 하였다는 점을 인식하였고 일반인이 인식한 사정도 다르지 않다. 따라서 이를 기초로 평균적 일반인을 기준으로 판단하면 위험성이 인정되고, 피고인은 사기죄의 불능미수로 처벌받아야 할 것이다. 대상판결은 모두 결과발생은 불가능하지만 위험성이 인정되어 불능미수가 성립하는 경우라고 해야 한다.[1)]

1) 동지: 임웅 앞의 글, 175~176면.

19. 공동정범의 정범성

[대상판결]

(1) 대법원 2003. 3. 28. 2002도7477

1. 사실의 개요

피고인(이하 丙)은 2002. 3. 10. 20:30경 마산시 합성 1동 소재 피시방 앞에서 공동피고인 1(이하 甲)이 인터넷 채팅을 통하여 알게 된 피해자 1(이하 A) 및 그 친구들인 피해자 2(이하 B) 및 공소외 1(이하 C)을 甲의 승용차에 태우고 甲이 운전하여 함께 창원시 동면 소재 주남저수지 부근을 드라이브하였다.

피해자 일행이 잠시 차에서 내린 사이에 공동피고인 2(이하 乙)의 제의로 甲은 B를, 乙은 A를, 丙은 C를 각 강간하기로 공모한 다음, 다시 피해자들을 차에 태워 5시간 정도 후인 다음날 11일 01:00경 경남 함안군 칠북면 마산리 소재 야산 입구에 이르러 甲은 B를 산 쪽으로 20미터 가량 끌고 가 손으로 얼굴을 때리며 겁을 주어 반항을 억압한 다음 1회 간음하여 강간하고, 乙은 A를 산 쪽으로 50미터 가량 끌고 가 겁을 주어 반항을 억압한 다음 1회 간음하여 강간하였다. 甲은 강간을 마친 乙이 자신이 강간한 피해자 A를 데리고 자기 쪽으로 오자 그녀를 인계받아 뺨을 때리면서 겁을 주어 반항을 억압한 다음 1회 간음하여 강간하고, 이로 인하여 A에게 약 2주간의 치료를 요하는 다발성 좌상을 입게 하였다.

한편 丙은 乙과 甲이 피해자들을 강간하기 위하여 숲 속으로 끌고 갈 때 야산 입구에 앉은 채 피해자 C에게 "우리 그대로 가만히 앉아 있자"고 하면서 C의 몸에 손도 대지 않았고, 이에 C는 丙 옆에 앉아 서로 각자 가지고 있던 담배를 피우면서 丙의 물음에 대하여 "고향은 거제이고, 현재 마산 구암동 이모 집에서 살고 있고, 마산 창동의 미용실에 근무하고 있다"라고 말하였고, 자신의 휴대폰으로 수차 전화를 걸어 온 B의 남자친구인 공소외 2와 통화를 하기까지 하였는데, 그때 丙이 통화를 제지하지도 아니하였고, 자신이 피해를 당하고 있는 친구들에게 데려다 달라고

하거나, 丙이 자신의 팔을 잡아 만류한 적은 없고 다만, 친구들이 애처로워 丙에게 "우리 친구들을 좀 보내주면 안되느냐"고 부탁하자, 丙은 아무런 대꾸도 없이 그 자리에 앉아 있었다는 것이다.

2. 사건의 경과

제 1 심과 원심은 甲과 乙에 대해서는 강간죄와 강간상해죄의 공동정범을 인정하고, 피고인 丙에게는 공모공동정범이론을 근거로 丙이 다른 공동피고인들의 실행행위에 묵시적으로 공동 가공함으로써 공모공동정범으로서의 죄책을 면할 수 없다고 판시하였다. 즉 피해자 일행이 집으로 돌아가겠다며 일시 차에서 내린 틈에 원심 공동피고인 甲과 乙이 피해자 일행을 한 사람씩 나누어 강간하자고 제의하자, 피고인 丙은 아무런 반대의 의사표시 없이 이를 수락한 다음, 피해자 일행을 다시 차에 태워 인근 야산으로 데려가 甲과 乙이 범행을 마칠 때까지 그들과 동행하였을 뿐만 아니라, 그 과정에서 피해자 A, B가 甲과 乙에게 끌려가 부근에서 강간당하는 것을 보고 듣고도 이를 저지하기 위한 아무런 조치를 취하지 아니하였고, 오히려 자신의 강간 상대방으로 정해진 C를 옆에 가만히 앉아 있도록 하여 甲과 乙의 범행에 관여하지 못하도록 한 이상, 피고인 역시 甲과 乙의 실행행위에 묵시적으로 공동가공함으로써 공모공동정범으로서의 죄책을 면할 수 없다고 판단하였다.

원심판결에 대하여 피고인 丙이 상고하였다.

3. 판결요지

[1] 형법 제30조의 공동정범은 2인 이상이 공동하여 죄를 범하는 것으로서, 공동정범이 성립하기 위해서는 주관적 요건으로서 공동가공의 의사와 객관적 요건으로서 공동의사에 기한 기능적 행위지배를 통한 범죄의 실행사실이 필요하고, 공동가공의 의사는 타인의 범행을 인식하면서도 이를 제지하지 아니하고 용인하는 것만으로는 부족하고 공동의 의사로 특정한 범죄행위를 하기 위하여 일체가 되어 서로 다른 사람의 행위를 이용하여 자기의 의사를 실행에 옮기는 것을 내용으로 하는 것이어야 한다.

[2] 피해자 일행을 한 사람씩 나누어 강간하자는 피고인 일행의 제의에 아무런 대답도 하지 않고 따라 다니다가 자신의 강간 상대방으로 남겨진 공소외인에게 일체의 신체적 접촉도 시도하지 않은 채 다른 일행이 인근 숲 속에서 강간을 마칠 때까지 공소외인과 함께 이야기만 나눈 경우, 피고인에게 다른 일행의 강간 범행에 공동으로 가공할 의사가 있었다고 볼 수 없다.

(2) 대법원 2000. 4. 7. 2000도576

1. 사실의 개요

피고인들(甲, 乙)은 한일 아케이트라는 상호로 수입물품 판매상을 영위하는 부부로서, 대일정기화물선 페가서스 프라이드호의 선원인 공소외 A로부터 일본에서 캠코더 등 물건을 가져오겠으니 팔아달라는 제의를 받고 "그렇지 않아도 서울에서 캠코더 주문이 오는데, 없어서 못 파니 가져오면 팔아주겠다"고 승낙한 다음, A, B 등 선원들이 일본에서 캠코더 등을 밀수입해 와 트레일러 운전기사인 C를 통하여 이를 부두 밖으로 반출하면 약속장소에서 그들을 만나 이를 인도받은 다음 당시의 시가에 따라 미리 결정한 가격으로 대금을 지불한 후 이윤을 남기고 이를 다른 곳에 처분해 왔으며, 그러던 중 B가 양주도 구입해 보라고 권유하여 B를 비롯한 남성해운 주식회사 소속 메리스타호의 선원들이 밀수입한 양주도 구입하기 시작하였는데, 양주는 캠코더 등과는 달리 선원들과 직접 접촉하지 않고 B와 가격 흥정을 하여 B에게 대금을 지급하고 이를 인도받아 처분하였다.

2. 사건의 경과

제 1 심과 원심은 피고인들이 A, B, C 등과 일본에서 물품을 구입한 후 위 선박들을 이용하여 신고 없이 수입하기로 결의한 다음 A와 B가 국내로 밀수입해 오면 C가 이를 부두에서 밀반출하여 피고인들에게 판매하는 방법으로 순차적으로 공모한 후, A와 B가 일본에서 캠코더나 양주를 구입하여 위 선박에 싣고 부산항에 들어오면 C가 자신 소유의 트레일러를 이용하여 이를 부두에서 밀반출한 다음 피고인 甲과 노상에서 접선하여 甲이 운전해 온 차량에 옮겨 싣는 방법으로 캠코더와 양주 등을 밀수입하였다는 점에서 피고인들이 A, B, C 등과 공동의 의사로 일체가 되어 서로 다른 사람의 행위를 이용하여 밀수입 범행을 저지른 사실이 충분히 인정된다고 판단하여 피고인들을 밀수입범죄의 공동정범으로 판단하였다. 이에 대하여 피고인들이 상고하였다.

3. 판결요지

[1] 공동정범이 성립하기 위하여는 주관적 요건으로서의 공동가공의 의사와 객관적 요건으로서의 공동의사에 의한 기능적 행위지배를 통한 범죄의 실행사실이 필요한바, 주관적 요건으로서의 공동가공의 의사는 타인의 범행을 인식하면서도 이를 제지하지 아니하고 용인하는 것만으로는 부족하고, 공동의 의사로 특정한 범

죄행위를 하기 위하여 일체가 되어 서로 다른 사람의 행위를 이용하여 자기의 의사를 실행에 옮기는 것을 내용으로 하는 것이어야 한다.

[2] 전자제품 등을 밀수입해 올테니 이를 팔아달라는 제의를 받고 승낙한 경우, 그 승낙은 물품을 밀수입해 오면 이를 취득하거나 그 매각알선을 하겠다는 의사표시로 볼 수 있을 뿐 밀수입 범행을 공동으로 하겠다는 공모의 의사를 표시한 것으로는 볼 수 없다.

[판례의 연구]

Ⅰ. 문제의 제기

형법 제30조는「2인 이상이 공동하여 죄를 범한 때에는 각자를 그 죄의 정범으로 처벌한다」고 규정하고 있다. 이와 같이 2인 이상이 공동하여 죄를 범한 경우가 바로 공동정범이다. 공동정범은 범죄에 대한 다수인의 참가형식이라는 의미에서 교사범 · 종범과 함께 광의의 공범에 속한다. 그러나 공동정범은 어디까지나 정범이며 정범의 공동이라는 점에서 타인의 범죄에 가담하는 협의의 공범과 구별된다. 공동정범은 동시적이고 상호적인 이용관계를 가지면서 공동으로 범죄를 실행한다는 점에 특색이 있다. 즉 공동정범의 정범성은 분업적 행위실행과 역할분담의 원칙에 있으며, 이를 통하여 전체행위를 지배하였다는 기능적 행위지배(funktionalle Tatherrschaft)에 있다고 할 수 있다.

대상판결은 공동정범의 본질과 정범요소가 무엇인가와 관련되는 판결들이다. 즉 대상판결 (1)에서는 甲이 B, 乙은 A, 丙이 C를 맡아 강간하기로 한 경우에 1개의 전체범죄에 대한 공동정범이 성립하는가 또는 A와 B 및 C에 대한 각각의 강간죄 또는 강간상해죄에 대한 공동정범이 성립하는가, 특히 丙에게 甲과 乙의 강간행위에 대한 기능적 행위지배가 인정되는가가 문제된다. 또 대상판결 (2)는 공동정범에 있어서 기능적 행위지배의 본질적 요건이 되는 공동의 의사의 내용은 무엇이어야 하는가와 관련된 판결이다.

Ⅱ. 공동정범의 정범성

공동정범의 본질에 관하여 종래 공동정범은 무엇을 공동으로 하는가에 중점을 둔 범죄공동설과 행위공동설의 대립이 논의의 중심이 되었으나, 현재 공동정범의 정범성을 기능적 행위지배에 두는 것이 통설과 판례의 태도이다.

1. 범죄공동설과 행위공동설

공동정범에 있어 수인이 공동하여 행하는 것이 무엇을 의미하느냐에 대하여 종래 범죄공동설과 행위공동설이 대립되고 있었다.

범죄공동설은 공동정범을 수인이 공동하여 특정한 범죄를 행하는 것이라고 해석한다. 범죄를 구성요건해당성이라는 기술적 의미로 이해하는 객관주의 범죄론의 입장이다. 객관주의 범죄론은 범죄를 구성요건해당성이라는 기술적 의미로 이해하므로 객관적으로 구성요건이 하나이거나 특정한 범죄를 수인이 공동하여 행하는 것이 공동정범이라고 한다. 따라서 범죄공동설은 이종 또는 수 개의 구성요건 사이의 공동정범을 인정하지 않는다. 공동정범의 주관적 요건인 공동의 의사는 특정 범죄에 대한 고의를 공동으로 할 것을 요구한다. 따라서 범죄공동설은 과실범의 공동정범, 고의범과 과실범의 공동정범, 범죄의 종류가 서로 다른 고의범의 공동정범을 인정하지 않는다. 이에 의하면 대상판결 (1)에서는 A, B 및 C에 대한 각각의 강간죄의 공동정범이 문제될 뿐이다. 이에 반하여 행위공동설은 공동정범이란 수인이 행위를 공동으로 하면 공동정범이 성립한다고 한다. 즉 공동정범은 수인이 한 개 또는 특정 범죄를 공동으로 실행하는 것이 아니라 자연적 의미의 행위를 공동으로 하여 범죄를 수행하는 것이라고 한다. 범죄를 반사회적 징표라고 보는 주관주의 범죄론의 입장이다. 따라서 행위공동설에 의하면 공동으로 행한 사실이 수 개의 범죄사실일지라도 공동정범이 성립하며, 부분적 공동정범이나 과실범의 공동정범은 물론 고의범과 과실범의 공동정범도 인정된다. 이에 의하면 대상판결 (1)에서 A, B 및 C에 대한 한 개의 강간죄의 공동정범이 성립할 수 있게 된다.

범죄공동설과 행위공동설의 엄격한 대립은 현재까지 유지되지 못하고 있다. 범죄공동설도 부분적 공동정범이나 승계적 공동정범 및 과실범의 공동정범을 인정하고, 행위공동설의 입장에서도 행위를 구성요건적 행위의 의미로 이해하여 서로 접근하는 경향에 있기 때문이다. 범죄공동설과 행위공동설은 공동정범의 성립요건으로 공동가공의 의사와 공동가공의 사실을 필요로 한다는 점에서 결론을 같이할 뿐만 아니라, 공동정범이 성립하는 경우에 그 정범성을 어디서 찾을 것인가에 관하여는 아무런 해답도 주지 못한다. 이러한 의미에서 범죄공동설과 행위공동설의 대립은 더 이상 구별의 실익이 없고, 대상판결 (1)의 해석에 있어서도 문제해결에 도움이 되지 않는다.

2. 공동정범의 정범성

정범과 공범의 구별기준에 관한 우리나라의 통설은 행위지배설(Tatherrschaftslehre)이다. 행위지배설이란 주관적 · 객관적 요소로 형성된 행위지배를 정범요소로 이해하는 이론이다. 여기서 행위지배란 구성요건에 해당하는 사건진행의 장악, 즉 사태의 핵심형상을 지배하는 것을 말한다. 이에 의하면 사건의 핵심형상을 계획적으로 조종하거나 공동형성하는 행위지배를 통하여 구성요건실현을 저지 · 진행하게 할 수 있는 자가 정범이며, 자신의 행위지배에 의하지 않고 행위를 야기하거나 촉진하는 자가 공범이 된다. 그러나 행위지배는 정범현상의 지도개념에 지나지 않으므로 개별적인 정범형태에 따라 다른 내용을 갖게 된다. 즉 직접정범에 있어서의 행위지배는 실행지배임에 반하여, 간접정범에 있어서는 의사지배이고, 공동정범에 있어서는 기능적 행위지배가 된다. 다시 말하면 공동정범에 있어서는 각자가 역할분담에 따라 전체 계획의 수행에 필요불가결한 부분을 분업에 의하여 공동으로 수행하는 것이며, 이러한 기능적 행위지배에 의하여 공동정범은 각자가 공동의 행위지배를 가진 정범이 된다. 이와 같이 공동정범의 정범성을 분업적 행위실행과 기능적 역할분담에 따른 기능적 행위지배에서 찾아야 한다는 점에 우리나라의 학설이 일치하고 있으며,[1] 이를 통하여 각자가 구성요건의 일부만을 실현한 경우에도 전체에 대한 책임을 지게 되는 것이다. 대법원도 「공동정범이 성립하기 위해서는 주관적 요건인 공동가공의 의사와 객관적 요건으로서 그 공동의사에 기한 기능

1) 김성천/김형준 491면; 김일수/서보학 564면; 박상기 370면; 배종대 545면; 손해목 936면; 신동운 554면; 안동준 219면; 오영근 618면; 이영란 429면; 이재상 454면; 이정원 305면; 이형국 320면; 정성근/박광민 486면.

적 행위지배를 통하여 범죄를 실행하였을 것이 필요하다」고 판시하여 공동정범의 정범성을 기능적 행위지배에서 찾고 있다.[1)]

Ⅲ. 공동정범의 성립요건

공동정범이 성립하기 위해서는 주관적 요건으로 공동가공의 의사와 객관적 요건으로 공동가공의 사실이 있어야 한다.

1. 주관적 요건

공동정범은 주관적 요건으로 공동의 의사 또는 공동의 행위계획이 있어야 한다. 공동의 의사는 기능적 행위지배의 본질적 요소이며, 공동가공의 의사로 인하여 개별적인 행위가 전체로 결합되어 분업적으로 실행된 행위의 전체에 대한 책임을 인정할 수 있게 된다. 공동가공의 의사는 전체 범죄 실행에서의 기능을 부여하는 각자의 역할분담을 주 내용으로 하기 때문에 역할분담과 공동작용에 대한 상호이해를 필요로 한다. 따라서 편면적 공동정범은 공동정범이 될 수 없다.

공동의 의사는 공동하여 구성요건을 실현하는 것을 내용으로 해야 한다.[2)] 대상판결 (2)는 밀수입해 오면 취득하거나 매각을 알선해 주겠다는 의사는 구성요건을 실현할 의사가 아니라는 이유로 공동의 의사가 될 수 없다고 판시한 것이다. 대법원은 오토바이를 훔쳐오면 사 주겠다고 한 경우나[3)] 여권을 위조해 주었다는 것만으로는[4)] 절도죄 또는 밀항단속법 위반죄의 공동의 의사가 인정되지 않는다고 판시한 바 있다. 공동의 의사는 특정한 구성요건을 실현할 의사여야 한다. 따라서 각자가 다른 범죄를 실행하겠다는 합의만으로 공동의 의사는 인정되지 않는다. 예컨대 甲은 A를 살해하고, 乙은 A의 집에 방화하고, 丙은 A의 아들 C를 상해할 것을 공모한 경우에 살인죄와 방화죄 및 상해죄의

1) 대법원 2004. 6. 24. 2002도995; 대법원 2003. 3. 28. 2002도7477; 대법원 2008. 4. 10. 2008도1274.
2) 공동가공의 사실이 반드시 구성요건적 사실을 공동으로 할 것을 요하지 않는 것과 구별된다.
3) 대법원 1997. 9. 30. 97도1940.
4) 대법원 1998. 9. 22. 98도1832.

공동의 의사가 인정되지는 않는다.[1]

공동의 의사는 반드시 명시적인 의사표시나 의사연락을 요하는 것은 아니며, 묵시적·암묵적 의사연결이 있으면 족하다. 공동행위자 전원이 일정한 장소에 집합하여 모의할 것도 요하지 않는다. 릴레이식 또는 간접적 의사연락이 있어도 된다.

2. 객관적 요건

공동정범이 성립하기 위해서는 공동의 의사가 있어야 하는 것 이외에도 객관적으로 범죄를 실행한 공동가공의 사실이 있어야 한다. 주관적으로 공동의 의사가 있는 경우에도 공동가공의 사실, 즉 공동실행의 분담이 없으면 공동정범이 될 수 없다. 문제는 어느 정도의 행위기여가 있어야 공동가공의 사실을 인정할 수 있는가에 있다.

(1) 구성요건 실현의 공동

공동실행이란 구성요건에 해당하는 행위의 실행을 의미하므로 공동의 의사에 의하여 각자가 구성요건적 요소를 실현한 때에는 문제가 없다. 또 공동정범은 구성요건을 단독으로 실현하는 것이 아니라 공동으로 실현하는 것이므로 각자가 모든 구성요건을 충족할 것을 요하지 않으며 구성요건의 일부를 실행한 이상 공동정범이 되는 것도 명백하다. 예컨대 강도죄 또는 강간죄에 있어서 폭행에 가담한 자는 스스로 재물을 취거하거나 간음하지 아니한 때에도 강도죄 또는 강간죄의 공동정범이 된다.[2] 공동정범은 역할분담에 의한 기능적 행위지배에 그 의의가 있다. 따라서 실행의 분담이 있는지 여부에 대하여는 구성요건에 해당하는 행위에 제한되는 것이 아니라 전체계획에 의하여 결과를 실현하는 데 불가결한 요건이 되는 기능을 분담하였는가가 기준이 되지 않을 수 없다. 따라서 다른 공모자를 현장에 데려다 주거나, 절도 또는 강도를 공모하고 다른 공모자가 절취 또는 강취해 온 재물을 운반하는 것도 실행의 분담에 해당된다고 할 수 있다.[3]

---

1) 하태훈「기능적 범행지배의 의미」, 형사판례연구 12, 73면.
2) 대법원 1984. 6. 12. 84도780; 대법원 1986. 1. 21. 85도2411.
3) 대법원 1961. 11. 9. 4294형상374.

(2) 예비단계의 공동과 기수 후 종료이전의 공동

공동가공의 사실은 실행의 착수 이후의 행위에 대한 것이어야 하는가 또는 예비단계와 기수 후 종료 이전의 행위의 공동으로 족한가가 문제된다. 예비행위의 공동으로 공동정범이 성립하는가는 공모공동정범이라는 개념조차 없는 독일형법의 해석에서 공동정범의 범위를 확대하기 위해 논의된 이론이다. 공동정범의 객관적 요건인 객관적 행위기여는 실행행위의 공동을 의미한다고 해석하는 견해도 있다.[1)] 구성요건을 실현하는 것이 정범이므로 실행행위에 있어서의 공동지배만 공동정범이 될 수 있으며, 예비단계에서 공동한 자는 사건에 대하여 영향을 미칠 수는 있어도 지배할 수는 없기 때문이라고 한다. 그러나 독일의 통설과 판례는 예비행위를 공동으로 한 경우에도 공동정범이 성립한다고 해석하고 있다.[2)] 행위지배설에 의하는 경우에도 공동의 행위를 실행행위의 공동에 제한해야 할 이유가 없으며, 중요한 것은 공동의 의사의 범위에서 행위기여가 행위과정에 계속 작용하였는가에 있는 것이지 실행행위를 공동으로 했는가에 있는 것은 아니기 때문이라고 한다. 생각건대 객관적 행위기여에 해당하는가는 실행의 착수 전인가 후인가가 문제되는 것이 아니라 전체 범죄계획에 본질적 기여를 했는가가 문제된다는 점에서 예비행위의 공동으로도 공동가공의 사실을 인정하는 것이 타당하다. 따라서 범행장소를 물색하여 잠복하면서 다른 공범에게 절도행위를 하게 한 자도 공동정범이 될 수 있다. 실행행위의 분담은 반드시 현장에서 행하여질 것도 요하지 않는다. 따라서 범죄계획을 수립하고 그 실행을 지휘한 범죄집단의 수괴는 범행 시에 현장에 나가지 않고 극장에 있거나 다른 사람과 잡담을 하고 있었다 할지라도 공동정범으로서 실행행위를 분담하였다고 볼 수 있게 된다.

분업적 행위실행은 구성요건실현에 기여해야 한다는 이유로 기수 후 종료 이전의 공동으로는 공동가공의 사실을 인정할 수 없다는 견해도 있다.[3)] 그러나 공범의 가담이 가능한 시기는 기수가 아니라 종료 시이며, 기수 이후에도

1) Roxin LK[11] § 25 Rn. 181; Samson SK § 25 Rn. 122; Schünemann LK § 25 Rn. 182; Herzberg *Täterschaft und Tatherrschaft*, S. 66.

2) Jakobs § 21 Rn. 47; Jescheck/Weigend S. 680; Kühl § 20 Rn. 111; Sch/Sch/Cramer § 25 Rn. 66; Wessels Rn. 529.

3) 하태훈 앞의 글, 78면.

본질적 행위기여가 가능하다는 점에서 이를 제외해야 할 이유는 없다고 생각한다. 따라서 은행 강도를 공모한 후에 도로에 차량을 대기시키고 돈을 강탈해 나온 강도범을 도주케 한 경우에도 공동정범이 성립할 수 있다고 해야 한다.

(3) 택일적 공동정범과 중첩적 공동정범

택일적 공동정범(alternative Mittäterschaft)이란 甲과 乙이 A를 살해하기 위하여 A가 귀가할 것으로 예상되는 두 개의 다른 길에서 잠복하고 있다가 甲이 대기하고 있던 길로 피해자가 나타나자 甲이 A를 살해한 경우에 乙에게도 공동정범을 인정할 것인가의 문제이다. Rudolphi는 乙이 甲의 실행행위에 공동하지 않았다는 이유로 공동정범의 성립을 부정하였다. 공동정범은 구성요건실현에 대한 누적적 공동(kumulative Zusammenwirken)을 요건으로 하며 택일적 공동으로 족하지 않기 때문이라고 한다.[1] 그러나 甲과 乙의 공동으로 인하여 피해자가 피할 수 있는 가능성은 없어졌기 때문에, 실행행위에 대한 이러한 역할분담도 범행계획의 실현에 대한 본질적 기여이므로 기능적 행위지배의 본질을 충족한다고 해야 한다.[2] 중첩적 공동정범(additive Mittäterschaft)이란 요인 A를 암살하기 위하여 20명의 저격수가 저격하였으나 누구의 탄환인지 알 수 없는 1발의 탄환에 맞아 A가 사망한 경우에 20명 모두에게 살인죄의 공동정범을 인정할 것인가의 문제이다. 이 경우에도 개별적인 행위자는 자신의 저격이 A에게 명중되지 않았다고 할지라도 각자의 저격은 행위실행의 성공을 확실하게 하고 결과에 대하여 결정적인 것이 되므로 기능적 행위지배가 인정된다고 해석하지 않을 수 없다.[3]

Ⅳ. 대상판결의 검토

대상판결 (1)과 (2)는 공동정범의 주관적 요건인 공동가공의 의사의 내용에 관한 판결들이다. 그런데 대상판결은 모두 「공동가공의 의사는 타인의 범행을 인식하면서도 이를 제지하지 아니하고 용인하는 것만으로는 부족하고 공

---

1) Rudolphi 「Tatherrschaftsbegriff bei der Mittäterschaft」, Bockelmann-FS S. 380.
2) Roxin *Täterschaft und Tatherrschaft*, S. 650, LK^{11} § 25 Rn. 188.
3) Roxin *Täterschaft und Tatherrschaft*, S. 649, AT § 25 Rn. 230.

동의 의사로 특정한 범죄행위를 하기 위하여 일체가 되어 서로 다른 사람의 행위를 이용하여 자기의 의사를 실행에 옮기는 것을 내용으로 하는 것이어야 한다」고 판시하고 있다. 먼저 대상판결들이 공동가공의 의사의 내용을 타인의 범행을 인식하면서 용인하는 것만으로는 부족하다고 판시한 부분은 그 의미가 명백하지 않다. 그것이 명시적·적극적 의사의 합치를 요한다는 의미라면 공동의사의 형성이 명시적이건 묵시적이건 불문한다는 것과 모순된다. 공동의 의사는 공동하여 죄를 범할 의사를 의미한다고 해야 하기 때문이다. 또 공동의 의사가 성립하기 위해서는 "일체가 되어 서로 다른 사람의 행위를 이용하여 자기의 의사를 실행에 옮길 의사"를 필요로 한다는 표현도 오해의 소지가 있다고 생각된다. 공동정범에 있어서 간접정범의 경우와 같은 의사지배를 요구하거나 타인을 도구로 이용하여 범죄를 실행하겠다는 간접정범에 유사한 의사를 요구한다는 인상을 주기 때문이다. 공동정범의 정범성은 기능적 행위지배에 있다. 대법원도 이미 공동정범의 본질을 기능적 행위지배에서 찾고 있다. 따라서 공동정범의 주관적 요건인 공동의 의사도 역할분담에 의해 분업적으로 행위를 실행하여 범죄를 범할 의사를 의미한다고 해석해야 한다.

대상판결 (1)은 수인이 수죄를 각 1죄씩 분담한 경우에 공동의 의사를 인정할 수 있는가에 대한 판결이다. 공동정범에 필요한 공동의 의사는 특정한 구성요건을 공동하여 실현할 의사여야 한다. 따라서 각자가 다른 범죄를 실행하겠다는 합의만으로 공동의 의사는 인정되지 않는다. 이 사건에서 피고인들은 甲은 B를, 乙은 A를, 丙은 C를 각 강간하기로 공모한 것은 사실이다. 피고인들은 A, B 및 C를 공동으로 강간할 것을 공모한 것이 아니라 甲은 B를, 乙은 A를, 丙은 C를 강간할 것을 공모한 것이다. 그런데 A, B 및 C에 대한 강간죄는 각각 별개의 수죄이다. 이들 범죄 전체에 대한 공동정범, 즉 A, B 및 C에 대한 한 개의 범죄에 대한 공동의사란 있을 수 없다. 개별적인 강간죄에 대한 공동의 의사를 인정하기 위해서는 甲, 乙 및 丙이 A, B 및 C 모두에 대한 강간행위를 공동해서 실행하겠다는 의사의 합치가 있어야 한다. 그러한 의사가 인정되지 않는 이상 丙에게 강간죄나 강간상해죄의 공동정범을 인정하지 않은 것은 타당하다. 공동정범이 성립하기 위해서는 객관적 요건으로 공동가공의 사실에 의하여 기능적 행위지배에 기여했음을 요하는 것은 물론이다. 그러나 丙이 C

와 앉아서 이야기하고 있었다는 것은 甲과 乙의 강간행위에 대한 역할분담이나 기능적 행위지배가 있었다고도 할 수 없다.

원심은 甲과 乙에 대해서도 강간죄와 강간상해죄의 공동정범을 인정하였다. 甲이 B를 강간하고 A를 강간하여 상처를 입힌 점에 대해서는 문제가 없다. 그러나 甲에게 乙이 A를 강간한 데 대한 공동의사를 인정할 수 있는가, 또 乙에게 甲의 B에 대한 강간죄와 A에 대한 강간상해죄의 공동의 의사를 인정할 수 있는가에 대하여도 같은 의문이 제기된다. 비록 대법원판결의 판단대상은 아니라고 하더라고 甲과 乙이 서로 다른 범죄에 대하여도 공동할 의사가 있었는가 또 공동가공의 사실을 통하여 기능적 행위지배를 했는가를 검토하지 않으면 안 된다고 할 것이다.

대상판결 (2)는 「전자제품 등을 밀수입해 올 테니 이를 팔아달라는 제의를 받고 승낙한 경우, 그 승낙은 밀수입 범행을 공동으로 하겠다는 공모의 의사를 표시한 것으로는 볼 수 없다」고 판시하였다. 공동의 의사는 공동하여 범죄를 범할 의사, 즉 구성요건적 행위를 공동으로 할 의사를 의미한다. 객관적 요건인 공동가공의 사실이 반드시 구성요건적 행위를 공동으로 할 것을 요하지 않는 것과 구별된다. 따라서 훔쳐오면 사주겠다고 한 경우에는 절도죄의 공동정범이 되지 않지만, 절도를 공모하고 장물처분을 담당한 경우에는 절도죄의 공동정범이 성립한다. 마찬가지로 밀수입해 오면 팔아주겠다고 한 것만으로는 밀수입죄의 공동의 의사를 인정할 수 없지만, 밀수입을 공모하고 판매를 담당하기로 한 때에는 그 공동정범이 될 수 있다고 해야 한다. 이러한 의미에서 대상판결 (1)과 (2)는 모두 타당하다고 생각한다.

20. 과실범의 공동정범

[대상판결]

대법원 1997. 11. 28. 97도1740

1. 사실의 개요

1977. 4. 9. 착공되어 1979. 10. 15. 완공된 성수대교는, 교량 제5번과 교량 제6번 교각 사이의 에스트러스 북쪽 연결부분에 있는 3개의 수직재의 용접부분이 떨어져 나가, 위 수직재들의 복부판에 균열이 생겨 끊어지기 시작하여, 일시미상경 중앙부 에스트러스 수직재 균열부분이 먼저 끊어진 후, 1994. 10. 21. 07:30 경 한강 상류쪽 수직재, 한강 하류쪽 수직재 순으로 그 균열부분이 완전히 끊어지고, 이어 같은 트러스 남쪽 연결부분에 있는 3개의 수직재도 연쇄적으로 끊어져 같은 트러스를 포함한 상판 일체가 한강으로 떨어지면서 때마침 그곳을 지나던 자동차 6대도 한강으로 떨어지게 되었고, 이 사고로 사망자 32명, 부상자 17명이 발생하였다. 이 사건 성수대교의 붕괴는 다음과 같은 복합적인 원인이 겹쳐져서 발생한 것이었다.

교량의 시공을 맡은 시공회사 기술담당 상무이사인 피고인 A가 이 사건 트러스를 설계도대로 정밀하게 제작하도록 지휘·감독할 직접적이고 구체적인 업무상의 주의의무가 있음에도 불구하고, 설계도면상으로는 수직재 하부에만 엑스(X)자형 용접으로 표시되어 있으나 그 상부에 엑스표시를 하지 않았다고 하더라도 상부와 하부는 구조가 동일하고 트러스 제작 당시 적용되었던 특별시방서에 완전 용접을 하도록 요구하고 있고 건설부의 용접강도로교표준시방서에도 응집력이 집중되는 용접 부위는 당연히 각 용접 부분을 브이(V)자형으로 개선한 후 이를 맞대어 완전 용접하도록 되어 있으므로 수직재의 용접 부위를 엑스자형 용접으로 개선하여 용접하게 하는 등 트러스의 제작에 참여하는 자들을 제대로 지휘·감독하지 못함으로써, 아이(I)자형 용접을 하면서 용접도 양쪽을 각 1회씩만 하고 이를 충분히 하지 않아 용입부족 등으로 용접불량이 되게 하였고, 핀 플레이트(Pin plate) 강판(상현재와 핀으로 연결하는 부분)을 절삭함에 있어서도 설계도대로 1 : 10으로 완만하게 절삭하지 아니하고 1 : 2.5 내지 1 : 3 정도의 급경사로 제작하여 추가적인 응력집중 현상을 초래하게 하였으며, 트러스의 유재나 가로보, 브레이싱(Bracing) 등 각 부재도 설계도대로 정밀하게 제작하지 아니한 채 부재의 볼트구멍의 위치나 크기, 간격을 규격에 맞지 않게 제작하였으며, 제작 후에는 시공상태와 같은 모양으로 가조립을 하지 아니하고 트러스를 출고되게 하였다. 같은 회사 현장소장인 피고인 B는 핀 플레이트 강판을 설계도대로 절삭하지 아니하고 급경사를 이루도록 제작된 것을 발견하지 못하고 이를 교량가설에 사용토록 하였고, 브레이싱과 가로보 등 트러스 일부 부재의 볼트의 구멍의 위치가 일치하지 않아 허용오차를 초과하여 볼트구멍을 다시 천공하거나 확장하거나 일부 연결부에는 설계도보다 적은 2개 내지 4개의 볼트만을 체결하여 시공되게 하였으며 가로보 끝 부분에 철근을 덧대어 용접하는 등의 시공상의 잘못을 방치하게 하였다. 한편 이 사건 교량건설에 대한 발주청인 서울특별시의 현장감독공무원이었던 피고인 C는 용접공의 자격확인, 방사선검사 등을 통한 용접공사, 가조립 공사, 시공과정에서의 철저한 현장 확인 등을 하지 아니하였다. 이들의 잘못 이외에도 원심 판시의 공소외 D 등 동부건설사업소 및 서울특별시 도로국 공무원들의 중차량 통행방치, 철강재 부식, 부적절한 수직재 고정 및 안전진단조치 불이행 등 유지·관리상의 과실과 제 1 심 판시와 같은 E의 설계상의 잘못이 겹쳐져서 위의 교량 붕괴사고에 이른 것이다.

2. 판결요지

성수대교와 같은 교량이 그 수명을 유지하기 위하여는 건설업자의 완벽한 시공, 감독공무원들의 철저한 제작·시공 상의 감독 및 유지·관리를 담당하고 있는 공무원들의 철저한 유지·관리라는 조건이 합치되어야 하는 것이므로, 위 각 단계에서의 과실 그것만으로 붕괴원인이 되지 못한다고 하더라도, 그것이 합쳐지면 교량이 붕괴될 수 있다는 점은 쉽게 예상할 수 있고, 따라서 위 각 단계에 관여한 자는 전혀 과실이 없다거나 과실이 있다고 하여도 교량붕괴의 원인이 되지 않았다는 등의 특별한 사정이 있는 경우를 제외하고는 붕괴에 대한 공동책임을 면할 수 없다고 봄이 상당하다.

이 사건의 경우, 피고인들에게는 트러스 제작·시공 및 감독의 과실이 인정되고, 감독공무원들의 감독 상의 과실이 합쳐져서 이 사건 사고의 한 원인이 되었으며, 한편 피고인들은 이 사건 성수대교를 안전하게 건축되도록 한다는 공동의 목표와 의사연락이 있었다고 보아야 할 것이므로, 피고인들 사이에는 이 사건 업무상과실치사상등 죄에 대하여 형법 제30조 소정의 공동정범의 관계가 성립된다고 보아야 할 것이다.

[관련판결]

(1) 대법원 1994. 3. 22. 94도35

1. 사실의 개요

1993. 1. 7. 청주시 우암상가 아파트가 붕괴하여 사람을 사상에 이르게 한 사건이 발생하였다. 이 사건 건물이 붕괴된 원인은 다음과 같다.

건물 신축공사의 설계자인 원심공동피고인이 설계도면을 작성함에 있어서 설계구조도면상 기둥의 단면이 받는 콘크리트의 압축강도를 기준강도에 훨씬 못 미치게 설계하여 시공하게 하였는 데다가, 피고인 1과 피고인 2및 공소외 1・2・3 등이 함께 실제로 공사를 행함에 있어서도 이 사건 건물의 주요구조부인 기둥과 보 등의 콘크리트 타설공사를 할 때 시멘트・모래・자갈 등을 충분히 고르게 배합하지 아니한 채 높은 위치에서 깊고 급격하게 쏟아 붓고 나무막대기 등으로 충분히 충전시키지 않는 등 부실하게 공사를 하여 자갈과 시멘트 등의 재료가 분리되어, 기둥과 보 등 구조물에서 심한 공극과 곰보현상 등을 나타나게 하여 적어도 1개 이상의 기둥 등을 설계상의 콘크리트 압축강도 180－210 kg/㎡에 훨씬 못 미치는 114 kg/㎡정도의 콘크리트 압축강도로 안전성이 크게 저하되게 하여 화기에 견디지 못하도록 시공하고, 또한 기둥, 보, 슬래브 등에서 철근을 배근할 때 설계도서와는 달리 보의 인장철근 22 mm를 19 mm로, 기둥의 주근철근 19 mm를 16 mm 등으로 바꾸어 약하게 배근하여 휨저항내력 등을 감소시키고, 철근의 이음부분도 기둥의 주근철근부분이 끊어지게 하는 등 제대로 잇지 않고 슬래브 등 응력이 큰 벨트부분에 철근이음을 하고, 보 등의 한 곳에 철근이음을 과다하게 많이 하여 콘크리트 투입을 완전하지 못하게 하여 콘크리트타설 시 재료분리로 인한 공극현상을 심화시키고, 콘크리트 피복이 부족하게 하는 등 철근배근을 조잡하고 부실하게 시공하고, 지하층과 1층에 내력벽을 설치하지 아니하고 기둥만 노출되게 시공하여 건물의 축력을 감소시키는 등 이 사건 건물을 부실하게 시공함으로써, 1993. 1. 7. 이 사건 건물의 1층 상가 중앙부분에서 화재가 나자 위와 같은 설계도면 작성 상의 문제점과 부실시공이 원인이 되어 콘크리트 압축강도 등의 안전성이 크게 저하된 건물 중심부의 취약한 기둥

1개 이상이 화해(火害)를 입고 안전율이 저하되어 붕괴되면서 주변 인접 4개 기둥의 축력이 가중됨과 동시에 연쇄적으로 붕괴가 확산되어 이 사건 건물이 완전히 붕괴되었다.

2. 판결요지

형법 제30조 소정의 "2인 이상이 공동하여 죄를 범한 때"의 "죄"에는 고의범뿐만 아니라 과실범도 포함되는 것으로서(당원 1978. 9. 26. 78도2082 판결; 1979. 8. 21. 79도1249 판결; 1982. 6. 8. 82도781 판결), 이 사건의 경우 피고인 1과 공소외 1 및 원심공동피고인 등은 각자가 협력하여 이 사건 건물을 안전하고도 견고하게 신축하여야 할 주의의무가 있었을 뿐만 아니라, 서로 의사를 연락하여 이 사건 건물을 신축하였던 것이므로, 이들 사이에 형법 제30조 소정의 공동정범의 관계가 성립한다고 보아야 한다.

(2) 대법원 1996. 8. 23. 96도1231

1. 사실의 개요

1995. 6. 29. 삼풍백화점 건물이 붕괴하여 500여명의 사망자가 발생한 소위 삼풍백화점 붕괴사건에 대한 판결이다. 이 사건 건물은 준공 직후부터 5층 식당주방 내 기둥 주변과 최초 냉각탑이 설치되었다가 이동한 경로를 중심으로 슬래브에 발생한 휨 변형에 의한 균열이 장기간 지속적으로 성장하다가, 5층 주변 슬래브와 기둥에 더욱 큰 휨모멘트와 전단력이 발생하여 균열의 폭과 깊이가 증가되고, 계속적인 균열의 진행에 따라 슬래브가 펀칭전단에 견딜 수 있는 내력을 점차 상실하면서, 설계도상 5층 5열 E행, 5열 F행 둘레를 따라 전단파괴 현상이 일어나면서 기둥으로부터 주변 슬래브가 이탈되어 붕괴가 시작되고, 이탈 전의 기둥이 분배하고 있던 슬래브의 하중이 인접 기둥에 재분배되면서 그 하중을 이기지 못한 인접 기둥의 주변에서도 전단파괴 현상이 연쇄적으로 일어나 기둥들이 절곡되면서 슬래브가 붕괴되고, 그로 인한 충격으로 이 사건 건물 전체가 연쇄적으로 붕괴되었다. 이 사건 건물이 붕괴된 원인은 다음과 같다.

건물 신축 당시 구조계산을 담당했던 원심 공동피고인 1은 슬래브 구조계산 시 설계도상 기둥의 내력 및 그 기둥 주변을 비롯한 일부 슬래브 단면의 내력을 부족하게 계산하고, 지상 2층부터 5층까지의 바닥 슬래브를 전후면 외곽기둥의 100 ㎝ 깊이 중 30 ㎝만 연결하도록 함으로써 그 주변 슬래브에 응력이 집중되게 하고, 건물기본계획상 옥상에 설치하기로 예정된 냉각탑 3개에 대한 구조계산을 누락하였다. 이 사건 건물에 대한 설계 및 감리를 담당했던 원심 공동피고인 2는 이 사건 건물에 대한 구조설계도면 작성 시 옥상의 냉각탑 설치에 따라 달라질 구조계산을 설계도면에 반영하지 아니하고, 운동시설이던 5층을 전문식당가로 용도변경함에 있어서 구조계산을 의뢰하여 이를 설계도면에 반영하는 조치를 취하지 아니하여, 시공자로 하여금 고정하중을 초과하여 시공하도록 만들었고, 기초공사 시부터 건물 완공 시까지 공사감리를 제대로 하지 아니하였다. 이 사건 건물신축공사 중 골조공사를 도급받은 공소외 회사의 건축주임인 피고인 4, 건축기사인 피고인 5 등은 시공에 참여하는 인부들을 제대로 지휘·감독하지 못하여, 지상 5층 및 지붕층 등 슬래브의 상부인장철근이 정상적인 위치보다 4-6 ㎝ 정도 가라앉은 상태로 시공되게 하고 지판부분 슬래브의 두께를 정상 두께보다 얇게 시공되게 함으로써 슬래브의 유효두께를 감소시켜 내력을 심히 떨어뜨렸으며, 5층 슬래브 상부철근과 벽체의 정착 길이는 철근 지름의 40배인 64 ㎝를 확보하여야 함에도 15-18 ㎝ 정도로 짧게 정착시켰으며, 설계도와 달리 1층부터 지붕 층까지의 슬래브에 철근을 적게 배열되도록 함으로써 예정된 철근콘크리트골조의 강도와 내력을 가지지 못하도록 하였다. 위 골조공사 과정에서 공소외 1 주식회사의 철근반장 피고인 6 등은 철근공들과 형틀공들에 대한 지휘·감독을, 삼풍건설의 직원인 제 1 심 공동피고인 1은 공소외 1 주식회사회사의 공사담당자들에 대한 지휘·감독을 제대로 하지 아니함으로써 위와 같은 부실공사를 초래하였다. 삼풍건설의 대표이사인 피고인 1, 전무인 원심 공동피고인 3은 당초 쇼핑센터 용도의 건물로 건축계획을 수립하여 설계를 의뢰하여 놓고서도 백화점 용도의 건물로 사용하기 위하여 건축면적을 임의로 증가시켜 새로운 시공용 설계도를 작성하도록 하면서, 20여 회에 걸쳐서 수시로 구조계산을 추가하여 설계에 반영하게 함으로써 건축계획을 무계획하게 만들었고, 골조시공 중에도 수시로 용도변경 등을 요구하여 시공자로 하여금 전반적인 부실시공을 초래하였으며, 당초 운동시설이던 5층을 전문식당가로 용도 변경하면서 대리석 및 화강석의 마감재공사, 주방 바닥콘크리트공사, 벽돌을 사용한 칸막이 벽체공사, 대형냉장고 등 시설물적치를 고려한 보강공사를 하지 아니함으로써 예정된 하중보다 360 ㎏/㎡ 이상의 과하중이 5층 기둥과 바닥 슬래브에 작용하도록 하였으며, 당초 설계·시공이 되어 있지 않았던 냉각탑 3개를 설치하여 5층을 받치는 기둥과 5층 바닥 슬래브에 극심한 손상을 가져오게 하였다. 삼풍건설의 설비부장인 제 1 심 공동피고인 2, 건축부장인 원심공동피고인 4 등은 위와 같은 냉각탑 이전과 5층 식당공사의 담당자들로, 냉각탑 이전 시에 필요한 조치를 취하지 아니하였거나, 5층 식당 주방의 배기덕트 설치를 위하여 내력벽을 절단하고서도 아무런 보강조치를 취하지 아니함으로써 벽체의 내력을 저하시켰다.

2. 판결요지

건물(삼풍백화점) 붕괴의 원인이 건축계획의 수립, 건축설계, 건축공사공정, 건물 완공 후의 유지관리 등에 있어서의 과실이 복합적으로 작용한 데에 있는 경우 각 단계별 관련자들에게는 업무상과실치사상죄의 공동정범이 성립한다.

[판 례 의 연 구]

Ⅰ. 문제의 제기

현대사회의 발달에 따라 다수인의 공동행위에 의하여 과실범의 구성요건이 실현되거나 다수인의 공동결의에 의하여 과실로 법익침해의 결과가 발생하는 경우가 증가하게 되었다. 여기서 이미 1930년도에 Exner가 과실범의 공동정범을 부정하는 통설에 대하여 의문을 제기한 이래[1] 학설상 과실범의 공동정범이 특별히 문제되지 않던 독일형법학에 있어서도 특히 1990년대 이후 이를 인정해야 한다는 논의가 활발히 전개되고 있을 뿐만 아니라,[2] 과실범의 공동정범을 부정하는 견해를 취한 학자들도 이를 충분한 근거를 가진 이론으로 숙고할 가치가 있다고 하거나[3] 여러 명의 행위 가운데 원인관계가 밝혀지지 않은 때에는 설득력을 가진다고 설명하고 있는 실정이다.[4] 독일의 경우와는 달리 우리나라의 판례는 1960년대부터 과실범의 공동정범을 인정하는 태도를 일관하고 있다. 판례가 과실범의 공동정범을 인정하는 것은 공동정범의 본질에

1) Exner「Fahrlässige Zusammenwirken」, Frank-FG 1930, S. 572ff.
2) Otto「Täterschaft und Teilnahme im Fahrlässigkeitsbereich」, Spendel-FS 1992, S. 271ff; Brammsen/Kaiser「Heiße Nacht in der Chemiefabrik」, Jura 1992, S. 35ff; Eschenbach「Zurechnungsnormen im Strafrecht」, Jura 1992, S. 644; Hilgendorf「Fragen der Kausalität bei Gremientscheidungen am Beispiel der Lederspray-Urteils」, NStZ 1994, S. 565; Weißer「Gibt es eine Fahrlässige Mittäterschaft?」, JZ 1998, S. 230ff.
3) Tröndle/Fischer §25 Rn. 5a; Wessels Rn. 659.
4) Kühl §20 Rn. 10.

관한 행위공동설에 기초를 두고 있다. 대상판결은 과실범의 공동정범을 인정한 대표적인 판결이다. 대상판결에서 대법원은 건물 또는 시설의 붕괴사고에 있어서 시설의 설계자와 제작자, 감독자 및 유지관리 책임자 사이에도 과실범의 공동정범을 인정하였다. 관련판결 (1)과 (2)도 같은 취지의 판결이다. 여기서 판례의 태도와 통설의 논거를 검토하고 과실범의 공동정범을 인정할 필요가 있다면 그 이론적 근거는 어디서 찾을 것이며, 어떤 요건 아래 이를 인정할 것인가를 규명해 볼 필요가 있다.

Ⅱ. 학설의 대립

과실범의 공동정범을 인정할 것인가에 관하여는 긍정설과 부정설이 대립되고 있다.

1. 긍 정 설

과실범에 있어서 공동정범의 성립이 가능하다고 해석하는 견해이다. 다만 그 이론적 근거가 무엇인가에 관하여는 견해가 일치하지 않는다. 대표적인 학설로는 행위공동설과 기능적 행위지배설 및 과실공동 · 행위공동설이 있다.

(1) 행위공동설

행위공동설에 의하면 공동정범은 특정한 범죄를 공동으로 하는 것이 아니라 행위의 공동이 있으면 족하고, 공동의 의사도 행위를 공동으로 할 의사를 의미한다고 해석하므로 고의를 달리하는 범죄의 공동정범은 물론 고의범과 과실범 또는 과실범의 공동정범도 인정하게 된다. 판례의 기본적 입장이라고 할 수 있다. 즉 대법원이 「형법 제30조 소정의 '2인 이상이 공동하여 죄를 범한 때'의 '죄'에는 고의범이고 과실범이고를 불문하므로 두 사람 이상이 어떠한 과실행위를 서로의 의사연락 하에 이룩하여 범죄가 되는 결과를 발생케 한 것이라면 과실범의 공동정범이 성립한다」고 판시한 것은 행위공동설에 근거한 것이라고 할 수 있다.[1] 관련판결 (1)도 같은 입장이다. 공동행위주체설의

---

1) 대법원 1978. 9. 26. 78도2082; 대법원 1979. 8. 21. 79도1249; 대법원 1982. 6. 8. 82도781.

입장에서 공동행위주체가 성립되어 실행행위를 분담한 이상 과실에 의하여 결과를 낸 때에도 공동정범이 성립한다는 견해도 같은 입장의 견해라고 할 수 있다.[1)]

(2) 기능적 행위지배설

공동정범의 본질이 기능적 행위지배에 있다는 전제에서 과실범의 공동정범도 기능적 행위지배가 인정되는 때에는 가능하다고 해석하는 견해이다.[2)] 따라서 이 견해는 과실범의 공동정범이 인정되기 위해서는 의사의 연락을 요하지 않고 주의의무위반의 공동과 기능적 행위지배가 있을 것을 요한다고 해석한다. 기능적 행위지배를 근거로 과실범의 공동정범을 인정할 때에는 기능적 행위지배가 고의범과 과실범에 공통된 정범요소가 될 수 있다. 그러나 이 경우의 기능적 행위지배는 순수 객관적으로 파악하지 않을 수 없다.[3)] 즉 각자의 부분행위가 전체 범행의 실현에 핵심적 기능을 수행하면서 불가분리·필요불가분하게 연대되어 있을 때, 그 부분행위들은 공동의 행위가 되고 공동행위자 각자는 전체 범행을 기능적으로 지배하게 된다는 것이다.[4)]

(3) 과실공동·행위공동설

의무의 공동과 행위의 공동이 있을 때에는 과실범에 있어서도 공동정범이 성립할 수 있다는 견해이다.[5)] 이에 의하면 과실범의 공동정범이 성립하기 위해서는 공동의 객관적 주의의무위반과 구성요건실현행위의 공동이 있을 것을 요한다고 한다.

2. 부 정 설

공동정범은 고의범에 있어서만 가능하다는 전제에서 과실범의 공동정범을 부정하고 과실범의 동시범으로 해결하면 족하다고 해석하는 견해이다. 공동정범의 본질에 관하여 범죄공동설의 입장에 설 때에는 공동정범은 고의범에서만

1) 유기천 288면.
2) 심재우「과실범의 공동정범」(고시계 1980. 4), 38면.
3) 문채주「과실범의 공동정범에 대한 논증도구로서의 기능적 범행지배표지」, 법치국가와 형법, 358면 참조.
4) 심재우 앞의 글, 37면
5) 김일수/서보학 613면; 정성근/박광민 555면; 이재상 467면; 이용식「과실범의 공동정범」, 형사판례연구 7, 103면.

가능하므로 과실범의 공동정범을 부정하게 된다는 것은 물론이다.[1] 그러나 우리나라의 통설은 공동정범의 정범성을 기능적 행위지배에 두고, 과실범에 있어서는 기능적 행위지배가 있을 수 없다는 이유로 공동정범의 성립을 부정한다.[2] 즉 과실범의 공동정범을 부정하는 통설의 논거는 과실범에 있어서는 ① 공동정범이 성립하기 위한 공동의 행위결의가 있을 수 없고, ② 공동정범의 본질인 기능적 행위지배를 인정할 수 없으며, ③ 공동정범에 관한 형법 제30조는 고의범을 전제로 한 것이므로 과실범의 공동정범을 인정할 법적 근거가 없을 뿐만 아니라, ④ 과실범의 공동정범을 인정해야 할 실익도 없다는 점으로 요약할 수 있다.

3. 논점의 검토

(1) 범죄공동설 · 행위공동설과 과실범의 공동정범

행위공동설에 의하면 과실범의 공동정범이 인정됨에 반하여 범죄공동설은 공동정범의 성립을 부정한다. 그러나 행위공동설을 근거로 과실범의 공동정범을 인정하는 경우에는 형법상 무의미한 자연적 의미의 행위의 공동만으로 공동정범을 인정하는 것이 되고, 그 결과 과실범의 공동정범의 성립범위가 지나치게 확대되지 않을 수 없다.[3] 한편 범죄공동설을 근거로 과실범의 공동정범을 부정하는 견해는 범죄공동설이 공동정범의 성립범위를 지나치게 축소한다는 비판을 면할 수 없다. 근본적으로 범죄공동설과 행위공동설은 공동정범의 본질을 파악하는 데 충분하지 못하며, 공동정범의 정범성을 설명하는 데 도움이 될 수 있는 이론도 아니다.[4] 따라서 행위공동설을 근거로 과실범의 공동정범을 인정하거나 범죄공동설의 입장에서 이를 부정하는 것은 타당하다고 할 수 없다.

---

1) 신동운 583면.

2) 박상기 395면; 배종대 593면: 손해목 1028면: 안동준 233면; 오영근 572면; 이영란 487면; 이정원 345면; 이형국 595면; 임웅 409면; 허일태 형법연구 1, 175면 이하; 이보령 「과실의 공동정범이론」, 형사법연구 4, 87면 이하; 전지연 「과실범의 공동정범」, 형사법연구 13, 27면 이하.

3) 이보령 앞의 글, 90면; 전지연 앞의 글, 36면; 정진연 「과실범의 공동정범」, 공범론과 형사법의 제문제, 110면; 허일태 앞의 책, 180면도 같은 입장이다.

4) *supra* 19, 공동정범의 정범성, II 1 참조.

(2) 공동의 결의 · 공동의 의사와 과실범의 공동정범

과실범에 있어서는 공동정범이 성립하기 위한 필수적 요건인 공동의 의사 내지 공동의 행위결의가 없기 때문에 공동정범이 있을 수 없다는 것이 통설의 가장 중요한 논거이다.[1] 과실범에 있어서는 고의범에 있어서와 같이 공동의 행위결의에 기초한 인식하고 의욕한 공동작용은 개념상 불가능하다. 그러나 과실범의 공동정범을 행위결의 내지 행위계획과 결부시키는 것은 타당하다고 할 수 없다. 고의범이 결과를 인식 · 의욕하면서 실현하는 범죄임에 반하여, 과실범은 주의의무에 위반하여 결과를 야기하는 범죄이다. 따라서 범죄의 참가형태와의 관계에서도 고의범의 공동정범과 과실범의 공동정범의 요건은 구별하지 않으면 안 된다. 과실범의 단독정범에서도 행위결의는 필요하지 않다. 따라서 과실범에 있어서 공동의 행위결의 또는 공동의사가 인정되지 않는다는 것은 과실범의 공동정범을 인정할 수 없다는 근거가 되는 것이 아니라, 과실범의 공동정범을 인정하는 기준은 고의범의 공동정범의 그것과는 달라야 한다는 것을 의미함에 그친다고 해야 한다.[2]

(3) 기능적 행위지배와 과실범의 공동정범

공동정범의 본질을 기능적 행위지배에서 찾고 있는 통설은 기능적 행위지배는 공동의 결의에 기초한 역할분담을 의미하므로 과실범에 있어서는 기능적 행위지배가 인정될 수 없기 때문에 공동정범이 성립할 여지가 없다고 해석한다. 기능적 행위지배는 범죄실현의사 내지 고의를 전제로 하는 개념이므로 과실범에 있어서는 기능적 행위지배를 인정할 수 없다. 그러나 과실범에 있어서 기능적 행위지배가 인정되지 않는다는 것은 과실범의 공동정범을 인정할 수 없다는 근거가 되는 것이 아니라 고의범과는 다른 기준에 의하여 과실범의 공동정범이 검토되어야 한다는 것을 의미한다.[3] 과실범의 단독정범에서는 행위지배가 인정되지 않는데 공동정범에 있어서만 그것을 요구하는 것은 타당하다

---

1) 박상기 395면; 배종대 572면; 손해목 1028면; 안동준 233면; 이정원 345면; 이형국 595면; 이보령 앞의 글, 99면.

2) 동지: 이용식 「과실범의 공동정범」, 형사판례연구 7, 88면; 전지연 앞의 글, 37면. Brammsen/Kaiser Jura 1992, 38; Eschenbach Jura 1992, 644; Otto Spendel-FS S. 281; Weisser JZ 1998, 232.

3) Otto Spendel-FS S. 282; Weißer JZ 1998, 232. 이용식 앞의 글, 89면; 전지연 앞의 글, 38면도 같은 취지이다.

고 할 수 없기 때문이다.

(4) 형법 제30조와 과실범의 공동정범

부정설을 취하는 학자 가운데는 형법 제30조는 고의범의 공동정범에 관한 규정이므로 과실범의 공동정범을 인정할 법적 근거가 없다는 것을 이유로 제시하는 경우가 있다.[1] 그러나 형법 제30조는 '2인 이상이 공동하여 죄를 범한 때'라고 규정하고 있을 뿐이며 공동하여 범할 죄가 고의범인가 과실범인가에 관하여 아무런 규정을 두고 있지 않다. 또한 형법 제정 시의 입법자의 의사가 제30조에서는 고의범의 공동정범만을 규정한 것이라고 볼 수 있는 자료는 전혀 없다.[2] 결국 형법 제30조에서 고의범인가 과실범인가에 대한 명백한 규정을 두지 않은 이상 공동하여 과실범을 범한 때, 즉 공동하여 주의의무에 위반되는 행위를 한 때에는 형법 제30조의 규정에 의하여 과실범의 공동정범을 인정할 수도 있다고 해야 한다. 공동정범의 성립요건으로서 공동의 행위결의를 요구하는 것은 형법 제30조의 규정 때문이 아니라 고의범의 구조에서 결과한 것에 불과하다.[3]

Ⅲ. 공동정범 인정의 실익과 이론적 근거

1. 과실범의 공동정범 인정의 실익

과실범에 대하여는 단일정범개념에 의하여 결과발생에 조건을 제공한 자는 모두 정범이 되기 때문에 각자를 과실범의 동시범으로 처벌하면 족하며, 과실범의 공동정범을 인정할 실익이 없고 오히려 이를 인정하는 것은 부당한 처벌의 확대를 초래한다는 점이 부정설의 중요한 논거의 하나가 되고 있다.[4] 그러나 학설과 외국의 판례에 의하면 다음과 같은 사례에서 과실범의 공동정범이 문제된 바 있다.

이들 사례는 크게 두 가지 유형으로 나누어 볼 수 있다.

---

1) 이보령 앞의 글, 99면; 전지연 앞의 글, 40면.
2) 한국형사정책연구원편 형법제정자료집 164면 이하 참조.
3) Weißer JZ 1998, 233.
4) 배종대 573면; 손해목 1028면; 신동운 판례백선 437면; 전지연 앞의 글, 54면.

(1) 제 1 유형

수인의 과실행위로 인하여 결과가 발생하였으나 그것이 누구의 행위로 인한 것인지가 밝혀지지 않은 경우이다. 다음과 같은 사례가 이 유형에 해당한다.

[사례 1] 甲과 乙이 의사의 연락 아래 야수라고 생각하고 발포하였고 丙이 탄환을 맞아 사망하였지만 甲과 乙의 탄환 중 누구의 것으로 인한 것인지 알 수 없는 경우[1)]

[사례 2] 甲과 乙이 절도의 고의로 화학공장에 침입하였으나 전등을 켤 수 없게 되자 성냥불을 켜고 앞을 밝히기로 하였다. 성냥불이 다 타면 버리고 다른 성냥을 켜던 중 불을 끄지 않은 채 던진 성냥불이 인화물질에 인화되어 공장은 전소하고 말았다. 甲과 乙 중 누가 버린 성냥에 의하여 인화되었는지 밝혀지지 않았다.[2)]

[사례 3] 甲과 乙은 암석파편을 산기슭 아래로 굴려 내리기로 하였다. 돌이 떨어지는 밑이 보이지 않자 밑에 있던 사람이 돌에 맞는 것을 피하기 위하여 두 사람은 밑을 향하여 소리를 질렀으나 아무 대답이 없자 甲과 乙은 각각 바위를 굴려 내렸다. 행인 丙이 바위를 맞아 사망하였지만 누가 굴린 바위에 의한 것인지 밝혀지지 않았다.[3)]

(2) 제 2 유형

다수인의 공동행위에 의하여 결과가 발생한 경우이다. 각자의 행위가 결과발생에 조건이 되었다고 볼 수 있는 경우이다.

[사례 4] 열 사람이 힘을 합치지 않으면 굴릴 수 없는 바윗돌을 열 사람이 함께 산에서 굴려 내리면서 모두가 부주의하여 길가던 행인이 피해를 입은 경우[4)]

[사례 5] 피혁분무기 제조회사의 중역들이 제품사용으로 인하여 호흡곤란, 구

---

1) 이재상 467면.

2) 이는 독일의 Schleswig 고등법원에서 문제된 성냥불 사건(Streichholzfall)의 사건내용이다(OLG Schleswig NStZ 1982, 116). 원심에서는 甲과 乙을 실화죄로 유죄판결하였으나 고등법원은 개개의 행위와 결과 사이에 인과관계가 인정되지 않는다는 이유로 이를 파기하였다.

3) 스위스 연방법원의 판례에 나타난 돌 굴리기 사건(Fall der rollenden Steine)의 내용이다. 스위스 연방법원은 개별적인 행위가 결과를 야기하였는가가 아니라 공동으로 행한 전체행위와 결과 사이의 인과관계만 문제삼아 甲과 乙을 모두 과실치사죄로 유죄판결하였다(BGE IV 1987, 58).

4) 심재우 「과실범의 공동정범」, 고려대 판례연구 3, 122면.

토, 고열이 일어나고 심한 경우에는 폐부종으로 생명이 위험하다는 신고를 받았음에도 불구하고 그 부작용이 제품의 잘못으로 인한 것임이 증명되지 않았다는 보고를 받고 중역회의에서 분무기를 회수하지 않기로 결의하여 제품을 사용한 소비자들의 건강이 훼손되었다.[1)]

제 1 유형의 사례에서 과실범의 공동정범을 인정하지 않을 때에는 甲과 乙에 대하여 모두 무죄판결을 하지 않을 수 없다. 공동으로 고의범을 범한 경우에는 당연히 유죄판결을 해야 할 경우에 공동의 과실행위로 인하여 결과가 발생한 때에는 무죄판결을 하지 않을 수 없다는 것은 정당한 귀속이론이라고 할 수 없다. 이러한 의미에서 과실범의 공동정범은 원인관계가 판명되지 아니하여 인과관계가 인정될 수 없는 경우에 그 실익이 가장 명백하다고 해야 한다.[2)] 이에 반하여 제 2 유형의 사례에 있어서는 공동정범을 인정하지 않는 경우에도 중복적 인과관계(Mehrfachkausalität)에 의하여 결과귀속을 인정할 가능성이 없는 것은 아니다. 그러나 고의범에 있어서와 마찬가지로 과실범에 있어서도 결과귀속의 전제는 인과관계이다. 이를 동시범으로 해석할 때에는 개별적인 행위자의 행위기여와 결과 사이의 행위기여를 개별적으로 검토하지 않으면 안 된다. 사례 4와 5에서 한 사람의 행위가 아니라 다른 사람과 함께 행위하였거나 행위하지 아니한 것이 결과를 발생케 하였다면 공동으로 행한 전체 행위와 결과 사이의 인과관계를 밝히는 것은 당연하며, 이는 과실범의 공동정범을 인정할 때에만 가능하다고 할 수 있다. 이러한 의미에서 과실범의 공동정범은 과실범의 처벌을 부당하게 확대하는 이론이 아니라 종래의 형법이론을 유지하면서도 당연히 긍정해야 할 정당한 귀속관계를 인정하여 타당한 결론을 제시할 수 있는 유일한 방법이라고 해야 한다.[3)]

2. 과실범의 공동정범의 이론적 근거

과실범의 공동정범을 인정할 실익이 있다고 하더라도 이를 긍정할 근거를

1) BGHSt. 37, 106의 피혁분무기 사건(Lederspray Fall)의 사실관계이다. 독일 연방법원은 과실치상죄에 관하여 인과관계를 인정하여 공동책임을 인정하는 것이 정당하다는 이유로 중역인 피고인들에게 유죄판결을 하였다.

2) Kühl § 20 Rn. 10; Beulke/Bachmann JuS 1992, 744; Brammsen/Kaiser Jura 1992, 37; Otto Spendel-FS S. 282.

3) Weißer JZ 1998, 231.

논증하지 못하면 과실범의 공동정범을 인정할 수는 없다. 행위공동설을 근거로 과실범의 공동정범을 인정하는 이론이 타당하다고 할 수 없고, 과실범에 대하여는 기능적 행위지배를 인정할 수 없다. 따라서 행위공동설이나 기능적 행위지배설이 과실범의 공동정범을 인정할 근거가 될 수는 없다.

공동정범에 있어서 공동의 의사는 정범을 공동으로 할 의사를 말하므로 그 내용은 고의범과 과실범에 있어서 동일하다고 할 수 없다. 고의범에 있어서는 그것이 고의의 공동을 의미하지만 과실범에 있어서는 주의의무의 공동을 의미한다고 해야 한다. 고의를 전제로 하는 행위지배 또는 기능적 행위지배를 과실범의 정범요소로 요구할 때에는 과실범의 정범이란 있을 수 없기 때문이다. 과실범의 정범요소는 주의의무위반에 있으므로 과실범의 공동정범도 주의의무를 공동으로 침해할 것을 요구하지 않을 수 없게 된다. 과실범에 있어서도 공동정범이 성립하기 위해서는 공동가공의 사실이 인정되어야 한다. 그것은 구성요건 실현행위의 공동을 의미한다. 따라서 과실범의 공동정범은 과실공동과 행위공동이라는 관점에서 그 근거를 찾을 수 있게 된다.

Ⅳ. 과실범의 공동정범의 성립요건

과실공동·행위공동설에 의하여 과실범의 공동정범을 인정할 때에는 공동정범의 성립요건으로 공동의 주의의무위반과 구성요건실현행위의 공동을 필요로 한다고 해야 한다.

1. 공동의 주의의무위반

과실범의 공동정범이 되기 위해서는 행위자에게 공동의 주의의무가 인정되어야 한다. 공동의 주의의무가 인정되는 때에만 공동정범에 의한 상호적인 귀속이 가능하기 때문이다. 공동의 주의의무는 각자에게 요구되는 주의의무의 내용이 동일하고 그것이 각자에게 동일한 방법으로 동일한 범위에서 적용되는 것임을 요한다고 해야 한다.[1] 따라서 두 사람이 공동하여 바윗돌을 굴리거나 기차를 운행하거나 건널목을 지키는 경우는 물론, 공장에서

1) Weißer JZ 1998, 236.

함께 성냥불을 버리거나 야수를 향하여 사냥총을 쏘는 경우에는 공동의 주의의무가 인정될 수 있다. 이에 반하여 결과발생에 다수인이 관여한 경우라고 할지라도 공동의 주의의무가 인정되지 않는 경우에는 과실범의 동시범은 될 수 있어도 공동정범이 되지는 않는다. 이러한 의미에서 대법원이 운전사와 하주,[1] 선임탑승자와 운전병을 과실범의 공동정범으로 처벌한 것[2]은 타당하다고 할 수 없다. 하주에게는 사고발생방지의무가 없으며, 선임탑승자의 감독의무와 운전병의 사고방지의무는 동일한 주의의무가 될 수 없기 때문이다.

과실범의 공동정범이 인정되기 위하여 규범적 관점에서 공동정범을 연결시켜 주는 요소로서 함께 행위하는 자에게 자기와 같은 공동의 주의의무가 있다는 것을 인식해야 한다는 견해가 있다.[3] 그러나 과실범에 있어서는 인식 있는 과실의 경우에 결과발생의 가능성을 인식해야 하는 것 이외에 주관적 구성요건요소는 필요하지 않다. 즉 객관적 주의의무위반이나 공동의 주의의무는 인식의 대상이 아니다. 과실범의 공동정범이라고 하여 공동의 주의의무에 대한 인식을 요구하는 것은 과실범의 본질과 일치할 수 없다. 공동정범의 주관적 요건을 충족하기 위해서는 공동으로 행위한다는 점에 대한 인식이 있으면 족하다고 해야 한다.

2. 구성요건 실현행위의 공동

과실범의 공동정범이 되기 위하여 공동의 의사 대신에 공동의 주의의무위반과 공동행위의 인식이 필요한 이외에 객관적 요건으로 공동가공의 사실이 인정되어야 한다. 그것은 과실범에 있어서는 결과를 발생시키는 행위 즉 구성요건실현행위의 공동을 요한다고 하지 않을 수 없다. 구성요건적 결과를 실현하는 행위는 행위공동설에서 말하는 것과 같은 전법률적·자연적 의미의 행위가 아니라 법률적·구성요건적 행위를 의미한다고 할 수 있다. 주의의무위반은 과실범의 인식의 대상이 아니므로 과실범의 공동정범의 요건으로서 이에 대한 인식이 필요하지 않다고 하더라도 결과를 발생시키는 행위를 공동으로

1) 대법원 1962. 3. 29. 1961형상598.
2) 대법원 1979. 8. 21. 79도1249.
3) 이용식 앞의 글, 107면; Weißer JZ 1998, S. 237.

한다는 인식은 공동정범을 인정하기 위한 요건이 된다고 할 수 있다. 이러한 의미에서 과실범에 있어서도 의사의 연락이 있을 수 있고, 다만 의사연락의 의미가 고의범의 그것과 다를 뿐이라고 해야 한다.

Ⅴ. 대상판결의 검토

대상판결이 피고인들에게 과실범의 공동정범을 인정한 근거가 무엇인가는 명백하지 않다. 대법원이 종래 행위공동설의 입장에서 과실범의 공동정범을 인정하던 태도는 관련판결(1)에서 대법원이「피고인 등은 각자가 협력하여 이 사건 건물을 안전하고도 견고하게 신축하여야 할 주의의무가 있었을 뿐만 아니라, 서로 의사를 연락하여 이 사건 건물을 신축하였던 것이므로, 이들 사이에 형법 제30조 소정의 공동정범의 관계가 성립한다고 보아야 한다」고 판시함으로써 마치 과실공동 · 행위공동설의 입장을 취한 것 같은 인상을 주었다고 볼 수 있다. 그러나 대상판결에 이르러 대법원은「성수대교와 같은 교량이 그 수명을 유지하기 위하여는 건설업자의 완벽한 시공, 감독공무원들의 철저한 제작 · 시공 상의 감독 및 유지 · 관리를 담당하고 있는 공무원들의 철저한 유지 · 관리라는 조건이 합치되어야 하는 것이므로, 각 단계에 관여한 자는 붕괴에 대한 공동책임을 면할 수 없고, 피고인들은 이 사건 성수대교를 안전하게 건축되도록 한다는 공동의 목표와 의사연락이 있었다고 보아야 할 것이므로 과실범의 공동정범이 성립한다」고 판시하였다. 공동의 목표와 의사연락을 관련판결(1)에서의 공동의 주의의무위반과 같은 의미로 해석하여 이를 과실공동 · 행위공동설의 입장이라고 해석하는 견해가 있는가 하면,[1] 이를 공동목표설이라는 새로운 입장이라고 보는 학자도 있다.[2] 다리를 제작하는 과정에서의 제작 · 시공 및 감독 그리고 유지관리에 대한 과실이 인정된다는 것이 공동의 과실을 요구한다는 취지라고 이해하기 어렵고, 안전하게 건축되도록 한다는 공동의 목표와 의사연락만으로 공동의 주의의무위반을 인정할 수도 없다. 또 공동의 목표가 구성요건 실현행위를 공동으로 하였다는 의미를 가진다고도 할

1) 이용식 앞의 글, 102면.
2) 허일태「과실범의 공동정범에 대한 판례의 변천」, 형사판례의 연구 I, 625면.

수 없다. 다리를 안전하게 건축한다는 공동의 목표는 범죄행위와는 아무런 관련을 가질 수 없기 때문이다. 그렇다면 대상판결이 과실공동·행위공동설의 입장에서 과실범의 공동정범을 인정했다고 보기는 어렵다.

과실공동·행위공동설의 입장에서 대상판결과 관련판결의 경우에 피고인들에게 공동정범을 인정하기 위해서는 공동의 과실 내지 공동의 주의의무위반이 긍정되어야 한다. 공동의 주의의무는 각자에게 요구되는 주의의무의 내용이 동일하고 그것이 각자에게 동일한 방법으로 동일한 범위에서 적용되는 것이어야 한다. 문제는 동일한 대상에 관련된 동일한 법익보호를 목적으로 하는 주의의무는 그 구체적 내용을 달리하는 경우에도 공동의 주의의무라고 할 수 있는가에 있다. 2인 이상이 공동목적을 위하여 기능적으로 협업해야만 목적을 완성할 수 있는 관계에 있는 때에는 공동의 주의의무가 인정된다는 전제에서 대상판결에서 설계자·시공자·감리자 및 유지관리자들은 동일한 대상에 대한 동일한 목적을 가지고 함께 주의의무를 위반한 경우에 결과발생이 가능하다는 의미에서 공동의 주의의무를 인정할 수 있다는 견해도 있다.[1] Roxin도 주의의무의 내용이 구체적으로 일치하지 않는 경우에도 예컨대 A가 비행기를 조립하고 B는 이를 감독하는 경우, 또는 A가 환자를 수술하고 B는 이를 감독하는 경우에도 A와 B에게는 공동의 주의의무가 인정된다고 한 바 있다.[2] 그러나 같은 내용의 주의의무를 위반한 것이 아니고 단순히 과실이 경합하여 결과가 발생했다는 것만으로는 공동의 주의의무를 위반했다고 할 수 없으며, 또 이 경우에 과실범의 공동정범을 인정할 필요성도 없다고 해야 한다. 따라서 관련판결 (1)에서 잘못 설계한 자와 설계대로 시공하지 않은 자 및 유지관리 책임자들에게 공동의 주의의무가 인정된다고 할 수는 없으며, 관련판결 (2)에서도 건축계획의 수립, 건축설계·건축공사공정·건물 완공 후의 유지관리 등에 있어서의 과실이 복합적으로 작용했다는 이유로 공동의 주의의무위반이 있다고 할 수는 없다. 대상판결에서 설계자·시공자·감리자 및 유지관리자들이 건물이나 시설의 붕괴에 이르는 행위를 공동으로 하였다고 볼 수도 없다. 피고인들은 각각 다른 단계에서 서로 내용을 달리하는 주의의무에 위반하는 행위를 하였을 뿐이기 때문이다. 과실범에

1) 이용식 앞의 글, 104면.
2) Roxin *Täterschaft und Tatherrschaft*, S. 536.

있어서도 공동정범이 성립할 수 있다는 판례의 태도는 타당하다. 그러나 과실범의 공동정범이 성립하기 위해서는 공동의 주의의무위반과 공동의 구성요건 실현행위가 있어야 한다. 대상판결과 관련판결은 공동의 주의의무도 공동의 행위도 인정되지 않으므로 공동정범이 성립할 수 있는 경우가 아니다. 판례의 태도에 찬성할 수 없다.

21. 공모공동정범

[대상판결]

대법원 2010. 7. 15. 2010도3544

1. 사실의 개요

피고인은 공소외 ○○종합건설 등의 업체인 공소외 1 내지 3 유한회사를 보유하여 경영하고 있다. 피고인은 ○○종합건설명의로 2003. 4. 25. 제주지방해양항만청에서 발주한 '제주 추자항 방파제 축조공사'('추자항공사'라고 한다)를 공소외 4 주식회사와 공동수급으로 100여억원에, 2006. 10. 18. 한국토지공사에서 발주한 '김해 율하지구 택지개발사업 제 2 공구 조경공사'('김해 율하공사'라고 한다)를 109억 6,000여만원에, 2007. 9. 20. 대한주택공사에서 발주한 '광명소하택지개발사업 조경공사'('광명소하공사'라고 한다)를 110억 9,000여만원에 각 수주받아 시공하였다. 추자항공사의 현장소장인 공소외 5는 제주지방해양항만청 소속 직원들에게 공사 시공과 관련한 편의제공 등을 부탁하는 취지로 2004. 12. 7.부터 2008. 12. 18.까지 53회에 걸쳐 금품과 향응 등 26,622,500원 상당을 제공하였다(다만 그중 2006. 9. 1.자 공소외 10에 대한 40만원 상당의 향응제공은 피고인이 직접 하였다).

김해 율하공사의 현장소장인 공소외 6은 한국토지공사 직원들에게 공사감독을 함에 있어 편의제공 등을 부탁하는 취지로 2006. 12. 21.부터 2008. 6. 27.까지 13회에 걸쳐 금품과 향응 등 17,417,000원 상당을 제공하였다(다만 그중 2007. 2. 28.자 공소외 7에 대한 300만원의 현금제공은 피고인이 직접 하였다). 광명소하공사의 현장소장 공소외 8은 현장감독관인 대한주택공사 직원 공소외 9에게 공사감독을 함에 있어 편의를 제공해 달라는 취지로 2008. 1. 31.부터 2009. 1. 21.까지 3회에 걸쳐 시가불상의 개소주를 제공하고, 4회에 걸쳐 현금 980만원을 교부하거나 공여의 의사표시를 하였다.

한편 피고인은 현장감독관 등에 대한 식대, 명절 선물비 등으로 지출되는 '대관(對官) 업무비'의 예산편성을 주도 또는 후원하였을 뿐만 아니라 위 현장소장들이 각자의 판단에 따라 '대관 업무비'를 지출한 후 매월 그 상세내역을 보고하면 사후에 이를 확인한 후 결재를 하여 주었으며 그 금액이 과다하다고 생각되면 그 금액을 삭감하기도 하였고, 한편 현장소장이 피고인에게 보고한 대관 업무비 내역서에는 사용내역과 상대방, 그 금액까지 구체적으로 기재되어 있었다. 이상과 같은 지출 및 보고 · 결재는 앞서 본 바와 같이 4년 이상의 기간 동안 이루어졌으며, 피고인은 뇌물을 직접 교부하기도 하였다.

2. 판결요지

[1] 형법 제30조의 공동정범은 공동가공의 의사와 그 공동의사에 의한 기능적 행위지배를 통한 범죄실행이라는 주관적 · 객관적 요건을 충족함으로써 성립하므로, 공모자 중 구성요건행위를 직접 분담하여 실행하지 아니한 사람도 위 요건의 충족여부에 따라 이른바 공모공동정범으로서의 죄책을 질 수도 있다. 한편 구성요건행위를 직접 분담하여 실행하지 아니한 공모자가 공모공동정범으로 인정되기 위하여는 전체 범죄에 있어서 그가 차지하는 지위 · 역할이나 범죄경과에 대한 지배 내지 장악력 등을 종합하여 그가 단순한 공모자에 그치는 것이 아니라 범죄에 대한 본질적 기여를 통한 기능적 행위지배가 존재하는 것으로 인정되어야 한다.

[2] 건설 관련 회사의 유일한 지배자가 회사 대표의 지위에서 장기간에 걸쳐 건설공사 현장소장들의 뇌물공여행위를 보고받고 이를 확인 · 결재하는 등의 방법으로 위 행위에 관여한 사안에서, 비록 사전에 구체적인 대상 및 액수를 정하여 뇌물공여를 지시하지 아니하였다고 하더라도 그 핵심적 경과를 계획적으로 조종하거나 촉진하는 등으로 기능적 행위지배를 하였다고 보아 공모공동정범의 죄책을 인정하여야 한다.

[관 련 판 결]

(1) 대법원 2000. 3. 14. 99도4923

1. 사실관계

(주)청구는 청구그룹의 모회사로서 1991년 이후 외부차입금에 의존한 무리한 사업확장으로 부채와 금융비용이 급증하고, 경상이익 또한 지속적으로 감소하여, 1994년경에는 그 보유자산이 근 8,598억원 정도인 반면 순부채액이 금 7,111억원

에 이르렀을 뿐만 아니라, 경상이익(금 282억원)을 훨씬 초과하는 금융비용(금 549억원) 등 과중한 자금수요로 인하여 채무가 누적되어 가는 형편이어서 이미 정상적인 경영이 불가능하였다. 甲은 청구그룹의 회장 겸 (주)청구의 대표이사로서, 乙은 청구그룹의 부회장 겸 종합조정실장으로서 그 산하 16개의 계열회사 전반의 경영과 자금 등에 관한 주요정책을 수립하고 그 집행을 지시하여 왔는데, (주)청구의 자금사정이 위와 같이 악화되자, 계열회사의 대표이사 등에게 지시하여 계열회사의 자금을 (주)청구에게 대여 내지 지원하도록 하였고, 그 과정에서 계열회사의 이사회 결의를 거치지 않았을 뿐만 아니라 별다른 채권회수 조치도 취하지 아니하였다.

2. 판결요지

2인 이상이 범죄에 공동 가공하는 공범관계에서 공모는 법률상 어떤 정형을 요구하는 것이 아니고 2인 이상이 공모하여 어느 범죄에 공동가공하여 그 범죄를 실현하려는 의사의 결합만 있으면 되는 것으로서, 비록 전체의 모의과정이 없었다고 하더라도 수인 사이에 순차적으로 또는 암묵적으로 상통하여 그 의사의 결합이 이루어지면 공모관계가 성립하고, 이러한 공모가 이루어진 이상 실행행위에 직접 관여하지 아니한 자라도 다른 공모자의 행위에 대하여 공동정범으로서의 형사책임을 진다. 따라서 위 자금대여 내지 지원은 (주)청구에게 이익을 얻게 하고 계열회사에 손해를 가하는 행위로서 계열회사에 대하여 배임행위가 되고 피고인 甲과 乙 및 계열회사의 대표이사 등은 공범으로서 특정경제범죄가중처벌등에관한법률위반(배임)죄의 죄책을 면할 수 없다.

(2) 대법원 1996. 3. 8. 95도2930

1. 사실관계

피고인 甲과 피고인 乙은 공소외 1 주식회사의 부가가치세 담당공무원인 제1심 공동피고인에게 뇌물을 공여할 것을 공모 공동하여, 1993. 5. 18. 14:00경 乙의 지시에 따라 甲이 부산 남구 남천동 소재 남부세무서 뒷편 주차장에 주차시켜 둔 자신 소유의 소나타 승용차 안에서 위 제1심 공동피고인에게 '위 공소외 1 주식회사에 대한 실사를 하지 말아 달라'는 부탁과 함께 금 1,000,000원권 자기앞수표 100장 합계 금 100,000,000원을 교부하여 위 제1심 공동피고인의 직무에 관하여 뇌물을 공여하였다.

2. 판결요지

공모공동정범에 있어서의 공모는, 두 사람 이상이 공동의 의사로 특정한 범죄행위를 하기 위하여 일체가 되어 서로가 다른 사람의 행위를 이용하여 각자 자기의 의사를 실행에 옮기는 것을 내용으로 하여야 하는 것이나, 그 공모의 판시는 모의의 구체적인 일시, 장소, 내용 등을 상세하게 판시하여야만 할 필요는 없고 의사합치가 성립된 것이 밝혀지는 정도면 된다.

[판례의 연구]

Ⅰ. 문제의 제기

공모공동정범(共謀共同正犯)이란 2인 이상의 자가 공모하여 그 공모자 가운데 일부가 공모에 따라 범죄의 실행에 나아간 때에는 실행행위를 담당하지 아니한 공모자에게도 공동정범이 성립한다는 이론이다. 공동정범이 성립하기 위해서는 주관적 요건으로 공동가공의 의사가 있어야 하는 이외에 객관적 요건으로 범죄를 실행한 공동가공의 사실이 있어야 한다는 점에는 의견이 일치하고 있다. 정범개념의 출발점을 구성요건적 행위에 두는 경우에 공동가공의 사실은 구성요건적 행위, 즉 실행행위의 공동을 의미하므로 어떤 의미에서도 실행행위를 분담하였다고 볼 수 없는 공모공동정범은 공동정범의 요건을 충족하지 못한 것이 된다. 통설이 공모공동정범에 대하여 공동정범의 성립을 부정하는 것은 이런 의미에서 당연하다고 할 수 있다. 그러나 공모공동정범이론은 일본의 대심원이 1896년 3월 3일의 판결에서 지능범인 공갈죄에 관하여 공동정범을 인정한 후에, 실력범인 강도죄에 이르기까지 그 적용범위를 확대하여[1] 최고재판소의 판례에 이르기까지 일관되게 유지해 온 이론이며, 대법원도 지금까지 일관해서 유지하고 있는 판례에 의하여 확립된 이론이다. 판례가 기초하고 있는 대표적인 공모공동정범의 이론적 근거로는 공동의사주체설과 간접정범유사설 및 기능적 행위지배설이 있다. 대상판결이 기능적 행위지배설의

1) 日大判 1936. 5. 28. 형사연합부판결(형집 15, 715).

입장이라면, 관련판결 (1)은 공동의사주체설, 관련판결 (2)는 간접정범유사설에 입각하여 공모공동정범을 긍정한 판결이다. 여기서 공모공동정범의 인정여부와 그 근거에 관한 학설과 판례의 태도를 일별한 후, 외국 특히 일본과 독일에서의 논의를 참고하여 공모공동정범의 인정 필요성과 그 요건을 분석하고, 대상판결을 평가하기로 한다.

Ⅱ. 학설과 판례의 태도

1. 학설의 대립

공모공동정범을 인정할 것인가에 관하여는 긍정설과 부정설이 대립되고 있다.

가. 긍 정 설

(1) 공동의사주체설

판례에 의하여 확립된 공모공동정범의 이론적 지주는 일본의 草野에 의하여 제창된 공동의사주체설이다. 공동의사주체설(共同意思主體說)은 공범현상을 공동의사주체라는 개인을 초월하는 사회적·심리적 존재의 활동으로 파악하여 2인 이상의 이심별체(異心別體)인 개인이 일정한 범죄를 범하려고 하는 공동목적을 실현하기 위하여 동심일체(同心一體)가 되고 따라서 그 가운데 일부의 행위는 공동의사주체의 행위가 되어 직접 실행행위를 분담하지 않은 다른 공모자도 공동정범으로 처벌되어야 한다는 이론이다. 이는 마치 민법에 있어서 조합원이 조합의 채무에 대하여 책임을 지는 것과 같다고 한다. 공동의사주체설은 공범이 단체현상이고 공동정범도 공범의 일종이므로 개인책임의 원리에 의하여 규율할 수 없다는 점에 입각하고 있다. 그러나 공동의사주체설에 대하여는 ① 공동의사주체라는 단체의 책임을 개인에게 부담하게 하는 것은 자기책임의 원칙 및 개인책임의 원칙에 반하고, ② 공모자 가운데 한 사람의 실행행위가 있으면 다른 공모자도 공동정범이 된다고 보게 되면 공동정범의 종속성을 인정하는 것이 되어 정범의 본질에 반하며, ③ 실행행위를 분담하지 않고 단순히 모의에 가담한 것만으로 공동정범으로 처벌할 만큼 중요한 역할을 하였다고 보기 어렵다는 문제점이 지적되고 있다.

(2) 간접정범유사설

간접정범유사설은 練馬事件의 판결에서 일본의 최고재판소가 전개한 이론으로,[1] 공모공동정범을 간접정범에 유사한 이론구성에 의하여 설명하려고 한다. 즉 공동의사에 의하여 심리적 구속을 실행자에게 미친 자는 실행자를 이용하여 자기의 범죄의사를 실현한 것이므로 실행자는 다른 공모자의 도구로서 구실을 한다는 것이다. 다만 공모공동정범에 있어서 공모자와 실행자의 관계는 전자에 의하여 후자가 일방적으로 이용되는 것이 아니라 후자도 또한 전자의 존재에 의하여 지원을 받고 실행을 고무받음으로써 공동하여 범죄를 실행한 것이므로 공동정범성의 근거를 갖는다고 한다.[2] 그러나 간접정범유사설도 ① 단순히 공모하였다는 것만으로 간접정범과 유사하다고는 할 수 없고, ② 간접정범은 일종의 단독정범이므로 공동정범을 간접정범과 유사하다고 볼 때에는 공동정범을 부정하는 결과가 되고, ③ 책임능력자의 행위를 이용하여 죄를 범한 공동정범은 책임무능력자를 이용한 간접정범과 같은 실체를 가질 수 없으며, ④ 공모공동정범을 간접정범과 유사하다고 보면 간접정범의 실행의 착수시기가 이용자의 이용행위 시에 있으므로 공모공동정범에 있어서도 공모 시에 실행의 착수가 있게 된다는 부당한 결과를 초래한다는 비판을 받고 있다.

실행행위를 전체적·실질적으로 고찰하여 공범자의 이용행위를 실행과 가치적으로 동일시하여 적극적 이용행위에 실행의 형태를 인정하는 견해로 적극이용설이 있다.[3] 공모공동정범이 성립하기 위하여 공모는 의사연락 정도로는 부족하고 공모자 간에 자타구속적인 강도, 즉 범죄수행에 중요한 역할을 담당하여 공모자가 실행자를 적극 이용하였다고 볼 만한 행위가 있어야 할 뿐만 아니라, 객관적 요건으로 공모자에게 합의 이외에 결과실현을 위한 범죄수행을 용이하게 하는 객관적 행동이 필요하다고 한다. 그러나 이 견해 역시 ① 적극이용행위와 단순한 이용행위 사이에는 정도의 차이가 있는 데 불과하므로 이

1) 日最判 1958. 5. 28(형집 12-8, 1718).
2) 藤木英雄「共謀共同正犯」, 刑法判例百選 1, 172面.
3) 김종수「공모공동정범」, 형사법강좌 2, 750면.

를 정범요소가 된다고 할 수는 없고, ② 실질적으로 간접정범유사설과 차이가 없다는 비판을 받고 있다.

(3) 기능적 행위지배설

공동정범의 기초를 분업에 의한 기능적 역할분담에 있다고 보는 기능적 행위지배설에 의하여 공모공동정범에 대하여 공동정범으로서의 성립가능성을 인정하는 견해이다.[1] 즉 이 견해에 의하면 공동정범의 객관적 요건인 공동가공의 사실은 구성요건에 해당하는 실행행위를 분담한 경우에만 제한되는 것이 아니라 각자가 전체계획의 범위 안에서 공동하여 결과를 실현하는 데 불가결한 요건이 되는 기능을 분담하였는가에 의하여 결정해야 하므로, 단순히 공모에 참여하였다는 이유만으로는 공동정범이 될 수 없지만 실행행위를 분담하지 아니한 경우에도 범죄를 조직하고 지휘하거나 범죄의 실행자를 지정하여 실행하는 때와 같이 전체계획의 중요한 기능을 담당하였다고 인정되는 공모자는 공동정범으로 처벌해야 한다고 한다. 다만, 기능적 행위지배설에 의하여 공동정범이 되는 경우에는 공모공동정범이 아니라 당연히 공동정범이 성립하는 경우이기 때문에 공모공동정범이라는 용어를 사용할 필요도 없다는 비판을 받는다.

나. 부 정 설

통설은 공모공동정범에 대하여 공동정범의 성립을 부정한다.[2] 즉 형법상 실행행위를 분담하지 아니한 공모자는 공동정범이 될 수 없고, 그 가담의 정도에 따라 교사범이나 종범이 될 수 있을 뿐이라는 것이다.

그러나 통설인 부정설에 대하여도 ① 공모공동정범이론은 집단범죄에 있어 집단의 배후에서 범행을 지휘하거나 중요한 역할을 하는 두목이나 간부를 정범으로 처벌하여야 할 필요가 있다는 점에서 그 합리성을 인정하여야 하고, ② 공모공동정범은 판례에 의하여 확고하게 확립된 이론이며, 판례가 변경될

1) 손해목 1022면; 안동준 237면; 이재상 475면; 조준현 329면; 김종원 「공모공동정범의 공동정범성」, 법정(1975. 7), 28면; 심헌섭 「공동정범과 기능적 행위지배」(고시연구 1974. 9), 62면.

2) 김일수 493면; 김성천/김형준 506면; 박상기 393면; 배종대 582면; 오영근 644면; 유기천 288면; 이정원 352면; 이형국 338면; 임웅 415면; 정성근/박광민 551면; 정영석 240면; 김용세 「일본의 공모공동정범론」, 형사법연구 10, 387면 이하; 정성근 「공모공동정범론 재론」(고시계 1990. 9), 99면 이하.

것을 기대할 수도 없으므로, 공모공동정범이론을 인정하되 공모의 범위를 합리적으로 제한하는 것이 바람직하다는 비판이 제기되고 있다. 즉 공모공동정범론에 있어서는 그 인정여부가 문제되는 것이 아니라, 공모의 실체가 무엇인지가 문제된다고 하는 것이다.

2. 판례의 태도

판례는 공모공동정범을 긍정하는 태도를 일관하고 있다. 다만 공모공동정범의 이론적 근거에 관하여는 공동의사주체설과 간접정범유사설 및 기능적 행위지배설에 입각한 판례로 나누어져 있다.

(1) 공동의사주체설에 입각한 판결

공모공동정범을 인정한 판례의 기본입장은 공동의사주체설에 있다고 할 수 있다. 즉 대법원이 「공모공동정범은 공동범행의 인식으로 범죄를 실행하는 것으로 공동의사주체로서의 집단 전체의 하나의 범죄행위의 실행이 있음으로써 성립하고 공모자 모두가 그 실행행위를 분담하여 이를 실행할 필요가 없고 실행행위를 분담하지 않아도 공모에 의하여 수인 간에 공동의사주체가 형성되어 범죄의 실행행위가 있으면 실행행위를 분담하지 않았다고 하더라도 공동의사주체로서 정범의 죄책을 면할 수 없다」고 판시한 것은 공동의사주체설에 근거하여 공모공동정범을 인정한 것이다.[1] 대법원의 이러한 입장은 2006년까지도 유지된다. 즉 대법원은 빌딩을 경락받은 피고인들이 수분양자들과 사이에 대출금으로 충당되는 중도금을 제외한 계약금과 잔금의 지급을 유예하고 재매입을 보장하는 등의 비정상적인 이면약정을 체결하고 점포를 분양하였음에도, 금융기관에 대해서는 그러한 이면약정의 내용을 감춘 채 분양 중도금의 집단적 대출을 교섭하여 중도금 대출 명목으로 금원을 지급받아 사기죄의 성립이 문제된 사안에서 「2인 이상이 범죄에 공동 가공하는 공범관계에서 공모는 법률상 어떤 정형을 요구하는 것이 아니고 2인 이상이 공모하여 어느 범죄에 공동 가공하여 그 범죄를 실현하려는 의사의 결합만 있으면 되는 것으로서, 비록

1) 대법원 1983. 3. 8. 82도3248.
대법원 1983. 10. 11. 83도1942; 대법원 1988. 3. 22. 87도2539; 대법원 1990. 9. 11. 90도1639; 대법원 1993. 7. 27. 93도1435; 대법원 1994. 3. 8. 93도3154; 대법원 1998. 3. 27. 98도30; 대법원 2002. 4. 12. 2000도3485; 대법원 2002. 7. 26. 2001도4947 판결도 공동의사주체설의 입장이다.

전체의 모의과정이 없었다고 하더라도 수인 사이에 순차적으로 또는 암묵적으로 상통하여 그 의사의 결합이 이루어지면 공모관계가 성립하고, 이러한 공모가 이루어진 이상 실행행위에 직접 관여하지 아니한 자라도 다른 공모자의 행위에 대하여 공동정범으로서의 형사책임을 진다」고 판시하였다.[1] 공동의사주체설에 입각하여 공모공동정범을 인정할 때에는 공동정범의 성립에 있어서 공동자 간의 공모관계의 성립에 관하여 「범인 전원이 동일 일시, 동일 장소에서 모의하지 아니하고 순차적으로 범의의 연락이 이루어짐으로써 그 범의내용에 대하여 포괄적 또는 개별적 의사의 연락이나 인식이 있었으면 범인 전원의 공모관계가 있다」고 판시할 뿐만 아니라,[2] 공모 이외에 공모공동정범이 성립하기 위한 별도의 요건을 요구하지 않는 점에 특색이 있다. 관련판결 (1)도 공동의사주체설에 입각한 판결임은 물론이다.

(2) 간접정범유사설에 입각한 판결

1988년 이후 대법원판결 가운데는 간접정범유사설의 입장이라고 이해할 수 있는 상당수의 판결들이 있다. 대법원은 피고인이 법원등기과 소속 공무원이던 공소외 1과의 간에 나라소유의 땅을 등기부등본을 위조하여 피고인의 형명의로 돌려 놓은 다음 그것을 행사하여 다른 사람을 기망하여 팔아먹기로 모의하고 등기부등본을 위조·행사한 사건에서, 「공모공동정범이 성립되려면 두 사람 이상이 공동의 의사로 특정한 범죄행위를 하기 위하여 일체가 되어 서로가 다른 사람의 행위를 이용하여 각자 자기의 의사를 실행에 옮기는 것을 내용으로 하는 모의를 하여 그에 따라 범죄를 실행한 사실이 인정되어야 하고, 이와 같이 공모에 참여한 사실이 인정되는 이상 직접 실행행위에 관여하지 않았더라도 다른 사람의 행위를 자기의사의 수단으로 하여 범죄를 하였다는 점에서 자기가 직접 실행행위를 분담한 경우와 형사책임의 성립에 차이를 둘 이유가 없다」고 판시하였다.[3] 위의 판결은 피고인이 구체적으로 피해자에 대한 사기의 범행에까지 공모한 사실은 인정되지 않는다는 이유로 무죄를 선고한 원

---

1) 대법원 2006. 2. 23. 2005도8645.
대법원 2003. 1. 24. 2002도6103; 대법원 2004. 8. 30. 2004도3212 판결도 같은 취지이다.
2) 대법원 1983. 3. 8. 82도3248; 대법원 1988. 9. 13. 88도1114; 대법원 1998. 11. 24. 98도 2654; 대법원 2000. 3. 14. 99도4923; 대법원 2000. 7. 7. 2000도1899.
3) 대법원 1988. 4. 12. 87도2368.

심판결에 대한 검사의 상고를 기각한 사건이므로, 간접정범유사설의 입장이라고 볼 수 있다. 그러나 대법원은 「공모공동정범에 있어서의 공모는, 두 사람 이상이 공동의 의사로 특정한 범죄행위를 하기 위하여 일체가 되어 서로가 다른 사람의 행위를 이용하여 각자 자기의 의사를 실행에 옮기는 것을 내용으로 하여야 한다」고 판시하여 간접정범에 유사한 이용관계를 요구하는 표현을 하면서도, 「그 공모의 판시는 모의의 구체적인 일시, 장소, 내용 등을 상세하게 판시하여야만 할 필요는 없고 의사합치가 성립된 것이 밝혀지는 정도면 된다」고 판시하여 마치 의사의 합치만 있으면 공모공동정범이 성립하는 듯한 태도를 취하고 있다.[1] 관련판결 (2)도 같은 입장의 판결이다.

(3) 기능적 행위지배설에 입각한 판결

대법원은 2007년 이후 기능적 행위지배설에 입각하여 공모공동정범을 인정하는 판결을 계속하고 있다. 즉 대법원은 건설노동조합의 조합원들이 행한 건조물 침입, 업무방해, 손괴, 폭행, 상해 등 범죄행위에 대하여, 위 조합의 상급단체 간부인 피고인이 노조집행부 약 7-8명과 함께 건물 9층에 머물면서 회의를 통해 투쟁 방식을 상의하고 함께 각 층을 순회하며 조합원들을 격려하는 등 집행부와 행동을 같이하면서 상급단체의 상황을 조합장에게 알려주고 교섭창구를 통해 교섭을 추진하는 역할을 담당해 온 사건에서 「형법 제30조의 공동정범은 공동가공의 의사와 그 공동의사에 기한 기능적 행위지배를 통한 범죄 실행이라는 주관적·객관적 요건을 충족함으로써 성립하는바, 공모자 중 구성요건 행위 일부를 직접 분담하여 실행하지 않은 자라도 경우에 따라 이른바 공모공동정범으로서의 죄책을 질 수도 있는 것이기는 하나, 이를 위해서는 전체 범죄에 있어서 그가 차지하는 지위·역할이나 범죄 경과에 대한 지배 내지 장악력 등을 종합해 볼 때, 단순한 공모자에 그치는 것이 아니라 범죄에 대한 본질적 기여를 통한 기능적 행위지배가 존재하는 것으로 인정되는 경우여야 한다」고 판시하였다.[2] 대법원은 그 후에도 같은 입장에서 ① 몽둥이 등을 든 일부 조합원들이 집회 장소를 지키고 있던 용역경비원들을 폭행하거나 상해를 가한 경우 사건현장에서 노조원들을 지휘한 노동조합 간부에 대하여는

1) 대법원 1994. 10. 11. 94도1832.
2) 대법원 2007. 4. 26. 2007도235.

공모공동정범을 인정하면서도[1] ② 전국노점상총연합회가 주관한 도로행진시위에 단순가담자로 참가한 피고인이 다른 시위자들과 함께 경찰관에게 특수공무집행방해 행위를 하던 중 체포된 경우, 체포된 이후에 이루어진 다른 시위참가자들의 범행에 대하여는 공모공동정범이 성립하지 않는다고 판시하였다.[2] 대상판결도 기능적 행위지배설에 입각하여 공모공동정범을 긍정한 판결임이 명백하다.

Ⅲ. 외국에서의 논의

통설의 태도와는 달리 판례가 각기 다른 이론적 근거에 입각하면서도 일관하여 공모공동정범을 긍정하고 있는 것이 타당한가, 또 어떤 견해가 타당한가를 살펴보기 위해서는 이에 대한 외국, 특히 일본과 독일에서의 논의를 일별할 필요가 있다.

1. 일본에서의 공모공동정범이론

공모공동정범은 일본의 판례에 의하여 형성되고 확립된 판례이론 내지 판례법이다. 판례가 공모공동정범을 인정하는 이론적 근거가 기본적으로는 공동의사주체설에 입각하고 있었고,[3] 1958년의 연마사건 판결을 통하여 간접정범유사설을 근거로 삼은 판결이 나온 것은 우리 판례의 사정과 유사하다. 이 확고한 판례이론도 종래 학계의 강력한 비판을 받아 왔으나, 일본에서는 최근에 오히려 학설의 대세가 공모공동정범을 긍정하는 방향으로 반전되었으며, 긍정설이 통설이 되고 있음은 흥미 있는 일이다.[4] 일본의 학설이 긍정설로 선회하

1) 대법원 2009. 8. 20. 2008도11138.

2) 대법원 2009. 6. 23. 2009도2994.

3) 일본에서의 공동의사주체설의 내용도 반드시 일치하는 것은 아니다. 공동의사주체설은 草野에 의하여 제창된 이론이지만 그것이 개인책임의 원리와 일치할 수 있는가의 문제에 직면하여, 齊藤金作, 下村康正과 같이 공범성립의 연대성과 처벌의 개별화를 구별하여 단체책임사상을 완화하려는 주장이 있는가 하면, 西原春夫는 공범현상은 개인책임원리로 설명할 수 없는 것이므로 단체책임원리적 수정이 불가피하다고 이해한다. 岡野光雄 「共同意思主體說と共謀共同正犯論」, 刑法雜誌 31-3, 283面 이하 참조.

4) 岡野光雄 前揭論文, 284面; 村井敏邦 「共謀共同正犯」, 刑法雜誌 31-3, 328面; 平良木登規男 「共謀共同正犯について」, 刑事法學の總合的檢討, 459面.

게 된 배경에는 일본의 최고법원이 소위 연마사건의 판결에서 간접정범유사설을 채택함으로써 공모공동정범의 성립요건을 엄격히 제한하였을 뿐만 아니라, 1982. 7. 16.의 최고재판소 결정에서 공모공동정범이론의 강력한 반대론자였던 團藤重光의 긍정설로의 개설이 중요한 영향을 미쳤다고 한다.[1] 그러나 일본에서의 공모공동정범 긍정설은 대체적으로 개인책임의 원칙을 유지하면서 공동정범의 정범성을 직시하고 실행행위의 개념을 규범화·실질화함에 의하여 공모자에게 일정한 범위에서 실행행위를 인정할 수 있다는 방향으로 전개되고 있다고 할 수 있다. 이 방향에서 전개되는 이론으로 행위지배설과 실질적 공동정범설을 들 수 있다.

(1) 행위지배설

정범요소를 행위지배로 보는 입장에서 행위지배 또는 기능적 행위지배가 인정되는 때에는 공동정범이 될 수 있다고 해석하는 견해이다. 平場安治의 행위지배설, 大塚仁의 우월지배 공동정범설이 여기에 해당하며, 團藤의 견해도 이 입장이라고 할 수 있다. 平場은 「단독정범에 있어서 자수적 실행이 필요없고 구성요건적 행위에 대한 목적적 지배가 있으면 족한 것처럼 공동정범에 있어서도 실행행위에 대한 공동정범 각자의 공통포괄적인 행위지배가 있으면 족하다고 하여 극단적으로는 자신으로서는 아무런 손을 쓰지 않아도 타인의 행위를 지배하여 자기의 범죄를 행하면 공동정범이 된다」고 하였다.[2] 團藤도 공모공동정범의 논거에 대하여는 행위지배이론의 응용을 생각할 수 있다고 하면서,[3] 1982. 7. 16.의 최고재판소 결정에서 「정범이란 기본적 구성요건해당사실을 실현하는 자이다. 이는 단독정범이나 공동정범에 모두 타당하다. 단독정범의 경우에는 실행행위 그 자체를 행하면 이 요건을 충족하지만 공동정범에 있어서는 그것을 하지 않아도 기본적 구성요건해당사실을 실현한 자라고 볼 수 있는 경우가 있다. 즉 본인이 공동자에게 실행행위를 하게 함에 있어서 자신의 생각대로 행동하게 하여 본인 자신이 그 범죄실현의 주체가 되었다고 할 수 있는 경우에는 이용된 공동자가 실행행위자로서 정범이 되는 것은

---

1) 村井敏邦 前掲論文, 328面.
2) 平場安治 刑法總論講義, 155面.
3) 團藤重光 刑法講要總論(3版), 354面.

물론이지만 실행행위를 하게 한 본인도 기본적 구성요건해당사실의 공동실현자로서 공동정범이 된다고 하지 않을 수 없다」고 한 바 있다. 한편 大塚은 우월지배 공동정범이라는 개념을 인정하여「일정한 사회적 관계에 있어서 압도적인 우월적 지위에 서서 수명자의 자유를 빼앗고 도구로 할 정도에는 이르지 않지만 그것에 준한 심리적 구속을 줄 수 있는 상황에 있는 경우에는 공모자도 규범적 관점에서 공동실행의 사실을 구비하였다고 평가할 수 있다」고 하였다.[1)]

일본에서의 행위지배설은 정범요소인 행위지배(Tatherrschaft)를 기초로 한 것이면서도 '타인의 행위를 지배하여 자기의 범죄를 행하거나', '자신의 생각대로 행동하게 하여 범죄실현의 주체가 되었다'거나 '도구로 할 정도에 준하는 심리적 구속을 줄 정도'에 이르면 공동정범이 성립한다는 이론인 점에서 실질적으로는 간접정범유사설과 유사한 점을 보이고 있다. 행위지배설에 대하여는 행위지배라는 개념도 다의적이며 편리한 용어이지만 내용 없는 개념에 불과하고,[2)] 이에 의할 때에는 지배형의 공모공동정범은 공동정범이 될 수 있지만 분담형의 공모공동정범은 인정하기 어렵다는 비판이 제기되고 있다.[3)]

(2) 실질적 공동정범설

공모공동정범에 있어서도 역할분담의 중요성을 기초로 공동정범을 인정할 수 있다는 견해이다. 平野龍一과 西田典之의 학설이 여기에 속한다. 平野는「형법의 공동하여 실행한다는 것은 실행을 담당하는 것이 1인인 경우에도 그 실행행위가 一心同體와 같이 강하게 결합된 사람들 간의 공동에 의한 경우도 포함한다. 공모공동정범은 단지 의사를 소통하는 것만이 아니라 실행행위가 공동의 의사에 기한 것이라고 할 수 있을 정도로 의사방향을 가진 자에 제한되며, 이 의사방향은 단순한 주관적인 것이 아니라 범죄의 수행에 객관적으로 중요한 영향력을 가진 것이 아니면 안 된다」고 하여,[4)] 공모자의 강한 심리적 인과성을 근거로 공동정범을 인정할 수 있다고 하였다.[5)] 西田도 공범의 처벌근거를 범죄

1) 大塚仁 犯罪論の基本問題, 340面.
2) 村井敏邦 前揭論文, 344面.
3) 西田典之「共謀共同正犯論」, 刑法雜誌 31-3, 308面; 平良木登規男 前揭論文, 468面.
4) 平野龍一 總論, 403~404面.
5) 前田雅英 刑法總論講義, 418面; 大谷實 總論, 436面도 이 입장을 취하고 있다.

결과의 물리적·심리적 인과성에 구하여 「공동정범은 공범의 일종이므로 단독정범과 동일한 정범원리는 타당하지 않다. 범죄의 실현에 있어서 실행의 분담에 필적하거나 또는 이에 준하는 정도의 중요한 역할을 했다고 인정되는 경우에도 공동정범을 긍정할 수 있다」고 했다.[1]

실질적 공동정범설에 의하는 경우에 지배형의 공모공동정범뿐만 아니라 분담형의 공모공동정범도 근거를 설명할 수 있는 장점이 있는 것은 사실이다. 그러나 역할분담의 중요성이 공동정범을 포함한 정범과 공범을 구별할 명백한 기준이 되지 못한다는 점 이외에도 공모공동정범을 포함한 공동정범과 직접정범 및 간접정범의 공통된 정범원리를 포기하고 공모공동정범의 근거를 설명하는 것은 타당하지 않다는 비판을 받고 있다.[2]

2. 독일에서의 정범의 범위 확대에 관한 논의

독일형법의 해석에 있어서 어떤 의미에서도 행위를 공동으로 하지 않은 자를 공동정범으로 인정할 수 없다는 점에는 이견이 없으며, 따라서 공모공동정범이라는 개념은 있을 수 없다. 다만 독일에 있어서도 범죄실행에 있어서 주도적 역할을 수행하여 마땅히 정범으로 처벌해야 할 자를 교사범 또는 종범으로 처벌하는 것은 부당하다는 전제에서 공동정범의 성립범위를 확대하거나 간접정범을 인정하여 이를 해결하려는 경향이 발견된다.

(1) 공동정범의 성립범위 확대

독일에서의 공동정범의 확대에 관한 논의의 출발점은 공동정범의 객관적 요건이 실행행위의 공동이어야 하는가 또는 단순한 예비행위의 공동으로 족한가에서 시작된다. 물론 공동정범의 객관적 요건인 공동가공의 사실 또는 객관적 행위기여는 실행행위의 공동을 의미한다고 해석하는 견해도 있다.[3] 구성요건을 실현하는 것이 정범이므로 구성요건실현 즉 실행행위에 있어서의 공동지배만 공동정범이 될 수 있으며, 예비단계에서 공동한 자는 사건에 대하여 영향

---

1) 西田典之 前揭論文, 309面.
2) 平良木登規男 前揭論文, 470面.
3) Roxin LK §25 Rn. 181; Samson SK §25 Rn. 122; Herzberg *Täterschaft und Teilnahme*, S. 66; Rudolphi 「Zur Tatbestandsbezogenheit des Tatherrschaftsbegriffs bei der Mittäterschaft」, Bockelmann-FS S. 369; Bloy GA 1996, 424.

을 미칠 수는 있어도 지배할 수는 없기 때문이라고 한다.[1] 이에 의하면 실행행위를 계획하고 조직하였지만 행위실행을 공동하지 아니한 범죄집단의 수괴(Bandenchef)는 공동정범이 될 수 없고 공범으로 처벌할 수 있을 뿐이다. 그러나 통설과 판례는 단순한 예비행위나 방조행위를 공동으로 하거나 정신적 공동으로도 공동정범이 성립한다고 해석하여 공동정범의 성립범위를 확대하고 있다.[2] 행위지배설에 의하는 경우에도 공동의 행위를 실행행위의 공동에 제한해야 할 이유는 없으며, 중요한 것은 공동의 의사의 범위에서 행위기여가 행위과정에 계속 작용하였는가에 있는 것이지 실행행위를 공동으로 했는가는 아니라고 한다. 평가적 관점에 의할 때에는 예비단계에서의 계획과 조직 등의 준비행위는 실행단계의 행위가담과 같은 의미를 가지며,[3] 따라서 행위계획의 수립과 행위과정의 조직을 통하여 공모자가 실행행위 이전에 활동한 경우에도 행위지배가 인정된다고 한다.[4] 이 입장에 의할 때에는 범죄집단의 수괴의 경우에도 공동정범이 인정될 수 있으며, 따라서 공모공동정범의 일부를 인정하는 것과 유사한 결과가 된다.

(2) 간접정범의 확대

독일 형법학에 있어서 간접정범을 인정함에 의하여 정범의 범위를 확대한 예는 조직적 권력구조에 의한 의사지배의 경우이다. Roxin은 국가적·기업적 또는 회사유사의 조직구조 및 명령체계에서의 조직지배(Organisationsherrschaft)를 간접정범의 독자적 발생형태로 인정하였으며,[5] 독일 연방법원도 동독 국방위원회 위원에 대하여 국경경비원이 도망자를 살해한 데 대하여 살인죄의 간접정범을 인정하였고,[6] 이 판결에서 연방법원은 국가권력의 경우뿐만 아니라 마피아 유사의 범죄조직이나 기업활동의 경우에도 이러한 형태의 의사지배가 인정된다고 판시하였다. 권력기구에 의한 범죄실행의 경우에 직접 범죄를 실

---

1) Roxin LK § 25 Rn. 181.
2) Haft S. 200; Jakobs § 21 Rn. 47, 52; Jescheck/Weigend S. 680; Kühl § 20 Rn. 111; S/S/Cramer § 25 Rn. 66; Wessels Rn. 529; Cramer 「Gedanken zur Abgrenzung von Täterschaft und Teilnahme」, Bockelmann-FS S. 400.
3) Kühl § 20 Rn. 111.
4) Jescheck/Weigend S. 680.
5) Roxin *Täterschaft und Tatherrschaft*, S. 242ff; JZ 1995, 50.
6) BGHSt. 40, 218.

행한 자가 완전한 책임능력자임에도 불구하고 간접정범을 인정하는 것이 독일의 다수설이다.[1] Roxin에 의하면 구성요건을 실현하는 자는 권력구조의 운영에 있어서 교환할 수 있는 바퀴에 지나지 않으며 명령자는 실행자가 누구인지 모르는 상태이고,[2] 이 경우의 도구는 Herzberg에 의하면 개인이 아니라 도구이기 때문이라고 한다.[3] 즉 직접 실행하는 자의 교환가능성으로 인하여 이러한 조직에 있어서는 명령자에게 행위과정에 대한 지배가 인정된다는 것이다.

다만, 독일형법과 달리 간접정범을 '어느 행위로 인하여 처벌되지 않는 자 또는 과실범으로 처벌되는 자를 이용한' 경우에만 성립하도록 규정하고 있는 형법의 해석에 있어서 정범으로 처벌되는 자를 이용한 간접정범을 인정할 수 있는가는 의문일 뿐만 아니라, 집단의 수괴에 대하여 간접정범을 인정할 수 있는 것은 국가의 권력구조를 이용하거나 마피아 유사의 범죄단체를 이용한 경우에 가능한 것이므로 공모공동정범으로 처벌할 수 있는 경우에 조직지배에 의한 간접정범을 적용할 수 있는 문제는 아니라는 점을 주의할 필요가 있다.

Ⅳ. 공모공동정범의 필요성과 근거

1. 공모공동정범의 필요성

판례가 공모공동정범을 인정하는 것은 다수인이 가담하여 범죄를 범하는 경우에 실행행위를 담당하는 자를 정신적·물질적으로 조종하여 지배하는 배후거물(지배형 공모공동정범)과 대등한 입장에서 서로 영향을 미쳐 공동실행의 의사를 형성하고 그 공동의사에 따라 일부가 실행행위를 담당하는 경우(분담형 공모공동정범)를 교사 또는 종범으로 처벌해야 하는 처벌의 불합리를 피하는 데 그 근거가 있다. 공모공동정범을 부정하는 입장에서 형법이 교사범을 정범과 같은 형으로 처벌하고, 합동범에 관한 규정이나 형법 제34조의 특수교사·방조에 관한 규정이 있는 이상 공모공동정범을 인정할 필요는 없다는 주장도 있

1) Kühl §20 Rn. 73; Maurach/Gössel §48 Rn. 88; Roxin LK §25 Rn. 28; S/S/Cramer §25 Rn. 25; Stratenwerth Rn. 790; Tröndle/Fischer §25 Rn. 3; Wessels Rn. 541; Herzberg *Täterschaft und Teilnahme*, S. 421; Ambos「Tatherrschaft durch Willensherrschaft」, GA 1998, 234.

2) Roxin LK §25 Rn. 126.

3) Herzberg *Täterschaft und Teilnahme*, S. 42.

다.[1] 그러나 공동정범의 성립범위를 확대해야 한다는 것은 정당한 귀속이론의 요청이다. 특히 ① 처벌을 같이한다는 이유로 정범이 되어야 할 자를 공범으로 처벌하는 것이 정당하다고 할 수는 없고, 특히 방조에 의하여 처벌할 수밖에 없는 분담형 공모공동정범의 경우에는 처벌의 불균형이 현실화되지 않을 수 없으며, ② 합동범과 특수교사·방조는 공모 이외에 특수한 요건을 필요로 한다는 점에서 배후거물이나 분담형 공모공동정범을 정범으로 처벌해야 할 필요성을 부정할 수는 없다고 해야 한다.

2. 공모공동정범의 이론적 근거

공모공동정범도 공동정범이므로 공모공동정범이 되기 위해서는 정범요소로서의 행위지배, 특히 분업에 의한 역할분담이라고 할 수 있는 기능적 행위지배가 인정되어야 한다는 기능적 행위지배설에서 그 근거를 찾지 않을 수 없다. 공동정범에 있어서 기능적 행위지배는 일반적으로 객관적 요건인 공동가공의 사실을 통하여 인정되며, 이는 실행행위를 공동으로 했느냐가 아니라 각자가 전체계획의 범위 안에서 공동하여 결과를 실현하는 데 불가결한 행위를 했는가가 문제된다. 그런데 공모공동정범에 있어서 공모자는 실행행위를 분담하지 않았으므로 공모에 의하여 기능적 행위지배가 인정되지 않으면 안 된다. 따라서 모의 자체가 실행에 준하는 중요한 역할이라고 인정되는 경우에 한하여 공모공동정범이 성립된다고 해야 한다. 이 경우에 역할의 중요성은 행위기여에 대한 객관적 기준뿐만 아니라 공모자의 주관도 고려하여 종합적으로 판단해야 하는 것은 물론이다.

V. 대상판결의 검토

공모공동정범은 범죄집단의 수괴를 비롯한 배후거물뿐만 아니라 범죄계획의 실행에 있어서 실행행위를 분담하지 않고도 사실상 중요한 역할을 수행하는 자를 정범으로 처벌하기 위하여 판례에 의하여 만들어진 개념이다. 공모공동정범에 대한 논의는 공모공동정범을 공동정범의 본질과 부합하게 해석하고

1) 박상기 393면; 정성근 앞의 글, 116면.

공모의 본질을 규명하여 그 규범적 실체를 밝히는 데 중점을 두어야 할 것이다. 공모공동정범은 공모에 의하여 공동정범의 주관적 요건과 객관적 요건이 동시에 충족되는 경우이며, 이에 의하여 공동정범의 정범성이 인정되는 경우이다. 공동정범의 본질이 기능적 행위지배에 있다고 이해하는 행위지배설에 의할 때에는 공모는 행위지배로서의 실체를 갖추어야 하는 것이 당연하다. 이러한 의미에서 공모공동정범의 근거를 행위지배에서 찾는 기능적 행위지배설이 타당하다고 하지 않을 수 없다. 공모공동정범에 있어서는 공모공동정범의 형태에 따라 공모에 의하여 실행자의 행위와 같은 정도의 중요한 역할을 수행한 대등관계나 실행자가 처음부터 대행자로서 실행행위를 인수하여 그것에 기하여 범죄를 실행한 지배관계가 형성될 것을 요한다.[1] 따라서 단순히 모의에 참가한 것에 지나지 않는 경우는 물론, ① 실행자와 공모자 사이에 범죄실행계획에 대하여 충분한 협의를 하지 않고 실행자 혼자서 실행방법을 결정한 경우, ② 범죄수행에 대한 공모자의 관여방법이 소극적이며 단순히 실행자의 지시에 따라 행동한 것에 지나지 않는 경우, ③ 일단 모의에 참여했지만 그 후 단순한 기계적 방조행위를 분담함에 지나지 않은 경우에는 공모공동정범을 인정함에 필요한 공모가 있었다고 할 수 없다.

대상판결이 기능적 행위지배설의 입장에서 공모공동정범이 성립하기 위해서는 공모자에게 본질적 기여를 통한 기능적 행위지배가 존재할 것을 요구한 것은 타당하다고 생각된다. 피고인이 건설회사의 대표의 지위에서 장기간에 걸쳐 건설공사 현장소장들의 뇌물공여행위를 보고받고 이를 확인·결재하는 등의 방법으로 위 행위에 관여한 경우는 소위 지배형 공모공동정범에 속하는 경우이다. 대법원이 관련판결 (1)이 취한 공동의사주체설이나 관련판결 (2)의 간접정범유사설의 입장을 버리고, 기능적 행위지배를 기준으로 공모공동정범의 성립을 판단한 것은 옳다고 하지 않을 수 없다.

1) 大谷實 刑法講義 總論, 437面.

22. 합동범의 공동정범

[대상판결]

대법원 1998. 5. 21. 98도321 전원합의체판결

1. 사실의 개요

피고인 甲은 속칭 삐끼주점 지배인으로 술집 손님인 피해자를 때려 신용카드를 강취하고 신용카드의 비밀번호를 알아낸 후 원심 공동피고인인 乙, 丙, 丁과 신용카드를 이용하여 현금자동지급기에서 돈을 인출하여 인출한 현금을 분배할 것을 공모하였다. 그에 따라 피고인 甲은 주점 내에서 피해자를 계속 붙잡아 두면서 감시하는 동안 乙, 丙, 丁은 피해자의 신용카드를 이용하여 1997. 4. 18. 04:00경 서울의 한 편의점 소재 현금자동지급기에서 합동하여 현금 473만원을 인출하였다.

제 1 심 및 원심은 피고인의 위 행위를 특수절도죄로 의율하였고, 이에 대하여 피고인이 상고하였다.

2. 판결요지

(1) 형법 제331조 제 2 항 후단의 '2인 이상이 합동하여 타인의 재물을 절취한 자'(이하 '합동절도'라고 한다)에 관한 규정은 2인 이상의 범인이 범행현장에서 합동하여 절도의 범행을 하는 경우는 범인이 단독으로 절도 범행을 하는 경우에 비하여 그 범행이 조직적이고 집단적이며 대규모적으로 행하여져 그로 인한 피해도 더욱 커지기 쉬운 반면 그 단속이나 검거는 어려워지고, 범인들의 악성도 더욱 강하다고 보아야 할 것이기 때문에 그와 같은 행위를 통상의 단독 절도범행에 비하여 특히 무겁게 처벌하기 위한 것이다. 따라서 합동절도가 성립하기 위하여는 주관적 요건으로 2인 이상의 범인의 공모가 있어야 하고, 객관적 요건으로 2인 이상의 범인이 현장에서 절도의 실행행위를 분담하여야 하며, 그 실행 행위는 시간적 · 장소적으로 협동관계가 있음을 요한다.

(2) 3인 이상의 범인이 합동절도의 범행을 공모한 후 적어도 2인 이상의 범인이 범행 현장에서 시간적 · 장소적으로 협동관계를 이루어 절도의 실행행위를 분담하여 절도 범행을 한 경우에는 공동정범의 일반 이론에 비추어 그 공모에는 참여하였으나 현장에서 절도의 실행행위를 직접 분담하지 아니한 다른 범인에 대하여도 그가 현장에서 절도 범행을 실행한 위 2인 이상의 범인의 행위를 자기 의사의 수단으로 하여 합동절도의 범행을 하였다고 평가할 수 있는 정범성의 표지를 갖추고 있다고 보여지는 한 그 다른 범인에 대하여 합동절도의 공동정범의 성립을 부정할 이유가 없다고 할 것이다. 형법 제331조 제 2 항 후단의 규정이 위와 같이 3인 이상이 공모하고 적어도 2인 이상이 합동절도의 범행을 실행한 경우에 대하여 공동정범의 성립을 부정하는 취지라고 해석할 이유가 없을 뿐만 아니라, 만일 공동정범의 성립가능성을 제한한다면 직접 실행행위에 참여하지 아니하면서 배후에서 합동절도의 범행을 조종하는 수괴는 그 행위의 기여도가 강력함에도 불구하고 공동정범으로 처벌받지 아니하는 불합리한 현상이 나타날 수 있다. 그러므로 합동절도에서도 공동정범과 교사범 · 종범의 구별기준은 일반원칙에 따라야 하고, 그 결과 범행현장에 존재하지 아니한 범인도 공동정범이 될 수 있으며, 반대로 상황에 따라서는 장소적으로 협동한 범인도 방조만 한 경우에는 종범으로 처벌될 수도 있다.

[판례의 연구]

Ⅰ. 문제의 제기

합동범(合同犯)이란 '2인 이상이 합동하여' 죄를 범하는 경우에 성립하는 범죄를 말한다. 형법상의 특수절도죄(제331조 제 2 항), 특수강도죄(제334조 제 2 항) 및 특수도주죄(제146조)와 특별법상으로는 성폭력범죄의 처벌 등에 관한 특례법의 특수강간 등의 죄(제 6 조)가 여기에 해당한다. 여기서 '합동하여'의 의미는 시간적 · 장소적 협동을 의미한다고 해석되고 있었다. 대상판결은 현장에서 협동하지 아니한 공모자가 합동범인 특수절도죄의 공동정범이 될 수 없다는 종래의 판례의 태도를 변경하고, 시간적 · 장소적으로 협동하지 아니한 자도 합동범의 공동정범, 특히 공모공동정범이 성립할 수 있다는 취지를 명백히 한 대법원 전원합의체판결이다. 대상판결이 전원합의체판결을 통하여 합동범에 관한 종래의 판례를 변경한 것은 독일형법에서의 합동절도에 대한 판례의 변경과 비교할 수 있다. 독일연방법원은 1999. 12. 22. 제3형사부 결정을 통하여 「절도죄가 2인 이상의 다른 집단구성원이 시간적·장소적 협동에 의하여 범하여진 때에는 현장에서 절도의 실행에 직접 가담하지 않은 자도 독일형법 제244조의 집단절도죄(Bandendiebstahl)의 정범이 될 수 있다」고 판시하였으며,[1] 나아가 2001. 3. 22. 대형사부판결은 「집단절도죄의 구성요건은 2인 이상의 집단구성원이 시간적·장소적으로 협동할 것을 요하지 아니하고, 1인의 집단구성원이 정범으로 또 다른 집단구성원은 어떤 방법으로든 절도에 협동하면 족하다. 절취행위 자체는 1인의 집단구성원 아닌 자에 의하여 실행될 수도 있다」고 판시함으로써[2] 현장설을 정면으로 포기하기에 이르렀다. 형법의 합동범이 독일형법의 집단절도에서 유래하는 것으로 이해되어 왔음에도 불구하고 독일연방법원 대형사부가 집단절도죄에 관하여 현장설을 포기하였고, 대법원 전원합의체판결이 현장에서 공동하지 않은 자에 대하여 합동범의 공동정범을 긍정하고 있는 상황에 직면하여, 합동범에 있어서 합동의 의미와 현장에서 공동하지 않은 자도 합동범의 공동정범이 될 수 있는가를 재검토해야 할 필요성은 절실하다고 생각된다. 여기서 독일연방법원 대형사부가 현장설을 포기한 배경과 그 후의 독일학자들의 견해는 물론, 그것이 우리 형법의 해석에 미칠 영향 등을 분석해 볼 필요가 있다.

대상판결의 사안에서 甲이 피해자의 신용카드를 강취한 행위가 강도죄를 구성하는 점은 의문이 없다. 그러나 乙, 丙 및 丁이 현금자동지급기에서 현금을 인출하는 행위가 특수절도죄를 구성하는가에 관하여도 문제가 없는 것은 아니다. 먼저 신용카드를 사용하여 현급자동지급기에서 현금을 인출하는 행위가 사기죄 또는 편의시설부정이용죄가 성립할 여지는 없는 것은 명백하다. 이 경우에 사람에 대한 기망행위와 피기망자의 착오나 처분행위도 없고, 현금자동지급기는 유료자동설비라고 할 수 없기 때문이다. 문제는 컴퓨터사용 사기죄나 절도죄가 성립하는가에 있다. 컴퓨터사용 사기죄는 컴퓨터에 허위의 정

1) BGH Beschl. v. 22. 12. 1999, NStZ 2000, 255; StV 2000, 310.
2) BGH GSSt Beschl. v. 22. 3. 2001, NStZ 2001, 421; BGHSt. 46, 321.

보 또는 부정한 명령을 입력하는 경우뿐만 아니라 권한 없이 정보를 입력·변경하여 정보처리를 하게 함으로써 재산상의 이익을 취득할 때에 성립한다. 판례는 컴퓨터사용 사기죄가 재산상의 이익만을 객체로 한다는 점에서 현금을 인출한 때에는 성립하지 않는다고 해석하고 있다.[1] 그러나 재물은 재산상의 이익의 특수한 경우라고 할 것이므로 이 경우에도 컴퓨터사용 사기죄의 성립을 긍정하는 것이 타당하다고 생각한다. 절도죄가 성립하는가에 대하여는 부정설과 긍정설이 대립되고 있다. 부정설은 현급자동지급기를 설치한 피해자는 신용카드와 비밀번호를 입력하면 현금을 지급하겠다는 의사이므로 乙 등이 신용카드와 비밀번호를 입력한 이상 자동판매기에 동전을 넣고 물건을 가져간 경우와 같이 피해자의 동의가 있고 그 동의는 구성요건해당성을 조각하는 양해에 해당한다고 해석한다.[2] 이에 반하여 긍정설은 현금자동설치기를 설치한 은행의 의사는 비밀번호를 알아낸 카드 절취자에게 현금을 지급하겠다는 것이 아니라 정당한 권리자에게 지급하겠다는 것으로 보아야 하므로 이 경우에도 절도죄가 성립한다고 한다.[3] 생각건대 ① 현금지급을 위하여 비밀번호를 요구하는 것은 정당한 권리자인가를 확인하기 위한 것에 불과하다고 보아야 하며, ② 자동판매기에 동전을 넣고 물건을 가져간 경우와는 달리 현금자동인출기에서 현금을 인출한 때에는 아직 대가의 정산이 끝난 것이 아니라는 점에서 볼 때 긍정설이 타당하다고 생각한다.[4] 대법원도 타인명의의 신용카드를 부정사용하여 현금자동지급기에서 현금을 인출하고 그 현금을 취득한 행위는 현금자동지급기의 관리자의 의사에 반하여 그의 지배를 배제하고 그 현금을 자기의 지배하에 옮겨 놓는 것이 되므로 절도죄를 구성한다고 판시하였다.[5] 결국 피고인과 乙, 丙 및 丁이 컴퓨터사용 사기죄와 절도죄의 죄책을 져야 하는 것이 명백하다. 乙, 丙 및 丁은 현장에서 협동하여 절취하였으므로 특수절도죄의 죄

---

1) 대법원 2003. 5. 13. 2003도1178.

2) 하태훈「현금자동인출기 부정사용에 대한 형법적 평가」, 형사판례연구 4, 330면; 김영환「현금자동지급기의 부정사용에 대한 형법적인 문제점」, 형사판례연구 6, 249면 이하.

3) 장영민/조영관 컴퓨터 범죄에 관한 연구 133면; 강동범「절취한 현금카드의 부정사용행위에 대한 형사책임」(고시계 1996. 9), 76면; 이재상 형법연습 330면.

4) 절취한 타인명의의 신용카드를 이용하여 현금자동지급기에서 현금을 인출한 때에는 절도죄 이외에 여신전문금융업법상의 신용카드 부정사용죄에 해당하며 양죄는 경합범의 관계에 있다.

5) 대법원 1995. 7. 28. 95도997.

책을 진다는 것도 어려움이 없다. 문제는 피고인에게도 합동범인 특수절도죄가 성립하는가에 있다.

Ⅱ. 합동범의 본질

합동범의 본질, 즉 합동범에 있어서 '합동하여'의 의미에 관하여는 학설이 대립되고 있다. 공모공동정범설, 가중적 공동정범설, 현장설 및 현장적 공동정범설이 그것이다.

1. 학설의 대립

종래 합동범은 집단범을 가중처벌하는 데 목적이 있으므로 공동의사주체설을 공동정범에는 인정할 수 없지만 합동범에는 적용될 수 있다고 하여, 합동범에 한하여 공모공동정범을 인정할 수 있다는 공모공동정범설이 주장된 바 있다. 형법은 집단범죄에 대한 형사정책적 요청에 따라 집단의 수괴나 배후인물과 같은 무형적 공동정범과 공모공동정범을 처벌하기 위하여 합동범의 규정을 둔 것이며, 따라서 합동범에는 공동정범과 공모공동정범이 포함된다는 것이다.[1] 그러나 이 견해는 합동과 공모가 구별되는 이상 합동범의 규정에 의하여 공모공동정범을 인정할 근거규정을 마련했다고 해석할 수 없다는 비판을 받지 않을 수 없었다. 현재 이 견해를 따르는 학자는 없다. 따라서 이 글에서는 가중적 공동정범설과 현장설 및 현장적 공동정범설을 검토의 대상으로 삼기로 한다.

(1) 가중적 공동정범설

공동정범과 공모공동정범 및 합동범은 그 본질이 같은 것이므로 합동범은 그 본질에 있어서는 공동정범이지만 집단범죄에 대한 대책상 특별히 그 형을 가중한 것이라고 해석하는 견해이다. 이에 의하면 현장에서 공동한 경우뿐만 아니라, 비록 현장에서 공동하지는 않았을지라도 그 공동실행의 사실이 공동정범이 될 정도에 이르면 이를 합동범이라 하여 그 형을 가중하는 것이므로 합동범은 가중적 공동정범에 불과하게 된다.[2] 따라서 합동범은 가중적 공동정범

1) 김종수 형법연습(1963) 139면.
2) 김종원 형법총론(공저) 194면; 황산덕 형법각론(1983) 284면.

에 관한 규정인 폭력행위 등 처벌에 관한 법률 제2조 2항의 '2인 이상이 공동하여'와 같은 의미를 갖게 된다.

가중적 공동정범설에 대하여도 첫째, 공동정범과 합동범은 그 가중의 정도에 있어서도 크게 차이가 있으므로 합동과 공동은 구별하지 않으면 안 된다는 비판이 제기된다. 즉 형법은 공동정범을 정범과 같은 형으로 처벌하고 폭력행위 등 처벌에 관한 법률 제2조도 각 본조에 정한 형의 2분의 1을 가중하고 있음에 반하여, 합동범에 있어서는 특수절도를 6년 이하의 징역에서 1년 이상 10년 이하의 징역으로(제331조), 특수강도는 3년 이상의 징역을 5년 이상의 징역으로(제334조), 특수도주죄는 1년 이하의 징역을 7년 이하의 징역으로(제146조) 대폭 가중한다. 둘째, 합동범을 가중적 공동정범으로 이해할 때에는 합동범에 대한 가중의 근거를 설명하기 어렵게 된다. 독일형법은 집단절도죄를 「강도 또는 절도의 연속된 범행을 위하여 결합한 집단의 구성원으로서 다른 집단구성원과 협동하여 절취한 자(제244조 1항 2호)」라고 규정하고 있기 때문에, 연방법원 대형사부와 같이 합동범의 요건으로 시간적·장소적 협동을 포기하더라도 다수인에 의한 범죄를 목적으로 하는 집단의 구성은 조직범죄와의 관계에서 범행의 개연성을 증가한다는 조직위험(Organisationsgefahr)이 가중의 근거가 될 수 있다.[1] 그러나 형법의 합동범은 집단의 구성이나 집단의 구성원에 의한 범행을 요하지 않으므로 공동정범의 범위를 벗어난 합동범의 가중근거를 발견할 수 없게 된다.[2] 셋째, 공동정범 가운데 집단범죄에 대한 대책으로 합동범의 규정을 두었다고 하는 것도 집단범죄가 절도죄, 강도죄 및 도주죄에 한정되는 것이 아니므로 위의 세 가지 범죄에 대하여만 집단범죄에 대한 대책으로 형을 가중하였다고 볼 수는 없다는 비판을 받게 된다.

(2) 현 장 설

합동이란 시간적·장소적 협동(zeitliches und räumliches Zusammenwirken)을 의미한다고 해석하는 견해이다. 이에 의하면 합동범은 모두 때와 장소를 같이하여 상호 협력할 것을 요건으로 하므로 공모공동정범은 물론 현장에서 공

1) Schmitz MK(2003) §244 Rn. 34; Sch/Sch/Eser 27. Aufl.(2006) §244 Rn. 23; Tröndle/Fischer 53. Aufl.(2006) §244 Rn. 21a.

2) 이러한 의미에서 독일의 대형사부판결도 가중적 공동정범설의 입장이라고 할 수는 없다.

동하지 아니한 공동정범도 합동범이 될 수 없다. 우리나라의 통설의 입장이다.[1] 현장설은 첫째, 형법이 합동범에 관하여 '2인 이상이 합동하여'라고 규정하여 무겁게 벌하는 것은 시간적·장소적 협동에 의하여 다수인이 동시에 죄를 범할 때에는 범행의 효율성이 증가한다는 특수한 실행위험에 그 이유가 있다고 해야 할 뿐만 아니라, 둘째 연혁적으로 형법의 합동범에 관한 규정은 독일형법 제244조의 Bandendiebstahl에서 유래하는 규정인데, 이를 일본의 도범 등의 방지 및 처분에 관한 법률(1930) 제 2 조에서 '2인 이상이 현장에서 공동하여 범한 때'라고 규정하였고, 일본형법가안(1940) 제421조 2항에서 '2인 이상이 통모하여 함께'로 규정하였던 것을 형법에 도입한 것이므로 합동이란 시간적·장소적 협동을 의미하는 것으로 봐야 한다는 것이다.[2]

현장설에 대하여는 형법이 도주죄에 관하여도 합동범의 규정을 두고 있으므로 일본의 도범 등 방지 및 처분에 관한 법률이 형법에 그대로 도입된 것인지 명백하지 아니하고, 독일형법의 집단절도죄에서의 협동(Mitwirken)은 우리 형법의 합동범의 이해에 그대로 원용할 수는 없다는 비판이 제기되고 있다.[3] 특히 독일형법의 해석에 있어서 현장성의 완화과정은 우리 형법의 해석에 있어서도 고려해야 하지 않는가라는 의문이 제기될 수 있다. 그러나 독일형법의 집단절도가 조직범죄에 대한 대책으로서의 집단구성의 추상적 위험을 가중의 근거로 고려한 것이지만 형법의 합동범은 오히려 현장에서의 협동성만을 근거로 가중처벌하는 것이므로 독일형법보다 밀접한 시간적·장소적 협동을 요구한다고 해야 하며, 일본의 도범방지법은 '현장에서 공동하여'라고 규정하여 현

---

1) 김성돈 형법각론 274면; 박상기 형법각론 269면; 배종대 형법각론 387면; 손동권 형법각론 302면; 오영근 형법각론 413면; 이재상 형법각론 286면; 임웅 형법각론 304면; 정성근/박광민 형법각론 310면; 정영일 형법각론 269면; 강동범 「합동범의 본질과 공동정범의 성립여부」, 김일수 화갑기념논문집(2006), 264면; 문채규 「합동범의 공동정범」, 형사법연구 22(2004), 33면.

2) 현장설의 내용을 수정하여 합동범의 각자는 정범으로서의 요건을 모두 충족해야 한다는 공동실행행위적 현장설(정영일 「합동범에 관한 판례연구」, 형사판례연구 7, 118면)과 현장설에서 말하는 장소적 공동성은 시간적 동시성이 있으면 현장에서 공동하여 실행했다고 평가할 수 있는 경우를 포함해야 한다는 해석학적 현장설(김종구 「합동범에 관한 연구」, 비교형사법연구 5-1, 191면)도 주장되고 있다. 그러나 전설에 의하면 합동범이 성립할 수 있는 경우가 지나치게 좁게 되고, 후설에 의하면 현장설이 무의미하게 된다는 점에서 타당하다고 할 수 없다.

3) 김일수 한국형법 Ⅳ, 79면; 이충상 「합동범의 공동정범의 성립가능성」, 형사재판의 제문제 2, 131면.

장성을 명백히 표현하고 있지만 형법의 '합동하여'는 바로 '현장에서 공동하여'를 간명하게 표현한 법문이라고 해야 한다.

(3) 현장적 공동정범설

합동범은 현장에 의하여 제한된 공동정범이라는 의미에서 현장적 공동정범이라고 하는 견해이다. 이 견해에 의하더라도 합동범은 2인 이상의 시간적·장소적인 근접활동 내지 협동을 요하는 점에 그 본질적 특성이 있다고 하며, 따라서 이 범위에서는 현장설의 결론과 일치한다. 다만 현장적 공동정범설은 첫째, 시간적·장소적 협동에 의하여 현장성을 갖춘 경우에도 공범과 정범의 일반적 구별기준에 따라 정범이 될 수 없는 자는 합동범이 될 수 없다는 점에서 합동범은 현장적 공동정범으로만 성립하지만, 둘째 이 합동범에 기능적 행위지배를 하는 배후거물이나 수괴는 현장성을 갖추지 못한 경우에도 공동정범의 정범성표지에 관한 기능적 행위지배의 기준에 따라 합동범의 공동정범이 될 수 있다는 점에서 현장설과 구별된다는 것이다.[1]

그러나 현장적 공동정범설이 현장에서 정범으로 가담하는 자에게만 합동범의 성립을 인정한다는 점에서 현장설보다 합동범의 성립범위가 축소된다는 주장은 의문이 있다. 현장설을 취하는 경우에도 합동범은 시간적·장소적 협동에 의하여 정범으로 공동하는 경우에만 성립하며 단순히 현장에 있거나 현장에서 방조적 역할을 담당하는 것으로는 족하지 않다고 해석하고 있으며,[2] 합동범의 본질을 공동정범의 특수한 경우에 해당한다고 해석하는 견해[3]에 의하면 이는 현장설을 취하는 경우에도 당연한 결론이 되기 때문이다. 오히려 독일형법의 해석에 있어서 현장설을 부정한 대형사부판결 이후 현장에서의 협동은 반드시 정범적 기여에 한하지 않고 방조범으로 가담한 경우를 포함한다고 해석하고 있는 점에서[4] 합동범을 현장에서의 정범으로의 가담에 제한하는 것은 현장설의 태도와 일치한다고 보아야 한다. 뿐만 아니라 현장적 공동정범설이 '합동하여'의 의미는 현장설과 같이 해석하면서도 현장에 없는 자에 대하여

---

1) 김일수 한국형법 IV, 81면.
2) 강동범 앞의 글, 264면; 문채규 앞의 글, 26면.
3) 안동준 225면; 이형국 306면; 이재상 412면; 정성근/박광민 493면.
4) Kindhäuser NK §244 Rn. 42; Rengier BT 1 §4 Rn. 49; Russ LK §244 Rn. 13; Schmitz MK §244 Rn. 51.

는 기능적 행위지배라는 기준에 의하여 합동범의 공동정범을 인정하는 결과 합동의 의미를 무의미하게 한다는 비판을 받지 않을 수 없다.[1)]

2. 판례의 태도

합동범의 본질에 관하여 대법원은 처음에 「반드시 범인이 동일한 장소에서 공동으로 범죄를 수행한 경우에 한하여 합동이라고 할 수 있다는 논지는 독단적 견해에 불과하다」고 판시한 바 있다.[2)] 합동범의 본질에 관한 가중적 공동정범설과 일치하는 태도라고 볼 수 있으며, 공모공동정범을 인정하는 판례의 입장에 의하면 공모공동정범설과도 같은 결론이 된다고 볼 수 있다.[3)] 그러나 대법원은 1969년도에 이르러 그 태도를 변경하여 「합동절도가 되려면 주관적 요건으로서의 공모 외에 객관적 요건으로서 실행행위의 분담이 있어야 하고 그 실행행위에 있어서는 합동관계가 있다고 볼 수 있어야 한다」고 판시하였으며,[4)] 그 후로는 이러한 태도가 일관되고 있다.[5)] 합동의 의미에 관하여 대법원의 일관된 태도는 현장설의 입장임이 명백하다고 할 것이다. 다만 현장설에 의하는 경우의 시간적·장소적 협동의 의미에 관하여는 반드시 같은 장소에서 실행행위를 같이할 것을 요하는 것이 아니라 다른 공범자가 절도행위를 하는데 망을 보아 준 경우는 물론, 절취행위를 하는 동안에 피해자의 집 앞 가까운 곳에서 대기하고 있다가 절취품을 같이 가지고 나온 경우에도 특수절도죄가 성립한다고 판시하였다.[6)] 판례의 이러한 태도는 대상판결에서도 유지되고 있다. 즉 대법원은 대상판결에서도 「합동절도가 성립하기 위하여는 주관적으로 2인 이상의 범인의 공모가 있어야 하고, 객관적 요건으로 2인 이상의 범인이 현장에서 절도의 실행행위를 분담하여야 하며, 그 실행행위는 시간적·장소적 협동관계가 있음을 요한다」고 판시하여 현장설의 입장을 유지하였다.

---

1) 정영일 앞의 글, 120면.
2) 대법원 1956. 5. 1. 56형상35.
3) 다만 당시 대법원이 「합동하여라 함은 그 주관적 요건으로서의 공모와 객관적 요건으로서 실행행위의 분담이 있어야 한다」고 판시한 점(대법원 1960. 2. 29. 4292형상952)에서는 공모공동정범설과 반드시 일치하는 것은 아니다.
4) 대법원 1969. 7. 22. 67도1117.
5) 대법원 1975. 10. 7. 75도2635; 대법원 1982. 1. 12. 82도2991; 대법원 1988. 9. 13. 88도1197; 대법원 1989. 3. 14. 88도837.
6) 대법원 1996. 3. 22. 96도313.

3. 독일에서의 학설 · 판례의 변천

(1) 집단절도죄의 개정과정

형법의 합동범은 독일형법의 집단절도죄에서 유래한다고 이해되고 있다. 독일형법의 집단절도죄(Bandendiebstahl)는 프로이센형법 제218조 8호에 기원을 두고 있다. 이에 의하면 '강도와 절도의 연속된 범행을 위하여 결합한 2인 또는 다수인이 절도에 정범 또는 공범으로 협동한(mitwirken) 때'에는 가중절도에 해당하였다. 주석에 의하면 이 규정은 실행 시에 행위 장소에 있었던 집단 구성원만 집단절도죄로 처벌될 수 있다고 설명되었다.[1] 이 해석이 독일 구 형법 제243조 6호의 '강도와 절도의 연속된 범행을 위하여 결합한 다수인이 절도에 협동한 때'의 규정에 그대로 적용되었다. 제국법원은 집단절도죄의 정범으로 처벌하기 위해서는 행위실행에 있어서 시간적 · 장소적 협동을 요구하게 되었고,[2] 이 태도는 연방법원에까지 유지되었다.[3] 학설도 독일형법의 집단절도죄는 다수인의 결합에 의하여 소유권에 대한 위험이 증대된다는 것을 가중의 근거로 하고 있으며, 따라서 여기의 협동은 시간적 · 장소적 공동을 의미하므로 절도에 협동한 자만 정범이 될 수 있다고 해석하였다.[4]

1969년 제 1 차 형법개정법률에 의하여 집단절도죄는 독일형법 제244조 1항 제 3 호에 개정된 형태로 규정되었다. 여기서 집단절도죄의 구성요건은 '강도 또는 절도의 연속된 범행을 위하여 결합한 집단의 구성원(Mitglied einer Bande)으로서 다른 집단구성원과 협동하여(unter Mitwirkung) 절취한 자'로 변경되었으며, 1998년 제 6 차 형법개정법률에 의하여 같은 규정이 독일형법 제244조 1항 제 2 호로 옮겨지게 되었다. 형법개정위원회가 집단절도죄의 구성요건을 개정한 것은 집단절도죄는 집단구성에 의한 일반인에 대한 위험과 행위위험(Aktionsgefahr)이라는 의미에서의 다수인에 의한 행위수행의 위험이라는 이중의 위험증가에 가중의 근거가 있다고 보았기 때문이며,[5] 그 후 학자들도

1) 독일에서의 집단절도의 역사에 관하여는 Engländer「Die Täterschaft beim Bandendiebstahl」, GA 2000, 585ff; Müller「Die Konvergenz der Bandendelikte」, GA 2002, 322ff.

2) RGSt. 66, 236, 241; RGSt. 73, 322.

3) BGHSt. 8, 205; BGHSt. 25, 18; BGHSt. 33, 50.

4) Jagusch LK Bd.2, 8. Aufl.(1958) S. 347; Sch/Sch 8. Aufl.(1957) S. 849.

5) Müller GA 2002, 323; Russ LK § 244 Rn. 11.

집단절도죄의 가중의 근거는 상호 강도 또는 절도의 실행에 의무지워진 다수인에 의하여 구성된 집단의 존재로 인한 일반인에 대한 위험과 다수인에 의한 행위실행에 의하여 증가된 위험에 있다고 해석하였다.[1] 그러나 독일형법의 집단절도죄에 대한 가중근거의 수정은 1990년대에 이르러 한편으로는 다른 집단구성원과의 협동에 의한 증가된 행위위험이 가중의 근거라는 견해는 입법자의 의사에 반하고 따라서 가중의 유일한 근거는 범죄를 목적으로 하는 집단구성으로 인한 장래의 범죄의 위험에 있다고 보아야 한다는 주장이 제기되었고,[2] 다른 한편으로는 시간적 · 장소적 협동은 행위의 위험을 증가시키는 행위요소일 뿐이므로 합동범에 있어서도 정범과 공범의 구별은 일반원칙에 의하여 결정되어야 하므로 현장에서 협동하지 않은 자도 합동범의 공동정범이 될 수 있다는 주장이 제기되었다.[3]

(2) 1999년 이후의 BGH 판례

이러한 상황에서 연방법원 제 3 형사부는 1999. 12. 22. 「강도 또는 절도의 연속된 범행을 위하여 결합된 집단의 구성원은 그가 행위 장소에서 절도의 실행에 직접 가담하지 않은 때에도 다른 정범에 의한 행위기여라고 평가할 수 있는 방법으로 협동하고, 절도가 최소한 다른 두 사람의 집단구성원에 의하여 시간적 · 장소적 협동에 의하여 범하여진 때에는 집단절도죄의 정범이 될 수 있다」고 판시하였으며,[4] 제 2 형사부도 2000. 9. 20. 같은 취지로 판결하였다.[5] 연방법원 제 4 형사부는 2000. 3. 14.의 결정에서 「집단절도죄의 구성요건은 2인 이상의 집단구성원이 시간적 · 장소적으로 협동하여 행위를 범할 것을 요구하지 않는다」고 결정하면서 대형사부의 판결을 요청하였으며,[6] 대형사부는 2001. 3. 22.의 결정을 통하여 「첫째, 집단(Bande)의 개념은 장래 일정한 기간 동안 다수의 독립된, 그러나 개별적으로 확정되지 않은 법률에 규정된 유형의 범죄를 범할 의사로 결합한 최소한 3명 이상의 결합을 전제로 하며, 확고한 집

---

1) Sch/Sch/Eser 21. Aufl.(1982) §244 Rn. 23.
2) Kasten Altenhain 「Die Mitwirkung eines anderen Bandenmitglieds」, ZStW 113(2001), 112.
3) Sch/Sch/Eser §244 Rn. 27; Arzt/Weber BT 3, 2. Aufl. Rn. 235; Samson SK Rn. 28.
4) BGH Beschl. von 22. 12. 1999, NStZ 2000, 255.
5) BGH Urt. von 20. 9. 2000, NStZ 2000, 645.
6) BGH Beschl. von 14. 3. 2000, NStZ 2000, 474.

단의사나 상위의 집단이익을 위하여 활동할 것을 필요로 하는 것은 아니다. 둘째, 집단절도죄의 구성요건은 2인 이상의 집단구성원이 시간적·장소적으로 협동할 것을 요하지 아니하고, 1인의 집단구성원이 정범으로 또 다른 집단구성원은 어떤 방법으로든 절도에 협동하면 족하다. 절취행위 자체는 1인의 집단구성원 아닌 자에 의하여 실행될 수도 있다」고 판시함으로써 집단구성의 요건을 강화하는 한편, 시간적·장소적 협동의 요건을 포기하였다.[1] 집단절도죄의 가중근거로 집단구성에 의한 일반에 대한 위험이라는 조직위험에 중점을 둔 결과이다.

(3) 독일 학계의 현황

연방법원의 대형사부 판결 이후 독일학계에서는 집단절도죄의 구성요건으로 집단구성원의 시간적·장소적 협동을 필요로 하는가에 대하여 견해가 대립되고 있다. 대형사부의 판례에 따라 이를 필요로 하지 않는다는 견해와 집단절도죄가 성립하기 위해서는 집단구성원의 협동을 필요로 한다고 해석하는 견해가 그것이다. 먼저 시간적·장소적 협동을 필요로 하지 않는다는 견해는 독일형법 제244조에는 시간적·장소적 협동을 필요로 한다는 명문의 규정이 없을 뿐만 아니라, 이 요건의 포기는 소유권을 보호법익으로 하는 절도죄에 있어서 당연하다는 것을 이유로 한다. 피해자와의 대면을 전제로 하지 않는 절도죄에 있어서는 특수강도죄의 경우와는[2] 달리 2인 이상의 집단구성원이 현장에 있다고 하여 피해자에 대한 위험이 증가하거나 실행하는 힘이 강화되는 것은 아니므로 집단절도죄의 가중의 근거는 집단의 행위로서 장래의 범행에 대한 위험에 있고, 행위위험(Aktionsgefahr)은 특별한 의미가 없기 때문이라고 한다.[3] 이에 반하여 독일형법에는 집단절도죄나 집단강도죄와 같이 협동을 요건으로 하는 집단범죄와 집단장물죄(Bandenhehlerei)와 같이 협동을 요건으로 하지 않고 집단의 구성원이 범하면 성립하는 집단범죄가 있는데, 집단절도죄에 있어

---

1) BGH Beschl. von 22. 3. 2001, NStZ 2001, 421.

2) 특수강도죄의 경우에는 시간적·장소적 협동을 필요로 한다는 견해(Sch/Sch/Eser 27. Aufl. Rn. 26)와 이 경우에도 협동은 요건이 될 수 없다는 견해(Müller GA 2002, 330)가 나누어지고 있다.

3) Sch/Sch/Eser Rn. 26; Tröndle/Fischer Rn. 21a; Joecks *Studienkommentar*, 3. Aufl.(2001) Rn. 24; Kindhäuser NK Rn. 45; Krey/Hellmann BT 2, S. 83; Rengier BT 1, 5. Aufl.(2002) S. 90.

서 집단구성원의 시간적 · 장소적 협동을 요하지 않는다고 해석하면 집단절도죄와 협동을 요건으로 하지 않는 집단범죄의 차이가 없어지고, 집단절도죄의 불법은 조직위험(Organisationsgefahr)에만 있는 것이 아니라 타인소유의 재물의 절취와 법익침해는 행위자가 단독으로 행하는 것보다는 다른 집단구성원과의 협동에 의하여 실행함에 의하여 보다 개연성이 높아질 수 있다는 점에서 절취행위의 효율성이 증가하는 특수한 실행위험(Ausführungsgefahr)이 추가되어야 하므로 시간적 · 장소적 협동이라는 의미에서의 다른 구성원과의 협동을 포기할 수는 없다는 견해도 유력하게 주장되고 있다.[1)]

4. '합동하여'의 의미

형법상의 합동범에 있어서 '2인 이상이 합동하여'란 통설과 일관된 판례인 현장설에 따라 시간적 · 장소적 협동을 의미한다고 해석하지 않을 수 없다. 이 점에 있어서는 현장적 공동정범설에 의하더라도 같은 결과가 되는 것은 물론이다. 그 이유는 다음의 두 가지 점으로 요약할 수 있다.

첫째, 연혁적 근거로서 형법의 합동범 규정은 독일의 집단절도죄를 참고한 일본의 도범 등의 방지 및 처분에 관한 법률(1930) 제 2 조와 일본형법가안(1940) 제421조 2항의 영향을 받은 것이다. 그런데 당시의 독일형법은 독일 구형법 제243조 6호의 규정이며, 그때의 독일의 일관된 판례와 통설은 협동을 시간적 · 장소적 공동을 의미한다고 해석하는 점에 일치하고 있었다. 일본의 도범 등의 방지 및 처분에 관한 법률은 '2인 이상이 현장에서 공동하여 범한 때'라고 규정하여 그 의미를 더욱 분명하게 하였다. 따라서 형법의 합동범은 제정 당시부터 2인 이상이 현장에서 공동하여 범한 경우를 가중처벌하기 위하여 규정된 것임이 명백하다.

둘째, 형법상 합동범의 가중근거는 오직 시간적 · 장소적 협동에 의하여 죄를 범하는 경우의 행위위험 내지 실행위험에 있다고 해야 한다. 현행 독일형법은 집단절도죄의 구성요건으로 범죄를 목적으로 하는 집단의 구성원이 다른

1) Schmitz MK Rn. 48; Hoyer SK §244 Rn. 34; Lackner/Kühl §244 Rn. 8; Russ LK Rn. 13; Wessels/Hillenkamp BT 2 Rn. 272; Engländer「Täterschaft beim Bandendiebstahl」, GA 2000, 582; Erb「Die Neuinterpretation des Bandenbegriffs und des Mitwirkungserfordernisses beim Bandendiebstahl」, NStZ 2001, 565.

집단구성원과 협동할 것을 요건으로 규정하였기 때문에 집단에 의하여 범할 장래의 범죄의 위험, 즉 조직위험이 가중의 근거로 포함될 수 있었으나, 형법의 합동범에는 집단의 목적이나 집단의 구성원에 의하여 범죄가 행해질 것을 요건으로 하지 않고, 따라서 합동범은 오로지 2인 이상이 합동하여 죄를 범했다는 이유로 가중 처벌되는 범죄일 뿐이다. 합동절도를 가중 처벌하는 이유가 시간적·장소적 협동에 의하여 다수인이 동시에 죄를 범하는 경우에 구체적 위험성이 증대되기 때문에 조직적이고 집단적인 범행으로 인한 위험의 증가와 범인의 악성에 대처하기 위한 것인 이상 합동의 의미도 시간적·장소적 협동을 의미한다고 해석하는 것이 당연하다.

Ⅲ. 합동범의 공동정범

합동범에 있어서의 합동을 현장설에 따라 시간적·장소적 협동이라고 해석하는 경우에도 현장에서 공동하지 않은 공범자가 합동범의 공동정범이 될 수 있는가, 나아가 합동범에 대하여도 실행행위를 분담하지 않은 자에 대하여 공모공동정범을 인정할 수 있는가의 문제가 합동범과 관련된 중요한 쟁점의 하나가 되고 있다.

1. 학설과 판례의 태도

합동범에 있어서 합동을 현장설에 따라 시간적·장소적 협동이라고 해석하는 경우에도 현장에서 공동하지 않은 공범자도 합동범의 공동정범이 될 수 있는가, 나아가 합동범에 대하여도 실행행위를 분담하지 않은 자에 대하여 공모공동정범을 인정할 수 있는가의 문제가 합동범과 관련된 중요한 쟁점의 하나가 되고 있다.

가. 학설의 대립

합동범의 본질에 관하여 공모공동정범설이나 가중적 공동정범설을 취할 때에는 합동범에 있어서 현장에서 공동하지 않은 자도 합동범의 공동정범이 될 수 있다. 독일연방법원 대형사부 판결과 같이 합동범에 있어서 시간적·장소적 협동의 요건을 포기할 때에도 같은 결론에 이르는 것은 물론이다. 그러나 합동을 시간적·장소적 협동으로 이해하는 현장설을 전제로 할 때에도 이에 관하여는 부정설과 긍정설이 대립될 수 있다. 긍정설은 현장적 공동정범설의 입장과 일치한다. 여기서 부정설과 긍정설의 논거를 살펴보기로 한다.

(1) 부 정 설

합동범에 있어서는 시간적·장소적으로 협동한 자만 정범이 될 수 있으므로 현장에서 공동하지 않은 자는 합동범의 공동정범이 될 수 없다는 견해이다. 부정설의 논거는 다음과 같다.

첫째, 합동범은 시간적·장소적 협동에 의하여 구체적 위험성이 증대하였다는 이유로 형을 가중하는 범죄이므로 현장에서의 공동이 정범요소가 되고, 따라서 현장에서 공동하지 아니한 자는 합동범의 공동정범이 될 수 없다. 시간적·장소적 협동에 의한 정범성을 요구하는 범죄에 행위지배의 기준을 다시 적용하여 정범성을 확장하는 것은 허용되지 않는다.[1]

둘째, 기능적 행위지배는 공동정범이 되기 위하여 요구되는 최소한의 표지일 뿐이고 모든 범죄에 대하여 공동정범을 인정할 수 있는 충분한 요소가 되는 것은 아니다. 합동범은 공동정범의 일반적 표지인 기능적 행위지배 이외에 현장성이라는 시간적·장소적 협동을 입법자가 추가로 요구하고 있으며, 이러한 현장성은 일종의 자수적 성질을 갖는 정범성의 표지이므로 현장에서의 실행분담이 없는 자는 정범이 될 수 없다.[2]

셋째, 합동범은 성질상 필요적 공범 중의 집합범 또는 공동정범 가운데 현장에서의 공동을 필요로 하는 공동정범의 특수한 형태에 해당하기 때문에 합동범에 대하여는 공동정범에 관한 규정이 적용될 여지가 없다.[3] 필요적 공범 중 집합범에 대하여는 공동정범의 규정이 적용될 여지가 없고, 이를 공동정범의 특수한 경우라고 볼지라도 합동범은 단순히 공동정범의 형을 가중한 것이 아니라 공동정범의 요건을 강화한 경우인 이상 이에 대하여 다시 공동정범의 규정이 적용될 수는 없기 때문이다.

1) 신동운 판례백선 597면; 하태훈 「합동절도의 공동정범 성립여부」, 형사재판의 제문제 2, 149면.
2) 강동범 앞의 글, 266면; 문채규 앞의 글, 38면.
3) 강구진 289면; 유기천 215면; 이재상 258면: 하태훈 앞의 글, 149면.

(2) 긍 정 설

합동범은 시간적·장소적 협동을 요건으로 한다고 하더라도 이에 대하여 기능적 행위지배라는 정범성의 표지를 갖춘 때에는 합동범에 대한 공동정범도 가능하다는 이론이다. 종래 현장적 공동정범설을 취하던 학자의 논거이나 대법원 전원합의체판결이 있은 후 이 판결을 지지하는 평석에서 주장된 이론이다.[1] 긍정설의 논거는 다음의 두 가지 점으로 요약될 수 있다.

첫째, 3인 이상의 범인이 합동절도의 범행을 공모한 후 2인 이상의 범인이 현장에서 시간적·장소적 협동에 의하여 협동관계를 이루어 절도범행을 한 때에는 현장에서 실행행위를 분담하지 아니한 범인도 기능적 행위지배라는 정범요소를 갖춘 이상 합동범의 공동정범이 성립된다고 해야 하고, 둘째 정범성은 갖추었으나 범행현장에 가지 아니한 범인을 기본범죄의 공동정범이나 합동범의 방조로만 처벌하는 것은 범죄실현에 있어서 실질적 기여도를 무시하고 지나치게 가볍게 처벌하는 결과가 되어 형사정책상으로도 부당하다는 것이다.

나. 판례의 태도

대법원은 종래 현장에서 공동하지 않는 자에게 특수절도의 공동정범이 성립하는가에 관하여 부정설을 취했다고 할 수 있다. 즉 피고인 甲이 국도상에서 공모대로 상피고인 乙, 丙이 절취해 온 소를 트럭에 싣고 운반한 사건에서 대법원은 「피고인이 乙, 丙이 절취해 온 소를 싣고 운반한 것은 시간적·장소적으로 절취행위와 협동관계가 없으니 합동절도죄는 되지 아니하나 일반절도의 공동정범 또는 합동절도 방조로서의 죄책을 면할 수 없다」고 판시함으로써 합동범의 공동정범의 성립을 부정하였다.[2] 다만, 대법원은 현장에서의 공동을 요구한다고 해석하던 폭력행위 등 처벌에 관한 법률 제2조 2항의 범죄에 관하여는 현장에서 공동하지 아니한 자에게 공모공동정범을 인정해 왔다.[3] 대법원의 태도는 전원합의체판결인 대상판결에 의하여 변경되었다. 즉 대법원은 대상판결에서 「3인 이상의 범인이 합동절도를 공모한 후 적어도 2인 이상의 범인이 범행 현장에서 시간적·장소적으로 협동관계를 이루어 절도의 실행행

1) 이충상 앞의 글, 133면 이하; 이호중 앞의 글, 10면.
2) 대법원 1976. 7. 27. 76도2725.
3) 대법원 1994. 4. 12. 94도128; 대법원 1996. 12. 10. 96도2529.

위를 분담하여 절도범행을 한 경우에는 공동정범의 일반이론에 비추어 그 공모에는 참여하였으나 현장에서 절도의 실행행위를 직접 분담하지 아니한 다른 범인에 대하여도 그가 현장에서 절도범행을 실행한 위 2인 이상의 범인의 행위를 자기의 의사의 수단으로 하여 합동절도의 범행을 하였다고 평가할 수 있는 정범성의 표지를 갖추고 있다고 보여지는 한 그 다른 범인에 대하여 합동절도의 공동정범의 성립을 부정할 이유가 없다」고 판시함으로써 현장에서 공동하지 아니한 공모자에 대하여도 합동범의 공동정범이 성립한다는 태도를 명백히 한 것이다.

2. 독일에서의 학설과 판례의 변천

종래 독일의 통설은 집단절도죄의 가중근거는 집단구성원이 다른 집단구성원과 협동하여 범한 때에만 인정되며, 이러한 협동은 시간적·장소적 공동에 의하여만 인정되는 것이므로 절도에 협동하지 아니한 집단구성원은 집단절도죄의 정범이 될 수 없다고 해석하였다. 연방법원의 판례도 1980년대까지 같은 태도를 일관하고 있었다. 즉 1955. 10. 6. 연방법원 제3형사부는 피고인이 집단절도의 범행 가운데 일부의 범행에 관하여 현장에서 함께 절취행위를 하지 않고 장물의 운반을 위하여 자동차를 제공하고 장물의 일부를 교부받은 사건에서 「집단의 개별적인 행위에 시간적·장소적으로 협동하지 않은 구성원은 집단절도의 정범으로는 처벌될 수 없고, 교사범 또는 종범으로 처벌될 수 있을 뿐이다」고 판시하였으며,[1] 1984. 10. 10. 제2형사부도 피고인이 S 및 W와 공모하여 S, W가 절취한 소를 운반할 자동차를 제공하고 S와 W의 연락을 받으면 자동차로 훔친 소를 옮기거나 이를 판매한 사건에서 「행위자가 집단의 구성원이지만 직접적 협동이 없기 때문에 다른 집단구성원에 의하여 범해진 집단절도의 공동정범이 아니라도 그의 행위기여는 절도죄의 구성요건을 충족할 수 있다」고 판시하여, 현장에서 공동하지 않은 피고인은 집단절도의 공동정범은 될 수 없다는 태도를 명백히 하였다.[2] 그러나 1969년 형법개정에 의하여 집단절도죄의 규정이 변경되자 학자들로부터 다수인의 협동이라는 요건은

---

1) BGHSt. 8, 205.
2) BGHSt. 33, 50.

행위실행 자체에 관한 규정이며 행위위험(Tatgefährlichkeit)을 특징지우는 상황이므로 이에 의하여 정범성이 제한될 수는 없고, 집단절도죄에 있어서도 정범과 공범의 구별에 관하여는 일반원칙을 적용하여 현장에서 협동하지 아니한 집단구성원, 특히 배후에서 행위를 지배하는 집단의 수괴(Bandenchef)는 정범으로 처벌할 수 있도록 해야 한다는 반론이 제기되었으며,[1] 연방법원은 1999. 12. 22. 제 3 형사부와 2000. 9. 20. 제 2 형사부 판결에 의하여 「집단의 구성원은 그가 행위 장소에서 절도의 실행에 직접 가담하지 않은 때에도 다른 정범에 의한 행위기여라고 평가할 수 있는 방법으로 협동하고, 절도가 최소한 다른 두 사람의 집단구성원에 의하여 시간적 · 장소적 협동에 의하여 범하여진 때에는 집단절도죄의 정범이 될 수 있다」고 판시하였다.[2] 연방법원이 2001. 3. 22.의 대형사부결정을 통하여 집단절도죄에 대하여 시간적 · 장소적 협동이라는 요건을 포기함에 이르자 현장에서 공동하지 않은 집단구성원도 집단절도죄의 공동정범이 될 수 있다는 점은 판례의 명백한 입장이 되었다.[3]

연방법원의 대형사부판결에 따라 집단절도죄의 구성요건으로 시간적 · 장소적 협동이 필요한가의 여부를 떠나 현장에서 협동하지 않은 구성원도 공동정범이 될 수 있다고 해석하는 것이 독일의 다수설이 되었다. 독일형법에 있어서 집단절도죄는 집단의 구성원이 범할 수 있는 신분범이기 때문에 집단구성원(Bandenmitglied)이라는 신분이 정범요소임에 반하여, 시간적 · 장소적 협동은 행위자요소가 아니라 행위의 위험을 특징지우는 행위요소라는 것을 근거로 한다.[4] 그럼에도 불구하고 독일에서는 아직도 집단구성원의 시간적 · 장소적 협동에 의하여 집단행위의 객관적 위험성이 인정되고 제244조가 다른 집단구성원의 협동을 요구한다면 시간적 · 장소적 협동은 정범의 추가적 요건이 되므로, 협동은 집단절도죄의 정범성에 대한 특별규정이 된다는 이유로 현장에서 협동한 집단의 구성원만 집단절도죄의 정범이 된다는 견해도 유력하게 주장되고 있다.[5]

---

1) Sch/Sch/Eser Rn. 27.
2) BGH NStZ 2000, 255; BGH NStZ 2000, 645.
3) BGHSt. 46, 321, 338.
4) Joecks StuK § 244 Rn. 24; Kindhäuser NK Rn. 46; Krey/Hellmann BT 2, Rn. 137b; Rengier BT 1, S. 89; Tröndle/Fischer Rn. 22.
5) Hoyer SK Rn. 36; Russ LK Rn. 16; Schmitz MK Rn. 53.

3. 문제점의 검토

문제는 합동범의 정범요소는 무엇인가, 합동범에 있어서 시간적·장소적으로 공동하지 않은 자도 기능적 행위지배의 요소가 인정되면 공동정범이 될 수 있는가, 또 현장에서 공동하지 않은 자에게 합동범의 공동정범을 인정하지 않는 경우에는 불합리한 결과를 초래하는가에 있다.

(1) 합동범과 공동정범의 관계

먼저 합동범에 관한 형법규정이 합동범의 공동정범의 성립을 부정하는 취지인가를 검토해야 한다. 공동정범도 정범인 이상 정범요소를 갖추어야 하는 것은 당연하다. 공동정범의 본질이 기능적 행위지배에 있다고 하여 모든 범죄에 대하여 기능적 행위지배만 인정되면 공동정범이 되는 것은 아니다. 자수범에 있어서는 자수에 의하여 범죄를 실행한 자만 공동정범이 될 수 있으며, 의무범에 있어서는 의무위반이 정범요소가 된다. 같은 이론이 합동범에 대하여도 적용될 수 있다. 형법상 합동범에 있어서의 특수한 정범요소가 바로 시간적·장소적 협동이다. 물론 합동범에 있어서 현장에서의 협동은 행위위험(Aktionsgefahr)을 증가시키고 행위실행의 위험성을 특징지우는 행위요소임에는 틀림없다. 그러나 형법은 오로지 행위자가 합동하여 죄를 범한다는 이유로 합동범의 형을 가중하고 있다. 시간적·장소적 협동이 합동범의 유일한 가중사유라면 그것은 단순한 행위요소에 그치는 것이 아니라 정범성을 제한하는 특별규정이라고 해야 한다. 따라서 '2인 이상이 합동하여'란 시간적·장소적 협동을 의미한다는 현장설에 의하는 이상 합동범의 정범은 범행현장에서 공동한 자에 제한하는 것이 타당하다. 합동범은 공동정범의 특수한 경우이기 때문에 합동범의 공동정범이란 있을 수도 없다. 또한 합동범의 정범요소를 갖추지 못한 때에는 기능적 행위지배라는 일반적인 정범요소를 갖추었다는 것만으로 그 공동정범이 될 수도 없다. 합동범을 필요적 공범이라고 해석하는 경우에도 결론에 있어서는 차이가 있을 수 없다. 필요적 공범 중 집합범에 대하여는 공동정범의 규정이 적용될 여지가 없기 때문이다.

(2) 공동정범 인정의 필요성

현장에서 공동하지 않는 자에 대하여도 합동범의 공동정범을 인정해야 할 형사정책적 불가피성이 있는가의 문제이다. 합동절도를 공모하고 현장에서 공동하지 않은 공모자 가운데는 공모의 주모자 내지 수괴로서 합동절도의 정범으로 처벌해야 할 경우가 있는 것은 사실이다. 그러나 합동절도의 배후의 주모자에게 특수절도의 공동정범이 성립할 수 없는 것은 합동범의 본질에서 유래하는 당연한 결론에 불과하다. 그리고 이 경우에 피고인을 단순절도의 공동정범과 특수절도의 교사범 또는 종범의 상상적 경합으로 처벌한다고 하여 양형에 있어서 피고인에게 부당하게 경하게 될 우려가 있는 것도 아니다. 오히려 현장에서 협동하지 않았을 뿐만 아니라 실행행위를 분담하지 아니한 자에 대해서까지 합동절도의 공모공동정범을 인정하는 경우에는 합동범의 공동정범의 범위를 지나치게 확대하는 결과를 초래하지 않을 수 없다는 점도 주의할 필요가 있다.

Ⅳ. 대상판결의 검토

대상판결은 합동범의 본질에 관하여는 현장설을 유지하면서도 합동범의 공모공동정범을 인정하여 현장에서 공동하지 아니한 피고인에게 특수절도죄는 성립하지 않아도 특수절도죄의 공동정범은 성립한다고 판시하였다. 합동범의 본질에 관하여 현장설을 유지한 점에서는 대법원의 입장은 타당하다고 할 수 있다. 대상판결에서 대법원은 합동절도에 대하여도 공동정범의 정범표지를 갖춘 이상 합동범의 공동정범을 부정해야 할 이유가 없다고 판시하고 있다. 그러나 합동범의 본질이 시간적·장소적 협동이라면 시간적·장소적 협동에 의하여 현장에서 공동한 자만 합동범의 정범이 될 수 있다. 공동정범도 정범인 이상 합동범의 정범요소를 갖춘 경우에만 합동범의 공동정범이 될 수 있는 것은 당연하다. 즉 현장에서 협동하지 않은 자는 절도죄의 정범이 될 수는 있어도 합동범인 특수절도의 정범이 될 수는 없다. 따라서 합동절도에 있어서는 시간적·장소적 협동에 의하여 현장에서 공동한 자에게만 합동범이 성립하고, 현장에서 공동하지 않는 자에게는 단순절도의 공동정범이 될 수 있을 뿐이라고 해야 한다. 합동범과 합동범의 공동정범을 구별하여 합동범에 대하여도 공동정범이 성립할 수 있다고 해석하는 것도 합동범과 공동정범의 관계를 오인한 결과이다. 합동범은 필요적 공범의 집합범 또는 특수한 공동정범에 해당하기 때문에 합동범에 대하여는 공동정범의 규정이 적용될 수 없다. 결국, 대법원의 설시와는 달리 공동정범의 요건이 충족되는 경우에도 합동범에 있어서는 현장에서 공동하지 않은 자에게 공동정범이 성립할 수 없는 명백한 이유가 있는 것이며, 이러한 의미에서 대상판결은 타당하다고 할 수 없다는 결론이 된다.

23. 공모관계의 이탈

[대상판결]

(1) 대법원 2008. 4. 10. 2008도1274

1. 사실관계

피고인은 21세로서 14세 또는 15세의 원심공동피고인 1, 2, 3과 강도 모의를 하였는데 이때 피고인이 삽을 들고 사람을 때리는 시늉을 하는 등 주도적으로 역할하였다. 피고인은 위 원심공동피고인 1 등과 이 사건 당일 새벽 1시 30분경 특수절도의 범행을 한 후 함께 일대를 배회하면서 새벽 4시 30분경 이 사건 강도상해 범행을 하기까지 강도 대상을 물색하다가, 원심공동피고인 1, 2가 피해자를 발견하고 쫓아가자 피고인은 "어?"라고만 하고 원심공동피고인 3에게 따라가라고 한 후 자신은 비대한 체격 때문에 위 원심공동피고인 1, 2를 뒤따라가지 못하고 범행현장에서 200m 정도 떨어진 곳에 앉아 있었다. 결국 원심공동피고인 1, 2는 피해자를 쫓아가 폭행하여 항거 불능케 한 다음 피해자의 뒷주머니에서 지갑을 강취하고 피해자에게 약 7주간의 치료를 요하는 우측 무릎뼈 골절 등의 상해를 입혔다.

2. 사건의 경과

원심은 피고인을 강도상해죄의 공동정범으로 처벌하였다. 피고인은 원심공동피고인 1, 2가 강도상해죄의 실행에 착수하기 전에 범행을 만류하는 등으로 공모관계에서 이탈하였다는 점을 들어 원심판결에 대하여 상고를 제기하였다.

3. 판결요지

[1] 공모공동정범에 있어서 공모자 중의 1인이 다른 공모자가 실행행위에 이르기 전에 그 공모관계에서 이탈한 때에는 그 이후의 다른 공모자의 행위에 관하여는 공동정범으로서의 책임은 지지 않는다 할 것이나, 공모관계에서의 이탈은 공모자가 공모에 의하여 담당한 기능적 행위지배를 해소하는 것이 필요하므로 공모

자가 공모에 주도적으로 참여하여 다른 공모자의 실행에 영향을 미친 때에는 범행을 저지하기 위하여 적극적으로 노력하는 등 실행에 미친 영향력을 제거하지 아니하는 한 공모관계에서 이탈하였다고 할 수 없다.

[2] 다른 3명의 공모자들과 강도 모의를 하면서 삽을 들고 사람을 때리는 시늉을 하는 등 그 모의를 주도한 피고인이 함께 범행 대상을 물색하다가 다른 공모자들이 강도의 대상을 지목하고 뒤쫓아 가자 단지 "어?"라고만 하고 비대한 체격 때문에 뒤따라가지 못한 채 범행현장에서 200m 정도 떨어진 곳에 앉아 있었으나 위 공모자들이 피해자를 쫓아가 강도상해의 범행을 한 사안에서, 피고인에게 공동가공의 의사와 공동의사에 기한 기능적 행위지배를 통한 범죄의 실행사실이 인정되므로 강도상해죄의 공모관계에 있고, 다른 공모자가 강도상해죄의 실행에 착수하기까지 범행을 만류하는 등으로 그 공모관계에서 이탈하였다고 볼 수 없으므로 강도상해죄의 공동정범으로서의 죄책을 진다.

(2) 대법원 2010. 9. 9. 2010도6924

1. 사실관계

피고인은 공소외 1과 공모하여 2009. 5. 12. 피해자 공소외 2(여, 16세)에게 낙태수술비를 벌도록 해 주겠다고 말하여 성매수 행위의 상대방이 되게 하였고, 홍보용 명함을 제작하기 위하여 공소외 1로 하여금 위 피해자의 나체사진을 찍도록 하면서 자세를 가르쳐 주기도 하였으며, 피고인은 위 피해자가 중도에 도망갈 것을 염려하여 위 피해자로 하여금 3개월간 공소외 1의 관리를 받으면서 성매매를 하게 했으며 약속을 지키지 않을 경우에는 민형사상 책임을 진다는 내용의 각서를 작성하도록 하였다. 피고인은 별건으로 2009. 5. 13. 체포되어 수원구치소에 수감되었다가 2009. 5. 28. 석방되었는데, 그 수감기간 동안 피해자 공소외 2는 공소외 1의 관리 아래 2009. 5. 14.부터 2009. 5. 20.까지 사이에 12회에 걸쳐 불특정 다수 남성의 성매수 행위의 상대방이 되었고 그 대가로 받은 금원은 피해자 공소외 2, 공소외 1, 피고인의 처인 공소외 3 등이 나누어 사용하였다.

2. 사건의 경과

원심은 피해자가 성매매를 하는 기간 동안 피고인이 수감되어 있었다고 하더라도 피고인은 공소외 1과 함께 이 사건 미성년자유인죄, 구 청소년의 성보호에 관한 법률 위반죄의 책임을 진다고 판시하였다. 원심판결에 대하여 피고인이 상고하였다.

3. 판결요지

공모공동정범에 있어서 공모자 중의 1인이 다른 공모자가 실행행위에 이르기 전에 그 공모관계에서 이탈한 때에는 그 이후의 다른 공모자의 행위에 관하여는 공동정범으로서의 책임은 지지 않는다 할 것이나, 공모관계에서의 이탈은 공모자가 공모에 의하여 담당한 기능적 행위지배를 해소하는 것이 필요하므로 공모자가 공모에 주도적으로 참여하여 다른 공모자의 실행에 영향을 미친 때에는 범행을 저지하기 위하여 적극적으로 노력하는 등 실행에 미친 영향력을 제거하지 아니하는 한 공모자가 구속되었다는 등의 사유만으로 공모관계에서 이탈하였다고 할 수 없다.

(3) 대법원 2002. 8. 27. 2001도513

1. 사실관계

피고인은 유사금융업체인 A 신용조합 마산지점 관리이사로서 지점장 甲, 영업이사 乙과 공모하여, 1999. 8. 31.경 피해자 4명에게 투자금에 대해 10일 만에 10%의 고수익을 보장해 주겠다고 기망하여 다단계금융을 판매하였다. 그런데 피고인은 같은 해 10. 2.부터 신용조합에 출근하지 않다가 같은 달 6일 정식으로 퇴사하였다. 甲과 乙은 1999. 10. 6.부터 12. 8.까지 피해자들로부터 162,400,000원을 편취하였다.

2. 사건의 경과

제 1 심과 원심판결은 피해자들의 투자는 피고인의 사직 이전에 시작되었고, 이후에 지급된 투자금도 위 기망이 계속된 상태에서 이루어진 것이므로 사직 이후에 지급된 투자금에 대하여도 피고인에게 책임이 있다고 판단하였다. 원심판결에 대하여 피고인이 상고하였다.

3. 판결요지

피고인이 공범들과 다단계금융판매조직에 의한 사기범행을 공모하고 피해자들을 기망하여 그들로부터 투자금명목으로 피해금원의 대부분을 편취한 단계에서 위 조직의 관리이사직을 사임한 경우, 피고인의 사임 이후 피해자들이 납입한 나머지 투자금명목의 편취금원도 같은 기망상태가 계속된 가운데 같은 공범들에 의하여 같은 방법으로 수수됨으로써 피해자별로 포괄일죄의 관계에 있으므로 이에 대하여도 피고인은 공범으로서의 책임을 부담한다.

[관련판결]

(1) 대법원 1996. 1. 26. 94도2654

1. 사실관계

피고인은 청주 시내 유흥업소를 활동무대로 하여 폭행·공갈 등을 목적으로 하는 '시라소니'파 범죄단체조직에 2기 조직원으로 가입하여 활동하던 자로서 같은 '시라소니'파 조직원들과 공모공동하여, 1993. 5. 28. 20:30경 반대파 조직 '파라다이스'파로부터 피고인 소속 조직원들이 칼에 찔려 피해를 입자 이에 대한 보복을 하기 위하여 같은 날 21:00경부터 22:30경까지 청주시 사직동 무심천 고수부지 로울러스케이트장에 집결한 후 '파라다이스'파 조직원들을 공격하여 상해를 가하거나 살해할 것을 결의하고, 위 조직원들과 공동하여 생선회칼, 손도끼, 낫 등 흉기를 들고 8대 차량에 분승하여 청주 덕산 나이트클럽에 이르러 반대파 A를 찾았으나 없자 종업원 피해자 1을 폭행하고, '파라다이스'파 두목 피해자 2, 공소외 4를 살해하기로 결의, 같은 날 23:20경 청주관광호텔 실버스타 나이트클럽에 이르러 피고인, 원심 공동피고인 2, 3 등은 밖에서 망을 보고 다른 공범자들은 흉기를 소지하고 잠자는 피해자 2를 깨워 무차별 찔러 흉부자창으로 같은 날 23:50경 실혈사로 사망케 하였다는 공소사실로 기소되었다.

그러나 피고인은 술을 마시고 있다가 같은 조직원으로부터 연락을 받고 무심천 로울러스케이트장에 가서 '파라다이스'파에게 보복을 하러 간다는 말을 듣고 다른 조직원들이 여러 대의 차에 분승하여 출발하려고 할 때 사태의 심각성을 실감하고 범행에 휘말리기 싫어서 그곳에서 택시를 타고 집에 왔을 뿐이었다.

2. 사건의 경과

검사는 피고인을 살인 및 폭력행위 등 처벌에 관한 법률위반죄로 공소제기하였다. 원심은 피고인이 다른 조직원들과 공모하여 이 사건 범행을 범했다는 증거가 없다는 이유로 피고인에게 무죄판결을 선고하였다. 원심판결에 대하여 검사가 상고하였다.

3. 판결요지

피고인과 다른 조직원들과의 사이에 '파라다이스'파 조직원들을 공격하여 상해를 가하거나 살해하기로 하는 모의가 있었다고 보기 어렵고, 가사 피고인에게도 그 범행에 가담하려는 의사가 있어 공모 관계가 인정된다 하더라도 다른 조직원들이 각 이 사건 범행에 이르기 전에 그 공모 관계에서 이탈한 것이라 할 것이므로 피고인은 위 공모 관계에서 이탈한 이후의 행위에 대하여는 공동정범으로의 책임을 지지 않는다.

(2) 대법원 1986. 1. 21. 85도2371

1. 사실관계

피고인은 공동피고인 甲, 乙, 丙, 丁과 함께 봉고차를 타고 우회도로를 가다가 丁의 초등학교 동창생인 A녀를 발견, 강제로 차에 태우고 A에게 돈을 내어 놓으라고 하였으나 돈이 없자 5인이 A를 간음하였다. 그 후 丁의 제의로 A를 죽이기로 하고, 커튼을 찢어 A의 손을 묶고 피고인과 丙이 양팔을 끼고 4-500미터 떨어진 저수지로 데리고 갔다.

피고인은 甲 등에게 "이제까지의 범행은 내가 했다고 할 터이니 A를 살려주자"고 했으나, 甲 등은 말을 듣지 않고 A의 다리까지 묶은 후 A를 저수지에 던졌다. 피고인은 A를 구하기 위해 저수지에 뛰어 들려고 했으나 甲 등의 제지로 실패하고, 자신의 생명의 위험을 느껴 산길을 걸어 집으로 돌아왔다. A가 헤엄쳐 저수지가로 나오자 甲 등은 그를 산으로 끌고 가서 목을 졸라 살해하였다.

2. 사건의 경과

원심은 피고인이 살해모의에는 가담하였으나, 다른 공모자들이 실행행위에 이르기 전에 공모관계에서 이탈하였다고 인정하여 이탈한 이후의 다른 공모자의 행위에 대하여 공동정범으로서의 책임을 지지 않는다는 이유로 강도살인의 죄책을 부정하였다. 원심판결에 대하여 검사가 상고하였다.

3. 판결요지

공모자 중의 어떤 사람이 다른 공모자가 실행행위에 이르기 전에 그 공모관계에서 이탈한 때에는 그 이후의 다른 공모자의 행위에 관하여 공동정범으로서의 책임은 지지 않는다고 할 것이고 그 이탈의 표시는 반드시 명시임을 요하지 않는다고 할 것이다. 원심이 확정한 사실에 의하면 구체적인 살해방법이 확정되어 피고인을 제외한 나머지 공범들이 피해자의 팔, 다리를 묶어 저수지 안으로 던지는 순간에 피해자에 대한 살인행위의 실행의 착수가 있다 할 것이고 따라서 피고인은 살해모의에는 가담하였으나 다른 공모자들이 실행행위에 이르기 전에 그 공모관계에서 이탈하였다 할 것이고, 그렇다면 피고인이 위 공모관계에서 이탈한 이후의 다른 공모자의 행위에 관하여는 공동정범으로서의 책임을 지지 않는다고 할 것이므로 위와 같은 취지의 원심판결은 정당하고 거기에 소론과 같은 실행의 착수와 공동정범에 관한 법리오해의 위법이 있다 할 수 없다.

[판례의 연구]

Ⅰ. 문제의 제기

공모관계의 이탈이란 공모공동정범에 있어서 범죄수행과정에서 범의를 포기하고 공모관계에서 이탈한 자를 공동정범으로 처벌할 수 있는가의 문제를 말한다. 공모공동정범이란 2인 이상의 자가 공모하여 공모자 중의 일부가 실행에 나아간 때 실행행위를 분담하지 않은 공모자도 공동정범으로 인정하는 이론이다. 집단의 배후에서 실행행위를 담당하는 자를 조종하고 지배하는 지배형 공모공동정범뿐만 아니라 서로 대등한 입장에서 공동의사를 형성하고 이에 따라 일부가 실행행위를 담당하는 분담형 공모공동정범을 정범으로 처벌해야 할 형사정책적 필요에서 판례에 의하여 확립된 이론이 바로 공모공동정범이론이다. 공모공동정범이론에 의하여 실행행위를 분담하지 않은 공모자는 공모를 근거로 공동정범으로 처벌받게 된다. 공모공동정범의 이론적 근거인 공동의사주체설에 의하면 공모공동정범은 공모만에 의하여 공동정범이 된다. 기능적 행위지배설에 의할 때에는 공모자도 전체범죄의 실행을 위한 중요한 기능을 담당함으로써 기능적 행위지배를 수행해야 공동정범이 되지만 그 기능적 행위지배도 공모를 통하여 수행하는 점에 공모공동정범의 특색이 있다. 공모관계의 이탈은 공모공동정범이론에 의한 공동정범의 지나친 확대를 제한하기 위한 공모공동정범의 처벌한계에 관한 이론이라고 할 수 있다.[1] 물론 공모관계의 이탈은 공모공동정범을 긍정할 것을 전제로 한다. 따라서 공모공동정범을 부정하는 다수설에 의할 때에는 공모관계의 이탈은 문제될 여지가 없다. 기능적 행위지배를 실행행위에 제한하는 이론에 의할 때에도 같은 결과가 된다. 그러

1) 민유숙「공범관계로부터의 이탈」, 형사재판의 제문제 5, 24면.

나 공모공동정범이론은 판례에 의하여 이미 확립된 이론일 뿐만 아니라, 예비행위의 공동만으로도 기능적 행위지배를 인정하는 것이 다수설의 태도인 이상 공모만으로 공동정범이 되는 공모공동정범과 예비단계의 가담으로 행위지배가 인정된 공동정범에 있어서 다른 공모자 또는 공범자가 실행에 착수하기 전에 이탈한 경우에 공동정범의 성립을 부정할 필요가 있다고 할 것이다.

공모관계의 이탈을 공범관계의 이탈과 구별하여 이탈론은 공모공동정범과는 아무런 관련 없이 공동정범의 본질에서 유래하는 문제라고 해석하는 견해도 있다.[1] 예비단계에서 본질적 행위기여를 한 자도 공동정범 중의 1인이 실행의 착수에 나아간 때에는 기능적 행위지배를 인정할 수 있으므로 다른 공동정범이 실행에 착수하기 이전에 이탈한 때에는 공동정범이 성립하지 않기 때문이라고 한다. 공범의 처벌근거에 대하여 인과적 공범론이 통설이 되고 있는 일본 형법학에 있어서 공범은 자기 행위와 인과관계를 가지는 범위의 결과에 대하여만 죄책을 부담하는 것이므로, 스스로의 가공에 의하여 창출된 위험이 결과로 실현되는 것을 방해한 자는 공범관계에서 이탈한 것으로 이해하는 것도 같은 태도라고 할 수 있다.[2] 공모관계의 이탈이 다른 공모자의 실행의 착수 이전에 이탈하는 경우를 말함에 반하여, 공범 또는 공동정범으로부터의 이탈은 다른 공범자의 실행의 착수 전후를 불문하여 오히려 실행의 착수 후의 이탈을 문제로 한다는 점에서 구별되는 것은 사실이다.[3] 그러나 ① 다른 공모자의 실행의 착수 이전에 공모관계로부터의 이탈은 주로 공모공동정범에서 문제되고 있고, ② 공모공동정범에 있어서는 공모만으로 공동정범이 인정되는 경우이기 때문에 특히 공모관계의 이탈을 인정할 필요가 절실하며, ③ 판례가 문제삼고 있는 실행의 착수 이전의 공모관계의 이탈은 공모공동정범의 경우라는 점을 종합하면 공모관계의 이탈이 공모공동정범이론과 관련 없다는 논거는 설득력이 없다고 생각된다. 공범관계의 이탈을 쟁점으로 하는 일본 형법학에 있어서도 다른 공모자의 실행의 착수 전의 이탈은 주로 공모공동정범에 있어서

1) 이용식 「공동자 중 1인의 실행착수 이전의 범행이탈」, 형사판례연구 11, 96면.
2) 今井猛嘉「共犯關係からの離脫」, 刑法の爭點(第３版), 116面.
3) 공범관계의 이탈과 공범관계의 해소는 구별해야 한다. 공범관계의 이탈이 다른 공범자의 실행의 착수 전후에 공동수행의 의사를 포기하고 이탈하는 경우를 말함에 반하여, 공범관계의 해소는 공동수행을 종료하고 이탈하는 경우를 말한다. 西田典之 刑法總論, 349面; 前田雅英 刑法總論講義(4版), 489面.

공모자의 일부가 실행에 착수하기 전에 이탈하는 경우를 말한다고 설명하고 있다.[1)]

공모관계의 이탈은 다른 공모자가 실행에 착수하기 전에 이탈하는 경우와 실행에 착수한 후에 이탈하는 경우로 나눌 수 있다. 후자는 주로 공범과 중지미수의 문제로 다루어지기 때문에 좁은 의미에서의 공모관계의 이탈은 전자의 경우에 제한된다고 할 수 있다. 대상판결 (1)과 (2) 및 관련판결은 다른 공모자가 실행에 착수하기 전에 이탈한 경우임에 반하여, 대상판결 (3)은 실행에 착수한 이후에 이탈한 경우이다. 대상판결 (1)과 (2) 및 관련판결은 모두 공모관계의 이탈을 인정하기 위한 요건을 판단한 판결이지만, 대상판결이 기능적 행위지배설의 입장에서 공모관계의 이탈요건을 판시한 것임에 반하여, 관련판결은 공모관계를 주도하지 아니한 평균적 공모자에게 그 이탈을 용이하게 인정한 판결이라고 할 수 있다. 여기서 다른 공모자의 실행의 착수 전의 이탈과 실행의 착수 후의 이탈이론을 살펴보고, 대상판결을 분석하기로 한다.

Ⅱ. 실행의 착수 전의 이탈

공모관계의 이탈은 주로 다른 공모자가 실행에 착수하기 전에 이탈한 경우에 문제된다. 실행의 착수 전의 이탈을 공모관계의 이탈이라고 하기도 한다. 다른 공모자가 실행에 착수한 이후에는 결과발생의 위험이 구체화되어 이탈자의 행위기여와 위험과의 연관성을 부정하기 어렵기 때문이다. 일반적으로 다른 공모자가 실행에 착수하기 전의 공모관계의 이탈은 쉽게 인정되고 있다. 대상판결도 「공모공동정범에 있어서 공모자 중의 1인이 다른 공모자가 실행행위에 이르기 전에 그 공모관계에서 이탈한 때에는 그 이후의 다른 공모자의 행위에 관하여는 공동정범으로서의 책임은 지지 않는다」고 판시하고 있다. 특히 관련판결들은 「공모관계에서 이탈한 피고인은 이탈한 이후의 행위에 대하여는 공동정범으로의 책임을 지지 않는다」고 판시하여 공모관계에서 이탈하기만 하면 공동정범이 성립하지 않는다는 듯한 태도를 취하고 있다. 여기서 다른

1) 萩原玉味「共犯からの離脱」, 刑法判例百選(4版), 192面; 只木 盛「共犯からの離脱」, 刑法判例百選(5版), 190面.

공모자의 실행의 착수 이전에 공모관계의 이탈을 위해 어떤 요건이 필요한가를 검토할 필요가 있다.

1. 판례의 태도

대상판결 (1)과 (2)는 공모관계의 이탈이 인정되기 위해서는 「공모자가 공모에 의하여 담당한 기능적 행위지배를 해소하는 것이 필요하므로 공모자가 공모에 주도적으로 참여하여 다른 공모자의 실행에 영향을 미친 때에는 범행을 저지하기 위하여 적극적으로 노력해야 한다」고 판시하고 있다. 그러나 주도적으로 참여하지 않은 공모자에게 이탈을 인정하기 위한 요건으로 무엇이 필요한가에 관하여는 명백히 밝히지 않고 있다. 다만 관련판결 (2)는 「공모자 중의 어떤 사람이 다른 공모자가 실행행위에 이르기 전에 그 공모관계에서 이탈한 때에는 그 이후의 다른 공모자의 행위에 관하여 공동정범으로서의 책임은 지지 않는다고 할 것이고 그 이탈의 표시는 반드시 명시임을 요하지 않는다」고 판시함으로써 다른 공모자에 대하여 이탈의 의사를 표시할 것을 요한다고 판시하였다. 공모관계의 이탈요건을 설시하고 있는 일본판례를 참고할 필요가 있다. 실행의 착수 이전의 공모관계의 이탈요건을 처음으로 밝힌 판결은 1950년의 동경고등재판소 판결이다. 절도를 공모한 피고인이 범행을 하러가던 도중 자신이 집행유예 중이라는 생각이 들어 범행을 포기하고 돌아온 사건에서,[1] 일본 동경고등재판소는 ① 피고인이 이탈의 의사표시를 하였고, ② 다른 공범자가 이를 승낙하였다는 이유로 절도죄의 죄책을 부정하였다. 1976년의 松江지방재판소 판결은 위의 요건 이외에 대상판결과 유사한 요건을 추가하였다. 즉 폭력조직의 조직원이 다른 조직원들과 적대조직의 조직원 M을 권총으로 살해할 계획을 주도적으로 모의하였으나 권총을 소지한 조직원이 실행을 주저하자 일단 철수를 지시하였는데 현장에서 칼을 가지고 있던 다른 조직원이 칼로 M을 살해한 사건에서,[2] 松江 지방재판소는 「일반적으로 범죄의 실행을 공모했다고 할지라도 그 착수 전에 다른 공모자에 대하여 자기가 공모관계에서 이탈할 뜻을 표명하고 다른 공모자도 이를 승인하고 잔여자만으로 범죄를 실행

1) 東京高判 1950. 9. 14(고형집 3-3, 407).

2) 松江地裁 1976. 11. 2(판시 845, 127; 형법판례백선 1(제 5 판), 186).

한 경우, 이탈자에 대해서는 다른 공모자가 실행한 범죄에 대하여 책임을 묻지 않을 수 있지만, 공모 관계의 이탈이라고 하기 위해서는 자기와 다른 공모자와의 공모관계를 완전히 해소할 것이 필요하므로 특히 이탈하는 자가 공모자단체의 우두머리로서 다른 공모자를 통제·지배하는 입장에 있는 자라면, 이탈자가 공모관계가 없었던 상태로 복원시키지 않으면 공모관계가 해소되었다고 할 수 없다」고 판시하였다.

2. 공모관계의 이탈의 요건

여기서 공모관계의 이탈요건으로 ① 이탈자의 이탈의 의사표시, ② 다른 공모자의 승인 및 ③ 기능적 행위지배의 해소가 필요한가를 검토할 필요가 있다.

(1) 이탈의 의사표시

공모관계의 이탈을 인정하기 위해서는 이탈의 의사표시가 있어야 하는가 또는 범행결의를 포기하면 족한가에 관하여 범행결의 포기설은 이탈자가 실행의 착수 이전에 범행의 결의를 포기하면 족하며, 다른 공범자에게 표시할 필요는 없다고 해석한다.[1] 기능적 행위지배설에 의하면 공모 후 예비단계에서 이탈한 자는 포기의사의 표현이 없더라도 기능적 행위지배가 제거되어 이탈 후의 실행행위에 대한 공동정범이 될 수 없다는 점을 근거로 한다. 이에 반하여 의사표시 필요설은 이탈의 의사를 다른 공모자에게 표시해야 공동정범의 귀속을 부정할 수 있다고 한다.[2] 다른 공모자가 이탈사실을 모른 때에는 이탈자의 기존기여가 효력을 유지한다는 것을 이유로 한다. 관련판결 (2)도 같은 태도이다. 생각건대 이탈자의 이탈의 의사표시는 범죄 실행의사 포기의 중요한 요소이므로 이를 필요로 한다고 해석하는 것이 타당하다고 생각한다. 다만, 이탈의 의사표시는 반드시 명시적일 것을 요하지 않으며 묵시적 의사표시로도 족하다. 따라서 이탈자가 범행현장에 나타나지 않거나, 현장에서 떠나는 것만으로도 이탈의 의사는 표시되었다고 할 수 있다.

1) 손동권 「중지(미수)범의 특수문제」, 형사판례연구 5, 97면; 이용식 앞의 글, 111면.
2) 민유숙 앞의 글, 25면.

(2) 다른 공모자의 승인

이탈의 의사표시에 대하여 다른 공모자의 승인이 필요한가에 대하여도 승인불요설은 이탈의 의사에 대한 다른 공모자의 승인은 필요하지 않다고 해석한다.[1] 상대방의 승인은 타인의 범죄에 종속적으로 가담하는 교사범이나 방조범의 경우에 논의되는 것이며 공동의 범행결의가 필요한 공동정범에 있어서는 문제될 여지가 없다는 것을 이유로 한다. 이탈자의 가담의 정도에 따라 이탈자가 평균적 일원으로 공모에 가담하였을 때에는 이탈의 의사표시를 다른 공모자가 인식하면 이탈을 인정할 것이지만 교사적인 태양으로 공동정범에 관여한 자, 즉 공모관계 형성에 있어서 주도적인 역할을 한 자는 다른 공범자에 대하여 강력한 심리적 영향을 제거하지 않는 한 이탈할 수 없다고 해석하는 견해도 있다.[2] 그러나 ① 공모관계의 이탈을 인정하기 위해서는 공모관계를 해소하겠다는 의사의 합치를 필요로 한다고 해야 하고, ② 공모공동정범의 근거를 기능적 행위지배설에 두고 기능적 행위지배가 인정될 경우로 제한할 때에는 이미 기능적 행위지배를 수행한 공모자에게 공모관계의 이탈을 인정하기 위해서는 엄격한 요건을 필요로 한다고 해야 하며, ③ 기능적 행위지배의 제거는 공모자의 승인을 전제로 한다는 점에서 볼 때, 다른 공모자의 승인을 필요로 한다고 해석하는 것이 타당하다고 생각한다. 다만, 이탈의 의사표시가 묵시적인 의사표시로 족한 것과 대응하여 승인도 반드시 명시적인 승인을 요할 필요는 없다. 다른 공모자가 이탈자의 이탈사실을 인식하면서 이탈자 없이 실행에 나아간 때에는 이탈에 대한 승인을 인정할 수 있다고 해야 한다. 공모자의 승인불요설도 이 경우에 이탈을 인정한다는 점에서 승인이 필요한가의 문제는 실질적으로 논쟁의 실익이 없다고 할 수 있다.

(3) 기능적 행위지배의 제거

이탈의 의사표시와 다른 공모자의 승인 이외에 이탈자가 공모에 의하여 담당한 기능적 행위지배를 해소할 것이 필요한가에 관하여, 공모공동정범의 이론적 근거로 공동의사주체설이나 간접정범유사설을 취할 경우에는 다른 공

1) 이용식 앞의 글, 101면.

2) 민유숙 앞의 글, 25면; 今井猛嘉 前揭論文, 116面; 園田 壽「共犯からの離脱(1)」, 刑法判例百選 1(第5版), 187面.

모자가 실행에 착수하기 전에 이탈하면 족하고 기능적 행위지배를 해소할 것을 요구해야 할 이유가 없다. 그러나 기능적 행위지배설에 의할 때에는 공모에 의하여 기능적 행위지배를 인정할 수 있을 때에만 공모공동정범이 성립하며, 공모관계의 이탈을 위해서도 기능적 행위지배를 제거해야 하는 것은 당연하다. 대법원은 이미 공모공동정범의 이론적 근거를 기능적 행위지배설에 근거하여 설명하는 경향을 보이고 있다.[1] 기능적 행위지배설에 의하는 한, 이탈자가 공모에 의하여 담당한 기능적 행위지배를 제거한 때에만 공모관계의 이탈을 인정할 수 있는 것은 당연하다. 따라서 이탈자가 공모자 가운데 평균적 일원에 불과한 때에는 이탈의 의사표시와 다른 공모자의 승인으로 공모관계의 이탈이 인정되지만, 공모관계의 주모자로서 다른 공모자의 실행에 강한 영향을 미친 때에는 실행에 미친 영향력을 제거해야 한다고 하지 않을 수 없다. 대상판결이 「공모자가 공모에 주도적으로 참여하여 다른 공모자의 실행에 영향을 미친 때에는 범행을 저지하기 위하여 적극적으로 노력하는 등 실행에 미친 영향력을 제거하지 아니하는 한 공모관계에서 이탈하였다고 할 수 없다」고 판시하고, 일본의 松江 지방재판소 판결이 「이탈자가 다른 공모자를 통제·지배하는 입장에 있을 때에는 공모관계가 없었던 상태로 복원시켜야 한다」고 판시한 것도 이러한 의미라고 해석할 수 있다.

Ⅲ. 실행의 착수 후의 이탈

1. 공범과 중지미수

통설은 실행의 착수 후의 이탈을 공범과 중지미수의 문제로 해결한다. 공범에 있어서 중지미수가 성립하기 위해서는 공범이 자신의 행위를 중지하는 것만으로는 족하지 아니하고 다른 공범(또는 정범)의 행위까지 중지케 하여 결과의 발생을 방지하지 않으면 안 된다. 이와 같이 공범에 있어서 중지미수의 요건을 엄격하게 요구하고 있는 것은 ① 다수인이 가담한 행위는 단독범의 경우보다 위험하므로 개별적인 행위가담의 포기만으로는 높은 위험성이 제거될

1) 대법원 2007. 4. 26. 2007도235; 대법원 2009. 6. 23. 2009도2994; 대법원 2009. 8. 20. 2008도11138; 대법원 2010. 7. 15. 2010도3544.

수 없으며, ② 다른 행위자로 하여금 죄를 범하게 한 자는 적극적으로 그 범죄의 완성을 방지하여야 미수가 될 수 있고, ③ 범죄가 기수에 달하면 중지미수는 성립할 수 없기 때문이다.

대법원도 피고인 등이 금품을 강취할 것을 공모하고 피고인은 집 밖에서 망을 보기로 하였으나, 다른 공모자들이 피해자의 집에 침입한 후 담배를 사기 위해서 망을 보지 않은 경우에 「행위자 상호간에 범죄의 실행을 공모하였다면 다른 공모자가 이미 실행에 착수한 이후에는 그 공모관계에서 이탈하였다고 하더라도 공동정범의 책임을 면할 수 없다」는 이유로 피고인에게 강도상해죄의 공동정범의 죄책을 인정하였다.[1] 1949년의 일본 최고재판소 판결도 A가 B와 함께 X의 집에 침입하여 강도에 착수하였으나 X가 가진 돈이 900엔밖에 없다고 하자 B에게 돌아가자고 했는데 B가 그 돈을 받아 나온 사건에서, 「B의 범행을 저지하지 않고 방임한 이상 강도죄의 기수의 공동정범이 성립한다」고 판단하였다.[2] 실행에 착수한 이후에는 착수 전에 비하여 결과발생에 이를 위험이 구체화되기 때문에 이 위험과 이탈자의 종전의 행위 사이의 인과연쇄를 단절하기 위해서는 상당한 행위가 요구되기 때문이라고 한다. 대상판결 (3)에서 대법원이 피고인이 공범들과 다단계금융판매조직에 의한 사기범행을 공모하고 피해자들을 기망하여 그들로부터 투자금명목으로 피해금원의 대부분을 편취한 단계에서 관리이사직을 사임한 경우에도 피고인은 공범으로서의 책임을 부담한다고 판시한 것도 같은 의미라고 할 수 있다.

2. 공동정범 이탈론과 공동정범 해소론

실행에 착수한 이후에 공모자의 일부가 자신의 목적을 달성하고 사건현장을 떠난 경우에 돌아간 후에 발생한 다른 공범자의 행위에 대한 책임을 인정할 것인가, 또 피고인이 결과방지를 위해 진지하게 노력하였음에도 불구하고 다른 공동정범에 의하여 결과가 발생한 경우에도 미수를 인정할 수 없는가라는 문제가 제기된다. 독일형법 제24조 2항은 「다수인이 가담한 경우에 결과방지를 위하여 진지한 노력을 한 자는 그의 노력과 관계없이 기수에 이르지 않았거

1) 대법원 1984. 1. 31. 83도2941.

2) 日最判 1949. 12. 17(형집 3-12, 2028).

나, 이전의 행위가담과 관계없이 기수에 이른 때에도 중지미수가 적용된다」는 규정을 두어 입법적으로 해결하였으나, 형법에는 이러한 규정이 없다. 명문의 규정이 없는 일본형법학에서 공범처벌의 인과성이라는 관점에서 이탈자에게 미수를 인정하기 위한 이론으로 주장된 것이 공동정범 이탈론과 공동정범 해소론이다. 공동정범 이탈론은 공동정범관계의 이탈이란 공동정범의 실행의 착수 후 기수에 이르지 않은 단계에서 공동정범자 중의 일부의 자가 다른 공동자와의 상호적인 이용・보충의 관계를 단절하고 그 공동정범관계에서 떠나는 것이라고 정의하고, 진지한 중지노력에도 불구하고 실패하여 결과가 발생한 경우 및 다른 공동자로부터 이탈의 승인을 받아 그것에 의하여 다른 공동자의 범행에의 영향이 소실된 경우에는 이탈 시까지의 행위에 대한 책임(장애미수에 준하는 책임)만을 부담한다고 한다.[1] 공동정범 해소론은 공동정범 중의 1인이 공동정범관계에서 이탈할 의사를 표명함과 함께 그때까지 자기가 한 범죄실현에의 영향을 제거하고 자기의 그때까지의 인과관계를 절단하려고 한 경우에는 그 이후에는 공동정범관계가 해소되어 단독범으로 환원한다는 이론이다.[2] 인과관계 차단론이라고도 하며, 일본의 통설이라고 할 수 있다.[3]

일본의 최고재판소는 1988년 피고인 X가 다른 공범자 Y와 함께 심야부터 새벽까지 죽도와 목도로 피해자의 안면과 등을 구타하다가 새벽 5시경 공범자에게 '나 이제 가겠다'고 하고 그곳을 떠나자 얼마 되지 않아 Y가 다시 피해자의 얼굴을 목도로 찌르고 폭행하여 그 날 오후 1시경 피해자가 사망한 사건에서,[4] 「X가 돌아간 시점에서는 Y가 제재를 가할 위험이 소멸되지 않았는데 X가 특별히 이를 방지할 조치를 강구하지 않고 현장을 떠난 데 불과하므로, Y와의 사이의 당초의 공범관계가 이 시점에서 해소되었다고 할 수 없고, 그 후의 Y의 폭행도 공모에 기한 것이라고 인정함이 상당하다」고 결정하여 X에게 상해치사죄의 죄책을 인정하였다. 최고재판소의 이 결정은 공범자의 일부가 의도한 결과를 현실로 발생시킨 후에 떠난 경우에도 다른 공범자와의 공범관계를 해소하지 않는 한 그 후에 한 다른 공범자의 행위에 대한 책임을 지지 않을

1) 大塚 仁 刑法概說(總論)(第3版), 330面.
2) 西田 刑法總論, 349面; 前田 刑法總論講義, 487面.
3) 萩原玉味 前揭論文, 193面.
4) 日最決 1988. 6. 26.(형집 43-6, 567; 형법판례백선 1, 188면).

수 없다고 하여, 공동정범 해소론의 가능성을 인정하면서도, 공동정범관계 해소의 요건으로 범행이 수행될 위험이 소멸될 것, 즉 공범의 처벌근거에 기한 인과관계의 차단이 필요한 것임을 명백히 한 판결이다. 일본 최고재판소는 그 후 1994년 상대방의 침해에 대하여 여러 사람이 공동으로 방위행위로서 폭행을 하고 상대방으로부터의 침해가 종료한 후에 그중 일부의 사람이 폭행을 계속한 경우에 침해 현재 시의 반격행위와 그 후에 이루어진 추가 폭행행위를 구분하여 전자에 대하여는 정당방위가 성립하고, 후자에 있어서는 새로운 공모가 성립한 것으로 피고인은 그 공모에 가담하지 않았다는 이유로 피고인에게 무죄를 선고하였다.[1] 처음의 반격행위에 가담한 공동정범에 대한 공동정범관계는 해소되었다는 전제에서, 이탈 후의 폭행은 새로운 공모에 의한 폭행에 해당한다는 취지의 판결이다.

생각건대 공동정범 이탈론에 대해서는 ① 이탈에 의하여 공범의 사실적·인과적 영향을 완전히 해소하는 것은 불가능하며, ② 공동정범의 경우에 결과가 발생하였음에도 불구하고 미수를 인정할 수는 없고, ③ 독일형법 제24조 2항과 같은 규정이 없음에도 불구하고 같은 효과를 인정하는 것은 타당하다고 할 수 없다는 비판을 면할 수 없다. 한편 공동정범 해소론은 이탈자가 기도한 목적을 달성하여 공범관계가 해소된 후에 다른 공모자에 의하여 발생한 결과는 새로운 공모에 기초한 결과이기 때문에 이탈자에게 귀속시킬 수 없다는 이론이므로, 공모관계의 이탈론이 아니라 공동정범 중 일부의 자가 공동의사를 초과한 행위를 한 경우의 문제라고 해야 한다. 공동정범은 공동의사의 범위 안에서만 성립하므로 초과행위에 대하여는 그 행위를 한 자의 단독정범이 성립할 뿐이라는 것은 당연하다. 따라서 공모자의 일부가 실행에 착수한 후에 이탈한 경우는 공범과 중지미수의 문제로 해결하는 것이 타당하다고 생각한다.

Ⅳ. 대상판결의 검토

1. 실행의 착수 전의 이탈

대상판결 (1)과 (2) 및 관련판결 (1)과 (2)는 다른 공모자가 실행에 착수하

1) 日最判 1994. 2. 6(형집 48-8, 509).

기 전에 공모자의 1인이 이탈한 경우에 대한 판결이다. 대상판결들이 공모를 주도한 자의 이탈을 인정하기 위한 요건을 판시한 판결임에 반하여, 관련판결들은 평균적 공모자의 이탈을 쉽게 인정한 판결들이다.

(1) 대상판결 (1)과 (2)의 검토

대상판결 (1)과 (2)는 공모를 주도한 공모자의 이탈을 위해서는 공모자가 다른 공모자의 범행을 저지하기 위하여 노력하는 등 공모에 의하여 담당한 기능적 행위지배를 해소하는 것이 필요하다는 점을 명백히 한 판결들이다. 대상판결 (1)에서 피고인은 21세의 성인으로 14세 또는 15세의 원심공동피고인 등과 강도 모의를 하면서 삽을 들고 사람을 때리는 시늉을 하는 등 주도적으로 역할한 경우이며, 대상판결 (2)에서는 피고인이 피해자를 성매수 행위의 상대방이 되게 하고 나체사진을 찍도록 하면서 자세를 가르쳐 주고, 피해자가 중도에 도망갈 것을 염려하여 위 피해자로 하여금 약속을 지키지 않을 경우에는 민형사상 책임을 진다는 내용의 각서를 작성하는 등 미성년자 유인죄와 청소년성보호에 관한 법률위반죄의 범행을 주도하였다. 대법원이 공모공동정범의 이론적 근거를 기능적 행위지배설에 둔 이상 공모관계의 이탈을 인정하기 위해서는 이탈자가 종래에 기여한 기능적 행위지배를 해소해야 한다는 것은 당연하며, 이러한 의미에서 대상판결은 타당하다고 생각한다.

다만 공모관계의 이탈을 인정하기 위해서는 기능적 행위지배의 해소 이외에 이탈을 위한 일반적 요건을 충족해야 하는 것은 당연하다. 즉 이탈자는 다른 공모자들에게 이탈의 의사를 표시해야 하며, 다른 공모자들이 이탈을 승인했을 것을 필요로 한다. 물론 이탈의 의사표시가 반드시 명시적일 필요는 없으며, 이에 대응하여 공모자의 승낙도 엄격한 의미에서의 동의를 필요로 하는 것은 아니다. 대상판결 (1)에서 피고인은 원심공동피고인 1, 2가 강도상해의 대상자를 쫓아가자 피고인은 비대한 체격 때문에 그들을 뒤따라가지 못하고 원심공동피고인 3에게 따라가라고 한 후 자신은 앉아 있었을 뿐이었다. 피고인이 이탈의 의사표시를 했거나, 다른 공모자가 이탈을 승인했다고 인정할 자료도 없었다. 오히려 원심공동피고인 3에게 따라가라고 한 점에서 범행의 계속을 지시했다고 볼 수 있다. 대상판결 (2)에서는 피고인이 별건으로 수원구치소에 구속되어 있었으므로 공범자들과 범행을 함께 하지 못한 사실은 인정된다. 그러나 피고인이 구속되어 있었다는 사실만으로 공모관계에서 이탈했다고 할 수 있는가는 의문이다. 피고인이 구속되어 있는 동안에 피고인의 처가 다른 공모자들과 함께 성매매대금을 나누어 사용한 점에 미루어 보면, 피고인이 공모관계에서 이탈했다고 볼 수도 없기 때문이다. 다만 대상판결 (1)과 (2)는 모두 공모관계의 이탈을 부정한 경우이기 때문에 기능적 행위지배를 제거하지 않았다는 명백한 이유를 근거로 제시했다고 이해할 수 있다. 대상판결들은 타당하다.

(2) 관련판결 (1)과 (2)의 검토

관련판결 (1)과 (2)에서 피고인은 공모관계에서 주도적 역할을 담당하지 않은 평균적 공모자에 불과하다. 즉 관련판결 (1)에서 피고인은 범죄단체조직의 조직원에 불과하였고, 관련판결 (2)에서는 살해모의에 가담하고 丙과 함께 피해자의 양팔을 끼고 4-500미터 떨어진 저수지로 데리고 가는 역할을 담당한 자에 불과하며 주도적으로 범죄를 모의한 자는 아니다. 따라서 공동의사주체설이나 간접유사설은 물론 기능적 행위지배설에 의하더라도 ① 이탈의 의사표시와 ② 다른 공모자의 승인 또는 인식만으로 공모관계의 이탈이 쉽게 인정되는 경우이다. 피고인의 이탈이 다른 공모자의 실행의 착수 전에 있었을 것을 요구하는 것은 당연하다.

관련판결 (1)은 피고인에게 공모공동정범이 성립하지 않는 경우이다. 어떤 견해에 의하더라도 공모 자체가 없을 때에는 공모공동정범은 성립할 여지가 없기 때문이다. 관련판결 (1)에서 피고인은 술을 마시고 있다가 같은 조직원으로부터 연락을 받고 로울러 스케이트장에 가서 '파라다이스'파에게 보복을 하러 간다는 말을 듣고 다른 조직원들이 여러 대의 차에 분승하여 출발하려고 할 때, 사태의 심각성을 실감하고 범행에 휘말리기 싫어서 그곳에서 택시를 타고 집으로 돌아왔을 뿐이므로, 다른 조직원들과의 사이에 '파라다이스'파 조직원들을 공격하여 상해를 가하거나 살해하기로 하는 모의가 있었다고 볼 수 없다. 공모관계가 없는데 공모관계로부터 이탈했다고 할 수 없는 것은 당연하다. 따라서 판결이 「다른 조직원들이 범행에 이르기 전에 그 공모관계에서 이탈한 것이다」라고 판시한 것은 공모관계가 인정된다고 가상한 경우의 가설적 판단이다. 다른 조직원들이 출발하는데 택시를 타고 집에 돌아온 것은 묵시적인 이탈의 의사표시가 있는 경우이고, 다른 조직원들이 피고인이 가담하지 않은 것을 알면서 범행을 범한 것은 이탈을 승인했다는 의미라고 이해할 수 있다.

관련판결 (2)에서 피고인은 다른 공모자들이 피해자를 살해하려고 하자 그들에게 '이제까지의 범행은 내가 했다고 할 터이니 A를 살려주자'고 했고, 甲 등이 말을 듣지 않고 피해자의 다리를 묶은 후 저수지에 던지자 피고인은 그를 구하기 위해 저수지에 뛰어들려고 했으나 실패하고, 자신의 생명의 위험을 느껴 집으로 돌아왔다. 피고인이 다른 공범들에게 피해자를 살려주자고 하고 산에서 내려가 집으로 돌아옴으로써 이탈의 의사를 표시하였고, 다른 공범들은 피고인이 산에서 내려간 다음에 그들만으로 범행을 실행하여 피고인의 이탈을 인식했다고 할 수 있다. 문제는 대상판결 (2)에서 피고인의 이탈이 다른 공범자들의 실행의 착수 이전이라고 할 수 있는가에 있다. 피고인이 공범들과 강도강간죄를 범한 것은 쉽게 인정할 수 있다. 강도강간죄는 이미 기수에 달했다고 볼 수 있다. 문제는 강도살인죄에 대한 실행의 착수를 인정할 수 있는가에 있다.

강도살인죄는 강도죄와 살인죄의 결합범이다. 결합범에 있어서는 그 일부에 해당하는 행위를 개시하면 실행의 착수가 인정된다. 따라서 야간주거침입절도죄는 주거침입 시에 실행의 착수가 인정된다. 그러나 결합의 방법에 따라 일부 행위가 개시된다고 반드시 결합범의 착수가 인정되는 것이 아니라 불법의 중점이 되는 행위를 시작한 때에 실행의 착수를 인정할 수 있게 된다. 강간죄나 강도죄가 폭행·협박이 있을 때에 착수되는 것같이 강도살인죄나 강도강간죄는 살인죄나 강간죄의 착수가 있을 때에 실행에 착수한 것이 된다. 관련판결 (2)에서 피고인 등이 피해자를 살해할 것을 공모하고 범행장소인 저수지까지 끌고 간 이상 강도살인죄는 착수되었다고 해야 한다는 견해도 있다.[1] 이에 의하면 관련판결 (2)는 공모자들이 실행에 착수한 후에 이탈한 경우에 해당하여, 중지미수가 성립하는가가 문제될 뿐이다. 그러나 범행현장으로 피해자를 끌고 가는 행위는 강도살인죄의 구성요건적 행위가 아님은 물론, 그 직접 전단계의 행위라고도 할 수 없다. 따라서 강도살인죄는 피해자를 저수지로 던지거나, 던지는 행위를 시작할 때에 실행에 착수했다고 해석해야 한다. 이러한 의

1) 민유숙 앞의 글, 34면; 조준현 「공모관계의 해소에 관한 사례연구」, 형사판례연구 5, 153면.

미에서 관련판결 (2)가 피고인은 공모자들이 강도살인죄에 착수하기 전에 공모관계에서 이탈하였기 때문에 강도살인죄에 대하여 공동정범으로서의 죄책을 지지 않는다고 판시한 것은 타당하다고 생각한다.

2. 실행의 착수 후의 이탈

대상판결 (3)은 다른 공모자들이 실행에 착수한 후에 공범관계에서 이탈하였다고 볼 수 있는가가 문제되는 경우이다. 피고인은 甲 및 乙과 공모하여 1999. 8.부터 피해자 4명에게 투자금에 대해 10일 만에 10%의 고수익을 보장해 주겠다고 기망하여 다단계금융을 판매하였는데, 피고인은 같은 해 10. 2.부터 신용조합에 출근하지 않다가 같은 달 6일 정식으로 퇴사하였고, 甲과 乙은 1999. 10. 6.부터 12. 8.까지 피해자들로부터 162,400,000원을 편취한 사건이다. 피고인은 피해자들에 대한 기망행위와 일부 처분행위가 이루어진 후에 퇴사하였고, 퇴사한 이후의 피해자들의 투자금의 0.4%의 수당을 받고 있었다. 피고인이 유사 금융회사에서 퇴사한 것을 이탈이라고 보는 경우에도, 사기죄의 착수시기가 기망행위가 있을 때라는 점에 비추어 보면 피고인은 실행에 착수한 이후에 이탈한 것에 불과하다. 통설과 판례의 태도처럼 실행의 착수 후의 이탈을 공범과 중지미수의 문제로 이해할 때에는 피고인의 다른 피고인들에 의한 결과발생을 방지하지 않았기 때문에 중지미수의 요건을 충족하지 못했다. 피고인에게 자의성을 인정할 자료도 없어 보인다. 대상판결 (3)의 경우에 일본에서 논의되는 공동정범 이탈론이나 공동정범관계 해소론도 적용될 여지가 없다. 공동정범 이탈론은 공동정범의 실행의 착수 후 기수에 이르지 않은 단계에서 공동정범자 중의 일부의 자가 다른 공동자와의 상호적인 이용·보충의 관계를 단절하고 그 공동정범관계에서 떠나서 다른 공동자의 범행에의 영향이 소실된 경우에는 이탈 시까지의 행위에 대한 책임(장애미수에 준하는 책임)만을 부담한다는 이론인데, 피고인은 다른 공동자와의 상호적인 이용·보충의 관계를 단절했다고 볼 수 없다. 또 피고인이 퇴사하기 전에 이미 행한 기망행위에 의하여 피해자들이 착오에 빠져 투자한 것이므로 공동정범관계가 해소되었다고도 할 수 없다. 결국, 피고인은 사기죄의 기수로서의 죄책을 면할 수 없고, 대상판결 (3)은 타당하다고 하지 않을 수 없다.

24. 연결효과에 의한 상상적 경합

안 경 옥*

[대상판결]

(1) 대법원 2001. 2. 9. 2000도1216

1. 사실의 개요

피고인에 대한 공소사실의 요지는 피고인은 구청건설도시국 도시과에서 토지분할, 지목 변경, 합병, 지적 고시에 따른 도시계획도 지적선의 정리, 토지이용계획 확인원 발급 업무에 종사하는 자인바,

가. 1995년 9월 초순 11:00경 위 구청민원실에서 건축사 사무실 직원인 제1심 공동피고인으로부터 같은 구 소재 다세대주택의 부지 경계선이 8 m 도시계획도로선과 90 ㎝ 떨어져 평행으로 되어 있어서 위 다세대주택의 건축에 애로가 있으니 위 지번의 토지 경계선과 도시계획도로선을 일치시켜 달라는 부탁을 받고 그로부터 금 300만원을 교부받아 공무원이 그 직무에 관하여 뇌물을 수수한 다음, 같은 달 일자 불상 19:00경 위 민원실에서 행사할 목적으로 권한 없이 지우개로 위 지번의 토지 경계선과 90 ㎝ 떨어져 평행으로 그어져 있는 위 도시계획도로선을 지우고 붉은 색 먹으로 위 지번의 경계선과 일치되도록 8 m 도시계획도로선을 새로 그어 도시계획도를 고쳐 구청의 공도화인 도시계획도를 변조함과 아울러 부정한 행위를 하고,

나. 같은 일시경 구청지적서고에서 위와 같이 변조한 도시계획도를 비치함으로써 변조한 공도화를 행사하고,

다. 1996년 9월 초순경 위 구청민원실에서 위 제1심 공동피고인으로부터 위 대지 등의 분할에 따라 도시계획도를 신속하게 작성하여 달라는 부탁을 받고 그로

* 경희대학교 법학전문대학원 교수.

부터 금 30만원을 교부받아 공무원이 그 직무에 관하여 뇌물을 수수하였다는 점에 있었다.

2. 사건의 경과

원심이 유지한 제 1 심판결 이유에 의하면 피고인의 행위 중 수뢰후부정처사의 점에 대하여는 형법 제131조 제 1 항, 제129조 제 1 항을, 공도화변조 및 동 행사의 점에 대하여는 형법 제225조 및 제229조를 각 적용한 후 위 각 죄는 형법 제37조 전단의 경합범에 해당한다고 하여, 그 형이 가장 무거운 수뢰후부정처사죄의 형에 경합가중을 하여 처단하였다. 원심판결에 대하여 피고인이 상고하였다. 상고이유의 요지는 수뢰후부정처사죄와 공도화변조죄 및 동 행사죄를 모두 실체적 경합범으로 보고 경합범 가중을 한 제 1 심을 그대로 유지한 원심판결에는, 그 죄수에 관한 법리를 오해함으로써 판결에 영향을 미친 위법이 있다는 점에 있었다.

3. 판결요지

형법 제131조 제 1 항의 수뢰후부정처사죄에 있어서 공무원이 수뢰후 행한 부정행위가 공도화변조 및 동 행사죄와 같이 보호법익을 달리하는 별개 범죄의 구성요건을 충족하는 경우에는 수뢰후부정처사죄 외에 별도로 공도화 변조 및 동 행사죄가 성립하고 이들 죄와 수뢰후부정처사죄는 각각 상상적 경합범 관계에 있다고 할 것인바, 이와 같이 공도화변조죄와 동 행사죄가 수뢰후부정처사죄와 각각 상상적 경합범관계에 있을 때에는 공도화변조죄와 동 행사죄 상호간은 실체적 경합범 관계에 있다고 할지라도 상상적 경합범 관계에 있는 수뢰후부정처사죄와 대비하여 가장 중한 죄에 정한 형으로 처단하면 족한 것이고 따로이 경합범 가중을 할 필요가 없다고 할 것이다.[1] … 그렇다면, 수뢰후부정처사죄와 공도화변조죄 및 동 행사죄를 모두 실체적 경합범으로 보고 경합범 가중을 한 제 1 심을 그대로 유지한 원심판결에는, 그 죄수에 관한 법리를 오해함으로써 판결에 영향을 미친 위법이 있다고 할 것이므로, 이 점을 지적하는 상고이유의 주장은 그 이유가 있다.

---

1) 동일한 취지의 판례로는 대법원 1983. 7. 26. 83도1378, 「허위공문서작성죄와 동 행사죄가 수뢰후부정처사죄와 각각 상상적 경합관계에 있을 때에는 허위공문서작성죄와 동 행사죄 상호간은 실체적 경합범 관계에 있다고 할지라도 상상적 경합범 관계에 있는 수뢰후부정처사죄와 대비하여 가장 중한 죄에 정한 형으로 처단하면 족한 것이고 따로이 경합가중을 할 필요가 없다고 할 것이다.」

(2) 대법원 2009. 4. 9. 2008도5634

판결요지

회사 명의의 합의서를 임의로 작성, 교부한 행위에 대해 약식명령이 확정된 사문서위조 및 그 행사죄의 범죄사실과 그로 인하여 회사에 재산상 손해를 가하였다는 업무상 배임의 공소사실은 그 객관적 사실관계가 하나의 행위이므로 1개의 행위가 수 개의 죄에 해당하는 경우로서 형법 제40조에 정해진 상상적 경합관계에 있다.[1)]

[판례의 연구]

Ⅰ. 문제의 제기

형법 제40조는 「1개의 행위가 수개의 죄에 해당하는 경우에는 가장 중한 죄에 정한 형으로 처벌한다」고 하여 상상적 경합을 규정하고 있다. 상상적 경합은 수죄인 경합범보다 가볍게 처벌될 수 있으므로 상상적 경합에 해당하는지 여부에 대한 평가는 행위자에게 중요한 의미를 가진다. 그러나 형사법분야에서 상상적 경합을 비롯한 죄수론에 대한 연구는 범죄론 연구에 비해 상대적으로 활발하지 않다. 소위 '연결효과에 의한 상상적 경합'의 인정여부의 문제도

1) 대법원 2009. 4. 9. 2008도5634의 사실관계는 아래와 같다. 「피고인은 피해자 공소외 1건설의 개발기획팀 부장으로 근무하는 사람인데, 2005. 4. 22.자 공소외 1 건설과 공소외 2 건설 사이에 작성된 양해각서 내용을 공소외 1 건설이 이행하지 못하게 되어 공소외 2 건설로부터 약정금 및 위약금의 반환을 요구받던 중, 2005. 6. 28. 공소외 1 건설 사무실에서, 공소외 2 건설의 공소외인이 작성해 온 공소외 1 건설이 공소외 2 건설에게 계약금 5억원의 배액을 배상하되, 1차로 2005. 6. 29.까지 5억원을, 2차로 2005. 7. 6.까지 5억 원을 지급한다」는 내용의 합의서에 공소외 1 건설의 인감을 날인해 주도록 요구받자 대표이사의 승낙을 받는 등 정상적인 결재절차를 밟아 합의서를 작성해야 하는 임무에 위배하여 위 합의서에 공소외 1 건설의 인감을 날인한 뒤 위 공소외인에게 건네주어 공소외 2 건설로 하여금 당초 지급받을 약정금보다 5억원을 초과한 재산상 이익을 취득하게 하고, 공소외 1 건설에게 당초 반환할 약정금을 초과하여 5억 원의 재산상 채무를 추가로 부담하게 하여 동액 상당의 재산상 손해를 가하였다. 피고인은 위 공소사실 기재 2005. 6. 28.자 합의서를 작성, 행사한 행위에 관해 2006. 10. 13. 수원지방법원에서 사문서 위조와 그 행사죄로 벌금 500,000원의 약식명령을 고지받아 위 약식명령이 그 무렵 확정되었다.

그중 하나이다.

'연결효과에 의한 상상적 경합'이란 서로 실체적 경합관계에 있는 A죄와 B죄가 이들 범죄와 각각 상상적 경합관계에 있는 제3의 범죄 C에 의해 연결되어 3개의 범죄 모두가 상상적 경합이 된다는 것이다.[1] 연결효과이론이라고 부르기도 한다.

연결효과에 의한 상상적 경합이 인정된다고 볼 수 있는 사례 —이하 '연결효과사례'라고 한다— 에 대해서는 기존의 논문들[2] 외에 새로운 학설이나 판례를 찾아보기 어렵다. 그러나 위의 대상판결 (2)에서 보는 바와 같이, 대법원이 명시적으로 연결효과를 인정하였는가는 분명하지 않지만 연결효과이론에 의한 상상적 경합으로 설명될 수 있는 범죄들이 있으며, 이러한 유형의 범죄는 특정 범죄가 타 범죄의 수단이나 결과가 되는 범죄의 관계에서 빈번하게 발생할 수 있다. 한 예로 대상판결 (2)나 그 유사한 유형으로 문서위조와 동행사죄와 재산범죄 —횡령, 배임, 사기 등— 의 사례를 들 수 있다. 비교적 최신 판례인 대상판결 (2)는 대상판결 (1)과 마찬가지로 연결효과에 의한 상상적 경합을 인정하는 학설과 동일한 결론에 이르고 있으나, 대상판결 (1)과 달리, 아무런 설명도 없이 문서위조 및 동 행사와 배임행위를 '하나의 행위'라는 이유만으로 상상적 경합을 인정하였다. 그러므로 연결효과에 의한 상상적 경합을 인정할 필요성이 있는가 하는 점 외에도 형법 제40조의 '1개의 행위'의 의미를 어떻게 파악할 것인가에 대해 판례나 학계의 최근 논의까지 다시 정리할 필요가 있다.

아울러 연결효과에 의한 상상적 경합을 인정하거나 부정하는 이유는 연결효과사례에 대한 처단형의 범위를 합리적으로 결정하여 행위자에게 지나치게 불리하거나 유리한 과형을 피하는 데에 있다고 하겠다. 그러므로 본 논문에서는 먼저 연결효과사례에 해당하는 판례와 학계의 견해를 정리한 후, 독일과 일본의 판례 및 학설의 내용을 검토하고자 한다. 독일의 경우는 연결효과이론이

1) 김성돈 「이중평가금지와 연결효과에 의한 상상적 경합」, 형사판례연구 10(2002), 175면; 오영근 726면; 이재상 543면.

2) 김성돈 앞의 글, 172면 이하; 윤동호 「연결효과에 의한 상상적 경합의 재고찰」, 비교형사법연구 9-1(2007), 121면 이하; 이기헌 「경합범과 상상적 경합」, 형사판례연구 7(1999), 150면 이하; 이승호 「상상적 경합의 비교단위」, 형사판례연구 10(2002), 175면; 한상훈 「상상적 경합의 명시기능과 이중평가금지의 상충여부」, 비교형사법연구 9-1(2007), 97면.

오래전부터 논의되어 최근까지 다양한 사례의 판례가 축적되어 있고, 일본의 경우 연결효과에 의한 상상적 경합을 소위 '견련범'에 대해서도 인정하고 있기 때문에 이에 대한 검토는 비교법적 의의가 있다. 위의 논의를 토대로 연결효과 사례의 범위를 분명히 하고 합리적인 처단형의 결정방향을 마련(Ⅲ), 대상판결의 결론에 대해 비판적으로 검토해 보고자 한다(Ⅳ).

Ⅱ. 연결효과에 의한 상상적 경합?

1. 우리나라의 판례 및 학설의 내용

(1) 판례: 상상적 경합설?

대상판결에서 보는 바와 같이, 문서위조와 동 행사죄의 경우처럼 실체적 경합관계에 있는 두 죄가 수뢰후부정처사죄와 같은 제 3 의 범죄와는 각각 상상적 경합관계에 있는 경우에는 세 범죄 모두 상상적 경합으로 처단할 수 있다는 것이 판례의 내용이다. 그러나 이러한 유형의 판례가 많지는 않으며 대법원이 위 세 범죄를 상상적 경합관계로 보아 가장 중한 죄에 정한 형으로 처단한다고 하면서도 그러한 결론에 이르는 이유나 과정에 대해서는 설명하고 있지 않다. 특히 대상판결 (2)에서는 사문서위조와 동 행사죄 그리고 업무상 배임죄를 아무런 설명 없이 하나의 행위로 인정하여 상상적 경합관계에 있다고 하였다.

이러한 판례의 결론은 연결효과를 인정하는 경우와 동일하지만 대법원이 연결효과에 의한 상상적 경합을 인정했는가에 대해서는 견해가 나뉜다. 즉 대법원이 연결효과에 의한 상상적 경합을 인정했다는 견해와,[1] 인정하지는 않았지만 그 효과는 연결효과를 긍정하는 견해와 같다는 견해,[2] 연결효과를 인정한 것이 아니라 공도화변조, 행사죄의 경합범 형벌이 수뢰후부정처사죄의 형보다 낮기 때문에 이 경합범과 상상적 경합관계에 있는 수뢰후부정처사죄로 처벌한다는 의미로 볼 수 있다는 견해[3]가 그것이다.[4] 그러므로 판례가 연결효

1) 김일수/서보학 701면.
2) 이재상 543면; 정영일 490면.
3) 오영근 727면
4) 이러한 견해의 차이는 판결의 강조점을 다르게 해석하기 때문이라고 한다. 즉 「가장 중한 죄에 정한 형으로 처단하면 족한 것이고 따로이 경합가중을 할 필요가 없다」는 판시내용에 강조점을 두면 연결효과에 의한 상상적 경합을 긍정하고 있다고 평가할 수 있으나, 범죄 A와 B, 즉

과에 의한 상상적 경합을 인정하고 있는지 여부와 대상판결 (2)의 경우처럼 '하나의 행위'로 본다라는 내용만으로 연결효과에 의한 상상적 경합사례로 볼 수 있는지 여부에 대해 검토해 보아야 한다.

(2) 학 설

연결효과로 인한 상상적 경합을 인정할 것인가에 대해 우리나라의 견해는 대체로 연결효과(전면) 긍정설, 제한적 긍정설 및 부정설로 나눌 수 있다. 다만 연결효과를 인정하거나 부정하는 견해 내에서도 처단형을 결정할 수 있는 방법이 다르다. 따라서 현재의 학설 내용을 연결효과 전면긍정설, 제한적 긍정설, 전면 부정설, 법정형 기준설 및 비교단위 확장설로 다시 세분할 수 있을 것이다.[1)]

1) 연결효과 긍정설 연결효과에 의한 상상적 경합을 긍정하는 학설은 실체적 경합관계에 있는 수 개의 죄가 각각 제 3 의 죄와 상상적 경합관계에 놓이면 관련된 모든 죄를 상상적 경합으로 취급한다. 대상판결 (1)에서 공도화변조와 변조공도화행사 및 수뢰후부정처사죄를 모두 상상적 경합으로 한다. 이러한 연결효과를 인정하는 이유는 A죄와 B죄가 경합범관계에 있고 이들 각 죄가 C죄와 상상적 경합관계에 있는 경우 A죄와 C죄의 상상적 경합에 의한 형과 B죄와 C죄의 상상적 경합에 의한 형이 다시 경합범으로 처벌되면 C죄가 이중으로 평가되기 때문이라고 하였다. C죄가 이중으로 평가되어 가중처벌하는 결과를 방지하기 위해 연결효과를 인정하는 것이며, 이는 행위자에게 유리한 해석을 통해 과도한 형벌 인플레이션도 막고 A, B, C의 범죄 중 가장 중한 법정형이 그대로 처단형이 되는 것이라고 한다.[2)] 그러나 연결효과를 긍정하는 견해의 가장 주된 문제점은 부분적인 행위 동일성도 갖지 못한 A죄와 B죄(대상판결의 공도화변조죄와 변조공도화행사죄)가 어떻게 상상적 경합으로 연결될 수 있는가 하는 점이다. 연결효과 긍정설은 실체적 경합관계인 A죄와 B죄를 상상적 경합으로 해결, 행위자에게 유리하게 형벌을 완화시키는 결과를 가져올 수 있

허위공문서작성죄와 동 행사죄 상호간 실체적 경합관계에 있다는 점을 강조하면 양자 간의 상상적 경합관계는 부정하는 것으로 이해할 수 있다는 것이다(김성돈 앞의 글, 178면).

1) 후술하는 독일의 판례나 학설의 경우처럼 그 내용이 많이 세분화되어 논의되지는 않는 이유로 상상적 경합을 인정하는 기본입장이 독일보다는 좁다는 점을 드는 견해가 있다. 윤동호 앞의 글, 122면.

2) 김성돈 앞의 글, 175, 176면: 손동권 603면.

다. 그것은 C죄가 없는 경우 A죄와 B죄가 실체적 경합으로 인해 가중처벌되는데 C죄로 인해 A죄와 B죄가 상상적 경합으로 바뀌어 C죄가 중한 경우는 C죄로, 그렇지 않은 경우는 A죄 또는 B죄로 처벌되기 때문이다. 그럼에도 연결효과를 긍정하는 견해는 각 A죄와 B죄가 공동으로 C죄와 상상적 경합으로 결합되어 있다는 점에 주목하여 세 범죄의 상상적 경합을 인정한 것으로 보인다.[1]

2) 연결효과 제한긍정설 앞의 연결효과에 의한 상상적 경합을 (전면적으로) 긍정하는 견해에 따르면 행위자에게 불리한 형은 피할 수 있으나, 그 반면에 행위자에 대해 과도한 형벌완화라는 문제를 야기할 수 있다. 그것은 C죄의 법정형이 A죄와 B죄의 법정형보다 가벼운 경우 A죄와 B죄만을 저질러 양죄 가 경합된 경우보다 C죄를 하나 더 저지른 경우가 양형상 행위자에게 더 유리하기 때문이다. A죄와 B죄보다 경한 C죄를 하나 더 범함으로써 C죄보다 더 중한 범죄이며 실체적 경합관계에 있는 A죄와 B죄 중 중한 죄 하나만을 처벌하는 것은 타당하지 않다. 이러한 문제점 때문에 연결효과의 적용범위를 축소시키고자 하는 견해가 연결효과의 제한긍정설이다. 이 견해는 제3범죄인 C죄의 불법내용이 다른 두 범죄 각각의 불법내용보다 '중하거나 동등'할 때에 연결효과를 인정한다.[2] C죄의 법정형이 A죄 및 B죄의 법정형보다 경한 경우는 연결효과를 인정하지 않고 A죄와 C죄, B죄와 C죄를 각각 상상적 경합 처리한 후 다시 실체적 경합한다. 그러나 이럴 경우 C죄를 이중평가한다는 비판은 피할 수 없게 된다.

3) 연결효과 부정설 연결효과에 의한 상상적 경합을 부정하는 견해는[3] 그 근거로, 먼저 서로 다른 A죄의 행위와 B죄의 행위가 C죄의 행위에 의해 연결됨으로써 하나의 행위가 될 수는 없다는 점을 들고 있다.[4] 또한 연결효과에 의한 상상적 경합을 인정하게 되면 A죄와 B죄만을 저지른 경우보다 이들과 상상적 경합관계에 있는 C죄를 하나 더 저지른 경우가 오히려 행위자에게 더 유리하고 이는 형벌의 완화 결과를 가져온다고 하였다. 아울러 연결효과긍정설은 범죄행위와 그에 관한 행위의 단일성 문제를 혼동하고 있다는 비판을 제기

1) 이승호 앞의 글, 209면.
2) 김성돈 앞의 글, 197면; 김일수/서보학 701면; 배종대 789면; 손동권 603면; 임웅 570면; 정성근/박광민 641면; 이형국 375면.
3) 박상기 491, 492면; 오영근 727면; 이재상 544면.
4) 이재상 544면.

하기도 한다.[1]

연결효과에 의한 상상적 경합을 부정하는 견해는 다시 ① 연결효과사례에 대해 시간적 순서대로 상상적 경합을 인정하고 그 다음에 실체적 경합을 인정하는 견해,[2] ② A, B, C죄를 모두 실체적 경합으로 처리하는 견해, ③ 연결효과를 인정하지 않고도 모두 상상적 경합으로 처리하자는 견해[3]로 나뉜다. ①의 견해에 의하면 A죄와 B죄를 연결시켜 주는 C죄가 공동으로 사용되어 C죄가 이중으로 평가된다. ②의 견해는 연결효과긍정설의 경우와 마찬가지로 행위자에게 지나치게 유리하게 형벌이 완화될 수 있다. ③의 견해는 A, B죄와 C죄가 각 상상적 경합관계라는 것을 무시하게 된다.

4) 법정형기준설 이 견해는 기본적으로는 연결효과를 제한적으로 긍정하는 견해인데, 연결효과를 인정 후 어떤 처단형을 부과할 것인지에 대해 보다 구체적인 방법을 제시하고 있다. 즉 A, B죄와 C죄 간에 합리적인 처단형을 정하기 위해 연결효과사례처럼 경합관계가 충돌할 경우에는 법정형의 경중을 비교한 후에 가장 무거운 죄와 그 다음으로 무거운 죄의 경합관계를 선택하여 이에 따라 그 처단형을 정한다는 견해이다. 형법 제38조와 제40조에는 공통적으로 법정형이 가장 무거운 죄를 기준으로 처단형을 정한다는 원칙이 담겨 있는 것으로 해석할 수 있기 때문이라고 한다.[4] 따라서 C죄의 법정형이 가장 무겁거나, A죄나 B죄의 법정형이 가장 무겁고 C죄의 법정형은 중간인 경우에는 C죄와 A죄나 B죄의 상상적 또는 실체적 경합관계에 의해 처단형을 정한다고 한다. C죄의 법정형이 가장 가벼운 경우는 A죄와 B죄의 실체적 또는 상상적 경합관계에 의해 처단형을 정하며, A죄와 B죄의 법정형이 가장 무겁고 두 죄 가운데 어느 한 죄와 C죄의 법정형이 동일한 경우는 피고인에게 유리하게 A죄나 B죄와 C죄의 상상적 경합관계에 의해 처단형을 정한다고 한다.[5] 그러나 이 견해는 A, B, C죄 간 상상적 경합을 인정하는 것인지 실체적 경합을 인정하는 것인지 분명하지 않다.

---

1) 박상기 492면.
2) 정영일 491면.
3) 이 견해는 독일 학설에서 논의되는 내용으로 후술한다.
4) 윤동호 앞의 글, 133, 134면.
5) 윤동호 앞의 글, 134면.

5) 비교단위 확장설 A죄와 B죄를 실체적 경합으로 두면서 한 그룹으로 묶고 이것을 다시 C죄와 상상적 경합의 관계에 놓는 방법을 택하는 견해이다.[1] 이는 상상적 경합과 실체적 경합을 조합시키면서 C죄에 대한 이중평가를 피하고자 한 시도이다. 문제는 형법 제40조의 '죄'가 경합범을 의미할 수 있으며, 상상적 경합의 비교단위를 개별 구성요건 이외에 양죄를 경합범으로 묶은 자체를 상상적 경합의 비교단위로 설정하여, 상상적 경합의 비교단위에 '경합범'이 포함될 수 있는가에 있다. 이 견해에 따르면 모든 경우에 상상적 경합의 비교단위를 경합범 수준으로 확대시킬 수 없으나 경합범 관계를 이루는 개별 범죄들이 모두 중간범죄와 상상적 경합의 관계에 있는 경우 경합범 자체를 상상적 경합의 비교단위로 놓을 수 있다고 한다.[2] 대상판결 (1)의 경우는 '공도화변조죄와 동 행사죄의 경합범'과 수뢰후부정처사죄를 대비하여 해석하는 것이다. 비교단위 확장설은 A죄와 B죄 간 먼저 실체적 경합을 인정, 경합범으로 처리하는 연결효과부정설의 견해와 별 차이가 없어 보인다.

2. 독일의 판례 및 학설의 내용

(1) 판례의 태도: 연결효과 인정과 예외(Klammerwirkung und Entklammerung)

먼저 독일제국법원(RG)은 실행행위의 부분적 동일성만 인정되면 연결효과에 의한 상상적 경합을 인정하였다가 이후 연결하는 범죄(C죄)가 연결될 범죄들(A, B죄)보다 그 법정형이 중한 경우에만 연결효과에 의한 상상적 경합을 인정한다고 하였다(Tateinheit durch Klammerwirkung).[3] 연방대법원(BGH)도 독일제국법원의 입장을 그대로 수용하였고, 연결하는 범죄가 연결되는 범죄들 사이에 '가치동일성'이 있을 것을 요건으로 연결효과에 의한 상상적 경합을 인정하였다.[4] '가치동일성'은 연결하는 범죄(C죄)가 연결되는 범죄(A, B죄)보다 불법이 중하거나 적어도 동등할 것을 의미하며,[5] 연결하는 범죄가 연결되는

1) 이승호 앞의 글, 217면.
2) 이승호 앞의 글, 218면.
3) RGSt. 44, 223; 68, 218; 72, 195. 독일의 연결효과에 의한 상상적 경합이론의 발전사에 대해서는 Wahle GA 68, 97ff.
4) BGHSt. 2, 246: 행위자가 강도를 의욕하고 그 행위를 수행하는 도중에 네 사람의 살해를 시도한 사안으로 강도미수와 네 개의 살인미수가 문제된 사례였다. 그 외에 BGH NJW 75, 786; StV 82, 524.
5) Sch/SCh/Stree §52 Rn. 15.

범죄와 동시에 기소되었는가라는 점은 문제되지 않는다.[1] 아울러 연결하는 범죄와 타 범죄 간의 '가치동일성'의 여부는 추상적으로 평가하는 것이 아니라 구체적인 행위불법을 고려하여 평가한다.[2] 즉 범죄의 경중을 비교할 때 법정형만을 기준으로 하는 것이 아니라 구체적 사례에 따라 연결하는 범죄가 다른 두 범죄보다 '경한' 범죄라도 상상적 경합을 인정할 수 있다.[3]

그러나 연결하는 범죄가 연결되는 범죄보다 그 불법성이 경한 경우는 연결효과에 의한 상상적 경합의 인정이 제한된다는 것이 판례의 대체적인 견해이다(Entklammerung).[4] 한 예로 교통사고 이후 범한 과실 교통위험죄(형법 제315조C)는 과실치사 및 사고 후 도주죄와는 상상적 경합이 인정되지 않는다는 것이다.[5] 문제는 연결되는 범죄(A, B죄) 중 하나가 연결하는 범죄(C죄)보다 중한 경우에도 연결효과에 의한 상상적 경합을 부정해야 하는가 하는 점이다. 판례는 이럴 경우에는 연결효과에 의한 상상적 경합을 인정할 수 있다고 한다.[6]

(2) 학설의 내용

독일 학설은 판례보다 더 다양하게 연결효과사례와 관련된 이론을 전개하고 있다. 여기에는 ① 판례와 마찬가지로 연결효과를 긍정하나 그 예외를 인정하려는 다수설적인 견해, ② 모두 상상적 경합으로 보는 견해,[7] ③ 모두 실체적 경합으로 보는 견해, ④ 중한범죄를 기준으로 하려는 견해 및 ⑤ 연결효과를 부정하고 경합범으로 처리하는 견해가 있다.

1) 연결효과의 제한 긍정설 먼저 다수설적인 견해[8]는 가치동일성을 요건으로 연결효과에 의한 상상적 경합을 인정하며 연결효과의 예외를 인정하는 연방대법원의 태도를 수용한다. 내용은 판례의 견해와 동일하다.

---

1) Sch/Sch/Stree Rn. 16; BGH JR 83, 210: BGHSt. 83, 457; BGH NStZ 89, 20.
2) 따라서 경죄의 가중구성요건이 중죄의 감경적 구성요건적 행위에 대해 연결하는 범죄가 될 수 있다고 한다. BGHSt. 33, 6; BGH NStZ 99, 404; Peters JR 93, 265.
3) BGHSt. 33, 4.
4) BGH 1, 68; 3, 165; 6, 97; 18, 26; NStZ 93, 133; BGH NJW 98, 619 m. Anm. Satzger JR 98, 518.
5) Stuttgart NJW 64, 1913; Oldenburg NJW 65, 117; BGH NStZ 91, 549.
6) BGHSt. 31, 29; MDR/H 83, 620; NStZ 93, 51. 반대의 판례로는 BGHSt. 3, 165.
7) 판례에 대해 비판하는 견해로는 Jakobs S. 912; R. Schmitt ZStW 75, 48; Wahle GA 68, 103ff.
8) Jescheck/Weigend S. 721; Sch/Sch/Stree §52 Rn. 16; LK §52 Rn. 30; Tröndle/Fischer Vor §52 Rn. 30.

2) 상상적 경합설 연결효과사례를 전부 상상적 경합으로 해결하려는 견해이다.[1] 이는 연결하는 범죄가 이중으로 평가되는 것을 방지하고자 하며 연결이 부정되는 예외를 인정하지 않는다는 점에서 판례와 차이가 있다. 구체적으로 삼손(Samson)은 가치동일성이라는 관점으로 연결효과를 인정하거나 부정하는 기준에 대해 의문을 제시하는데, 실체적 경합을 하는 A죄와 B죄와 상상적 경합 규정을 적용하는 경우라면 C죄가 중한 경우라도 가치동일성이라는 요건은 무의미하다고 하였다.[2] 발레(Wahle)는 연결하는 범죄가 다른 두 범죄보다 중한 경우에만 연결효과를 인정하는 것은 책임주의에 어긋난다고 하였다.[3]

3) 실체적 경합설 제3의 범죄인 C죄가 각 A죄 및 B죄와 상상적 경합관계에 있을 때 이들 세 범죄 간 실체적 경합을 인정하자는 견해이다.[4] 그 이유는 A, B죄만 범하면 실체적 경합이 되는데 C죄를 추가하여 상상적 경합이 된다면 행위자에게 상당히 유리하기 때문이라고 한다. 특히 야콥스(Jakobs)는 두 개의 실체적 경합관계에 있는 범죄에 대해 하나의 전체형을 확정하고 이 전체형을 한 번만 실현된 범죄라는 점에서 단 일회만 가중하는 방법을 제안한다.

4) 경합범설 연결효과에 의한 상상적 경합을 인정하지 않고 전통적인 경합론을 유지하면서 이중평가의 문제를 해결하려는 견해이다.[5] 이는 두 죄 A, B의 실체적 경합에 의한 처단형과 C죄의 법정형을 비교하여 무거운 것을 처단형으로 정하는 견해이다. 그러나 이 견해는 A죄와 B죄의 경합범이 C죄와 상상적 경합관계에 서는 것이 아니라 A죄와 C죄, B죄와 C죄가 각각 상상적 경합관계에 서는 것임을 무시했다고 할 수 있다.

3. 일본의 판례 및 학설의 내용[6]

일본의 경우는 연결효과사례의 문제가 실체적 경합관계에 있는 수 개의 죄가 제3의 범죄와 각각 상상적 경합관계에 있는 경우뿐만 아니라 우리나라

1) Wahle GA 1968, 104f; Samson/Günter SK §52 Rn. 19.
2) Samson/Günter SK §52 Rn. 19.
3) Wahle GA 68, 105.
4) Jakobs S. 912; Schmidhäuser *Strafrecht*, AT S. 443.
5) Jakobs S. 913; Puppe JR 1986, 205.
6) 일본의 학설 및 판례의 태도는 주로 김성돈 앞의 글, 187면 이하를 참조하였음.

나 독일에서 인정하지 않는 견련범(牽連犯)에서도 제기된다고 한다.[1] 견련범은 범죄의 수단 또는 결과가 되는 행위를 하여 다른 죄명에 저촉되는 경우를 의미하고 상상적 경합과 같이 가장 중한 죄에 정한 형으로 처벌된다.

판례는 견련범이나 상상적 경합에서 연결효과를 인정할 수 있다고 보아 타인의 주거에 침입하여 순차로 3인을 살해한 경우에 3개의 살인죄가 각각 주거침입죄와 견련범관계에 있어 전체를 1죄로서 그 가장 중한 죄에 정한 형에 따라 처단한다. 예컨대 무면허로 고물상을 경영하고 그 사이 수십회에 걸쳐서 장물을 고의로 매입한 경우 무면허고물상영업죄와 장물취득죄는 상상적 경합이라고 하였다.[2]

한편 연결효과에 의한 상상적 경합에 대한 학설의 내용은 독일의 학설과 큰 차이를 보이지 않는다. 일본의 학설도 ① 연결효과를 전면적으로 긍정하는 견해, ② 제한적으로 긍정하는 견해, 그리고 ③ 실체적 경합으로 해결하려는 견해 등이 있다. 전면적으로 연결효과를 인정하는 견해는 수죄 상호간에는 가벌평가의 중복이 없는 A, B죄를 포함하고 있기 때문에 A, B죄의 경합범으로서의 처단형과 A, B를 결합하는 C죄의 법정형을 비교, 중한 것을 기준으로 하여 처단형을 형성한다고 한다.[3]

Ⅲ. 연결효과사례의 범위와 합리적 처단형의 결정

연결효과에 의한 상상적 경합은 결국 행위자에게 지나치게 양형상의 이익이나 불이익을 주는 것을 피하고 연결효과사례에 대한 가장 합리적인 처단형을 모색하기 위한 것이라고 할 수 있다. 이를 위해서는 연결효과사례의 범위를 분명히 할 필요가 있으며, 무엇보다 처단형 결정방법 중 A, B, C죄 모두를 실체적 경합관계로 해결하는 방법은 지양해야 할 것이다. 상상적 경합관계를 실체적 경합으로 해석하는 것은 행위자에게 불리한 해석으로 허용되지 않는다고 해야 하기 때문이다.

1) 김성돈 앞의 글, 187면.
2) 김성돈 앞의 글, 189면.
3) 김성돈 앞의 글, 191면.

1. 연결효과사례의 범위

연결효과에 의한 상상적 경합을 인정할 수 있는 '연결효과사례'에 해당하기 위해서는 먼저 연결되는 범죄(A죄와 B죄)가 실체적 경합관계에 있어야 한다. 대법원은 상상적 경합범을 규정하는 형법 제40조의 '1개의 행위'는 법적 평가를 떠나 사회관념상 행위가 사물 자연의 상태로서 1개로 평가되는 행위를 의미한다고 하였다.[1)] 그러므로 연결되는 범죄는 상호관련은 있을 수 있으나 1개의 행위로 평가되지 않는, 실체적 경합관계를 전제로 한다. 다음으로 연결효과사례에 해당하려면 연결하는 범죄(C죄)와 연결되는 범죄(A죄와 B죄) 간에 상상적 경합을 인정할 수 있는 행위의 '부분적 동일성'이 인정되어야 한다.[2)] 상상적 경합은 각 구성요건의 실행행위가 완전히 일치할 것을 요구하지 않기 때문에 한 구성요건의 실행행위의 일부분을 이루는 자연적 행위가 다른 구성요건의 실현에도 기여하였는가가 기준이 될 수 있다.[3)] 한 예로 은행직원을 속이기 위해 예금인출서를 작성, 직원에게 제시하였다면(대법원 91도1722 판결의 변형사례),[4)] 사문서위조와 동 행사죄 간에는 실체적 경합을, 각 범죄와 사기죄와는 부분적 행위 동일성을 인정하여 상상적 경합을 인정하는 경우 연결효과에 의한 상상적 경합사례로 볼 수 있다. 대상판결 (2)도 이 범주에 속할 수 있다.

문제는 연결효과사례를 계속범에 한해서 인정해야 하는지 여부와 특정범죄가 다른 범죄를 범하기 위한 수단이나 전제조건이 되어야만 이러한 연결효과를 인정할 수 있는지 여부이다. 앞서 언급한 사례에서는 계속범은 나타나지 않으며 단지 문서위조, 동 행사를 사기죄의 수단으로 볼 수 있다. 연결효과사례가 아닌, 일반 계속범의 경우 강간이나 강도 혹은 절도를 범하기 '위해' 주거에 침입한 때에는 실체적 경합으로, 감금죄가 강간 또는 강도의 수단이 된 때에는 상상적 경합이라고 보는 견해[5)]가 있으며 판례도 같은 입장이다.[6)] 그 이

1) 대법원 2009. 4. 9. 2008도5634; 대법원 1987. 2. 24. 86도2731; 오영근 721면.
2) LK § 52 Rn. 28.
3) 이기헌 앞의 글, 167면; 정영일 488면.
4) 대법원 1991. 9. 10. 91도1772에서 대법원은 사문서위조, 동 행사, 사기죄의 실체적 경합관계를 인정하였으나, 이에 대해 위조사문서 행사와 사기죄는 상상적 경합관계에 있다는 견해(이재상 542면; 오영근 724면)가 있다.
5) 김일수/서보학 700면; 박상기 495면; 오영근 724면; 이재상 542면.
6) 대법원 1997. 1. 21. 96도2175.

유는 실행행위의 부분적 동일성은 '동시성(同時性)'만으로는 충분하지 않으며 주거침입의 기회에 범한 강도나 강간 등의 죄가 주거침입과 부분적이라도 행위 동일성(同一性)이 있다고 보기 어렵기 때문이라고 하였다.[1] 즉 강도 등을 '하기 위해' 주거침입을 한 경우 실체적 경합을 인정한다.

반면에 독일의 판례나 다수설은, 상태범이 계속범을 범하기 위한 수단이 되었거나, 계속범이 특정한 상태범을 실행하기 위한 전제조건이 된 경우에는 이러한 부분적 행위동일성을 인정할 수 있다고 한다.[2] 한 예로 강간과 살인죄는 각각 실체적 경합의 관계이나 감금치사죄와의 관계에서는 각각 행위의 부분적 동일성을 인정할 수 있어 상상적 경합관계를 인정할 수 있다고 하였다.[3] 그러나 동일한 사안이라 하더라도 처음부터 계속범의 실행 도중에 상태범을 실행할 의도를 가진 것이 아니라 계속범 중에 새로운 의도로 타 범죄를 행한 경우에는 상상적 경합이 아니라 실체적 경합범이 될 수도 있다고 하였다.[4]

연결효과사례는 상태범이 계속범을 범하기 위한 수단이 되었거나 계속범이 특정한 상태범을 실행하기 위한 전제조건이 되어야 하며 단순히 시간적으로 범죄행위가 중첩되는 것만으로는 동일성을 인정하기 어렵다고 하는 견해도 있다.[5] 그러나 자연적 의미의 행위가 1개이며 범죄의 구성요건 중 일부 행위가 부분적으로 다른 구성요건의 행위와 동일한 경우(teilidentisch)에는 계속범에만, 혹은 특정범죄가 다른 범죄의 수단이거나 전제조건일 경우에만 연결효과에 의한 상상적 경합을 인정할 필요는 없을 것이다. 한 예로 두 사람을 함께 감금해 놓은 상태에서 서로 다른 시기에 그 두 사람에 대해 차례대로 각각 강간죄(A)와 상해죄(B)를 범한 경우 A죄와 B죄는 실체적 경합관계이지만 감금죄(C)와 연결, 상상적 경합관계를 인정할 수 있을 것이다.[6] 그러므로 실행행위의 부분적 동일성에 대한 판단은 계속범 중에 범한 범죄라는 동시성만으로 평가할 수 없으며, 반드시 특정범죄의 목적이나 수단이 된 범죄라는 관계를 충족시

1) 김일수/서보학 700면; 박상기 400면; 이재상 543면.
2) LK §52 Rn. 28.
3) BGHSt. 28, 18; BGH NStZ-RP 2000, 360; LK §52 Rn. 28. 기타 다른 판결로는 Holtz MDR 1985, 627; BGH NJW 1975, 985, 986.
4) Peters JR 1993, 269; Puppe JR 1986, 205, 207f: LK §52 Rn. 33.
5) 이기헌 앞의 글, 168면.
6) 정영일 490면 사례를 인용하였음.

킬 필요도 없다고 하겠다.

2. 처단형의 결정

연결효과사례에 대해 합리적인 처단형을 결정하기 위해 무엇보다 고려해야 할 점은 행위자의 양형상 불이익을 피하기 위해 특정 범죄가 이중평가되는 것을 금지해야 하는 반면에 형평성 측면에서 행위자가 지나치게 특혜를 받을 수 있는 처단형 방법도 지양해야 한다는 것이다. 이러한 기준에서 볼 때 연결효과에 의한 상상적 경합을 부정하는 견해가 타당하다고 하겠다. 그것은 A죄와 B죄를 행하였을 때보다 A죄와 B죄가 제 3 의 범죄 C에 의해 연결된 경우를 행위자에게 더 유리한 상상적 경합의 예로 처벌하는 것은 적절하지 않으며, 실체적 경합 관계인 A죄와 B죄를 상상적 경합으로 처벌한다거나 연결하는 범죄(C죄)의 경중에 따라 상상적 경합이 되거나 실체적 경합이 되는 것도 문제가 있기 때문이다.

연결효과를 부정하는 견해에 따르면 처단형을 결정함에 있어서 A죄와 B죄의 경합범의 형을 정한 후 C죄와의 상상적 경합을 인정, 그중 중한 형으로 처벌하는 방법[1]과 A죄와 C죄, B죄와 C죄 간의 상상적 경합을 인정한 후 양자의 경합범을 인정하는 방법[2]이 있다. 전자는 C죄의 이중평가는 피하게 된다는 점에서, 후자는 범행의 시간적 순서대로 처단형을 결정한다는 점에서 장점이 있다고 하겠다. 그러나 이중평가의 문제를 해결하면서 합리적인 처단형을 결정하기 위해서는 A죄와 B죄의 경합범의 형을 먼저 정하고 C죄와 상상적 경합을 인정하는 것이 보다 적절하다고 하겠다.

Ⅳ. 결론 및 대상판결에의 적용

대상판결 (1)에서 공도화변조죄와 변조공도화행사죄는 실체적 경합이지만, 이 양죄와 수뢰후부정처사죄는 상상적 경합범이다. 처단형을 결정할 때 공도화변조죄와 수뢰후부정처사죄를 상상적 경합으로 처리하고 변조공도화행사죄

1) 이재상 544면.
2) 정영일 491면.

를 수뢰후부정처사죄와 상상적 경합처리한 후 공도화변조죄와 변조공도화행사죄를 경합처리하면 수뢰후부정처사죄를 이중평가하는 문제가 생기며 경우에 따라서는 행위자에게 불이익한 결과가 생길 수도 있다. 대상판결(2)도 마찬가지이다. 사문서위조죄와 배임죄를 상상적 경합처리하고 동 행사죄와 배임죄를 상상적 경합처리한 후 사문서위조와 동 행사를 경합처리하면 역시 이중평가의 문제가 생긴다. 반면에 판례의 입장대로 모두 상상적 경합을 인정하는 것은 A죄와 B죄 간의 실체적 경합관계를 간과한 것으로 볼 수 있다. 따라서 A죄와 B죄를 먼저 경합처리한 후 C죄와 상상적 경합, 즉 수뢰후부정처사죄와 상상적 경합관계를 인정해야 한다. 대상판결(2)에서는 사문서위조죄와 동 행사죄를 경합처리하고 이를 배임죄와 상상적 경합관계를 인정하여 그중 중한 죄로 벌할 수 있다.

25. 사회봉사명령의 의의 및 범위

원 혜 욱*

[대상판결]

대법원 2008. 4. 11. 2007도8373

1. 판결요지

[1] 형법과 보호관찰 등에 관한 법률의 관계 규정을 종합하면, 사회봉사는 형의 집행을 유예하면서 부가적으로 명하는 것이고 집행유예 되는 형은 자유형에 한정되고 있는 점 등에 비추어, 법원이 형의 집행을 유예하는 경우 명할 수 있는 사회봉사는 자유형의 집행을 대체하기 위한 것으로서 500시간 내에서 시간 단위로 부과될 수 있는 일 또는 근로활동을 의미하는 것으로 해석되므로, 법원이 형법 제62조의 2의 규정에 의한 사회봉사명령으로 피고인에게 일정한 금원을 출연하거나 이와 동일시할 수 있는 행위를 명하는 것은 허용될 수 없다.

[2] 법원이 피고인에게 유죄로 인정된 범죄행위를 뉘우치거나 그 범죄행위를 공개하는 취지의 말이나 글을 발표하도록 하는 내용의 사회봉사를 명하고 이를 위반할 경우 형법 제64조 제 2 항에 의하여 집행유예의 선고를 취소할 수 있도록 함으로써 그 이행을 강제하는 것은, 헌법이 보호하는 피고인의 양심의 자유, 명예 및 인격에 대한 심각하고 중대한 침해에 해당하므로 허용될 수 없고, 또 법원이 명하는 사회봉사의 의미나 내용은 피고인이나 집행 담당 기관이 쉽게 이해할 수 있어 집행 과정에서 그 의미나 내용에 관한 다툼이 발생하지 않을 정도로 특정되어야 하므로, 피고인으로 하여금 자신의 범죄행위와 관련하여 어떤 말이나 글을 공개적으로 발표하라는 사회봉사를 명하는 것은 경우에 따라 피고인의 명예나 인격에 대

* 인하대학교 법학전문대학원 교수.

한 심각하고 중대한 침해를 초래할 수 있고, 그 말이나 글이 어떤 의미나 내용이어야 하는 것인지 쉽게 이해할 수 없어 집행 과정에서 그 의미나 내용에 관한 다툼이 발생할 가능성이 적지 않으며, 유죄로 인정된 범죄행위를 뉘우치거나 그 범죄행위를 공개하는 취지의 말이나 글을 발표하도록 하는 취지의 것으로도 해석될 가능성이 적지 않으므로 이러한 사회봉사명령은 위법하다.

[3] 재벌그룹 회장의 횡령행위 등에 대하여 집행유예를 선고하면서 사회봉사명령으로서 일정액의 금전출연을 주된 내용으로 하는 사회공헌계획의 성실한 이행을 명하는 것은 시간 단위로 부과될 수 있는 일 또는 근로활동이 아닌 것을 명하는 것이어서 허용될 수 없고, 준법경영을 주제로 하는 강연과 기고를 명하는 것은 헌법상 양심의 자유 등에 대한 심각하고 중대한 침해가능성, 사회봉사명령의 의미나 내용에 대한 다툼의 여지 등의 문제가 있어 허용될 수 없다.

2. 판결이유

우리 헌법은 「모든 국민은 신체의 자유를 가진다. 누구든지 … 법률과 적법한 절차에 의하지 아니하고는 처벌·보안처분 또는 강제노역을 받지 아니한다」(헌법 제12조 제 1 항)라고 정하여 처벌·보안처분·강제노역에 관한 법률주의 및 적법절차 원리를 선언하고 있다. 이를 이어받아 이른바 범죄인에 대한 사회내 처우의 한 유형으로 도입된 사회봉사명령 등에 관하여 구체적인 사항을 정하고 있는 형법 제62조의 2와 보호관찰 등에 관한 법률 제59조 내지 제64조, 특히 제59조 제 1 항의 「법원은 형법 제62조의 2의 규정에 의한 사회봉사를 명할 때에는 500시간 … 의 범위 내에서 그 기간을 정하여야 한다」 등의 내용을 종합적으로 검토하여 보면, 현행 형법의 사회봉사는 형의 집행을 유예하면서 부가적으로 명하는 것이고 집행유예 되는 형은 자유형에 한정되고 있는 점 등에 비추어, 현행 형법에 의하여 법원이 형의 집행을 유예하는 경우 명할 수 있는 사회봉사는 자유형의 집행을 대체하기 위한 것으로서 500시간 내에서 시간 단위로 부과될 수 있는 일 또는 근로활동을 의미하는 것으로 해석된다. 따라서 법원이 형법 제62조의 2의 규정에 의한 사회봉사명령으로 피고인에게 일정한 금원을 출연하거나 이와 동일시 할 수 있는 행위를 명하는 것은 허용될 수 없다고 본다.

한편, 법원이 피고인에게 유죄로 인정된 범죄행위를 뉘우치거나 그 범죄행위를 공개하는 취지의 말이나 글을 발표하도록 하는 내용의 사회봉사를 명하고 이를 위반할 경우 형법 제64조 제 2 항에 의하여 집행유예의 선고를 취소할 수 있도록 함으로써 그 이행을 강제하는 것은, 헌법이 보호하는 피고인의 양심의 자유,

명예 및 인격에 대한 심각하고 중대한 침해에 해당하므로, 이는 허용될 수 없다 (헌법재판소 1991. 4. 1. 선고 89헌마160 결정, 헌법재판소 2002. 1. 31. 선고 2001헌바43 결정 등 참조).

또, 법원이 명하는 사회봉사의 의미나 내용은 피고인이나 집행 담당 기관이 쉽게 이해할 수 있어 집행 과정에서 그 의미나 내용에 관한 다툼이 발생하지 않을 정도로 특정되어야 한다. 특히, 피고인으로 하여금 자신의 범죄행위와 관련하여 어떤 말이나 글을 공개적으로 발표하도록 하는 것은 경우에 따라 피고인의 명예나 인격에 대한 심각하고 중대한 침해를 초래할 수 있는바, 법원이 피고인에게 유죄로 인정된 범죄행위와 관련하여 어떤 말이나 글을 공개적으로 발표하라는 사회봉사를 명한 경우, 그 말이나 글이 어떤 의미나 내용이어야 하는 것인지 쉽게 이해할 수 없어 집행 과정에서 그 의미나 내용에 관한 다툼이 발생할 가능성이 적지 않고, 유죄로 인정된 범죄행위를 뉘우치거나 그 범죄행위를 공개하는 취지의 말이나 글을 발표하도록 하는 취지의 것으로도 해석될 가능성이 적지 않다면 이러한 사회봉사명령은 위법하다고 볼 수밖에 없다.

오늘날 범죄인의 사회내 처우에 대한 관심과 지원의 필요성이 증대하고 있고, 형사정책적·특별예방적 견지에서 볼 때 다양하고 효과적인 내용의 사회봉사명령 및 특별준수사항이 개발 시행되는 것은 바람직하다 할 것이다. 그러나 헌법 제12조 제 1 항이 선언한 죄형법정주의의 정신에 비추어 볼 때 그 요건과 절차 등에 관한 사항은 가능한 한 구체적으로 법률에서 정해져야 하고, 적법절차의 원리에 따른 것이어야 하며, 함부로 확장·유추 해석하여 운용되어서는 아니 된다.

원심은, 피고인들이 경영하던 주식회사 소유 자금을 횡령하였다는 등의 범죄사실이 유죄로 인정된다는 이유로 각 징역형을 선고하고 그 집행을 유예하면서, 형법 제62조의2에 규정된 사회봉사명령으로서 사회공헌기금으로 일정액의 금전을 출연하는 것을 주된 내용으로 하는 사회공헌약속 및 준법경영을 주제로 한 강연과 국내 일간지 등 기고를 이행하도록 명하였다.

그러나 앞서 본 법리에 비추어 살펴보면, 원심의 위와 같은 사회봉사명령은 위법하여 허용될 수 없는 것으로 보인다.

먼저, 원심의 사회봉사명령 중 사회공헌기금으로 일정액의 금전을 출연하는 것을 주된 내용으로 하는 사회공헌약속 이행을 명한 부분은, 500시간 내에서 시간 단위로 부과될 수 있는 일 또는 근로활동이 아닌 일정한 금원을 출연할 것을 명하는 것이어서, 현행 형법 제62조의 2에 의한 사회봉사명령으로 허용될 수 없는 것이다.

한편, 원심이 “준법경영을 주제”로 한 강연과 국내 일간지 등 기고를 명한 부분의 정확한 취지가 뒤에서 보는 바와 같이 분명하지 아니하나, 만약 그 취지가 준법 경영을 주제로 한 강연과 기고를 통하여 유죄로 인정된 자로 하여금 횡령 등 사실을 뉘우치는 뜻을 다수인에게 공개적으로 밝힐 것을 피고인들에게 요구하는 것이라면 그것은 헌법이 보호하는 피고인들의 양심의 자유 등에 관한 심각하고 중대한 침해에 해당하는 것이어서 허용될 수 없는 것임이 명백하다.

나아가, 원심은 단순히 “준법경영을 주제”로 한 강연과 기고를 명한다고 할 뿐이어서 위 명령만으로는 준법경영을 주제로 하여 구체적으로 어떤 의미나 내용의 강연 또는 기고를 해야 하고 또 할 수 있다는 것인지, 예컨대 자신의 범행에 대한 사죄 또는 반성의 취지를 담아야 하는 것인지, 준법경영에 관한 것이기만 하면 경영 일반론에 관하여 언급하는 것이어도 무방하다는 것인지, 자신의 행위를 유죄로 인정한 법원의 판단을 납득하기 어렵다고 변명하고 반박하는 것도 허용되는 것인지 명확히 알기 어렵다. 이로 인하여 피고인들과 집행 담당 기관은 위 강연 또는 기고가 구체적으로 어떤 의미나 내용을 담은 것으로 이행되어야 하는지를 쉽게 파악하기 어렵고, 이로 인하여 집행 과정에서 위 사회봉사명령의 의미나 내용에 관한 다툼이 발생할 가능성이 적지 않은 것으로 보인다. 또, 형벌을 대체하는 불이익한 처분이라는 사회봉사명령의 성격에 비추어 볼 때 현실적으로 위 강연과 기고는 앞서 본 바와 같이 피고인들로 하여금 유죄로 인정된 범죄행위를 뉘우치거나 그 범죄행위를 공개하는 취지의 말이나 글을 발표하도록 하는 취지의 것으로 이해되고 집행될 가능성이 없지 않다 할 것이다. 따라서 이러한 사회봉사명령은 그 의미나 내용이 특정되지 아니할 뿐만 아니라, 그에 따라 헌법이 보호하는 피고인들의 양심의 자유 등에 관한 심각하고 중대한 침해를 초래할 가능성이 적지 않아 위법하다고 볼 수밖에 없다.

결국, 원심판결에는 사회봉사명령의 내용과 한계에 관한 법리를 오해한 위법이 있는 것이어서 그대로 유지될 수 없다.

[판례의 연구]

Ⅰ. 들어가는 글

대상판결은 사회봉사명령의 개념과 해석에 대한 쟁점을 제시하면서, 형법 제62조의 2에 규정된 '사회봉사명령'의 개념에 대한 해석론, 사회봉사명령의 적용에 관한 양형론과 입법론 등을 주로 다루고 있다. 대상판결은 형법상 집행유예의 조건으로 부과되는 사회봉사명령의 개념을 「자유형의 집행을 대체하기 위한 것으로서 500시간 내에서 시간 단위로 부과될 수 있는 일 또는 근로활동」으로 정의함으로써 사회봉사명령을 제한적으로 해석하였다. 이에 따라 대법원이 사회봉사명령에 해당하지 않는다고 판단한 2심법원이 제시한 사회공헌약속(사회공헌기금조성)의 이행명령과 같은 형태의 제재수단을 현행법 체계에 도입하는 것이 형사정책적으로 필요한가가 문제로 제기되었다.[1])

우리나라 사회봉사명령은 1989년의 소년법개정을 통하여 소년보호사건에 대한 보호관찰처분과 수강명령제도와 함께 도입되었다. 이후 그 효과가 긍정적으로 평가되면서 형법의 개정을 통해 1997년 성인범에게도 확대되었다. 사회봉사명령이 형법상 성인범에게도 도입되어 확대·시행된 지도 14여년이 되어가고, 양형에 있어 사회봉사명령의 활용빈도는 꾸준히 증가하고 있어 어느 정도 그 시행은 성공적이었다는 평가도 나오고 있다. 그러나 형법은 제62조의 2 제 1 항에 「형의 집행을 유예하는 경우에는 보호관찰을 받을 것을 명하거나 사회봉사 또는 수강을 명할 수 있다」고 규정하고 있을 뿐, 집행유예의 조건으로 부과할 수 있는 사회봉사의 의미·내용·종류·성격 등에 관해서는 규정하고 있지 않음으로 인해 의미를 어떻게 해석할 것인지, 그 범위와 한계를 어떻게 정할 것인지 등이 문제로 제기되었다. 특히 규정 자체에 대한 죄형법정주의의 명확성원칙에 위배되는가의 여부가 문제로 제기되었다. 실무상으로도 법원은 사회봉사명령을 발함에 있어 대법원 예규에 따라 사회봉사의 종류를 구체적으로 지정함이 없이 총 시간만을 지정하여 명하거나 대법원 예규에 정해진

1) 한영수 「재벌그룹 회장에 대한 집행유예의 선고」, 형사판례연구 17(2009), 124면.

사회봉사들, 즉 육체적 근로활동 중 하나를 그대로 지정하여 명하여 왔다.[1)]

이에 본 논고에서는 사회봉사명령의 일반론에 대해 우선적으로 검토한 후에 형법에 규정되어 있는 사회봉사명령의 의의와 범위에 대해 살펴보고, 대상판결에서 논의되고 있는 사회공헌계획의 이행과 준법경영을 주제로 하는 강연과 기고가 사회봉사명령의 범위에 포함될 수 있는가를 분석해 보고자 한다. 이러한 검토와 분석을 토대로 새로운 형사제재로서의 사회봉사명령이 효율적으로 운영되기 위해서 다양화할 수 있는 방안에 대해 독일의 제도와 비교하여 제안하고자 한다.

Ⅱ. 사회봉사명령 일반론

현행법상의 사회봉사명령은 주로 교통범죄·폭력범죄 등과 같은 범죄를 대상으로 집행되고 있는데, 이는 사회봉사명령이 단순히 경미한 사건에 대한 보호처분이라는 차원을 넘어서 형사제재수단으로서의 의미가 부여된 것이라 할 수 있다. 따라서 사회봉사명령을 부과하기 위해서는 형사정책적 목표뿐 아니라 형벌의 목적도 고려하여야 한다. 사회봉사명령은 형벌의 목적을 일반예방보다는 특별예방에 중점을 두고 있으며, 또한 다른 특별예방적 형벌과는 달리 자신의 행위를 속죄하는 방법으로 사회와 이웃을 위하여 노동하게 함으로써 사회에 대한 책임감과 근로의식을 고취시킬 수 있게 한다.[2)] 그러나 현행형법상의 사회봉사명령의 역할은 일차적으로 집행유예제도를 보완해 주는 데에 국한되어 있다. 사회봉사명령이 이처럼 단순히 집행유예자의 보호관찰을 위한 부수처분으로서만 활용된다면 형사제재로서의 기능과 역할은 제한적일 수밖에 없다. 이미 다른 나라에서는 사회봉사명령이 단순히 보호관찰처분에 부수적으로 부과되는 수준을 넘어 벌금형의 대체형 또는 더 나아가 일종의 독자적인 형벌로서 활용되고 있으며, 그 성과도 큰 것으로 입증되고 있다.[3)] 우리나라의 경우에도 형법 이외의 다른 법률, 예컨대 가정폭력범죄의 처벌 등에 관한 특례

1) 이규훈「사회봉사명령의 의의 및 한계」, 형사판례연구 17(2009), 171면; 한영수 앞의 글, 125면.

2) 이영란「사회봉사명령의 양형과 효과에 관한 경험적 연구」, 형사정책 12-1(2000), 41면.

3) 한영수「성인범에 대한 형사제재수단으로서의 사회봉사명령」, 안암법학(1997), 95면 이하.

법, 성매매 알선 등 행위의 처벌에 관한 법률, 소년법 등에서는 사회봉사명령이 단순히 보호관찰처분에 부수적으로 부과되는 수준을 넘어 일종의 독자적인 처분으로서 형벌을 대체하는 역할을 수행하고 있으며, 2009년 3월 제정된 「벌금미납자의 사회봉사집행에 관한 특례법」에서는 벌금미납자에 대한 노역장 유치를 대신하여 사회봉사명령을 활용하고 있다.

1. 사회봉사명령의 개념

사회봉사명령에 대한 개념은 아직 통일적으로 정리되지 않았다. 이 제도를 시행하고 있는 나라마다 형벌의 체계, 행형실무 및 사회적·문화적 여건이 다르고 운영실태 또한 차이가 있기 때문이다. 그러나 일반적으로 사회봉사명령이란 법원이 유죄가 인정되어 자유형이 선고되어야 할 범죄자에 대하여 자유형을 대신하여 일정 기간 동안 무보수로 근로에 종사하도록 명하는 제도라 하겠다.[1] 이에 따라 사회봉사명령의 법적 성격을 파악하자면, ① 범죄자의 자유시간을 박탈한다는 측면에서 처벌의 성격, ② 범죄자 자신의 노력으로 사회에 대하여 손해를 배상한다는 배상의 성격, ③ 범죄자의 재사회화를 촉진시킨다는 특별예방적 성격을 찾을 수 있다. 그 밖에 사회봉사명령은 기본적으로 사회 내에서 자유를 허용하는 법원의 판결이라는 점에서 법률적 처분의 성격을 갖는다. 특히 사회봉사의 배상적 요소는 사회적으로 유익한 일을 함으로써 범죄자를 부조의 대상으로부터 사회일반의 복지에 유익한 기여자로 바꾸는 것으로서, 추상적 형태로 손상된 사회에 보상하여야 할 일반적 의무를 충족시키는 상징적 배상이자 도덕적 책임이다. 또한 사회봉사명령의 배상적 요소는 범죄자로 하여금 죄의식을 완화시키도록 하는 속죄의 요소도 인정할 수 있다.[2] 이러한 사회봉사명령의 장점으로는 형사정책상의 비용을 절감할 수 있고, 범죄자에게 심리적 보상감을 제공하며, 지역사회에 대한 소속감을 심어주고, 새로운 기술개발과 집단생활 학습의 기회가 되며, 근로정신 함양과 여가선용의 기회가 되어 그의 교화개선과 사회재통합에 큰 도움이 된다는 점 등을 들 수 있다.[3]

---

1) 이재상 606면.
2) 이규훈 앞의 글, 204면.
3) 이영란 앞의 글, 26면; 장규원 보호관찰, 사회봉사명령 및 수강명령의 실태 및 개선방안, 한

2. 사회봉사명령의 운영형태

사회봉사명령을 시행하고 있는 국가들은 각 국가마다 다른 형태로 운용하고 있는데, 다음과 같이 구분할 수 있다.

- ○ 단기 구금형의 대체형으로 적용하는 국가로는 영국, 독일, 프랑스, 덴마크, 노르웨이, 포르투갈 등이 있으며, 독립된 처분으로 부과하거나 형의 유예에 따른 부가처분으로 운용하고 있다.
- ○ 벌금의 미납에 따른 대안적 제재로 적용하는 국가는 이탈리아, 독일, 스위스, 한국 등이 있다.
- ○ 사면의 조건으로 적용하는 국가로는 룩셈부르크, 네덜란드, 노르웨이 등이 있다.
- ○ 기소유예의 조건으로 적용하는 국가로는 독일이 있다.

(1) 독자적인 주형(主刑)으로서의 사회봉사명령

사회봉사명령이 하나의 독자적인 형벌로서 처음으로 활용되기 시작한 곳은 영국이다. 영국에서는 사회봉사명령을 구금형에 처해질 수 있는 범죄로 유죄판결을 받은 16세 이상의 자에 대하여 과할 수 있는 독자적 형벌수단으로 보고 있다(영국 형사법원권한법 제14조 1항). 사회봉사명령의 도입 초기에는 사회봉사명령이 상당히 중한 형벌로 인식되었기 때문에 수개월의 징역형에 처할 수 있는 범죄에 대하여도 법원의 판단에 따라 사회봉사명령을 선고할 수 있었다. 그러나 현재에는 원칙적으로는 피고인에게 바로 구금형을 과하는 것이 적절하지 못한 경우에 사회봉사명령을 선고하도록 하고 있다.[1] 영국의 사회봉사명령은 세계각국의 형벌제도개혁의 모델이 되고 있다. 이러한 국가들은 교도소 내 수용인원 만원사태로 말미암아 야기되고 있는 수형자인원의 감소를 위한 현실적인 필요성 때문에 독자적인 주형의 하나로서 사회봉사명령을 도입하였다.[2]

국형사정책연구원(1999), 39면 이하; 최인섭/진수명 「보호관찰제도의 확대실시의 전망과 문제점」, 형사정책(1997), 14면.

1) 이영란 「사회봉사명령제도」, 형사정책(1997), 54면.

2) 한영수 앞의 글(1997), 97면.

(2) 미납벌금의 대체수단으로서의 사회봉사명령

미납벌금의 대체수단으로서의 사회봉사명령에 대한 대표적인 입법례로 독일의 형법시행령(EGStGB) 제293조를 들 수 있다. 독일의 형사정책은 단기구금형의 폐해라든가 행형시설의 수용부담 등의 문제를 직접 사회봉사명령과 같은 사회내 처우의 방법에 의해서가 아니라 벌금형의 확대적용에 의해서 해결하려고 하였다. 따라서 사회봉사명령제도도 오랫동안 벌금미납 시 환형처분의 대안으로서만 파악해 왔다. 평균 80%에 달하는 벌금형의 집행이 결코 쉽지 않기 때문에 벌금을 미납할 수밖에 없는 자에 대한 제재수단으로서의 사회봉사명령은 효과적이었다. 사회봉사명령은 점차 단기구금형 및 벌금형을 대체하는 일차적인 형벌수단으로서 위치를 굳혀가기 시작하였다. 이처럼 사회봉사명령이 벌금미납에 대한 환형처분으로 이용되는 경우에 실질적으로 독자적인 형벌수단으로 보고 있다.[1)]

(3) 부수처분으로서의 사회봉사명령

부수처분으로서의 사회봉사명령은 기소유예, 선고유예, 집행유예처분을 하면서 사회봉사명령을 부과하는 것을 말한다.

1) 기소유예부 사회봉사명령　기소유예부 사회봉사명령의 대표적인 입법례는 독일의 형사소송법 제153조의 a를 들 수 있다. 본 규정에 의하면 일반 경범죄의 경우 기소법정주의원칙에도 불구하고 검사는 수소법원과 피고인의 동의를 받아 형사절차를 중지할 수 있으며, 이러한 형사절차의 중지는 기소유예의 형태를 띠는 것으로 절차의 중지와 함께 사회봉사명령을 부과할 수 있다. 또한 공소가 이미 제기되어 공판이 시작된 경우에도 법원이 피고인과 검사의 동의를 얻어 재판절차를 중지할 수 있으며, 이때에도 역시 사회봉사명령을 부과할 수 있다. 이와 같은 형사절차의 중지는 경미한 범죄행위의 증가로 인한 형사사법의 업무부담을 완화하고, 형식적인 형사절차를 중지함으로써 형사사건을 신속하게 해결하고자 하는 목적을 지니고 있다.

2) 선고유예부 사회봉사명령　선고유예는 형의 선고를 유예해 줌으로써 형의 선고로 인한 '낙인효과'를 감소시켜 피고인의 사회복귀를 용이하게 해 주

1) 유숙영 「사회봉사명령의 집행현황과 효율적인 운용방안」, 형사법연구 16(2001), 221면; 이영란 앞의 글(1997), 68면 이하.

는 장점을 가진다. 이러한 특별예방적 효과는 유예기간 중에 보호관찰을 함으로써 더욱 강화된다. 따라서 선고유예제도를 취하고 있는 나라들은 대개 보호관찰을 함께 부과하고 있다.[1] 선고유예부 사회봉사명령의 대표적 입법례는 독일형법 제59조의 a를 들 수 있다.

3) **집행유예부 사회봉사명령** 집행유예제도는 보호관찰과 결합하여 범죄인의 재범방지와 사회복귀를 용이하게 해 주는 처분으로서 전 세계적으로 그 적용이 점차 확대되고 있다. '집행유예부 사회봉사명령'은 실형선고를 받아야 할 자가 집행유예를 선고받음으로써 실제로는 처벌을 면제받았다는 의식을 불식시켜 주는 한편, 그에게 적극적으로 사회를 위해 봉사할 기회를 줌으로써 특별예방효과를 극대화시켜 준다는 장점을 가지고 있다.

(4) 우리나라의 운용형태

세계 각국에서 사회봉사명령이 다양한 양식으로 형벌체계 내에 도입되어 성공적으로 시행되고 있음에도 불구하고, 우리 형법이 인정하고 있는 성인에 대한 형사제재수단으로서의 사회봉사명령은 '형법 제62조의 2에 의한 집행유예부 사회봉사명령'이다. 앞에서도 살펴보았지만 특별법을 제외하고 우리 형법에서의 사회봉사명령은 '독자적인 형벌'로서 인정되고 있지 않으며, 더욱이 형의 집행이 유예된 자에게만 부과할 수 있도록 하고, 형의 선고 자체가 유예된 자나, 잔여형이 유예된 자에 대한 사회봉사명령의 부과를 허용하지 않고 있다. 다만, 「벌금미납자의 사회봉사집행에 관한 특례법」이 제정됨으로써 벌금미납자에 대한 노역장 유치를 사회봉사로 대신하여 집행할 수 있게 되었다. 즉 사회봉사명령이 벌금미납의 대체형벌로 인정되었다.

3. 형사제재로서의 사회봉사명령

사회봉사명령은 기존의 형벌인 자유형이나 벌금형이 자유박탈 혹은 재산박탈을 전제로 하여 진압적으로 행사되는 형사제재수단인 데 반하여 범죄인이 스스로 의미 있고 건설적인 활동을 함으로써 적극적으로 갈등을 해소하게 한다. 사회봉사명령은 그 유형에 따라 약간의 차이는 있으나 범죄행위에 대해 부

---

1) 한영수 앞의 글(1997), 102면.

과되는 국가의 강제처분의 일종이다. 그러나 사회봉사명령은 기존의 전통적인 형벌들과 비교해 볼 때 '갈등해소'와 '평화도모'라는 사회적 기능을 적극적으로 수행할 수 있다는 점이 다르다. 사회봉사명령이 부과되면 범죄자는 일단 자유박탈이 없으므로 사회로부터 격리되지 아니하며 동시에 현실세계에 상존하고 있는 사회적 갈등상황의 해소를 위해 스스로 노력하게 된다. 즉 사회봉사명령은 형벌의 사회적 임무를 보다 더 실현시켜 줄 수 있는 제재수단이다.[1]

사회봉사명령은 대상자에게 속죄의 기회를 줄 뿐 아니라 피해자의 감정을 완화시키고, 근로정신을 함양시키고 자존감을 회복시켜 건전한 사회복귀에 도움을 줌으로써 형벌의 특별예방기능을 수행하며, 사회적으로는 무보수 봉사활동으로 공공의 이익을 증진시킬 수 있고, 국가적으로는 교도소 등에의 구금에 필요한 예산 절감의 효과가 큰 것으로 나타나고 있다.[2] 또한 사회봉사명령은 일반예방적인 관점에서도 그 효과를 인정할 수 있다고 보는데, 이는 사회봉사명령이 일정한 범주의 형사사범에 대해서는 자유형이나 벌금형에 상응하는 위하력과 규범에 대한 강화기능을 가질 수 있다고 보기 때문이다. 물론 일반예방적인 효과는 '형벌의 종류와 경중'보다는 '형사소추 및 처벌의 가능성'과 더 큰 상관관계가 있다. 그러나 아주 경미한 범죄에 대해서도 사회봉사명령을 남발하거나, 사회봉사시간을 지나칠 정도로 과중하게 정한다면 비례성의 원칙에 어긋날 뿐만 아니라 본래 의도한 사회봉사명령의 형벌로서의 기능수행을 불가능하게 만든다. 따라서 사회봉사명령을 독자적인 주형으로 사용하든, 벌금미납의 대체수단으로 활용하든, 아니면 다른 형사처분의 부수조치로 부과하든, 이러한 모든 형사처분은 비례성원칙에 어긋나지 않고 형벌목적을 실현시켜 주어야 한다.[3]

---

1) 한영수 앞의 글(1997), 103면 이하.

2) 전영실/이성칠/원혜욱 교통사범에 대한 사회봉사명령 및 수강명령 활성화 방안, 한국형사정책연구원(2002), 30면.

3) 한영수 앞의 글(1997), 107면 이하.

Ⅲ. 형법상의 사회봉사명령에 대한 해석

1. 법적 성격

사회봉사명령의 법적 성격에 대해서는 보안처분이라는 견해, 형벌 집행의 변형된 형식이라는 견해, 독립된 제3의 처분이라는 견해 등이 있다. 대법원은 형법 제62조의 2의 사회봉사명령의 법적 성격에 대하여 형벌 그 자체가 아니라 보안처분의 성격을 가진다고 하거나,[1] 집행유예의 부가처분이라고 하고 있다.[2] 현행형법에 사회봉사명령이 부가형의 형식으로 규정되어 있기는 하나 이는 엄연히 자유형의 대체수단으로 도입된 것일 뿐만 아니라 이를 위반할 경우 집행유예가 취소될 수 있는 강제처분의 형태를 띠고 있어 단순한 부가처분으로만 평가하기는 어렵다고 할 것이다. 형법상의 사회봉사명령은 처벌적 요소를 내포하고 있는 제3의 독립된 처분으로 평가하는 것이 타당하다고 생각한다.

2. 형법규정의 죄형법정주의 위반여부

형법은 제62조의 2에 사회봉사명령을 규정하고 있으면서, 사회봉사명령의 정의, 목적, 명할 수 있는 사회봉사의 종류나 그 내용, 대상자 및 집행방법에 관하여 아무런 규정을 두지 않고 단순히 집행유예에 부가하여 명할 수 있다는 규정만 두고 있기 때문에 해석에 의하여 위와 같은 내용을 구체화시킬 수밖에 없다. 따라서 형법상의 사회봉사명령은 죄형법정주의, 특히 명확성의 원칙에 반할 소지가 있다.[3] 사회봉사명령의 개념적 요소와 우리의 법규정 형식 등을 고려할 때 사회봉사명령은 고전적인 형벌과 달리 시설내 처우에 대한 반성으로 범죄인과 사회의 화해를 통한 범죄인의 개선·교화라는 목적을 달성하기 위해 도입된 처우이기 때문에 사회봉사명령을 부과하기 위해서는 시대상황에 따라 복잡다기하게 변하는 범죄의 유형과 범죄자의 개인적 특성을 고려해야 한다. 따라서 사회봉사명령은 어느 정도 신축적·가변적인 내용을 가진 합목

1) 대법원 2006. 9. 8. 2006도4741.
2) 대법원 2006. 5. 26. 2005도8607.
3) 이규훈 앞의 글, 179면 이하.

적적인 조치로서 운영되어야 하지만, 한편으로는 법규정상으로나 일반적 어의로나 그 개념이 불명료하여 죄형법정주의 등의 법원리에 반할 수 있는 소지가 항상 있음을 염두에 두어야 할 것이다.[1)]

그렇다면 형법이 규정하고 있는 사회봉사명령이 헌법이 요구하고 있는 죄형법정주의에 위반한 규정형식인가가 우선적으로 검토되어야 할 것이다. 헌법재판소의 견해[2)]에 따르면, '법관의 보충적인 해석을 필요로 하는 개념'의 사용이 불가피하더라도 최소한 '처벌의 종류와 정도'가 무엇인지 명확하게 규정해야 죄형법정주의에 반하지 않는다. 즉 '형벌의 종류 및 상한과 폭'을 명백히 규정함으로써 법관의 '자의적인 해석'의 가능성을 방지할 정도의 명확성을 요구하고 있다. 따라서 형법 제62조의 2 제 1 항의 '사회봉사 또는 수강을 명할 수 있다'는 표현이 '처벌의 종류와 정도', 즉 '형벌의 종류 및 그 상한과 폭'에 관한 자의적인 해석의 가능성을 열어두고 있는지 여부가 논의의 핵심이 된다.[3)] 보호관찰 등에 관한 법률 제59조 1항은 「형법 제62조의 2의 규정에 의한 사회봉사를 명할 때에는 500시간, 수강을 명할 때에는 200시간」이라는 형벌의 상한과 폭을 설정함으로써 형벌의 상한과 폭에 대한 문제를 보완하고 있다. 또한 동법 제59조 2항은 법원으로 하여금 「대상자가 사회봉사를 하거나 수강할 분야와 장소 등을 지정할 수 있다」고 규정함으로써 구체적인 사회봉사의 종류와 방법 및 내용을 법관이 결정할 수 있도록 하고 있다. 이에 따라 대법원 재판예규인 「보호관찰 및 사회봉사명령 등에 관한 예규(재형 2003-9)[4)]」 제 7 조 1항 제 1 호에 다음과 같은 사회봉사명령 작업내용의 일반적 유형이 제시되어 있다.

① 자연보호활동(공원 · 하천 등 제초작업 및 오물수거)
② 복지시설 및 단체봉사활동(양로원 · 고아원 · 장애자시설 지원, 사회복지기관 · 단체의 복지관련 사업보조 등)
③ 공공시설봉사활동(고속도로 · 국도변 쓰레기 · 오물수거, 도서관 장서정리, 공공시설 보수, 산불 · 풍수해 등 재해복구 활동 등)

1) 이규훈 앞의 글, 207면.
2) 헌재결 2000. 6. 29. 98헌가10.
3) 한영수 앞의 글(2009), 127면.
4) 재판예규 제1236호.

④ 대민지원봉사활동(응급실 인력보조, 환자 간병보조, 자원재생공사의 재활용 사업 지원, 모내기, 벼베기, 과일수확, 문화재보수·제설·배수로 정비, 쓰레기 분리수거, 저소득·서민층 등 소외계층에 대한 기초생활지원활동 등)

⑤ 기타 지역사회에 유익한 공공분야 봉사활동

형법이 사회봉사명령의 구체적 내용을 명시하고 있지는 않지만 보호관찰 등에 관한 법률에 사회봉사명령의 분야와 장소, 즉 사회봉사의 방법과 내용을 법원이 결정할 수 있도록 규정하고 있기 때문에 명확성의 원칙에 위배된다고 보기 어렵다는 주장[1]이 가능하다. 그러나 이러한 해석을 가능하게 하는 형법과 보호관찰 등에 관한 법률의 입법형식에 대해서는 문제가 제기되고 있다. 즉 보호관찰 등에 관한 법률 제59조가 시간 단위로 사회봉사명령을 부과하도록 규정한다고 하여도, 형법이 형의 부과근거 및 그 개괄적 집행방법을 총괄적으로 규정하여야 하고 보호관찰 등에 관한 법률은 그 집행세칙 정도에 관한 내용 정도를 규정함에 그쳐야 한다고 본다면 범죄인에게 불이익한 처분임에 틀림없는 사회봉사명령에 대하여 형법이 아닌 보호관찰 등에 관한 법률에 의하여 비로소 그 의미 및 내용을 확정한다는 것은 본말이 전도된 것이라는 주장[2]이 그것이다.

사회봉사명령은 기존 형벌체계에 대한 대안으로 나타난 새로운 교정수단으로서 아직도 그 발전가능성이 있는 등 사회내 처우의 확대 경향과 맞물려 그 적용영역이 확대될 수 있는 발전적·형성적·다의적 개념일 수밖에 없다. 따라서 입법적으로 사회봉사명령의 정의, 종류나 그 내용 등이 추상적으로 규정되어 있다고 하여 곧바로 명확성의 원칙에 위반하여 위헌이라고 할 수는 없는 것이다. 또한 보호관찰 등에 관한 법률 및 대법원 재판예규에 의해 사회봉사명령의 내용과 한계가 설정될 수 있기 때문에 형법상의 사회봉사명령이 죄형법정주의에 위반된다고 하기 어렵다.

3. 사회봉사명령의 범위

형법상 사회봉사의 내용에 대하여 명확한 규정이 없으므로 사회봉사의 범

1) 한영수 앞의 글(2009), 128면.
2) 이규훈 앞의 글, 180면.

위를 육체적 근로활동에 국한하여 인정할 것인지, 좀 더 그 적용영역을 다양화하여 범위를 확대할 수 있는 개념으로 파악할 수 있을 것인지에 대해서는 검토가 필요하다. 우리말의 '사회봉사'의 일반적 어의에 대하여 살펴보면, 국어사전에 사회봉사란「사회의 이익이나 복지를 위하여 노동력이나 금품 따위를 제공하는 행위」를 뜻한다고 명시되어 있다. 즉 금품을 제공하는 것도 사회봉사의 해석 가능한 언어적 범주에 들어가는 것이다. 노동력을 제공하는 것만을 목적으로 한 불이익 처분을 예상하였다면 근로봉사명령이라고 그 명칭을 구체화시켰어야 할 것이다. 따라서 금품을 제공하는 것도 사회봉사의 해석 가능한 언어적 범주에 들어가는 것이다. 다만, 대상판결과 관련하여 문제로 제기된 사회봉사명령은 형법에 규정된 전문용어이기 때문에 사전적 용어인 '사회봉사'와 달리 해석해야 한다는 주장이 가능하며, 그간 실무가나 학자들 역시 사회봉사를 일 또는 근로활동이라는 개념으로 사용하였다.[1] 이에 따르면 육체적 근로활동을 제외한 금전의 제공 등과 같은 부담은 사회봉사명령의 범위에 포섭하기 어렵게 된다. 특히 대상판결에서는 원심법원이 피고인 현대차그룹 회장에 대하여 집행유예의 조건으로 부과한 '사회공헌약속의 이행'과 '준법경영 강연과 기고'가 형법 제62조의 2에 규정된 사회봉사명령의 범위 안에 포섭될 수 있는지 여부가 핵심쟁점이 되었다. 이에 대해 대법원은 현행 형법에 의하여 법원이 형의 집행을 유예하는 경우 명할 수 있는 사회봉사는 자유형의 집행을 대체하기 위한 것으로서「500시간 내에서 시간 단위로 부과될 수 있는 일 또는 근로활동」을 의미하는 것으로 해석함으로써 '거액의 기금출연을 주된 내용으로 한 사회공헌약속의 이행'이나 '준법경영을 주제로 한 강연과 기고'를 형법 제62조의 2에 의한 사회봉사명령'으로 부과하는 것은 허용될 수 없다고 판시하였다. 그러나 사회봉사명령의 다양한 프로그램의 운영이 요구되고 있는 현실에서 대법원의 판결을 그대로 수용할 것인가에 대해서는 검토가 필요하다.

---

1) 이규훈 앞의 글, 211면.

Ⅳ. 대상판결의 분석

1. 거액의 기금출연을 주된 내용으로 한 사회공헌약속의 이행을 사회봉사명령으로 볼 수 있는가?

(1) 대법원의 견해에 따른 사회봉사명령에 대한 해석

대법원은 형법상의 사회봉사명령의 개념을「시간 단위로 부과될 수 있는 일 또는 근로활동」으로 정의하였다. 그 근거법률은 '형법 제62조의 2의 규정에 의한 사회봉사를 명할 때'에는 '500시간의 범위 내'에서 그 기간을 정하도록 한 보호관찰 등에 관한 법률 제59조 1항 본문이다. 2심법원의 사회공헌약속 이행명령은 '시간 단위로 부과될 수 있는 일 또는 근로활동이 아닌 일정한 금원을 출연할 것으로 명하는 것'이므로 사회봉사명령 관련 법률규정을 '함부로 확장·유추 해석하여 운용'하는 것에 해당하며 헌법 제12조 1항이 선언한 죄형법정주의의 정신에 반하는 법적용이라고 하였다. 대법원의 견해에 따르면 형법상의 사회봉사명령의 인정범위는 적어도 보호관찰법상의 '500시간'이라는 상한설정으로부터 추론될 수 있는 범주 속에 국한될 수밖에 없을 것이다. 따라서 '시간 단위로 부과될 수 없는' 사회공헌약속의 이행을 형법상의 사회봉사명령으로 부과하는 것은 유추해석금지원칙을 위반한 것으로 보아야 한다.

(2) 2심법원의 견해에 따른 사회봉사명령의 해석

2심법원은 형법상 사회봉사명령의 개념을 해석함에 있어서 그 의미를 목적론적으로 '확대'해석한 것으로 이해된다. 즉 거액의 금전출연을 통한 공익사업의 이행도 결과적으로 보면 '사회에의 기여'에 해당하므로 넓은 의미의 '사회봉사'에 포섭될 수 있다고 해석한 것이다. 2심법원의 견해는 법문을 해석할 때에 목적 중심적인 해석방법을 더욱 중요시하고 있는 것으로 판단된다. 이런 입장에서는 500시간의 범위 내에서 그 기간을 정하여 사회봉사를 명하여야 한다는 보호관찰법상의 규정 자체의 문구해석에 얽매이기보다는 오히려 형법상의 사회봉사명령제도의 근본취지를 살리는 방향으로 적극적으로 해석하여 사회공헌약속의 이행도 사회봉사명령에 포함될 수 있다고 주장할 수 있게 된다.

(3) 소 결

형법에 규정되어 있는 사회봉사명령의 내용과 기부를 통한 '사회공헌약속의 이행'은 부합된다고 보기 어렵다. 보호관찰 등에 관한 법률 제59조 1항은 「법원은 형법 제62조의 2의 규정에 의한 사회봉사를 명할 때에는 500시간, 수강을 명할 때에는 200시간의 범위 내에서 그 기간을 정하여야 한다. 다만, 다른 법률에 특별한 규정이 있는 경우에는 그 법률이 정하는 바에 의한다」고 규정하고 있다. 형법·보호관찰 등에 관한 법률·대법원 재판예규 등을 종합적으로 고려하면, 사회봉사명령은 '시간'을 계산의 전제로 하고 있으며, 사회봉사명령을 명할 때에도 시간을 단위로 하여야 한다. 또한 사회봉사명령은 피고인이 스스로의 몸을 사용하여 노동 또는 봉사활동을 하는 것을 내용으로 한다고 해야 할 것이다.[1] 이에 현행법의 체계에 의하면 2심법원이 사회봉사명령의 유형으로 제시한 사회공헌약속의 이행은 사회봉사명령의 유형으로 인정하기 어렵다 할 것이다.

2. 준법경영 강연과 기고를 사회봉사명령으로 볼 수 있는가?

사회봉사명령의 특성을 '시간' 및 '상한'의 문제로 국한하여 판단한다면 2심법원이 제시한 준법경영에 관한 강연은 사회봉사명령에 포섭할 여지가 있다. 2심판결 내용에 사회봉사명령의 내용으로서 준법경영 강연을 위한 시간이 명시되었기 때문이다. 대법원 재판예규 제7조에서 말하는 '기타 지역사회에 유리한 공공분야 봉사활동'을 넓게 해석한다면 준법경영에 관한 강연과 기고가 해당한다고 판단할 수도 있다.[2] 총 2시간 이상의 강연을 하라는 명령은 적어도 '500시간 내에서 시간 단위로 부과될 수 있는 일'은 될 수 있다는 점에서 형법상의 사회봉사명령의 범위 안에 포섭될 수 있을 것이다. 그러나 국내 일간지와 경제전문잡지에 각 1회 이상 기고하라는 명령은 여전히 시간 단위로 부과된 것이 아니기 때문에 대법원의 견해에 의하면 형법상의 사회봉사명령으로 인정하기 어렵다.

대법원은 특히 사회공헌약속의 이행과는 달리 '준법경영을 주제로 한 강연

---

1) 최준혁 「사회봉사명령으로서의 거액의 기부?」, 형사정책 20-1(2008), 382면.

2) 최준혁 앞의 글, 384면.

과 기고'의 이행명령에 대해서는 「헌법이 보호하는 피고인의 양심의 자유, 명예 및 인격에 대한 심각하고 중대한 침해에 해당하므로 허용될 수 없고」, 「피고인으로 하여금 자신의 범죄행위와 관련하여 어떤 말이나 글을 공개적으로 발표하라는 사회봉사를 명하는 것은 경우에 따라 피고인의 명예나 인격에 대한 심각하고 중대한 침해를 초래할 수 있고, 그 말이나 글이 어떤 의미나 내용이어야 하는 것인지 쉽게 이해할 수 없어 집행 과정에서 그 의미나 내용에 관한 다툼이 발생할 가능성이 적지 않으며」라는 근거로 이러한 사회봉사명령은 위법하다고 판시하고 있다. 즉 강연과 기고에 대해서는 '시간 단위로 부과될 수 있는지 여부'라는 형식적 관점이 아니라, '형벌을 대체하는 불이익한 처분이라는 사회봉사명령의 성격'이라는 실질적이고 본질적 관점에서 문제점을 제기하고 있다. 이러한 대법원의 판결에 근거하여 강연과 기고에 대해 제기될 수 있는 문제점을 살펴보고자 한다.[1)]

첫째, 경영상의 중대한 범죄를 저지른 피고인들에게 '준법경영'을 주제로 대중강연을 하도록 하는 것은 본말이 전도된 느낌이다. 피고인들은 준법경영을 주제로 '강연'할 위치에 있는 것이 아니라, 오히려 준법경영을 주제로 한 강의를 겸손하게 '수강'해야 할 신분이다. 만일 이들이 앞으로 준법경영을 하는 것이 재범방지를 위해 정말 필요하다고 법원이 판단하였다면, 준법경영을 주제로 '강의'명령이 아니라 '수강'명령을 부과하는 것이 타당하다.

둘째, 피고인들의 준법경영 강연의 대상자를 '전경련 회원 또는 경제인', '현대차그룹 임직원'과 '기아차그룹 임직원'으로 각각 100인 이상씩 특정하였는데, 이들이 정말 '자발적으로' 시간을 내어 피고인의 강연을 수강하지 않는 이상, 국내 굴지의 재벌그룹 회장 또는 부회장이라는 신분을 이용하여 특정된 수강생들을 '반강제적으로' 불러 모을 수밖에 없을 것이다. 그리고 수강생들은 1시간 이상씩 비자발적인 수강을 해야 한다. 이러한 상황은 수강생들이 피고인들을 위하여 '봉사'해야 하는 상황으로 연출될 가능성이 크다 할 것이다.

셋째, 강연내용과 기고내용이 특정되지 않고 막연하여 집행기관이 이 명령을 집행하는 데 어려움이 따를 수 있다는 비판이 가능하다. 명령을 집행해야 하는 보호관찰관의 입장에서 피고인들의 강연 또는 기고가 구체적으로 어떤

1) 문제점에 대해서는 한영수 앞의 글(2009), 133면 이하를 요약하여 정리하였음.

의미나 내용을 담은 것으로 이행되어야 하는지를 쉽게 파악하기 어렵고, 이로 인하여 집행과정에서 위 사회봉사명령의 의미나 내용에 관한 다툼이 발생할 가능성이 있다는 문제점을 안고 있다.

넷째, 피고인들에게 준법경영에 대한 강연과 기고를 하도록 강요하는 것은 마치 과거정권하에서 미전향 장기수들에게 석방을 조건으로 준법서약서를 쓰도록 강요했던 것과 유사하다는 느낌을 준다. 1심에서 선고된 징역형의 집행을 유예해 주는 대신에 '피고인들로 하여금 유죄로 인정된 범죄행위를 뉘우치거나 그 범죄행위를 공개하는 취지의 말이나 글을 발표하도록 하는 취지'로 이해될 수 있다는 것이다. 헌법이 보호하고 있는 피고인들의 양심의 자유와 표현의 자유를 침해할 소지가 다분히 있다. 대상판결은 이러한 관점에서 피고인들에게 준법경영에 관한 강연과 기고를 강요하는 것이 「피고인들의 양심의 자유 등에 관한 심각하고 중대한 침해에 해당하는 것이어서 허용될 수 없는 것」이라고 결론을 내렸다.

다섯째, 준법경영에 관한 기고의 경우 피고인들이 아닌 다른 사람이 대신 집필해 줄 수 있는 문제점이 제기된다. 강연문 역시 피고인들이 아닌 타인이 작성해 줄 가능성이 있다. 다만, 강연의 경우 피고인들이 직접 시연해야 한다는 점이 기고의 경우와는 다르다. 이처럼 피고인들이 재벌그룹 회장이라는 지위를 이용하여 자신들에게 인격적으로 부과된 부담인 사회봉사명령을 타인에게 전가시킬 수 있다.

Ⅴ. 맺는 글 — 사회봉사명령의 다양화

1. 2심법원이 제시한 명령을 다양한 사회봉사명령의 달성으로 인정할 수 있는가?

보호관찰 프로그램과 마찬가지로 사회봉사 프로그램도 다양하게 개발할 필요가 있다. 이러한 프로그램의 개발에는 행위자의 성행개선을 가장 중요한 요소로 고려해야 한다. 예컨대, 폭력사범의 경우 가정폭력·성폭력·일반폭력을 구별하여 각 폭력의 유형에 맞는 프로그램의 개발이 요구되는데, 가정폭력과 성폭력의 경우 폭력형태의 특수성과 행위자의 성행을 고려하여 사회봉사의 시기와 시간, 집행환경 및 집행분야 등을 충분히 고려한 프로그램을 개발하여야 할 것이다. 물론 사회봉사명령이 성인에게 있어서는 형의 집행유예에 부과되는 독립한 제재수단이므로, 법을 집행하는 기관의 입장에서는 범죄인에 대한 법집행의 엄정성의 측면과 피해자 및 국민들의 법감정을 고려하여 봉사대상자들 개개인의 사정을 모두 들어주기 힘든 측면이 있다. 또한 실무상으로도 시간과 인력 등 여러 가지 제한된 여건 하에서 개개인의 의견을 수렴하여 일일이 반영한다는 것도 어려운 일이다. 그러나 사회봉사명령의 목적과 효과를 고려할 때 각 범죄에 적합한 봉사내용을 집행하는 것은 법집행의 엄정성과는 무관한 양질의 법률서비스 제공의 문제로 인식되어 조속히 해결되어야 할 것이다.[1)]

사회봉사명령의 다양화라는 관점에서 볼 때, 거액의 사회공헌기금납부를 주된 내용으로 하는 사회공헌약속의 이행명령을 형법 제62조의 2에 의한 사회봉사명령의 범위에 포함시킬 수는 없다고 하더라도, 입법론적 관점에서 사회공헌약속의 이행명령과 통상의 사회봉사명령을 비교할 가치는 충분하다 할 것이다. 즉 사회공헌약속의 이행명령과 통상의 사회봉사명령을 비교할 때 과연 양자 중의 어떤 것이 피고인에게 ―일반예방이나 특별예방의 형벌목적을 고려하여― 더 적합한 사회내 처우가 될 수 있는지 입법론적인 검토가 필요하다. 사회내 처우의 효용성과 유용성이라는 관점에서 살펴보면, 2심법원이 본래 기획했던 사회봉사명령에 대한 구상은 통상의 사회봉사명령에 비하여 분명히 진일보한 면이 있다. 전체사회에 대한 보다 광범위하고 실질적인 기여는 거액의 사회공헌기금이 조성될 때 더 크게 기대할 수 있기 때문이다. 재벌그룹회장도 일반인과 마찬가지로 '땀을 흘리며 몸으로 봉사해야 하는' 통상의 사회봉사명령을 부과하는 것이 더 낫다는 주장은 사회봉사명령의 지향점을 책임상쇄나 일반예방으로 한정하는 경우에 그 타당성이 인정된다. 사회봉사명령의 형벌목적의 중점은 피고인이 사회봉사를 통해 사회에 기여함으로써 '사회와의 화해'를 상징적으로나마 이루는 데 있다는 특별예방에 그 초점을 맞춘다면 사회공헌약속의 이행은 새로운 사회봉사명령의 유형으로 인정될 수 있을 것이다.[2)]

1) 전영실/이성칠/원혜욱 앞의 글, 41면.
2) 한영수 앞의 글(2009), 153면.

2. 독일의 입법례

금원출연을 집행유예의 조건이 되는 의무명령으로 인정하고 있는 대표적인 입법례로는 독일의 형법규정을 들 수 있다. 독일형법 제56조의 b[1] 제 2 항은 집행유예의 조건으로 부과할 수 있는 명령(Auflage)을 다음과 같이 제시하고 있다.

① 최선을 다하여 범죄행위로 인하여 야기된 피해를 배상할 것(원상회복명령)
② 범죄행위와 행위자의 인격을 고려할 때 공익기관에 일정금액을 납입할 것(기금납부명령)
③ 기타 공익적 급부를 제공할 것(사회봉사명령)
④ 국고에 일정금액을 납입할 것(국고납입명령)

독일형법상의 의무부과는 형벌과 유사한 성격의 제재로서, 이미 행해진 불법에 대한 배상을 목적으로 한다. 독일의 통설에 따르면 금전의 납입부과는 형벌이 아니기 때문에, 금액의 하한선 또는 상한선은 존재하지 않는다. 즉 어떠한 공익기관을 위하여 금전을 얼마나 납부하게 할 것인지에 대한 판단은 법원의 재량이다. 액수를 산정할 때는 비례성의 원칙과 책임이 기준이 된다고 한다.[2]

---

1) 제56조의 b 의무부과(Auflage)

① 법원은 형의 선고를 받은 자에 대하여 불법행위의 배상을 내용으로 하는 의무를 부과할 수 있다. 이 경우 형의 선고를 받은 자에게 기대하기 어려운 의무사항을 명하여서는 아니된다.

② 법원은 형의 선고를 받은 자에 대하여 다음 각호의 사항을 부과할 수 있다.

1. 최선을 다하여 범죄행위로 인하여 야기된 피해를 배상할 것(원상회복명령)
2. 범죄행위와 행위자의 인격을 고려할 때 공익기관에 일정금액을 납입할 것(기금납부명령)
3. 기타 공익적 급부를 제공할 것(사회봉사명령)
4. 국고에 일정금액을 납입할 것(국고납입명령)

법원은 의무의 이행이 손해배상과 배치되지 않는 경우에 한하여 제 1 문 제 2 호 내지 제 4 호의 의무를 부과한다.

③ 법원은 형의 선고를 받은 자가 불법행위의 배상을 위하여 적정한 급부를 제안한 경우 그 제안의 이행을 기대할 수 있는 때에는 특별한 사정이 없는 한 제 2 항의 의무를 잠정적으로 면제한다.

2) 최준혁 앞의 글, 387면.

3. 소 결

사회봉사명령이 기본적으로 회복적 사법의 토양 위에서 발전한 제도라는 점을 고려할 때, 우리나라 현행 형법에 규정되어 있는 사회봉사명령 이외에 피해자에 대한 직·간접적 피해회복을 유도하는 사회내 제재의 도입이 필요할 것이다. 또한 경제적 능력이 있는 피고인의 경우 기금납부명령을 통해 개인재산의 사회 환원을 이루도록 하는 것도 효율적인 제재수단이 될 수 있다고 생각한다.[1] 양형의 개별화·다양화를 도모함으로써 자유형의 폐해를 방지하고 피고인의 재사회화 등 특별예방이념을 실현하기 위해서는 다양한 사회봉사명령 프로그램을 개발하여 이행하는 방안이 수립되어야 할 것이다. 사회봉사명령의 다양화는 범죄자 개인의 특성에 따른 양형의 적정화를 이룰 수 있는 방안이 될 수 있을 것이며, 그러한 의미에서 시설내 처우를 부과할 수밖에 없었을 범죄인을 사회로 복귀시킬 수 있다는 점에서 적정성의 원칙 및 사회내 처우의 확대시행이라는 형사정책적 경향에도 적합하다 할 것이다. 특히 사회봉사명령의 이념인 사회에 이익을 환원한다는 배상적 요소를 감안한다면 피고인의 개별적 특성에 맞는 사회봉사가 부과될 때에 사회봉사명령의 취지에 부합한다 할 것이다.[2] 다만, 다양한 사회봉사명령의 형태를 형법에 도입하는 경우 구체적으로 어떤 유형을 도입할 것인지는 신중한 검토를 거쳐 판단해야 한다. 도입을 결정한 경우에는 그 요건, 기준 및 상한 등을 법률에 명시하여야 할 것이다. 이는 대상판결에서와 같이 사회봉사명령의 내용과 집행에 대해서 죄형법정주의 위반여부가 논의되는 상황을 불식시키기 위해 중요한 사안이 된다.[3]

---

1) 한영수 앞의 글(2009), 155면.
2) 이규훈 앞의 글, 215면 이하.
3) 최준혁 앞의 글, 388면.

판례색인

사항색인

저자약력

서울대학교 법과대학 졸업
제 6 회 사법시험 합격
사법대학원 수료(법학석사)
서울대학교 대학원(법학박사)
독일 Freiburg대학 수학
육군 법무관
부산지방검찰청 검사
서울지방검찰청 남부지청 검사
법무부 검찰국 겸 서울지방검찰청 검사
변호사
서울대학교 법과대학 강사
이화여자대학교 법정대학 교수
경희대학교 법과대학 교수
이화여자대학교 법과대학 교수
사법시험위원
법무부 법무자문위원, 보안처분심의위원
형사법개정특별심의위원회 위원
한국형사정책학회 회장
한국형사법학회 회장
형사판례연구회 회장
한국형사정책연구원 원장
법조윤리협의회 위원장
현재 이화여자대학교 법학전문대학원 석좌교수
　　형사법개정특별심의위원회 위원장

저　서

보안처분의 연구(1978)
사회보호법론(1981)
형법신강 〔총론 I〕(1984)
형법신강 〔각론 II〕(1988)
형법신강 〔각론 I〕(전정판, 1989)
신형사소송법(제 2 판, 2008)
형법각론(제 7 판, 2010)
신형사소송법연습(제 4 판, 2010)
형법연습(제 7 판, 2010, 신조사)
형법학 〔문제해설〕(제14판, 2011, 신조사)
형법총론(제 7 판, 2011)

형법기본판례 총론

2011년 6월 25일 초판인쇄
2011년 6월 30일 초판발행

저 자 이 재 상
발행인 안 종 만
발행처 (주) 박영사
서울특별시 종로구 평동 13-31번지
전화 (733)6771 FAX (736)4818
등록 1959. 3. 11. 제300-1959-1호(倫)

www.pakyoungsa.co.kr e-mail: pys@pakyoungsa.co.kr

정 가 26,000원　　ISBN 978-89-6454-728-1